suhrkamp taschenbuch 1438

Elena Poniatowska wurde 1933 in Paris geboren, kam als Kind nach Mexiko und studierte in Frankreich und in den USA. Sie lebt heute in Mexiko, wo sie mit ihren vielgelesenen Reportagen und Büchern als herausragende Vertreterin des »new journalism« gilt. Sie verbindet Interviews, Nachrichten und Reden usw. zu einer Collage, die durch ihre Eindringlichkeit aufrüttelt. Ihre Arbeiten, von denen es heißt: »Wir können nicht darauf verzichten – aus literarischen, politischen und dokumentarischen Gründen«, wurden mehrfach ausgezeichnet. Es sind schon heute »Geschichtswerke«, Chroniken, wie der hier vorliegende Band, *Stark ist das Schweigen*, verdeutlicht.

Darin befaßt sich die Autorin, die »denjenigen ihre Stimme leiht, die keine haben«, mit vier aktuellen Themen Mexikos: den Tausenden von Zuwanderern, »Engeln«, die aus der Hauptstadt die inzwischen größte Metropole der Welt gemacht haben; dem Massaker auf dem *Platz der drei Kulturen*, Tlatelolco, 1968, das wie eine schwärende Wunde im Gedächtnis haften bleibt; mit dem Hungerstreik von Rosario Ibarra, die mit vielen anderen Müttern nach »verschollenen« Kindern forscht – vergeblich; schließlich mit der von besitzlosen Siedlern »illegal« auf ungenutztem Boden gegründeten Arbeitersiedlung Rubén Jaramillo.

Elena Poniatowska schildert aus der Sicht der Betroffenen: solidarisiert sich mit den Unterdrückten und wehrt sich gegen das Unrecht – mal analytisch, mal in offener Emotionalität. Das macht die Kraft dieser Texte aus, deren Aktualität ungebrochen andauert. Eine beklemmende Bilanz.

Elena Poniatowska
Stark ist das Schweigen

Vier Reportagen aus Mexiko

Aus dem mexikanischen Spanisch
übersetzt
von Anna Jonas
und Gerhard Poppenberg

Suhrkamp

Titel der Originalausgabe: *Fuerte es el silencio*.
Ediciones Era, S.A., México, D.F. 1980
Umschlagbild: Der Engel auf dem Paseo de la Reforma
in Mexiko-Stadt

suhrkamp taschenbuch 1438
Erste Auflage 1987
© 1980 Ediciones Era, S.A., México D.F.
© der deutschen Übersetzung Suhrkamp Verlag
Frankfurt am Main 1987
Suhrkamp Taschenbuch Verlag
Alle Rechte vorbehalten, insbesondere das
des öffentlichen Vortrags, der Übertragung
durch Rundfunk und Fernsehen
sowie der Übersetzung, auch einzelner Teile.
Satz: Uhl + Massopust, Aalen
Druck: Nomos Verlagsgesellschaft, Baden-Baden
Printed in Germany
Umschlag nach Entwürfen von
Willy Fleckhaus und Rolf Staudt

1 2 3 4 5 6 - 92 91 90 89 88 87

Inhalt

Vorwort
7

Die Engel dieser Stadt
9

Die Studentenbewegung von 1968
46

Tagebuch eines Hungerstreiks
102

Die Siedlung des Rubén Jaramillo
Übersetzung Gerhard Poppenberg
175

Glossar
295

Zeittafel
297

Für Jan
1947–1968

Vorwort

»Schreiben Sie einfach nur Juan«, als fürchteten sie, jemanden mit ihrem Namen zu belästigen, Platz einzunehmen in Raum und Zeit, der ihnen nicht zusteht, »einfach nur Juan«. Wenn ich sie anfangs fragte: »Wie heißen Sie?«, waren sie fassungslos: »Wer?« »Sie.« »Ich?« »Ja, Sie.« »Ach, schreiben Sie doch Juan oder was Sie wollen, ich heiße Ciro, aber ich kann auch auf andere Namen hören, was Ihnen recht ist, jeder Name ist recht.« Ich merkte, daß ihr »wer?« einem »niemand« entsprach. Auf die Frage: »Wer ist da?« lautet die übliche Antwort der einfachen Mexikaner: »Niemand.« Alles fällt zurück in Schweigen, und alle nähren wir dieses Schweigen, denn die Menschen, die mit »Wer?« antworten, haben niemals Rechte auf irgend etwas gehabt, nicht einmal auf einen Namen, ihr ganzes Leben war ein immerwährendes, immer wiederkehrendes Zur-Seite-geschoben-Werden.

Am Tage nach dem 2. Oktober 1968 druckte der Karikaturist Abel Quezada den Platz, der in der Zeitung *Excélsior* für seinen Artikel reserviert war, schwarz aus. Und nach wie vor werden Nachrichten in ausländischen Zeitungen publiziert, die wir hier nicht erfahren. Wie Quezada berichtet, veröffentlichte *The Globe* in Boston am 29. Juli 1980 eine Meldung von *United Press International*, wonach »ein Busunternehmen zwanzig Männer, Frauen und Kinder entführte, einen von ihnen tötete, die übrigen folterte und mit Gift quälte, um sie so zu zwingen, eine Regelung über Entschädigungen anzunehmen«. Davon haben wir hier nichts erfahren. Und wir werden es auch nicht erfahren.

Warum? Weil die, die in solchen Autobussen sterben, *Juanes* sind, Menschen ohne Namen, denn die herrschende Klasse hat Millionen Mexikaner auf die Nichtexistenz reduziert. Auf die Frage »Wer ist da?« folgt die grausige Antwort »Niemand«, die nicht nur üblich, sondern vielmehr ein Gemeinplatz geworden ist. Arme Mexikaner, verwandelt in Niemande. Wenn die Mehrzahl nur als Haufen existiert (»das Volk«), haben die Armen keine Stimme. Ihr Schweigen ist stark. Für diese Reportagen haben sie »Schreiben Sie einfach Juan« nicht allein deshalb geantwortet, weil sie nicht auffallen wollten oder Repressalien befürchteten, sondern weil Mexiko sie so geformt hat – das riesige, leere Land, die trennenden Gebirge, der schwarze, unendliche Himmel. *Their silence covered with grass is that of nature.*

Es ist ein jahrhundertealtes Schweigen. Früher schwiegen sie aus Klugheit, aus Taktgefühl, denn sie haben eine große Seele. Andererseits ist ihr Schweigen weniger undurchdringlich als das der Behörden, falls man dort z. B. nach den Verschwundenen fragt. Weniger verschwiegen sind die, die es nach Mexiko-Stadt drängt, weil sie vor Hunger umkommen (mehr als eintausendfünfhundert jeden Tag), oder die Bauern, die noch immer um Land kämpfen. Viel undurchdringlicher ist das Schweigen der Privatunternehmen, sobald man sie nach ihren Verbindungen zu multinationalen Konzernen oder nach ihrer Beschäftigungspolitik und den Löhnen fragt. Stark ist auch das Schweigen, das wir Bürger aus Gleichgültigkeit oder Resignation walten lassen.

El Güero, el Sin Fronteras, el Full, Celia, Tania, *el Canario, el Rábano,* lauter Alias-Namen für ein ganzes Leben, denn ihre Taufnamen ließen sie am erstbesten Baum in der Sierra hängen und verloren so ihre Identität. Und dabei gewannen sie jenen Vers aus den Kriegsgesängen der Tlaxcalteken für uns zurück:

Mit den Schilden nach oben...
sind wir umgekommen.
Und doch bin ich Mexikaner.

Die Berichte in diesem Buch stammen von denen, die keine Stimme haben, den ärmsten Mexikanern. Aber auch von Demonstranten, die mit der Zeit zu sozialen Kämpfern, zu den Emilio Zapatas von heute werden. Denn wie es früher einen Emilio Zapata gab, so gab es in Mexiko bis vor kurzem Genaro Vásquez Rojas und Lucio Cabañas, zwei Dorfschullehrer, die die Sache der Bauern zu ihrer eigenen machten.

Die Engel dieser Stadt

für Ricardo Cortés Tamayo

> Schutzengel mein,
> sanfter Begleiter,
> verlasse mich nicht
> weder bei Tag noch bei Nacht.

Früher sah man zuerst den *Engel der Unabhängigkeit* in Mexiko-Stadt, er zeichnete sich gegen den Himmel ab, ragte in die Luft, da wo die Wolken beginnen. Das war der liebste Traum aller Kinder vom Lande, an Nachmittagen, an denen die Ruhe sie kribbelig machte: »Ist der Engel wirklich so wie auf den Fotos?« Und der andere antwortete, mit einem Gesicht wie ein auserwählter Engel, voller Stolz: »Ach wo, noch viel schöner!« Er war auch der beste Orientierungspunkt. »Weißt du, wo ich wohne? Wo der Engel ist, ganz in der Nähe.« Das Mädchen Titi wurde in der Schule gefragt, wann die Unabhängigkeit Mexikos begonnen hätte, und sie antwortete stolz: »Als der Engel herabstürzte.« Raúl Prieto hält an der Theorie fest, daß Mexiko ein derart *macho*-beherrschtes Land ist, daß die Siegesgöttin, die die Unabhängigkeitssäule krönt und ohne jeden Zweifel feminine Attribute aufweist, so unumwunden runde Rundungen, daß sie sich sogar eindeutig gegen den Himmel abheben, dennoch von allen *der kleine Engel* genannt wird.

Am Sonntag, dem 28. Juli 1957, um 2.40 Uhr, bebte die Erde; der Engel stürzte herab und zerschellte am Boden. Ein sehr alter Maurermeister kam und sah nach, wie weit der Engel zersprungen war, er hatte nämlich den Sockel gebaut und darin ein Kästchen mit den Briefen seiner Braut eingemauert, die ihn sitzengelassen hatte, so wie die Erbauer von Staudämmen oder Deichen ein Neugeborenes mit einmauern, um die Wogen zurückzuhalten. Wahr ist, daß dieses Kästchen mit den Zeugnissen der verratenen Liebe als Gegenmittel wohl gewirkt hat. Denn nur wenige Verliebte haben sich von diesem Engel herabgestürzt, viele allerdings haben von der Torre Latinoamericana aus Selbstmord begangen. Außer dem Maurermeister kam noch ein Mann, der sich ein Stück Gußeisen aneignen wollte: »Ja, war der denn nicht aus purem Gold?« Eine vermummte Betschwester kniete nieder und murmelte unter dicken Tränen: »Mein Schutzengel ist gestorben.« Und sie hatte recht, denn der *Engel der Unabhängigkeit* ist der

Schutzengel vieler Mexikaner. Das Entsetzen der Einwohner mußte man einfach gesehen haben! Langsam gingen sie um das runde Denkmal herum: »Sieh bloß mal seinen Kopf an, wie der jetzt aussieht!« Engelshaar auf der Erde, in den Baumkronen das Gold seiner Flügel, die Federn zerstoben auf den Rasenstreifen vom Paseo de la Reforma. Ein paar Männer von der Müllabfuhr trugen die beiden Brüste vorsichtig weg und setzten sie als Hüte auf: »Wie groß die sind, die könnten uns gut vor Sonne und Regen schützen.« Ein anderer warf sich die Taille über die Schulter, wieder ein anderer den Lorbeerkranz, ein fünfter schlang sich die Arme um den Hals, eine gigantische, steinharte weibliche Umarmung. Der Engel fuhr im Lastwagen ab und wurde in einer der ärmsten Siedlungen von Mexiko-Stadt neu zusammengefügt, in der Siedlung Buenos Aires. An seinem Krankenlager bekam er viel Besuch, man konnte ihn sogar vom Viadukt aus sehen; wenn man die für 40-km-Geschwindigkeit reservierte Fahrspur benutzte, schimmerte er halb verborgen hinter einem hölzernen Geländer durch, das ihm nur bis zur Hüfte reichte. Nach und nach erhielt er seinen Rumpf zurück, seine güldenen Schultern und seine riesigen Flügel, nur der Kopf fehlte noch und der ausgestreckte Arm mit dem Lorbeerkranz. Hunderte von Neugierigen beugten sich aus ihren Autos, wollten sehen, was mit der Zeit aus seinen Narben würde. In der Nachbarschaft wurden Prozesse um die Besitzverhältnisse ausgetragen. Die Anwohner der Straßen Dr. Liceaga und Dr. Barragan waren überaus stolz darauf, daß der neue Engel ihre lumpige Siedlung größer und güldener verlassen würde.

DIE KLEINEN SCHWARZEN ENGEL

Doch seit 1957 sind die Engel in Mexiko-Stadt immer weniger durchsichtig geworden. Wie der Liedtext verkündet, beschert der Smog uns, wortgetreu, *schwarze Engel*. Man kann zusehen, wie sie sich da flügellahm zwischen den Autos durchschlängeln, sich an den Kotflügeln der Autos vorbeidrängeln, sich an Autotüren verheddern, ihre zarten, empfindlichen Muskeln quetschen, was ihre Haut, die ohnehin zu blauen Flecken neigt, bläulich verfärbt. Sie haben nichts mehr gemein mit jenen Engeln aus feinem Gold, die von den Barockaltären der Kirchen im Stadtzentrum herablächeln, oder mit jenen rundwangigen Engelchen, die die Einheimischen in irdische, der Völlerei frönende Geschöpfe verwandelt haben, die in Santa María Tonantzintla ihre kleinen bemalten Münder hinhalten: Engel, die einseitig beladen mit Trauben, Granatäpfeln, Bananen und großen Ananas umherfliegen.

Heutzutage sind Engel vielmehr all jene in dieser Stadt, die nicht wissen, daß sie es sind. Jahr um Jahr kommen sie grüppchenweise an und lassen sich auf den Straßen, den Grünstreifen, in Hauseingängen und unter Dachvorsprüngen nieder. Die *Pepitas* und die *Marias* verkaufen ihre Häuflein Samen und Kerne in winzigen Mengen, prisenweise sozusagen, »damit mir der Vorrat nicht ausgeht«. Im Volksmund sind das Zugschwalben oder, anders gesagt: Vögel mit menschlichen Gesichtern, die in den Monaten, in denen kein Regen fällt, in die Hauptstadt kommen, um ihre Finanzen »abzurunden« und sich ihre trockenen Brötchen zu verdienen. Wenn aber die Zeit der Ernte oder der Aussaat kommt, steigen sie auf zum Flug und kehren zurück in ihr Dorf. Diese Zugschwalben bauen kein Nest, und wenn sie es dennoch tun, dann ist es so elend und löchrig, daß es keinerlei Schutz bietet; ein Nest, das die Seele dem Winde aussetzt, das Fleisch offen für die erstbeste Verletzung, ein Nest, das bald herunterfällt, das sich kaum an die Holzbalken anklammern konnte, das am nächsten Morgen mit dem Abfall zusammengekehrt wird.

Solchen Mexikanern begegnen wir auf Schritt und Tritt, ohne Maske und mit dem Kleid, das ihnen das Leben gibt. Sie verschwinden im Nu: Engel ohne sichtbare Flügel. Husch! stehen sie da mit ihren zweirädrigen Karren, um Flaschen, Alteisen oder Zeitungspapier aufzulesen und weiterzuverkaufen, mit ihren Blechen voller Früchte, ihren Körben voller Avocados, mit denen sie zwischen den Autofenstern herumfuchteln, mit Karren, die Lokomotiven nachgebaut sind, auf denen sie Süßkartoffeln und Bananen braten, mit Eisbergen, die wie Iglus aussehen, von denen sie das Eis abschaben und in Waffeln füllen – bis solch ein Engel dann eines Tages in dieser himmlischen Hierarchie zum Ratenkassierer aufsteigt. Dann kommt er tatsächlich, klopft an die Tür und fragt mit samtener Stimme:

»Ist Señorita Estela zu Hause?«

Wenn man ihn fragend ansieht, fügt er hinzu:

»Sagen Sie ihr, Ariel, der Kassierer, möchte sie sprechen.«

Ein schüchterner, atemloser Engel kommt vom Flachdach herunter. Der Straßenkassierer holt die Karte dieses Engels aus einem mit breitem Gummiband (mit denen die Frauen sich früher die

Strümpfe befestigten) zusammengehaltenen Stapel Karten heraus und wedelt damit vor den Augen des Mädchens herum. »Ich komme kassieren.«

»Oh je, ich hab jetzt kein Geld, meine Herrschaft hat noch nicht bezahlt.«

»Naja, keine Sorge. Aber sehen Sie sich noch diesen tollen Rock an!«

Estela kräuselt die Lippen, betrachtet abwägend wie jemand, der eigentlich nichts will. Und wie alle Frauen dieser Welt befühlt sie den Stoff zwischen Daumen und Zeigefinger:

»Ich kann jetzt nicht, ich bin gerade beim Reisrösten.«

»Nehmen Sie ihn doch vom Feuer«, ordnet der Kassierer mit jener Autorität an, die ihm die immerwährende Verschuldung der Leute und die von seiner Schulter baumelnde Ali-Baba-Höhle verleihen, wo die Kunstfasern moderner Kleidung und das Acryl maschinengestrickter Westen nur so prangen.

Estela saust im Fluge die Treppe hinauf und wieder herunter. Der Rock ist wirklich zu schön! Ariel füllt mit schwungvoller Schrift und mit einer weißen Feder, die er unter seinem großen Flügel hervorzieht, eine neue Karte aus. Schon vor Monaten haben Estela und ihre Schwester Epifania und ihre Cousine Dominga und Domitila, die im nächsten Häuserblock arbeitet, und Lupita, die gerade mit der Señora von Nummer 8 hereinkommt, die Rüschenröcke, die sie vom Dorf herbrachten, abgelegt. Jetzt tragen sie Mini, angeleitet von Ariel, dem Straßenkassierer, der dem Diktat der Mode folgt und unter seinen Schätzen Strumpfhosen und Hosenblusen führt. Ariel schreibt auf, zählt zusammen, zieht ab, nimmt mal und verabschiedet sich.

»Nächste Woche komme ich wieder vorbei, meine Schöne.«

DIE ENGEL FÜR EINE NACHT

Aus Toluca, Querétaro, Ixtlahuaca, Hidalgo, Atlacomulco und sogar aus Oaxaca kommen die kleinen Dienstmädchen in die große Stadt: die Provinz, die Gemüse liefert, liefert auch junge Frauen mit langen Zöpfen und schüchternem Lächeln. »Sie haben es mir erlaubt, wissen Sie.« Sie kommen mit gesenkten Blicken und mit ihren indianischen Trippelschrittchen, gehen durch die Zimmer, man nimmt sie kaum wahr, so als wollten sie sich verkriechen. Vom Dorf brachten sie ihre allerbesten Sachen mit, die beiden Kleider, das cremefarbene und das himmelblaue, die Schürze mit den Taschen und den Pullover mit den im Lochmuster eingestrickten Rhomben. Jetzt öffnen und schließen sie Türen, entdecken den Kühlschrank, den Boiler und etwas, das dem Auge Gottes gleichkommt: die kleine Mattscheibe, die sie aus ihrem Kasten heraus idiotisch anglotzt und mit unvorhersehbaren Wellen in ihr Hirn eindringt. Eines schönen Tages findet ihre Herrschaft sie mit fast zum Bersten aufgerissenen Augen vor »Komm doch rauf, Pelayo, komm hoch« sitzen, und eines Abends hört die Herrschaft ihr schamloses Gebrüll: »Schenk mir diese Nacht«. Das schwarze Haar fällt ihnen frischgewaschen wie ein Vorhang über Schultern und Taille, und eines Morgens teilen sie um die Frühstückszeit schüchtern mit: »Señora, ich verlasse Sie«. Sie suchen ihre Federn zusammen und gehen, leicht gerundet wie Ringeltauben, davon. Später werden sie mit ihrem heiseren Taubengegurre die zarten Täubchen einlullen, Produkte jener Nacht, die sie den Täuberichen schenkten.

Manchmal stirbt das Neugeborene, und die Überlebenden verwandeln es sofort in ein Engelchen. Wenn die *compadres* sicher sind, daß ihm auch der letzte Atemzug ausgegangen ist, legen sie es auf einen Tisch und streuen Papierblumen drum herum, kleiden es in Seidenpapier und kleben ihm einen Stern auf die Stirn. Niemand weint, um ihm seinen himmlischen Glanz nicht zu nehmen. Im Gegenteil, andere Frauen bringen sogar ihre eigenen Kinder herbei und sagen zu ihnen: »Sieh es dir an, das ist nämlich ein Engelchen, mal sehen, ob etwas davon auf dich übergeht« und trösten die Mutter: »Gut, daß es so klein gestorben ist, so ist es direkt in den Himmel gekommen!« Sie zünden ihm Wachskerzen an, bis die *compadres* mit der Schnapsflasche kommen, und dann gibt es Kaffee mit Schuß. Sie malen dem Engelchen rote Wänglein, setzen ihm einen Blumenkranz auf, betten es in den weißen oder in den himmelblauen schuhschachtelkleinen Sarg; sie schließen den Deckel mit dem Blechengelchen obendrauf und tragen es zu dem kleinen Loch, das dafür auf dem Friedhof gegraben wurde. Das Engelchen fliegt gen Himmel, Gott nimmt es zu sich; sie haben es beizeiten mit Weihwasser besprengt, damit es nicht in die Hölle der Ungetauften kommt.

DIE MEXIKANER: VÖGEL OHNE NESTER

1976 kamen jeden Tag eintausend vom Hunger gepeinigte Mexikaner in die Hauptstadt; 1978 waren es schon doppelt so viel. Jährlich lassen sich also 730 000 Männer und Frauen in Mexiko-Stadt nieder.* Reinste Vögel ohne Nester, reinste Lilien vom Felde, die auf das Wunder warten, das vom Himmel fallen muß. Man spricht immer wieder von der Stadt Nezahualcóyotl, im Texcoco-Becken gelegen, von den 700 000 Arbeitslosen dort, dem Mangel an Sickergruben und Abwässerkanalisation, den Wohnungen mit den beiden Zimmerchen, in denen bis zu sechzehn Personen zusammenleben, den »Freiluft-Schulen«, in denen die Schüler während des Unterrichts auf einem Ziegelstein oder auf einem Bänkchen sitzen, das sie von zu Hause mitbringen. Doch die Einwohner von Nezahualcóyotl sind reich verglichen mit anderen Neuankömmlingen, denn sie haben sich inzwischen die Fähigkeit zu Protest und Organisation erworben, über die die Geschwader der Engel und Erzengel, die über die Elendsviertel verstreut leben, nicht verfügen. Die Leute aus Nezahualcóyotl entführen Lastwagen, machen Geschäfte dicht, erstatten Anzeigen, und die Kinder lernen vom fünften Lebensjahr an, sich ihrer Haut zu wehren: sie arbeiten als Schuhputzer, Autowäscher und verdingen sich in Restaurants und Büros, um Botengänge zu machen oder den Müll hinauszutragen. Statt zum Beispiel in der Karwoche die obligatorischen Kreuzwege zu beten oder Bußandachten zu halten und lange Litaneien aufzusagen, haben sich die Männer zusammengetan, um zwei Straßen zu pflastern und zu teeren und leisteten so mit ihren Karfreitagspflichten ihren Mitbewohnern einen nützlichen Dienst. Ihre Lebenseinstellung ist anders als die der Zugezogenen, die den Versuch machen, ihr dörfliches Leben in der Stadt weiterzuführen. »Wie früher, nur mit Fernsehen«, und so sammeln sie Brennholz in der Umgebung, sind Wasserverkäufer, bieten ihre Dienste an, schleppen Wasserkübel in die Häuser und würden am liebsten noch auf drei Quadratmetern ein Maisfeld anpflanzen. In Nezahualcóyotl ist man schlauer, und selbst die Frauen dort werden pfiffig. Heimarbeit ist eine der Arbeiten, die viele Frauen ausüben: jede Woche nähen sie bis zu hundert Hosen

---

* Diese Zahl hat sich bislang kontinuierlich gesteigert. Schätzungsweise kommen jetzt jedes Jahr ca. 1 Million Menschen nach Mexiko-Stadt. A. d. Ü.

für 350 Pesos zusammen, wobei sie Nähgarn, Nähmaschine, Knöpfe, Reißverschlüsse und auch noch den Mann, der dann die Hosen anziehen soll, stellen müssen. Diese Heimnäherinnen sind, zusammen mit einigen männlichen Arbeitern, privilegierte Wesen, die mit einiger Sicherheit etwas zum Beißen haben. Die anderen Neusiedler gehen Staub schlucken und ziehen los für ein »mal sehen, was abfällt«.

SAN MARTIN DE PORRES. VON HEILIGENBILDERN UND ANDEREN
EINRICHTUNGSGEGENSTÄNDEN

Oscar Lewis hat seine Assistenten einmal damit beauftragt, topographische Erhebungen über die Einrichtungsgegenstände in den von ihm und seinem Team untersuchten Wohnungen zu machen. Sie sollten die Anzahl von Stühlen sowie Tisch, Petroleumofen, Speisekammer, Abtritt – sofern vorhanden –, die Betten, das Geschirr und sonstigen Krimskrams registrieren. Mir fiel auf, daß in allen Küchen dieser Viertel die Gabeln fehlten. Ich sah immer Löffel, breite, schöne Löffel aus Zinn für die gewässerten Bohnen, die Nudelsuppe, den langsam zu schlürfenden Blättertee – aber solche Gabeln wie die, die alle Teufel auf den Heiligenbildchen schwenken? Nein, davon war nichts zu sehen. Auch Stühle gab es nicht gerade im Übermaß, aber das war auch nicht nötig. Zum Essen setzten sich die Bewohner aufs Bett und zogen den Tisch näher heran, der stets wie ein Schiff ohne Kiel durchs Zimmer dümpelte, ein bißchen nach hier, ein bißchen nach da. Ihr Menü: in Brühe schwimmende *nopalitos*. Zwischen einem Löffel *nopalitos* und einem Löffel Brühe spähte ich hinüber zu den Unterhosen der Frauen, die in grellen Farben auf der Leine hingen und farbigen Luftballons glichen: flieder, lila, rot, fleischrosa, bougainvilleafarben, orange, goldgelb, khaki, beige, violett, vom Winde geblähte Pluderhosen. An den Büstenhaltern sah man noch die Spuren von Medaillons, Schlüsseln oder Geld, was die Frauen so unter ihre BH-Ränder klemmen, Sicherheitsnadeln, die über dem Herzen verrosten. Zwischen zwei rachitischen Möbelstücken, Bett und Tisch, fiel der Fernseher auf wie ein Gott, erworben in bequemen Raten; eine ganze Anzahl von eingerahmten oder im Passepartout – weil billiger – steckenden Heiligenbildern, vor allem San Martín de Porres. Je nach Rhythmus der Flammen wurden sie auf einem kleinen Regal neben der Crème Marke *Ponds* in Familiensparpak-

Nach dem Erdstoß vom 28. Juli 1957 fiel der Engel herunter; seine zerbrochenen Flügel und sein Goldhaar lagen verstreut auf dem Paseo de la Reforma herum.

Engel der Stadt sind all jene, die nicht wissen, daß sie es sind.

Jeden Tag kommen Tausende von Mexikanern in den Distrito Federal und vergrößern die Elendsgürtel.

In den vierhundert »Verlorenen Städten« gibt es weder Wasser noch Licht, noch Kanalisation.

Sie sind wie Abfall, der jeden Augenblick in der Gosse enden kann.

Der so poetische Beruf des Vogelhändlers zeugt in Wirklichkeit von mangelnden Arbeitsplätzen.

kung und der Spule schwarzen Garns, das man immer brauchen kann, von dort aufgestellten Kerzen beleuchtet oder verschwammen im Dunkel. Die Batterien von leeren Flaschen im Patio, in einer Ecke zu Pyramiden gestapelt, hinterließen in mir ebenfalls einen unauslöschlichen Eindruck wie auch die unbrauchbar gewordenen Gegenstände, die einfach niemand entfernt und die schließlich zu Fetischen werden: mitten im Patio die Waschschüssel ohne Boden, der Schuh, Gesicht nach unten, der Schlamm schlürft, während er zu Lebzeiten sein Gesicht der Sonne entgegenstreckte, das ausgediente Plastikauto, der weiße Nachttopf, der uns, ohne mit der Wimper zu zucken, ansieht. Wenn dann die Sonne untergeht, kommen die Frauen auf ihr Abendschwätzchen heraus, lehnen ihren Stuhl an die Mauer des Hauses, Rücken an Rücken – so müssen ihre Großmütter in der Provinz wohl schon auf dem Balkon gesessen haben, um »über den Nächsten zu lästern«. »Lucecita, bring mir die Schere«, sagte Teresa dann verschmitzt zu ihrer jüngeren Schwester, »wir müssen die anderen zurechtstutzen«. Jetzt stand ihnen der Sinn nicht mehr danach, im Gegenteil, sie redeten mit gebrochener Stimme wie jemand, der die letzten Schritte tut, bevor er ins Dunkel taucht: »Mein Mann trinkt.« Kein Ärger in der Stimme von Doña Ubaldina, die vor sich hinmurmelt: »Er läßt alles in der Wirtschaft oder beim *compadre*. Für morgen reicht es nicht mal für Kaffee oder für Maisfladen.« »Aber heute haben Sie doch wenigstens Ihr Kaffeechen getrunken, Doña Uba.« »Das ja, Gott sei Dank.« »Nun, Sie sehen ja, heute leben wir, und wer weiß, was morgen kommt«, und sie fuhren fort, sich gegenseitig zu trösten mit Sätzen gleich Dolchen in der Luft, Messerstichen, die die Dinge ein für allemal lösen: »Wenn sie mich morgen umbringen wollen, sollen sie es doch besser gleich tun«, »das Leben taugt nichts«, »später ist es zu spät«, »eigentlich habe ich das nicht gewollt«. Sie schienen immer wie Ausgestoßene zu leben, drauf und dran, mit den Füßen nach oben im Straßengraben zu landen, während das Radio lautstark schmalzige, heiße Rhythmen in den Äther sandte und der Sprecher bis in den letzten Winkel vordrang und alles verschlang, das Elend, den Schmutz, den Wassermangel, den Alkoholismus, die Unterernährung, die Brutalität, die Wassereimer, die Kinder, die ihre Notdurft vor aller Augen verrichten, die Erwachsenen, die dazu ein klein wenig weiter weggehen, die Fliegen, die langbeinigen Spinnen, die Scham und die Männer, die stundenlang an den Straßenecken an irgendwelche Pfosten gelehnt stehen.

DIE HACKORDNUNG / IMMER DRAUF MIT DEM SCHNABEL

Man sagt, daß die Verwaltung von Mexiko-Stadt sich der Zugschwalben und der Marias annimmt. Die Schwalberiche unter dem Flügel des Engels reichen nicht an die 3000 heran, doch ihr immer gleiches Gesicht erneuert sich Jahr um Jahr; die Marias trifft man vor allem in den südlichen Stadtbezirken an, mit ihren roten und blauen Satinblusen stehen sie auf den Mittelstreifen der Straßen Universidad, División del Norte, Churubusco und Popocatépetl. Sie gehören zweierlei Gruppen an: den Otomí und den Mazahua, die sich aufgrund ihrer Händlertradition und auch aufgrund der Tatsache, die ältesten Rassen des Landes zu sein, verbunden fühlen. Anfangs verkauften sie Früchte, jetzt allerdings gehen sie auf die Autos zu mit ihren schön in Reih und Glied ausgelegten Papiertaschentüchern und bieten mit kurzen Rufen ihre Ware an. Die Marias kommen aus den Bundesstaaten Hidalgo, Querétaro, Ixtlahuaca, San Felipe del Progreso, Temascalcingo und aus dem Bezirk Atlacomulco. Wer in ihr Dorf kommt, merkt, daß der Erdboden vor Trockenheit derart aufgerissen ist, daß die harten Schollen obenauf liegen; sie stellen dort irdene Teller und Töpfe her, die die Männer dann an die Landstraßen oder nach Guadalajara, nach Guanajuato und sogar bis in die Hauptstadt bringen, um sie zu verkaufen. Wenn ihnen das Elend schließlich bis auf die Knochen dringt, gehen die Frauen mit ihren Männern weg; die Witwen, die das Land allein nicht bearbeiten können, kommen in die Großstadt und lassen sich als Marias nieder, ein Baby auf den Rücken gebunden und ein größeres Kind auf die Hüfte gesetzt und ein drittes, das da irgendwo zwischen den Röcken schläft – die auch bloß ein Haufen Flicken sind –, und auf einem runden Rahmen sticken die Marias sorgfältig Blumen, Girlanden, Vögel, all das, was sie nicht sehen inmitten dieses funkelnden Autoflusses, vor dem man zur Seite springen können muß, sobald die Ampeln auf Grün schalten. Wenn in den südlichen Stadtteilen fast alle betteln, dann deshalb, weil die Einwohner von Pedregal de Santo Domingo sie dort gewähren lassen. Früher schliefen sie im Viertel von San Francisco, danach ließen sie sich in Coyoacán nieder, bis sie sich dann in Pedregal de Santo Domingo mit vier Stöcken eine Hütte bauten, und bislang jedenfalls hat sie noch niemand von dort vertrieben. Guadalupe Rivera hat in Carreteraco, im Stadtviertel Coyoacán, eine Art Lehrzentrum für die Otomí eingerichtet, um den Frauen beizubringen, Stickereien über eine ganze Tischdecke zu verteilen, kleine Sets zu machen, Posamentenbänder auf weiße Bezüge zu heften, Tränentüchlein mit Hexenstichen einzusäumen und Monogramme ineinander zu verflechten, die so lange halten müssen, bis die Spitzen abgewetzt sind, Sofakissen fürs Wohnzimmer zu füllen und wunderschöne Puppen auszustopfen, Stoffpuppen, die den Originalkopfputz der Kinder der *Otomí* tragen: dieselben Rüschen, die sie den Kindern um den Kopf wickeln, viele weiße Wellen, um die Kälte zu verscheuchen, mit vielen Schaumkronen darauf, damit die guten Geister sich einnisten können. Sie sprechen kein Spanisch, deshalb wird ihnen von zweisprachigen Lehrern Lesen und Schreiben beigebracht. Die Näherinnen bekommen einen Tageslohn von 150 Pesos, dazu je nach Leistung eine Extraprämie, die 25 oder sogar 30 Pesos täglich betragen kann. Doch obwohl ihnen die Stickfäden, die Wolle, die Stoffe, die Rahmen, auf denen sie sticken sollen, gestellt werden, trotz der niedrigen Stühlchen neben dem Fenster bevorzugen viele Frauen die Mittelstreifen der Straßen, das ununterbrochene silberne Band der Autos, ein Kaugummi gegen eine Münze, die ihnen von einer gleichgültigen Hand durchs Autofenster gereicht wird, die Rosen, die von ihrer Hand in die des Fahrers wechseln, die Papiertaschentücher, auf die man bei Regen mehr aufpassen muß als auf die eigenen Kinder. Das kommt ihnen unterhaltsamer, aufregender und abwechslungsreicher vor, ist ein intensiveres Leben, als in einem Haus in Coyoacán zu sitzen, denn dieses Haus ist nicht die Großstadt, die vom Mittelstreifen herüberleuchtet, und sie verdienen da auch keine dreißig, keine fünfzig Pesos täglich, die sie sich dort nach und nach in einem Arbeitstag von mehr als acht Stunden auf der Straße zusammenverdienen können. Eine Frau mit dem Spitznamen »Goldeselin« ging nie mit weniger als hundert Pesos nach Hause. Sie stand im Morgengrauen auf, um sich an der Plaza del Aguilita neben der Markthalle Merced mit Süßigkeiten, Kaugummis und Früchten auf Kredit einzudecken – ohne sich allerdings bewußt zu sein, daß sie damit auch die Händler reicher machte – und dann stürzte sie sich in das Spiel Ankauf-Verkauf, in dieses Schlingern zwischen dem »Kaufen Sie es mir doch ab« und dem unentschlossenen Blick des möglichen Kunden. Sie wurde zur besten Verkäuferin der Welt, und an der Plaza del Aguilita wurde sie wegen ihrer Geschicklichkeit von allen respektiert. »Lesen und schreiben kann ich nicht, ich bin ein rechter Esel, aber die Zahlen, die kenn ich gut.« Daher ihr Spitzname: »Goldeselin«.

DIE ENGEL MIT DEN GETARNTEN BESCHÄFTIGUNGEN

Nach Mexiko-Stadt kommen auch die Männer der Marias; die Ehemänner und die, die nicht ihre Ehemänner sind, sowie jene, die Männer von all den mexikanischen Frauen sind, die nie einen Ehemann gehabt haben. Väter von mindestens vier Kindern, Ehemänner, von denen drei von fünf ihr Land verlassen, in ihren rauhen, halblangen Wollhosen, den schräg über die Schulter zusammengelegten *sarapes* und ihren vor Bartlosigkeit glänzenden Gesichtern. Sie steigen aus dem Bus und stürzen sich auf das erstbeste, was sie finden. Gewöhnlich verkaufen sie dann irgend etwas auf offener Straße. Die Wirtschaftswissenschaftler nennen sie Unterbeschäftigte oder Teilbeschäftigte und bezeichnen ihre Tätigkeiten als »getarnte« Beschäftigungen. Viele von ihnen sind Bauern, die ein oder zwei Monate im Jahr ihr Land bebauen und den Rest des Jahres keine Arbeit finden. Wenn von den 6 Millionen Bauern, die Land bestellen, 4 Millionen damit aufhören würden, so würde die landwirtschaftliche Produktion keineswegs sinken, denn 4 Millionen sind lediglich Unterbeschäftigte, Männer, die kaum so viel aus dem Land herausholen, um sich davon schlecht ernähren zu können. Man nennt sie Bauern, weil sie auf dem Lande leben, und weil ihre einzige Beziehung zum Leben in dem Boden besteht, den sie bearbeiten. Aber in Wirklichkeit fällt ihnen das bloße Leben so schwer, daß sie tagein, tagaus die Zeit vom Morgen bis zum Abend einfach nur vorüberstreichen lassen. Sie kommen in die Stadt, weil sie glauben, daß sie hier weniger schlecht als auf dem Lande leben; sie können elektrisches Licht sehen, über Asphalt gehen, schattige Parks wie den der Alameda besuchen, den Kopf heben, um das Hochhaus Torre Latinoamericana zu bewundern: das alles sind Zerstreuungen, die den Hunger lindern. Aus Aztlán, aus Tlaxcala, aus Oaxaca bringen sie die große Hoffnung mit, Arbeit, und wenn nicht Arbeit, dann wenigstens Zerstreuung zu finden. »Wenigstens war ich ganz beschwipst davon«, sagte Erasmo Castillo González zu mir, der in die Stadt kam, um sein Glück zu versuchen. Zwischen Hungerkrämpfen und Trunkenheit ist unsere Stadt von vier Millionen Einwohnern im Jahre 1960 auf über 17 Millionen im Jahre 1985 angestiegen, zusammengepfercht auf einer Betonplatte von 700 Quadratkilometern. Es wird bald keinen einzigen Baum mehr geben für unsere Engel, die nach wie vor landen werden, um sich einer nach dem anderen und trotz alledem hier niederzulassen, an den Hügeln von Chiquihuite, Chalma und San Lucas, die das größte Elendsdreieck des Distrikts bilden, wo sich die Menschen wie Ziegen zusammendrängen. Die Marias werden sich weiterhin in die Häuser schleichen (jede fünfte Frau in Mexiko arbeitet als Hausangestellte, und es gibt sicher 90 000 Mädchen im Alter zwischen 8 und 14 Jahren, die als Dienstmädchen arbeiten), und die jungen ledigen Engel werden durchs Zentrum schlendern, um zu sehen, ob sie Glück haben und eine Arbeit als Autowächter finden, werden durch all diese Straßen voller Autos und voller Fallen laufen, voll von Syphilis und Gonorrhoe. Einmal rief ein pockennarbiger Engel, einer von denen, die ihre Flügel an der Ecke von San Juan de Letrán plattdrücken, einem Fünfzehnjährigen mit Strohhut zu: »Na, Süßer, soll ich dir deinen Griffel spitzen?«

DIE ENGEL MIT DEN ZERFETZTEN FLÜGELN

Da kommt zum Beispiel der *compadre* Albino an und läßt sich mir nichts dir nichts, weil das eben so ist, aus purer Not, in der Siedlung Ruiz Cortinas nieder. Von jetzt ab ist er ein *Fallschirmspringer*. Er stellt seine Pfähle auf, zwei oder drei Steine, eine kleine Plastikfolie, sammelt seine Pappkartons und legt sie darüber, und, wenn er Glück hat, sein Stückchen Teerpappe, und niemand holt ihn da je wieder raus. Vom Fallschirmspringer wurde er zum Siedler. Und jetzt ein bißchen Schwein von dem, das die Soziologen verächtlich Unterbeschäftigung nennen, aber verflixt, was die leisten! Asphalthändler für Papiertaschentücher, Kaugummis, Blumen, jedwede Beschäftigung, die keine Fachkenntnisse erfordert, sondern nur Pfiffigkeit. »Schau dich um, Freundchen, da kommt die Polente!« Wenn die Polizei sie schnappt, wird die Ware konfisziert. Bald schreibt der *compadre* Albino an Chente, der im fernen Pachuca sozusagen verhungert: »Komm her, *compadre*, Schluß mit dem Elend.« Und obwohl der Brief ihn nie erreicht (denn dort kommt kein einziger Brief je an), ahnt Chente-Vicente den Inhalt, kommt angesaust, um sich mit dem *compadre* Albino zusammenzutun, und gemeinsam mit ihm und Ponciano und Fermín und Valente Quintana bilden sie eine Siedlung. Tatsächlich sind ganze Gebiete dieser Siedlungen von Besitzlosen mit ehemaligen Einwohnern aus Pachuca besiedelt. In der Siedlung Tablas de San Agustín sagte Jesusa Palancares* eines Tages zu mir: »Wir sind hier alle aus Oaxaca, darum gibt es keine Diebstähle, wir helfen uns alle gegenseitig, denn wir stammen alle von demselben kahlen Hügel.« Briefe werden abgeschickt, oder man läßt »etwas ausrichten«, und postwendend kommt eine Familie von fünf, sieben oder acht Tagträumern, die das »Man-hat-uns-ausgerichtet« wie einen Zauberspruch wiederholen: »*Compadre*, ich hab ein Stückchen Erde ergattert, man munkelt hier sogar, daß man uns in eine Gegend mit Sozialwohnungen umsiedelt.« Mit diesem Komm-her-und-komm-her haben wir Mexikaner eine monströse Stadt von inzwischen mehr als siebzehn Millionen Einwohnern geschaffen. Ein bezeichnendes Beispiel gibt der Bezirk Nezahualcóyotl, der 1965 125 000 Einwohner zählte und 1980 2 500 000. Das Problem der inneren Emigration hat eine lange Geschichte. Als Folge der Revolution von 1910 flüchteten die Bauern von ihren zu Schlachtfeldern gewordenen Äckern und kamen in die Hauptstadt, »um zu sehen, ob das Leben ihnen dort weniger schwer gemacht werde«. Während der Revolution absorbierte die Hauptstadt 60% des gesamten Zuwachses des Landes, wie der Historiker Enrique Semo herausfand, und seither haben die Mexikaner nicht mehr damit aufgehört, in die Hauptstadt zu ziehen. Die Kreise werden größer, der Elendsgürtel breiter, eine Welt wuchert da, die weiter und weiter verkümmert, bis sie nur noch aus nacktem Boden besteht; elende Löcher, in die man auf allen Vieren hineinkriecht, und aus denen im morgendlichen Dunst schmutzige Engel mit dreckigen, zerfetzten Flügeln auftauchen, sich mitleiderregend zwischen diesen gemeinsamen Unterkünften langschlängeln und losgehen, um sich die »Tagesauslagen« verdienen zu gehen, sie irren herum und herum, knacken an ihren Fingerknöcheln, mal sehen, was abfällt, mal sehen, was das lausige Glück mit ihnen vorhat. Auch wenn uns vielleicht eine noch so bescheidene Hütte auf dem Lande besser erscheinen mag als ein so elendes

---

* Protagonistin aus dem Roman: *Allem zum Trotz. Das Leben der Jesusa.* Lamuv, Bornheim, 1982. A. d. Ü.

Loch, glauben die, die vom Lande kommen, weiterhin an die Güte der Großstadt, die ihnen eines Tages das geben wird, was das Land ihnen nicht gegeben hat, den Lotteriegewinn, Gott gebe dir Glück, die Preise, die man im Radio und im Fernsehen gewinnen kann, die Lieder, die meinem Mütterlein gewidmet sind, denn heute ist ihr Namenstag, die Haushaltsgeräte, die die Firma Pelayo verlost, Fotoromane, Fortsetzungshörspiele im Radio, Fernsehserien, Zahnpasta, Binden Marke »stay free«, Hühnerbrühe in Würfeln und die Kleinfamilie, die Sendung »der Hausarzt rät« und ihr Horoskop für den nächsten Tag, der Wettbewerb für Fans, die am Telefon singen und nervös am schwarzen Kabel zupfen, während das Orchester ganz was anderes spielt: »Herzallerliebste«, die Herz-und-Schmerz-Post und die schmalzige, verführerische Stimme des Sprechers, der pure Flirt: »Ach meine Schöne, Sie heißen Merceditas? Und was tun Sie? Arbeiten Sie oder studieren Sie?«, bis die Frage um die vierundsechzigtausend Pesos darin gipfelt, ob einer ihrer Söhne vielleicht sogar Transportarbeiter wird.

DER LANGSAME AUFSTIEG DER ENGEL IN DER HIMMLISCHEN HIERARCHIE

Und dann kommen sie aus den Wänden heraus, die Handlanger, die Lastenträger, die Verkäufer von so allerlei: Plastikspielzeug, Püppchen, Disney-Tierchen und rosa Panther, Wikinger und diverse Bekleidungen für Batman, Sirenen und Frösche für die Windschutzscheibe. Auf den Gehsteigen lassen sich Verkäufer mit Pomade für Hühneraugen nieder, die Ein-Sortiment-Anbieter, die Süßigkeitenhändler, die ihr Blechtablett auf einen hölzernen Dreifuß mitten auf die Gehsteige stellen, Baiserverkäufer, die einst dem Engelshaar ihrer Ware ein paar Krümel Marihuana beimengten, um die Kinder an den Geschmack zu gewöhnen, bis sie geschnappt wurden, und im Kittchen aßen sie all ihre Baisers alleine auf. Verkäufer von Schnürsenkeln, bunten Knöpfen, Druckknöpfen, Reißverschlüssen, Häkchen und Fingerhüten, Kräuterhändler, die Hirschaugen gegen Erkältungen feilbieten und Kolibris, die man unter dem Leibchen direkt über dem Herzen tragen muß, damit der Undankbare zurückkehrt und davon abläßt, anderen nachzustellen. Nach und nach steigen sie auf in dieser Engelshierarchie, bis sie es zum Bewacher von Autos bringen, zum Verkäufer von

Luftballons, Lotterielosen oder *Chicha*,* zum Botengänger, Zeitungsverkäufer, Schuhputzer, Altkleidersammler, Ratenkassierer, Straßenkehrer, Milchverteiler, Verkäufer von Gebäck, gebackenen Süßkartoffeln und gefüllten Maisfladen, zum Stromabzapfer (die klauen den Strom, indem sie ihn an Stellen, wo die Leitungen nicht so hoch verlegt sind, mit Lüsterklemmen anzapfen), werden Messerschleifer oder Resteaustrinker in Kneipen; sie alle gehören einer Zunft an, die sie mehr oder weniger schützt und ausbeutet, und letztendlich gelangen sie auf einer rigorosen Beförderungsliste zur obersten Stufe der Himmelsleiter: Briefträger, Maisfladenteigwalker, Straßenfotograf, Tippse, Lastwagenfahrer und sogar Friseur. (Immer wieder kommt mir jener Briefträger in den Sinn, der eines Tages nicht zur Arbeit erschien. Sie suchten ihn in seiner Wohnung auf. Er war es leid geworden, stets Briefe auszuteilen und nie selbst welche zu bekommen, und so hatte er sich die Schuhe ausgezogen und las seelenruhig, einen nach dem anderen, 20 000 Briefe, die man in seinem Kleiderschrank fand.)

DIE ENGEL WISSEN NICHT, WO SIE MAL STERBEN WERDEN

Gleich neben den armen Leuten stehen auch immer ihre Ausbeuter, Erzengel mit gezogenem Schwert, kalte Chorführer Gottes, geschlechtslos, unerbittlich und stets bereit, sich dem Teufel zu verschreiben. Man erzählt sich zum Beispiel, daß die Rosen, die die Armen an jeder Ampel beim Halten in ihren Wachspapiertütchen einzeln anbieten, von einem Politiker vertrieben werden, der Eigentümer von Zeitungen war und jetzt im großen Stil Sämereien von grünen und bunten Blütenblättern auf den Hügeln von Chapultepec betreibt. Sicherlich sind die Rosen von den Hügeln von Chapultepec deshalb auch frischer als die Rosen aus Coyoacán. Man sagt auch, daß die Aufkäufer, die die Exklusivrechte für die Pakete mit Papiertaschentüchern haben, sich dadurch eine goldene Nase verdienen, daß sie die Ware an die männlichen und weiblichen Zugschwalben im Morgengrauen an der Markthalle Merced auf Kredit verkaufen. Doch es gibt keinen Erzengel, der mehr zu fürchten wäre als der der Müllmänner. In unserer Stadt werden täglich 7000 Tonnen Müll allein am Straßenrand von Ermita Iztapalapa weggeworfen, und das bringt dem Erzengel

---

* Maisbranntwein. A. d. Ü.

monatlich drei Millionen Pesos ein. Die »Leute von Rafael Moreno«, dem schwarzen Erzengel mit Adlerkrallen und reißendem Schnabel, sammeln und sortieren den Müll: hier das Plastikzeug, hier Eisen, hier Blech, hier die Politiker, diese Strauchdiebe, da die Ratten vom PRI, die Frömmler vom PAN und da die Frischlinge vom PMT, und diese organische Materie wird einem Mahlwerk übergeben, anschließend vergoren und als Düngemittel benutzt. Dieser dickbreiige Kompost, ironischerweise »reicher Boden« genannt, wird in der Landwirtschaft verwertet. Dieser Kompost, zweimal gemahlen und in Säcke verpackt, düngt dann die Grünflächen von Mexiko-Stadt. Oder um es eleganter auszudrücken: es ist ein Süppchen aus unserer eigenen Schokolade. Der Kreis schließt sich. Wir nähren uns, entleeren uns und nähren uns erneut. Etwas anderes gibt es nicht. Die Erde ist eine einzige Kugel. Ich sehe was, was du nicht siehst und was ist das...? Na, meine Herrschaften, wo steckt denn die Kugel? Da haben wir die Müllmänner, die mehr sein wollen als die anderen. Keine Zunft ist habsüchtiger als die der Müllmänner, ihr Gefieder sträubt sich schon beim Anblick des ersten Besuchers. Ihre Müllhaufen steigen in konzentrischen stinkenden Kreisen zum Himmel, und sie bewachen sie mit den mächtig gespreizten Flügeln aasfressender Geier.

Die Soziologen und die Wirtschaftswissenschaftler pflegen die Engel der Stadt »Randgruppen« zu nennen. Sie sind zum Festmahl dieses Lebens zu spät gekommen, ihnen blieben nur noch die Reste. Sie ernähren sich von Krumen, und eigentlich sind sie selbst »Reste«, Saugfische, die am großen Wal hängenblieben. Ausgeschlossen vom ökonomischen, politischen und sozialen Wachstum, gleichzeitig aber davon abhängig, leisten sie ihre Dienste, oder besser gesagt: stehen sie zu seinen Diensten. Die untere Mittelschicht, die Mittelschicht und die Oberschicht benutzen sie als Dienstboten, sofern es ihnen zupaß kommt. Keiner der Regierenden mit all den ausgeklügelten technokratischen Mühltrichtern, Zahlenspielen und Versprechungen hat bisher einen Weg gefunden, diese Randgruppen in das zu integrieren, was man »Entwicklung und soziale Gerechtigkeit« nennt. Diese Randgruppen haben keine Sozialversicherung, keine Krankenversicherung, keinen Ausweis und keine Geburtsurkunde. Sie leben ohne jede Absicherung im permanenten Hin und Her. Sie wissen nicht einmal, wo sie irgendwann sterben werden. In der sogenannten Stadtzone gibt es etwa 500 verlorene Städte und die als »Volkssiedlung« (Colonias »populares«) bezeichneten Vororte erstrekken sich über 40 % des Stadtgebiets und beherbergen 4 Millionen solcher Engelchen. 49 % der Engel von Mexiko-Stadt haben ein monatliches Einkommen von weniger als 100 Pesos, und 1970 gab es über 110000 Arbeitslose und 350000 Unterbeschäftigte. Inzwischen hat sich die Arbeitslosigkeit vervielfacht. 1980 waren wir 9 Millionen Einwohner, 1990 werden wir vermutlich 25 Millionen und im Jahre 2000 40 Millionen sein. Wie wird unser Leben dann aussehen? Was wird jedem einzelnen zustehen? Hier in der Stadt liegt die Geburtenrate bei 3,14 %. Wem entsprechen die Komma 14 %? Dem Arm eines Kindes, einem Bein, dem Bäuchlein? Ich kann Statistiken einfach nicht verstehen, und niemand hilft mir, sie zu verstehen, denn sie stimmen nicht einmal aus Versehen überein. Die Statistiken des Wohnungsbauministeriums sind anders als die von der Zentralverwaltung, und die vom Planungsamt haben nichts mit denen des Kollegs für Mexikanische Studien oder denen des Instituts für Wirtschaftsforschung der UNAM zu tun. Das sagte ich irgendwann einmal zu dem Wirtschaftswissenschaftler Gilberto Loyo, und er antwortete mir: »Sie können einsetzen, was Sie wollen, Elena, denn eigentlich weiß sowieso niemand irgendwas.« Wenn wir jetzt in dieser Republik (nach den Schätzungen) 60,5 Millionen Mexikaner sind und alljährlich 2 Millionen Kinder geboren werden (ebenfalls schätzungsweise), dann werden wir im Jahre 2000 120 Millionen sein, und unsere Probleme mit Transport, Verkehr, Wasser- und Stromversorgung, Umweltverschmutzung und Abwässerbeseitigung werden uns in Wesen verwandeln, die die Engel vom Mars, die vermutlich von ihrem Planeten herabsteigen werden, um uns aus der Nähe zu betrachten, mit absoluter Gewißheit verscheuchen werden. Deshalb sehe ich mir die Fernsehserie »Der Affenplanet« auch nie an, das soll bloß keine Wirklichkeit werden.

SAN JUAN DE LETRAN: DIE STRASSE DER ENGEL

Wenn ich aus Mexiko-Stadt herauskomme – was nicht häufig passiert, denn wie allen Mexikanern fällt es mir fürchterlich schwer, aus dieser entsetzlichen Stadt herauszukommen –, gibt es für mich eine Straße, in der all mein Heimweh zusammenfließt: San Juan de Letrán. Ich werde oft gefragt, wie mir eine derart häßliche Straße gefallen kann. Dort habe ich in einer Akademie Maschine-

schreiben gelernt. Ich war aber keine fleißige Schülerin und ging oft hinunter auf die Straße, sah von dort mit großen Augen hinüber zur Torre Latinoamericana, ging ins Café Sanborn's und kaufte mir Pralinen bei Lady Baltimore. In San Juan de Letrán kam ich zum ersten Mal mit Straßenverkäufern in Kontakt, und dort lernte ich auch den Elektrisiermann kennen, einen von unten nach oben gewirbelten Engel, Luzifer, Beelzebub, der Herr der Hölle. Er war ein König, der sich an die Mauer des massiven Gebäudes von *La Nacional* lehnte, mit einer Zigarette im Mund und einer Schachtel unter dem schwarzen Flügel bot er Elektrisiertwerden feil:
»Mal sehen, wie sich das anfühlt.«
(Was einem alles für Dinge passieren, weil man dauernd sagt: »Mal sehen...«) Der Peiniger mit seinem pomadigen Haar und seiner Trainingsjacke setzte einem zwei Elektrodrähte an, die in zwei Metallgriffen endeten, und fragte dann:
»Fertig?«
»Fertig.«
Dann drehte er, ohne einen anzusehen, an einer Scheibe, die eine steigende Stromspannung anzeigte. Zuerst empfand man ein angenehmes Summen, ein Erwachen von innen heraus wie der Flug von tausend Bienen, aber nach dem anfänglichen Zittern kam die unvorhergesehene Gefahr, schlagartig in die Knie zu gehen:
»Genuuug! Genuuuuug! Genuuuuuuuug! Abstellen! Abstellen! Abstellen sag ich! ... Bitte ...«
Der mürrische Mensch drehte die Scheibe an ihren Ausgangspunkt zurück und wartete, bis man die verkrampften Arme senkte und ihm mit ganz und gar unkontrollierbaren Handbewegungen seine Münze fürs Elektrisieren entgegenstreckte. Irgendein Neugieriger und zwei Ahnungslose standen bereits an, um ihre Ladung abzukriegen, und ein weiterer meinte zu seinem Begleiter: »Das soll gut sein für die Nerven.«
Ich erinnere mich, wie sehr mich die Nachricht schockierte, als ich in der Zeitung las, daß ein zum Tode verurteilter Gringo-Engel seine eigene Verteidigung damit begann, die Zeit, die ihn vom Elektrischen Stuhl trennte, einfach zu vergeuden! Caryl Chessman; und ich glaube, ich ging im Grunde nach San Juan de Letrán, um mich da elektrisieren zu lassen, weil ich an seinen Tod auf dem Elektrischen Stuhl dachte. Chessman starb schließlich in der Gaskammer, und jedesmal, wenn ich durch San Juan ging, dachte ich an ihn, an seinen schrecklichen Lebenswillen und daran, daß

sein Leben in einem Augenblick beendet wurde, mit einem einzigen blitzartigen Stromstoß. So lernte ich also den Elektrisiermann kennen, stolperte über die Ungeniertheit jenes einfachen Stadtviertels, wo man sich mit den Ellbogen den Weg bahnt, hoppla! jetzt komm ich, wo es Maisfladen mit fetttriefenden Würsten gibt, die man schnell hinunterschlingen muß, damit einem nicht das gute heiße Öl wegläuft, Marke Mobil-Oil, Käsepastetchen mit Füllungen aus Kürbisblüten, Kartoffeln, Paprikastreifen, Grieben, Pilzen – jetzt mit dem Regen nimmt der Verkauf von Pilzen zu – und die unheimlich guten Pastetchen, die an den Straßenecken von Donceles, Justo Sierra, Bolivar... auf dem Pflaster frisch gebacken werden, an den Ecken all jener Straßen, in denen Engel mit himmlischen Säften von einer Wolke zur anderen schweben und einen Peso für weiteren Saft erbetteln, und noch einen, für mein Bruderherz, der noch ganz nüchtern herumläuft, und sie suchen Schutz bei einem Gott, den sie *wirklich* sehen, der den Magen erwärmt, die hohlen Gedärme zusammenkrampft, der schließlich den Körper kraftlos macht, ein Gott, der ihnen genauso entgegenkommt wie ein Herzensbruder.

DIE WUNDERSAMEN BLAUEN FLÜGEL

Was mich außer dem fettigen Geruch der billigen Garküchen, außer kreischendem Wirrwarr, diesen eigensinnigen Gesichtern, die sich einen Weg bahnten, außer den Kurzwarengeschäften und den Schallplattenläden, dem Mambokönig und der Bretterbudenprinzessin, Dora María, die Kleine mit dem traubenförmigen Körper, und du gefällst mir, du, du, nur du allein, der Marsch von Zacatecas, mehr als tausend Jahre werden vergehen, mach langsam, du bringst mich um und du machst mich fertig... was mich außer den häßlichen Titelseiten der häßlichen Zeitschriften an den Kiosken hierherzog, war folgendes: Plötzlich fand ich in einem gläsernen Kasten eines Lädchens in einem Hausdurchgang die wundersamen blauen Flügel, die einem Herrn mit Wollmütze gehörten, der mir erzählte, sie kämen aus Brasilien. Ein Schmetterling, der über der Zeit schwebte inmitten all dieser Püffe und Eile. Ich blieb stehen, betrachtete seine stecknadelkopfgroßen Äuglein, während der Herr wer weiß wie viele Eisenstücke in seinem Laden herumräumte. In seinen besseren Zeiten war er Klempner gewesen, jetzt verkaufte er nur noch Rohrstücke und Schraubenmuttern, die ihm von jenem Installationsbetrieb übriggeblieben waren. Ab und zu lötete er mal einen Wasserhahn an, und abends nahm er mit denselben schwarz gewordenen Händen, mit denen er galvanisierte Kupferrohre zusammengeschweißt hatte, seinen Schmetterling an sich und steckte ihn sich, nachdem er das Metallrollo seines Büdchens heruntergelassen hatte, vorsichtig zwischen Jacke und Hemd, in den Schrein seines Herzens.

DER KORSO DER LÄCHELNDEN SERAPHINE

Doch ich blieb nicht nur San Juan de Letrán verbunden, sondern auch dem Alameda-Park. Dort, potzblitz, wurde Marihuana geraucht. Als der für Liebesbeweise so geeignete alte Park eine Beleuchtung erhielt, protestierten Tausende von Menschen. (Mein Gott, was für ein junges Land!) Aus dem Gebüsch kamen erschrockene Mädchen hervor, die Gesichter noch plattgedrückt von Küssen. Früher brauchte man dem Nachtwächter bloß eine Zwanzigermünze zu geben! Es wird auch erzählt, und das soll erst wenige Jahre her sein, daß ein Schuhputzer Fressen für über vierzig Katzen dahin brachte, die von den Bäumen herunterkletterten oder aus ihren Verstecken gelaufen kamen, sobald sie ihn witterten. Heute streicheln die Studenten am hellichten Tag die weißen Skulpturen: die attraktivste heißt *Malgré tout*, die der Künstler Chucho Contreras angefertigt hatte, um zu beweisen, daß er noch bildhauern konnte, obwohl er eine Hand verloren hatte. (Contreras ist auch der Schöpfer des Denkmals Cuauhtémoc auf dem Paseo de la Reforma.) Früher traf hier um zwölf eine Riesenschar von kleinen Chinesen zusammen, lächelnde und schwatzende Seraphine, und die Taubstummen vom San Hipólito-Heim, die statt Silben Blumen in die Luft malten.

Nach so einer phantastischen Reise kehrte ich über die Stratosphäre nach Hause zurück, an Bord des Linienbusses Colonia del Valle-Coyoacán: rot, ganz rot, sein Herz-Jesu ebenfalls rot, die Jungfrau von Guadalupe über dem Rückspiegel mit bunten Lichterchen und der Aufschrift »Gott ist mein Beifahrer«. Der Bus Colonia del Valle-Coyoacán war, wie sich herausstellte, respekteinflößender als jedes Ufo, und in ihm kam ich zu vielen Begegnungen gemäß der Dritten Art: ich stieß auf Pedro Ferriz, der zwischen Anti-Zeit und Anti-Materie schwebte. »Aaaaaaffarrren!« schrie der Engel Busfahrer und begann seinen Luftangriff, begleitet von höllischem Gerassel, dem Klappern lockerer Schrauben und schlecht vernieteter Bleche; beim Losfahren hustete der heiße Motor, der seinerseits während der Fahrt alles erhitzte, der Geigerzähler sprühte kreischend Funken, die Tachonadel drehte durch; die nach dem Motto »was das Zeug hergibt« genommenen Kurven ließen uns auf den Sitzen hin und her rutschen, ohne daß wir die Haltung verloren hätten, allerdings zogen wir der Situation angemessene Gesichter, als der Engel der Vernichtung auf den halbleeren Straßen der Siedlung Narvarte bei Lichtgeschwindigkeit Rennen zu fahren begann. »Eiiiinsteigennnn! AAAAAussteigennnn! Aaaaaffarrrrenn!« Beim Aussteigen hatten wir Gesichter wie Marsmenschen, Köpfe wie fliegende Untertassen und ein beträchtlich erhöhtes Magnetfeld.

DIE STADT BEDECKT DIE ENGEL MIT RUSS

Die Stadt hütet ihre Engel nicht, sie läßt sie beizeiten in irgendeinen Hühnerstall fallen wie den schlampigen Engel von García Márquez; sie springt mit ihnen ohne die geringste Ehrerbietung um, bewirft sie mit verfaulten Obstschalen, bis sie wie Hühner gakkern, die darauf warten, daß der Hahn auf sie springt. Dann geht einer los und sucht erfolglos die Spuren der Flügel. »Jaja, da wuchsen sie ihm heraus, genau unter der Schulter!« An den Schulterblättern der Kinder sieht man sie sprießen, eine Knospe von einem Flügel, die aufgebrochen wäre, um groß und weiß zu wachsen, wenn das Leben nicht über diese Unschuldigen hereingebrochen wäre. Aber da sind ja schließlich noch die Papierflügel. Die Papierverkäufer schwingen sie herum, mit Überschriften so schwarz wie Todesanzeigen: »*Drittes Communiqué von Lucio Cabañas. Die Mexikaner sollen da bleiben, die USA sind auch nicht der Himmel auf Erden, sie sollen da bleiben, sie werden sich die Flügel verbrennen, bittet in höchst besorgtem Ton Monsignore Patricio Flores, Weihbischof von San Antonio, Texas.*« Die Zeitungsverkäufer strengen ihre Stimmen an und steigern ihre Tonstärke, damit man sie über dem Motorenlärm der Autos, dem heiseren Heulen dieser durchlöcherten, bis ins Tiefste geschändeten, ausverkauften, düsteren Stadt noch hören kann. Nachts bedecken sich die Altpapierhändler und die Zeitungsverkäufer mit ihren Papierhäuten; den nicht verkauften Zeitungsstapel breiten sie über ihre Blöße und kauern sich unter einer Markise zusammen. Am milchig-schmutzigen Morgen holen die Zeitungsverkäufer auf der Bucareli ihre neue Zuteilung an Zeitungen ab: jene, die statt Flügeln ein Fahrrad haben, können durch die Straßen flitzen und die Zeitungen mit unglaublichem Geschick in die Gärten der Abonnenten werfen oder unter der Tür durchschieben, ohne daß sie beschädigt werden, und gleichzeitig dem Dienstmädchen, das gerade den Gehsteig kehrt, ein Kompliment rüberwerfen. Zeitungen und Komplimente gehen immer Hand in Hand. Um zwölf Uhr mittags kann kein Mädchen auf der Bucareli langgehen, ohne in die Ausrufe der Zeitungsverkäufer mitverpackt zu werden. An allen Ecken flattern die Nachrichten vielstimmig durch die Luft, und die Pfiffe für die Frauen prasseln hernieder wie Regen und lassen sie schneller laufen als die Nachrichten.

DER ENGEL, DER SEINE MUSIK BEI SICH TRÄGT

Autowächter sein ist nicht mehr so einfach, denn jetzt tragen alle Uniform: es gibt Zusammenschlüsse, Gewerkschaften, was weiß ich, jetzt kann da nicht irgendwer, ein Tunichtgut, einfach hergelaufen kommen; Erkennungsmarken werden ausgeteilt, Nummern, die auf die Tasche des khakifarbenen Hemdes genäht werden, aber die improvisierten Autowächter gehen weiterhin zu Kinos und Stadien, und mit dem Ruf »ich paß drauf auf, Chef« hüten sie eine ganze Herde aus Skai, Chrom und Blech:
»Ich paß drauf auf, Chef.«
»Gut, mein Engel.«
Bei der Abfahrt dann das Ausparken, die leichten Schläge auf die Blechflügel des Autos, Klopfen, das tata, tatata, tata, rechts, noch ein wenig, ja jetzt, kommen lassen, kommen lassen. Einschlagen, noch mehr einschlagen... verdammt, Chef, jetzt haben Sie dem Ford eine Beule verpaßt...
»Hast du mir nicht gesagt einschlagen?«
»Doch, Chef, aber ich hab nicht gesagt reinschlagen.«
»Also jetzt geb ich dir nichts, du Dämlack!«
Doch auch die nichtuniformierten Autowächter verdienen ihre vierzig Centavos, ihren halben Peso oder ihren Peso, je nach Laune dessen, der sich den Film ansah, oder je nach Spielergebnis. So ergeht es auch den Verkäufern von Lotterielosen, die die letzten Losabschnitte lautschreiend zum Verkauf anbieten, das Waisen-

kind der Lotterie vom Tage: »Heute eine halbe Million! Kommen Sie, kaufen Sie, dies ist die Glücksnummer, damit Sie nach Äropa fahren können, auch wenn Sie mich nicht mitnehmen!« Und auch wenn man nicht kauft, bleibt einem dieses Kitzeln; bei der Nummer hat was in mir geklingelt, schön, diese Nummer, verfluchtes Glück, ich treffe es nie. Und dann plötzlich erscheint, immer seltener, an einer verregneten Straßenecke die wehmütige Musik eines Leierkastenmannes, der an einer Kurbel dreht. Über diesen Engel, der die Musik mit sich trägt, diesen schweren Engel, der nicht fliegen kann, weil die aus Deutschland herübergekommenen Klangwalzen auf ihm lasten, hat niemand etwas Besseres gesagt als Ricardo Cortés Tamayo: »Man muß das gesehen haben, wenn er vor einem der Lokale stehenbleibt, wo die Menschen bunt gewürfelt zusammenlaufen, er stellt den langen Stab ab, der ihm als Stütze und Markenzeichen zugleich dient, peilt die Walze an, dreht auf und spielt und spielt und spielt. Danach geht er, den Schlüssel oder die Kurbel des Instruments als Beweisstück in der Hand, in das Lokal und sammelt Centavostücke ein. Musikalische Banausen geben ihm nichts: ihm, dem Kapellmeister eines kompletten volkstümlichen Orchesters. Ich glaube, daß er spät abends, von Müdigkeit überwältigt, in den Zylinder seines Instrumentes schlüpft und dort einen gesegneten Schlaf hält.«

DIE ENGEL MIT DEN ERFRISCHUNGSGETRÄNKEN

Es ist schon so, daß die Großstadt die Engel mit Ruß bedeckt, sie in der Asche wälzt, ihnen die Flügel versengt. Es gab einmal eine Limonadenverkäuferin in Juchitán; ihr Stand hatte ein Dach aus Palmblättern, an denen saftiggrüne Tropfen langglitten, die jedoch nie so frisch und klar waren wie das Grün, das die Frau selbst umgab; der Saft des Lebens in ihren Händen und ihrem Gesicht und in ihren vollen Lippen, den Lippen einer glücklichen Frau. Es war der bestbesuchte Stand am Platze, der fröhlichste; die Leute drängelten sich darum, ihre Limonaden schmeckten himmlisch:
»Eine mit *jamaica*-Geschmack, Rosita.«
»Eine mit *chía*-Geschmack.«
»Für mich eine mit *tamarindo*.«*

---

* Jamaica, chía, tamarindo sind Erfrischungsgetränke. A. d. Ü.

Unermüdlich schenkte sie aus, und die Männer blieben stehen, um ihr zwischen zwei Gläsern nette Dinge zu sagen, »die hübscheste Blüte«, wie Cortés Tamayo sagen würde. Zwei Fotografen freundeten sich mit ihr an. Sie gingen hin, schwatzten mit ihr, beschrieben ihr die Hauptstadt und tauschten Adressen aus; und da es sehr heiß war, trank man auch viele Erfrischungsgetränke von sämtlichen tropischen Früchten. Eines Morgens mußten sie sich verabschieden, und sie nahmen das klare Bild von Juchitán und seine einnehmenden Farben mit sich. Sie schickten Rosita dann noch eine oder zwei Ansichtskarten aus Mexiko-Stadt, und dann schluckten die Stadt und ihre Mauern das strahlende, grüne Bild, bis einer der beiden Fotografen eines Tages einen Anruf bekam:
»Ich bin's, Rosita.«
»Welche Rosita?«
»Rosita Chacón, die aus Juchitán.«
»Verzeihung, aber ich komme im Moment nicht drauf...«
»Sicher, Rosita, Rosita vom Limonadenstand.«
Aus der Tiefe kehrte das taufrische Bild der Verkäuferin zurück.
»Rosita, was für eine Freude! Wann können wir uns treffen?«
»Wann Sie wollen.«
Ihre Stimme klang so sanft. Der Fotograf ging zur angegebenen Adresse, einem fünftklassigen Hotel in einer dunklen Straße. Als er sie sah, erkannte er sie nicht wieder. Drei Tage in der Stadt hatten genügt, ihre weiten blumenübersäten Überröcke aus Tehuana und ihren mit Kettenstich reichbestickten *huipil* abzulegen, drei Tage in der Großstadt, und schon hatte sie ihre glänzenden schwarzen Zöpfe abgeschnitten, um sich eine Dauerwelle zuzulegen. Mit einem engsitzenden kirschroten Rock und einem aggressiven Pullover darüber hatte die Stadt Rositas Engelhaftigkeit weggeblasen. Dem Fotografen sank das Herz.
»Ich bin Sie besuchen gekommen.«
»Aber – und Ihre Familie, Rosita?«
»Die ist dageblieben.«
»Und Ihre Arbeit? Ihr Stand?«
»Nein, ich will jetzt hier wohnen, in der Hauptstadt.«
Rosita war in der Stadt nur eine Frau mehr in der Menge, ein gewöhnliches, alltägliches Wesen, bereit, sich an den Fotografen zu klammern wie das Elend an die Welt. Hier in Mexiko-Stadt hatte sie nichts zu suchen. Hier war die einzig mögliche Arbeit für

sie, fremden Dreck zu kehren. Rositas Verwandlung war unerhört: »Gestern noch ein prächtiges, ein sentimentales Mädchen, bin ich heute kaum noch ein Schatten.« Der Fotograf gab einer stummen, verweinten Rosita Geld für ihre Rückfahrt: wäre sie in der Hauptstadt geblieben, hätte sie sich in die Klauen des Ungeheuers begeben, hätte sich von der großen Stadt, die alles herabwürdigt, verschlucken lassen. Er begleitete sie noch an den Busbahnhof, sah sie in den Bus steigen, wobei sie in ihrem röhrenengen kirschroten Rock die Hüften schwang, wo doch dort im Dorf all ihre Bewegungen die Grazie des Wassers hatten. Es hätte nicht viel gefehlt, und dieser Engel wäre dahingewelkt, nicht viel hätte gefehlt, und er wäre seinem Dorfplatz abgenutzt und zerlumpt zurückgegeben worden. Hier gab es für Rosita nur den Verlust ihres engelgleichen Wesens, die Obstschalen und die Reste des Festmahles.

DER ANGELUS

In der Abenddämmerung, zur Stunde des Angelus, schließt sich die Stadt über ihren Bewohnern. Noch gibt es den Angelus im dingeling-dingeling der Dorfglocken, und die Glocken klingen dann so einsam, so schutzlos und so verhungert wie die Menschen. Viele Kinder beten den Angelus, um Gott zu danken und in Frieden zu schlafen, denn Angelus heißt auch, dem Geist dessen, der da ruht, Erleuchtung zu geben. Mit einem seit Jahrhunderten immer gleichbleibenden Aussehen wird der Engel in Kirchen, an Portalen und auf Statuen abgebildet, ändert sich zwar mit den Stilen der Architektur, nie aber in den Gefühlen der Menschen. Wenn man die Ohren gut spitzt, kann man zur Stunde des Angelus ein Flügelrauschen hören; himmlische Heerscharen bedecken den dämmrig werdenden Himmel, und wenn Sie nicht aufpassen, meine Herrschaften, könnten Sie mit Ihrem Schutzengel zusammenstoßen, der auf dem Gehsteig dieser Engelopolis gerade von irgendeinem Treff zurückkommt, ein Engel aus Fleisch und Blut und mit einem winzigen Schlund – in dieser Stadt, die uns nicht so lieben läßt, wie wir möchten, um unseren Hunger zu stillen. Man muß schon in einem begnadeten Zustand sein, um noch lieben zu können bei so viel Huperei, Prozessen, Todesängsten, Smog, Gewalttätigkeit, ständigem Hin und Her ohne ein Irgendwohin, und bevor wir liebende Engel werden, treffen uns Vorladung und

Urteil. Dann wiederholen wir an der Seite des potentiellen Engels, auch wenn dieser sich als schwarzer Aasgeier getarnt hat, noch einmal:

> Schutzengel mein,
> sanfter Begleiter,
> verlasse mich nicht
> weder bei Tag noch bei Nacht.

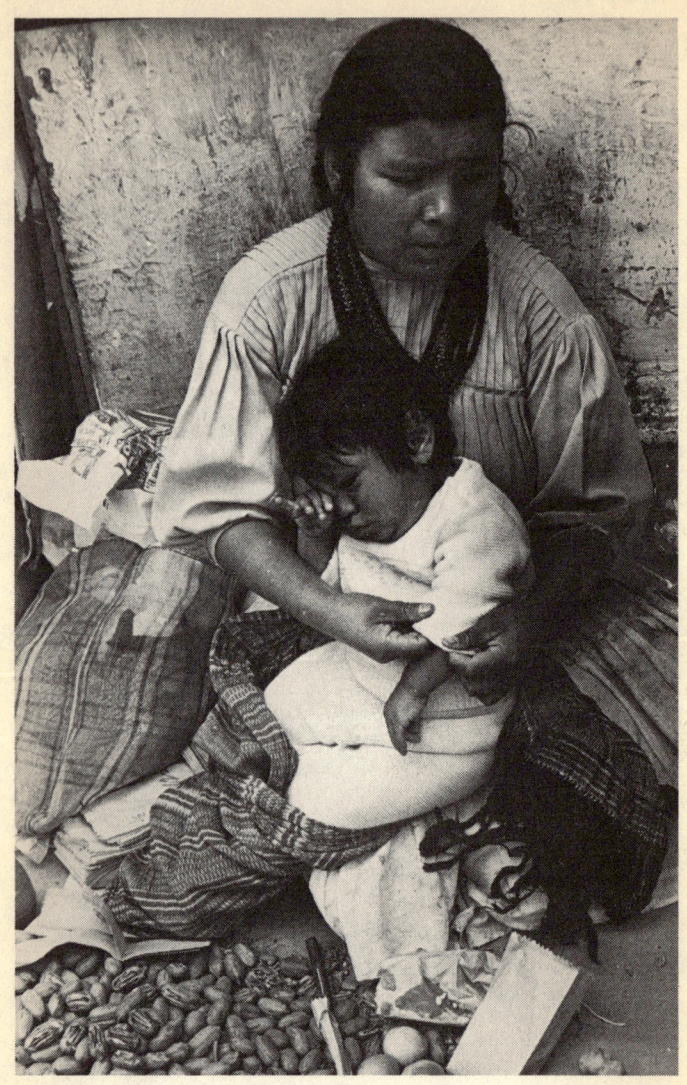

»Kaufen Sie mir nicht alles ab, sonst habe ich nichts mehr, und dann?«

Im Zentrum Mazahua bekommen die »Marías« einen geringen Lohn und nähen oder sticken.

Der Traum der arbeitenden Kinder wäre vielleicht, mit einer himmelblau gekleideten Puppe zu spielen, wie der Refrain eines Liedes lautet.

Sie sind Engel, die nur schlecht fliegen, da sie ein schweres Gewicht mit sich herumschleppen: das Elend.

Die Studentenbewegung von 1968

José Revueltas mag sich geirrt haben, als er glaubte, die Regierung würde es nicht schaffen, die Studentenbewegung aufzuhalten; er hat sich hingegen nicht geirrt, als er annahm, daß wir damit das verrückteste Beispiel von Redlichkeit erleben würden. Es war jedenfalls sehr gut, daß er daran teilgenommen hat; das gleiche gilt für Heberto Castillo und andere Lehrer, die sich der Jugend anschlossen. Sie taten recht daran, sich der Regierung zu widersetzen, wie dies auch der Rektor der UNAM zu Recht getan hat. Jene, die den 2. Oktober, das Gefängnis oder das Exil überlebt haben, gaben ihrem Leben einen Sinn, den andere nicht haben. Wenn ich González de Alba, Álvarez Garín, Guevara Niebla, *El Pino* (*Tannenbaum*) und *El Búho* (*Uhu*) sehe, dann denke ich daran, daß Hunderttausende von Demonstranten hinter ihnen marschierten, protestierten und ihr Leben aufs Spiel setzten. Ich weiß, daß sie sich vor 68 anders verhielten; ich weiß, daß jenes Jahr in ihrem Leben, wie in dem vieler Mexikaner, eine Zäsur bedeutet.

Zehn Jahre danach sind die Studentenunruhen noch immer ein überraschendes Phänomen, denn es ist schon erstaunlich, daß eine bis dahin stumme Masse ohne organisierte Opposition (Vallejo, Anführer des Eisenbahnerkampfes von 1958, saß im Gefängnis, Campa ebenfalls, Vásquez Rojas war nach seiner Gefangennahme in Iguala in die Berge geflüchtet), daß also einer solchen Masse ohne sichtbare Führer die größte unabhängige Mobilisierung in der jüngsten Geschichte Mexikos gelungen ist: die großartigste und außergewöhnlichste Bewegung seit der Mexikanischen Revolution von 1910.

In den Jahren, die der Revolution von 1910 und ihrer Million Toten folgten, lernte das Mexiko der Armen vor allem den Autoritarismus kennen. Zwar wurde ein Teil des Bodens an die Bauern verteilt, aber sie hatten kein Wasser, man gab ihnen keine Kredite und keine Geräte, um den Boden zu bearbeiten. Den Arbeitern wurde nie etwas anderes gegeben als Arbeitgeber, die sie ausbeuteten: ausländische und einheimische. Wir wissen Bescheid über Cananea, Nacozari und Río Blanco – Metzeleien, über die nie etwas veröffentlicht wurde, besser gesagt, die man zu verschweigen versuchte.

1968 herrschte ein ähnliches Schweigen im Lande. Und ganz plötzlich brach eine dynamische, autonome und, warum sollte man das nicht sagen, eine wahnsinnige, weil unverhoffte Bewegung aus, eine Bewegung für so idealistische und integre Menschen wie José Revueltas, Heberto Castillo, Jorge und Manuel Aguilar Mora, Roberto Escudero, Florencio López Osuna, Ignacio Osorio, Pablo Gómez, Joel Arriaga, Eduardo de la Vega und Tausende junger Menschen, die durch ein unauflösliches Band miteinander verbunden waren: den Mut. Die Mobilisierung auf der Straße ging weder von den Bauern noch von den Arbeitern aus. Es war vielmehr ein Aufmarsch junger Intellektueller, die sich auflehnten. Wogegen? Die jeweils zum Anlaß genommenen Vorwände mochten irgendwelche sein – tatsächlich marschierten sie gegen das Elend des Landes, gegen Betrügereien auf höherer Ebene, gegen die Korruption.

Diese Jugendlichen waren für diese Regierung bestimmt, gegen die sie sich jetzt auflehnten. Sie bildeten sogenannte »Kader«, die zukünftigen Führungsmannschaften. Sie kamen von der *UNAM*, dem Polytechnikum, aus Chapinga und aus Abiturientenklassen. In Mexiko findet die Diskussion über die Probleme des Landes nämlich an den Hochschulen statt. Da politische Parteien fehlen, sind die Hochschulen zu einer Bastion geworden, wo Professoren und Studenten ihre Meinung frei äußern. Das beeinflußt die jungen Menschen und drängt sie zur Tat; man muß nur durch das Universitätsviertel gehen und die Parolen auf den Häuserwänden lesen, um sogleich zu merken, daß die streikenden Ärzte im Allgemeinen Krankenhaus, die Mütter der Verschwundenen und der politischen Häftlinge, das Amnestie-Gesetz, die Arbeiter des U-Bahn-Reinigungsunternehmens, die noch immer keinen Grundlohn bekommen, unterstützt werden, und mit treffender Ironie karikieren sie die Vetternwirtschaft, das Prinzip des Eine-Hand-wäscht-die-andere und des Ich-hab-nichts-gesehen, Ernennungen per Fingerzeig, Schmiergeldpolitik, das Sich-Einmischen aufgrund von Machtpositionen und die Politiker, die das Land alle sechs Jahre unter sich verteilen.

In Mexiko gibt es für alles ein bestimmtes Alter: in einem bestimmten Alter ist man Idealist, in einem anderen bigotter Katholik, in wieder einem anderen Antiimperialist, Anti-Regierungs-Spezialist und schließlich *Priist*. *Priist* oder *Konformist* ist man in reifem Alter. Alles andere sind jugendliche Torheiten. Wie viele Männer gibt es wohl, die einmal politisch links standen, sich an ihre Jugend erinnern und sich dabei gegenseitig mit einem alles entschuldigenden Lächeln auf die Schultern klopfen? 1968 war Mexiko jung und hat uns alle jung gemacht. Die Studentenbewegung beweist das. Es war die lebendigste Etappe vieler Jahre und, da die Dinge so gedämpft verlaufen, sehr vieler Menschenleben. Etwas ist 1968 unabänderlich verlorengegangen (den Toten ist das Leben immer unwiederbringlich), aber es wurde auch etwas gewonnen. Carlos Monsiváis schreibt, daß eine Frau, die angesichts ihres toten Sohnes fragt, was sie mit dem Rest ihres Lebens anfangen soll, mehr aussagt als eine Million Menschen, die »Das Vaterland über allem«, »Der Mutige mordet nicht«, Sentenzen und Sprüche (»Der Respekt« ... bla-bla) und andere in Bronze gehauene Sätze zur Erbauung über die Unsterblichkeit aussagen können.

Diese Chronik will dem Ablauf der Studentenbewegung von 1968 folgen, nicht um sie von ihren Irrtümern freizusprechen, sondern – und ich zitiere noch einmal Monsiváis – weil keine Hommage dieses großen Augenblicks in unserer Geschichte je zu viel wäre.

ES IST SCHWIERIG, DAS MEXIKO DER FÜNFZIGER UND SECHZIGER JAHRE NICHT MIT EINER REPORTAGE ÜBER GESELLSCHAFTLICHE EREIGNISSE ZU BESCHREIBEN

Es ist ein schwieriges Unterfangen, das Mexiko der fünfziger und sechziger Jahre nicht mit einer Reportage über gesellschaftliche Ereignisse zu beschreiben, denn das war der vorherrschende Stil, zumindest haben wir das so erlebt. Was tat die Studentenbewegung von 1968? Zunächst zerbrach sie das offizielle Bild von Mexiko. In unserer Vorstellung war alles glänzend, himmelblau und vielversprechend. Vor allem waren wir anders als das übrige Lateinamerika, wir waren Mexikaner und stolz darauf. (Was das heißen soll? Wer weiß das schon, jedenfalls ist es ein Klischee, von dem wir uns noch immer nicht befreit haben.) Alle Länder weiter südlich oder anders gesagt weiter unten, also irgendwo da hinten (einschließlich Brasilien mit seinen Trommeln und Militärs) blickten auf uns; wir konnten uns in das führende, das tonangebende Land des Kontinents verwandeln. Die Mexikanische Revolution war die Schrittmacherin, die große Schwester der anderen Revolutionen. 1939 begann die revolutionäre Großfamilie mit dem Abflug; der auf dem Kaktusblatt sitzende Adler würde sich in die Lüfte schwingen und den Himmel des ganzen Kontinents beherrschen.

DEN STATISTIKEN ZUFOLGE BRACHTE DIE MEXIKANISCHE
REVOLUTION TAUSENDE UND ABERTAUSENDE PROMINENTER
MILLIONÄRE HERVOR

Der Zweite Weltkrieg brachte der mexikanischen Wirtschaft einen großen Aufschwung. Die ausländischen Märkte wurden geschlossen, was die Importe einschränkte, so daß Mexiko eine riesige Menge ausländischer Devisen anhäufen konnte, die es später in Maschinen für seine Industrialisierung investierte. Schon während des Krieges exportierten wir verschiedene Sorten von Agavenfasern, Minerale, Silber, Baumwollstoffe und große Mengen von Kichererbsen nach Spanien, und gegen Ende des Krieges konnten wir uns sogar in die Bauindustrie vorwagen, indem wir Zement und Eisenmatten für den Betonbau herstellten; wir stiegen in die Elektroindustrie, in die Glas- und in die Farbenindustrie ein und, sozusagen als flankierende Maßnahme, in die Schuh- und Bekleidungsindustrie. Mexiko finanzierte seine Entwicklung mit Auslandskrediten; und unter Präsident Ávila Camacho beliefen sich diese Kredite auf knapp 7 Millionen Dollar, unter Alemán stiegen sie auf 43 Millionen und unter Ruiz Cortines verdreifachten sie sich: 125 Millionen, um schließlich unter López Mateos auf 397 Millionen Dollar zu klettern. Seither haben wir uns immer weiter verschuldet, und wir waren glücklich darüber, ein kreditwürdiges Land zu haben, während unsere Währung schwindelerregend schnell an Wert verlor.

Aber die große Familie der Revolutionen hat nicht nur die Grund-, sondern auch die Spielregeln festgelegt. So erneuerte sich die revolutionäre Familie zwar alle sechs Jahre durch Wahlen, aber ihre Mitglieder blieben immer dieselben; Anhänger von Ávila Camacho, Alemán, Ruiz Cortina usw. Nie hat eine Partei der Opposition (offiziell) eine wichtige Schlacht gewonnen, etwas mehr als eine Rathausverwaltung, obwohl der Regierungspolitiker Antonio Carrillo Flores den Oppositionspolitiker Manuel Gómez Morín in dessen Haus zu einer Besprechung aufsuchte. Die »Anhänger von...« hatten einen gemeinsamen Nenner: sie frühstückten zusammen, die einen waren Kabinettsmitglieder der anderen gewesen, sie schuldeten sich Gefälligkeiten, sie wußten genau, wo die Zahnräder ineinandergriffen, sie kannten die Maschinerie unserer institutionalisierten Revolution bis zu den letzten Schräubchen. Sie handhabten Fachausdrücke wie *Demokratie, aktives Wahlrecht/Nicht-Wiederwahl, Wirtschaftliches Wachstum* und Leitsätze wie: »Ein einziger Weg: Mexiko«, »Wer früh aufsteht, dem hilft Gott«, »Zwanzig Millionen Mexikaner können nicht irren«, »Mexiko ist einmalig«, »Gerechte Verteilung des Reichtums« und weitere »Postulate und Prinzipien, die aus der Revolution hervorgegangen sind«. Den Statistiken zufolge, und das kann man mit einem Blick erfassen, hat die Revolution Tausende und Abertausende von prominenten Millionären hervorgebracht.

DIE GANZ STARKE UMARMUNG

Dieses friedliche und gedeihliche Image hielt fast vierzig Jahre. Es gab keine organisierte politische Kritik und nur ganz vereinzelte intellektuelle Dissidenten; jedenfalls keinen Flores Magón. Die Tätigkeit des *PAN*, der Oppositionspartei, war wenig überzeugend, denn einer ihrer Gründer, Gómez Morín, ein hervorragender Wirtschaftswissenschaftler, hielt die Existenz einer »loyalen Opposition« mit erbitterter und doch anständiger Kritik für möglich. Voller Enttäuschung flüchtete sich Gómez Morín endgültig in die Arme der Katholischen Kirche und ihrer blinden Glaubensdogmen. Lombardo Toledano, der an Buddha, den Idealismus und ein vorbildliches Leben glaubte, und der selbst wie ein mystischer Heiliger aussah, die Augen auf Halbmast (man sah viel vom Weißen), verloren im Dunst der herrlichsten aller sozialistischen Meditationen, fand sich wieder in der ganz starken Umarmung desjenigen Präsidenten, der gerade an der Macht war, nachdem er in den dreißiger Jahren das Schicksal seiner Arbeiterherde an das der mexikanischen Regierung gebunden hatte.

In unserem Land wurden schon immer gute Witze gemacht; man sprach von den *fincas* der Obregón im Norden; von den Stiefeln des Maximino Ávila Camacho (er hatte zweihundertfünfzig Paar), von den Rassetests für Stiere in Pastejé, auf dem Großgrundbesitz von Pepe Madrazo oder von Arruza, von den mondänen Treffen in Acapulco. »Uiuiui! Ich bin der Größte!...« Zwei

Romane spiegeln diese Epoche wider: *Landschaft in klarem Licht* von Carlos Fuentes und *Casi el paraíso* (Fast wie das Paradies) von Luis Spota. Die mexikanischen Politiker, ebenso gerieben wie tüchtig, waren und sind ohne Zweifel Meister im Handhaben der Techniken persönlicher Bereicherung und des Sich-Bedankens; was einem jeden so gebührt, und nur selten vergessen sie ihre *compadres*, ihre Banknachbarn: »*Compadrito*, wenn du davon betroffen bist, kommt das natürlich nicht in Frage«, sie ließen sich auf Machenschaften ein, hatten viele Arten und Weisen, Angelegenheiten aus der Welt zu schaffen, und das politische Leben spielte sich immer hinter den Kulissen ab... wäre dem nicht so, könnten Sie Watergate getrost vergessen! Sie tranken im Club 123 von Luisito Muñoz, rätselhaft und sanft wie eine Wildkatze; oder im Ciro's von Dickerchen Bloomy (Blumenthal), und Carlos Denegri, Journalist mit ausschweifendem Lebenswandel, legte den Stil des Tagesgeschehens fest, und zwar sowohl in seinen manchmal vorzüglichen Reportagen als auch in seinem persönlichen Verhalten. Wenn eine Frau, der er nachstellte, auf irgendeinen Hof im Norden geflüchtet war, so zog er rücksichtslos und wutschnaubend hinterher und ließ mit Hilfe des jeweils amtierenden Gouverneurs Straßensperren errichten. Reinrassige *machos*. Paßt auf eure Hühnchen auf, mein Hahn läuft frei herum! Mir geht keine Frau durch die Lappen! Los, noch ein Glas; hier zahle ich, hier habe ich das Sagen. Die vom Männlichkeitswahn bestimmte Tavernenatmosphäre drang in die mexikanische Politik ein, und gleichzeitig versuchten die Gesellschaftsnachrichten in den Zeitungen dem offiziellen Leben eben derselben Politiker Würde zu verleihen. Neben den Gelagen der Männer existierten die Debütantinnenbälle; neben den nächtlichen Sauftouren die in Tüll gehüllten Bräute; dazu feierliche Beerdigungen, Rosenkränze, die in der Kirche La Profesa gebetet wurden, und der Erzbischof Luis María Martínez gab, mit trägerloser (!) Soutane, sogar einem Nachtclub seinen Segen und damit einen würdigen Anstrich; die kleinen Häuschen überlebten in friedlicher Koexistenz mit den Villen im kolonial-kalifornischen Stil auf den vornehmen Hügeln Las Lomas, lachsfarbene Gladiolen reckten sich in geschliffenen Kristallvasen, und die Söhne aus gutem Hause gingen in den Tivoli – damals noch ganz im Stile Orozcos –, um das Kabarett zu entdecken, mit Gema, Tongolele, Kalantán und Sumukey. Carlos Fuentes lebte gleichzeitig zwei glühende Romanzen im Pérez-

Prado-Rhythmus zwischen dem Kabarett Leda und dem Kabarett Macao; und Tongolele pflegte sogar noch 1964 und noch immer ganz in Schwarz gekleidet im Saal Manuel M. Ponce seinen Vorträgen zu lauschen – und neben ihr saß China Mendoza. Die Gesellschaftsspalten erlebten einen großartigen Boom; in ihnen wurden die Taten der Regierung verglitzert. Die Violinen von Villafontana feilten die Kanten; Esperanza, die Friseuse, sprühte Lack auf die Mähnen ihrer gläubigen Kundinnen und machte sie so gegen alle Angriffe des Schicksals gefeit; und sie mögen ihren ersten Walzer am mächtigen Arm ihres Herrn Vater, des Dr. Machdirnichtsdraus getanzt haben. Canastapartien zu wohltätigen Zwecken; einzeln aufgeführte Brautgeschenke; die Empfänge im Smoking; der Jockey Club: all dem wurde die ganze Zuneigung der Tageszeitungen der Hauptstadt zuteil, die damals (wie heute) sechzehn, ja, bis zu vierundzwanzig Seiten, ganz zu schweigen von den achtundvierzig sonntäglichen Extra-Seiten, solch anregenden Aktivitäten widmen. Rosario Sansores säuselte ihre Gesellschaftsberichte, und wir lasen sie begierig: »Die wunderschöne Judith in ihrem herrlichen Kleid«, »Mario, am Arm seiner Favoritin Marcela«, »Paparrucha blendete uns alle mit ihrem neuen Modellkleid von Fath; rauchgrau mit rußfarbenen Applikationen«, »Chiquis Flores wartet auf den Vogel mit dem langen Schnabel«, »draußen löschte der Wind die letzten Sterne, als wären sie Kerzchen einer Geburtstagstorte«. Die Brautgeschenke (hübsch aufgereiht) standen immer häufiger zur Ansicht aus. Armando Valdés Peza, Carlos León, der Herzog von Otranto (ist er wirklich ein Herzog, Mama?), Agustín Barrios Gómez – sie waren die Könige von Mexiko, Rosario Sansores die Kaiserin, und wir Mexikaner die Schweinchen, die ins Bett mußten, Mama gab ihnen viele Küßchen, schön warm in ihren Schlafanzügen, schön von dem herrlichen Tag geträumt, an dem das Ragout à la Popoff unser Debüt auf der Jockey Szene anzeigen würde, und ein Orchester spielte dazu: »Wenn ich nach Venedig fahre, Lucrecia, ade, doch ich werde dir schreiben. Setz das Segel, setz das Segel...«

ENTSCHULDIGEN SIE DIE UNANNEHMLICHKEITEN, DIE IHNEN
DIESE BAUSTELLE VERURSACHT

Mexiko-Stadt wuchs immer weiter, bis sie schließlich eine Fläche von 1499 Quadratkilometern bedeckte und sich in die Höhe reckte (das Hotel de Mexico ist 218 Meter hoch, die Antenne nicht eingerechnet), sich aufblähte (die Siedlungen Aurora, San Agustín bei Jardines und Tablas de San Agustín reichen bis zum Kilometerstein 14, also die halbe Entfernung nach Pachuca; und San Miguel El Alto, ein Dorf an der Grenze des Verwaltungsgebietes Iztapalapa, reicht sogar bis zum Kilometerstein 17 und liegt genau auf der Hälfte des Weges nach Puebla) und gedieh (Burgerboys, Kentucky's, Fried Chicken etc.). Von einem Tag zum anderen verschwanden die einstöckigen Häuser, und Wohnblocks und Hochhausgruppen schossen wie Pilze aus dem Boden. Mit ihnen wuchsen Viadukte und Umgehungsstraßen mit vielen Unterführungen in die Länge, und Supermärkte und bessere Wohnviertel... der reinste Wahnsinn. Jahre hindurch war Mexiko-Stadt nichts als eine Stadt von Schippen und Schlaglöchern, Umleitungen und Verkehrsverstopfungen: »Entschuldigen Sie die Unannehmlichkeiten, die Ihnen diese Baustelle verursacht«, und so weiter. Alles war Bau, Fortschritt, Wohlstand. »Kaufen Sie jetzt, zahlen Sie später.« Das alles umfassende Kreditsystem wurde eingeführt, diese magischen Kärtchen, die sogar das Trinkgeld für die Kellner einschließen, Zahlungserleichterungen für die Anschaffung eines eigenen Hauses, einer eigenen Wohnung, eines eigenen Autos, »glücklich lebten die kleinen Tomaten, bis der Henker kam und Saft aus ihnen machte«, »in Ihrer Zukunft steht ein Ford«, »Malena und ihr Volkswagen«, Möbel auf Raten, Darlehen von der Bank, Theateraufführungen von der Sozialversicherung, große, billige Kinos, öffentliche Parkanlagen, Sportplätze in den nahegelegenen Siedlungen, das Chapultepec der Armen, die *Glückliche Welt*. Nirgendwo sonst haben die Hotelketten von Hilton, Sheraton, Ramada Inn so meteorisch triumphiert wie in unserem Land: braves kleines Mexiko, Chiquita-Bananen, »viele gute Geschmack«, Sprungbrett für Frank Sinatra oder den Jet-Set, der uns bald beehren würde: »Bitte treten Sie ein und verzeihen Sie die Bescheidenheit dieses Hauses«, würden wohl die Stadtväter, die gerade dran wären, sagen, wenn sie das tropische Paradies von Acapulco anböten.

95 % der Touristen, die nach Mexiko kommen, sind US-Amerikaner. In allen Teilen der Welt, sogar in den Wüsten, haben die Vereinigten Staaten ihre Hotels gebaut und ihren American Way of Life installiert, die Cocktail Lounge, die Lobby, die Klos mit ihren Keuschheitsgürteln, das Toilettenpapier (sanft wie ein Rosen-

blatt), damit sich der Nordamerikaner, der so ein richtiges Reisefieber bekommen hat, *everywhere at home* fühlen kann, das heißt: er kann noch in Chalchicomula die ihm vertraute Atmosphäre finden, die ihm schon immer ein Gefühl der Sicherheit vermittelt hat. Mexiko hat sich nordamerikanisiert. Galt der Tourismus denn nicht als unsere Industrie »ohne Schornsteine«? Wenn wir schon nicht fähig waren, die eigenen Produkte weiterzuverarbeiten, konnten wir wenigstens unsere Folklore verkaufen, und die Anthropologen dieser Welt würden sich über unser braunes Gesicht beugen, um die mexikanische Seele zu ergründen und ihre beiden Masken abzureißen: die einheimische und die spanische.

*

Unter den Hochhauszentren, die errichtet wurden, war eines, das um die kleine Kolonialkirche des Heiligen Santiago erbaut wurde: Tlatelolco, mit einhundertzwei Wohnblocks und einer Einwohnerzahl von etwa Siebzigtausend. Viele von ihnen gingen täglich über einen großen Platz: den Platz der Drei Kulturen.

DIE VERWORRENEN ANSPRÜCHE

Natürlich gab es im offiziellen Image unseres Landes einige Risse, aber die waren kaum wahrnehmbar. Oder erinnern Sie sich etwa an den über tausend Kilometer langen Fußmarsch der Bergarbeiter aus Nueva Rosita/Coahuila, die 1952 nach Mexiko-Stadt kamen, um ihre Forderungen vorzubringen? Wissen Sie, wer Professor Ohtón Salazar ist, der 1958 mehrere Tage lang gemeinsam mit der Abteilung IX der *Nationalen Gewerkschaft der Erziehung* die Innenhöfe des Erziehungsministeriums besetzte und Gehaltserhöhungen für die Grundschullehrer forderte, da ihr niedriger Verdienst sie unweigerlich zum Märtyrerdasein verdammte?

Der Gesangverein *Lamettaträger-Regierung-Kirche-Arbeitgeber-Presse* wies 1958 und 1959 gegenüber der von Demetrio Vallejo angeführten Eisenbahnerbewegung keinerlei Risse auf. Alle Industrie- und Handelskammern verurteilten die Forderungen auf Lohnerhöhung, die verworrenen Ansprüche der Arbeiter. Danach wurden Demetrio Vallejo und Valentín Campa elfeinhalb Jahre lang ihrer Freiheit beraubt; im ganzen Land setzte eine allgemeine Verfolgung ein, die Aktivisten unter den Eisenbahnern,

Das wilde Hämmern am Tor von San Ildefonso erboste jedermann.

Eine brennende Straßenbahn in der Bucareli-Straße, zu Beginn der Studentenbewegung 1968.

1968 gingen 400 000 Personen auf die Straße, um ihren Protest herauszuschreien; viele Lehrer schlossen sich den Studenten an.

Während der 120 Tage des Kampfes kreisten die Soldaten die Studenten mehr und mehr ein.

Das Unabhängigkeitsdenkmal diente als Fixpunkt fast aller Demonstrationen.

Die Plaza mit der Kathedrale ist das Herz der Stadt; sie zu erreichen und zu besetzen hieß das Zentrum des Landes eingenommen zu haben.

Die Reaktion der Regierung gegen die Studenten entsetzte Mexikaner und Fremde.

Anhänger von Vallejo, wurden eingesperrt, schikaniert, geschlagen, als Kommunisten, *schlechte* Mexikaner, Anti-Patrioten und an eine fremde Macht – unweigerlich die UdSSR – Verkaufte beschimpft. Die 1958 entlassenen Eisenbahner sind bis heute noch nicht wieder eingestellt worden, und seither sind immerhin Jahrzehnte vergangen. In den ersten Präsidentschaftsjahren von López Mateos wurden auch David Alfaro Siqueiros und Filomeno Mata verhaftet. Ihr Vergehen: den Präsidenten der Republik, den »Unberührbaren«, direkt kritisiert zu haben.

Am 23. Mai 1962 starb der Anführer der Bauern Rubén Jaramillo, von Kugeln durchsiebt. Eine Fotografie, auf der er den Präsidenten López Mateos umarmt, erschien auf der Titelseite der Zeitschrift *Política*. Rubén Jaramillo wurde in Xochicalco im Bundesstaat Morelos zusammen mit seiner Frau Epifania García Zúñiga, im achten Monat schwanger, und seinen Söhnen Ricardo, Enrique und Filemón ermordet. Jaramillo war Soldat von Emiliano Zapata gewesen. Er hatte die Großgrundbesitzer bekämpft und für die Bauern Rechte auf Grund und Boden in Michapa und Los Guarines (in Morelos) durchgesetzt. Seine Tochter Raquel erzählte, daß gepanzerte Fahrzeuge und Militärjeeps, von Soldaten gesteuert, zu ihrem Elternhaus kamen und Maschinengewehre Marke Thompson bei sich trugen. Sie haben den Massenmord verübt. Die Schuldigen wurden niemals vor ein Gericht gestellt.

Während der ersten Regierungsmonate (1964) von Díaz Ordaz wurde die Bewegung der Ärzteschaft ebenfalls unterdrückt, und nur die Zeitschriften *Sucesos* (unter der Leitung von Raúl Prieto) und *Política* bezogen Stellung zu ihren Gunsten, ansonsten jedoch haben die Presse, die belogene Leserschaft und die Massenmedien den Maßnahmen der Regierung applaudiert. Wie war es möglich, daß die Ärzte ihre Arbeit niederlegten, ihre Kranken im Stich ließen, sie in Lebensgefahr brachten, um eine Gehaltserhöhung durchzusetzen, wo sie bei der Staatlichen Krankenversicherung doch schon 650 Pesos im Monat verdienten? War das kein kriminelles Verhalten? Mit dieser Art von Erpressung, daß nämlich bei jedweder Arbeitsniederlegung der Ärzte das Leben der Kranken auf dem Spiele stand, erschienen die streikenden Ärzte als Mörder. Diese kindliche Art der Verleumdung hat die öffentliche Meinung in den diversen Informationsorganen manipuliert und tut dies auch heute noch. Ismael Cosío Villegas, Direktor des Hospitals Huipulco und *der* Tuberkulosespezialist Mexikos, solidarisierte sich mit den Streikenden. Das Resultat: Díaz Ordaz spuckte dessen sofortige Absetzung aus. Von da ab ist niemand mehr aus der zustimmenden Verblödung herausgetreten, die uns zu charakterisieren scheint, und die Ärzte, die die Bewegung geleitet hatten, wurden durch andere ersetzt.

RICHTIG: DIE OLYMPISCHEN SPIELE MUSSTEN IN MEXIKO STATTFINDEN

Außer diesen Ereignissen, die bald zu den Akten gelegt wurden, entsprach das Leben in unserem Land weiterhin einer Ansichtskarte: knallblauer mexikanischer Himmel; mexikanisches Rosa, wie wir es mit unserem Kunsthandwerk exportieren; mexikanisches Weiß, die alabasterfarbene Sonntagshose unserer Indios; die bestickte Tunika aus Yucatan; mexikanisches Gelb, das Gelb des Strohhutes, unter dem der Maultiertreiber friedlich eine ewigwährende Siesta schläft, da man ja, wie er es der ganzen Welt selber kundtut, alles für *mañana* lassen kann. »Der Überdruß ist ein Pfau, der am Nachmittag genug vom Licht hat«, murmelte Agustín Lara. Mexiko war herrlich, und die Touristen fuhren ab und waren begeistert, wie billig unsere Silberwaren, wie beeindruckend unsere Landschaft, wie unaussprechlich unsere Vulkane und wie sanft doch *those sweet little Mexican Indians* waren, die in Taxco mit ein paar Englischbrocken auf sie eingeredet hatten. Richtig, die Olympischen Spiele mußten in *Mexiko-Stadt* stattfinden; kein geeigneteres Land als das unsrige, das wie eine goldene Münze inmitten dieses Urwalds und all der Gebiete Lateinamerikas liegt, die es noch zu entdecken gilt, dieses *Füllhorn*, wie es in der Schule heißt, um die Allegorie noch geheimnisvoller zu machen; der Gesang der *mariachi* mit ihrem Gitarrenklang: »Ich bin wie grüner Pfeffer, weinendes Mädchen, scharf, aber würzig!«; dieses Paradies, das vom Atlantik bis zum Pazifik reicht; Acapulco, das seine Arme aus lauem Wasser ausbreitet, um Paul Getty, den reichsten Mann der Welt, zu empfangen; Puerto Vallarta, auserwählt von Liz Taylor und Richard Burton, welche Ehre! Cuernavaca, *the sunny place for shady people*, wo die Kolonisatoren aus aller Herren Länder hinkommen, um sich unter dem Vulkan im Schatten der Jacarandas und Feuerpinien zurückzuziehen. Sowohl Méndez Arceo, Erich Fromm, Ivan Illich und Lemercier als auch Barbara Hutton und ihr japanisches Haus sind absolut zum Export geeignet und würden sich überall gut machen; sie haben uns diesen Gefallen getan, ihr Ruhm reicht weiter als unsere Kaktusvorhänge. Mexiko, Sitz der Olympischen Spiele! Was für ein Triumph, koste er, was er wolle! (wichtig ist, dabeizusein, nicht, zu gewinnen); die Olympischen Spiele in Mexiko wären das Tüpfelchen auf dem i, die Krönung aller Anstrengungen der mexikanischen Politiker und einer aufsteigenden wirtschaftlichen Entwicklung, eingeleitet und durchgeführt von der *Institutionalisierten Revolutionären Partei*, die alles verschlingt.

Die XIX. Olympiade sollte am 18. Oktober 1968 in Mexiko beginnen. Doch zuvor, am 23. Juli desselben Jahres, provozierten mitten in der Kulturellen Olympiade zwei Halbstarkenbanden die Studenten der Technischen Fachschulen Vocacional 2 und Isaac Ochoterena und brachen so einen Streit vom Zaun, aus dem, wenn sich die Polizei nicht wild dreinschlagend eingemischt hätte, nicht mehr als ein simples Scharmützel geworden wäre. Der Schlüssel für die offizielle Anti-Studenten-Bewegung ist in der verdächtigen Einmischung von dreihundert bis an die Zähne bewaffneten Soldaten zu sehen, die zunächst die Burschen in der Lucerna-Straße bändigten und sich dann über die Studenten und Lehrkräfte der Technischen Fachschule Vocacional 5 hermachten, die mit dem Durcheinander überhaupt nichts zu tun hatten. Eine scheinbar unwichtige Auseinandersetzung (ein paar zerbrochene Scheiben) entfesselte die Studentenbewegung von 1968, die mit dem Gemetzel vom 2. Oktober endete, zehn Tage vor Eröffnung der Olympischen Spiele.

DIE UNAM UND DAS POLYTECHNIKUM, IDEALE ZENTREN ZUM
AUSTAUSCH UND ZUR VERBREITUNG VON IDEEN

Inmitten dieser Atmosphäre von Wohlstand, Frieden, sichtbarem Wirtschaftswachstum, Fehlen von sozialen Konflikten, der *Institutionalisierten Revolutionären Partei*, die stets im Amt bleibt und die politische Stabilität des Landes garantiert, bedeutete die Studentenbewegung von 1968 das politische Erwachen der jungen Mexikaner; sie taten sich zusammen und widerlegten somit die traditionelle Rivalität zwischen den Studenten der Universitäten und der Fachschulen. Schließlich versuchten sie, organisierte Aktionen durchzuführen. Die Studenten, die sich ohnehin täglich treffen, sei es in der UNAM, sei es in den Technischen Fachschulen, und die somit über ein ideales Zentrum für die Verbreitung ihrer Ideen und den Austausch untereinander verfügen (man könnte sogar sagen, daß die UNAM ein Generator für Kommunikation ist), konnten sich organisieren, *die Basis*, die Masse der Studenten zu Versammlungen und Meetings zusammenrufen und ein gemeinsames Vorgehen planen, sie konnten ein fieberhaftes Klima voller Begeisterung und Mut schaffen. Guillermo Haro lächelte, als er den Wissenschaftsturm der Universitätsstadt verließ und einen Jungen hinter seinem Megaphon rufen hörte: »UNAM, freies Territorium in Mexiko«. Die UNAM blieb dank ihrer Autonomie und ihrer Tradition – obwohl sie finanziell ganz von der mexikanischen Bundesregierung getragen wurde – von uniformierten Polizisten und bewaffneten Interventionen verschont. Dort konnten politische und gesellschaftspolitische Arbeit geleistet werden; dort standen den Studenten Kopiergeräte, Autobusse, Lautsprecheranlagen, Matrizen, Papier und eine Druckerei zur Verfügung. Niemand würde hineingehen und sie stören. Wieviel jubelnde Geschäftigkeit um die Flugblätter! Die *compañeras* sorgten für Lebensmittel, die wie im Fluge verschlungen wurden, und für Erfrischungsgetränke, die sich in den Ecken stapelten. Luis Gonzáles de Alba erzählt in seinem Roman *Los días y los años* (Die Tage und die Jahre) von jenen glücklichen Momenten, die ihre Bedeutung jetzt verloren haben. Auch Carlos Monsiváis, der inoffizielle Chronist der Stadt, beschreibt mit dieser beißenden Mischung aus Ironie und Verzweiflung, die ihn charakterisiert, den Schweigemarsch vom 13. September und dessen Ankunft auf dem *Zócalo*.* González de Alba erinnert daran, wie die Hörsäle der Fakultät für Literatur und Philosophie überfüllt waren, an die in Tribünen umgewandelten Busse, den Rückzug der Brigaden, das Ende des Marsches, als Jungen und Mädchen ihre Tücher mit den Parolen zusammenlegten, als wären es Bettlaken, Plakate einsammelten oder sie den Bettelnden gaben, in die schon vollen Busse stiegen, um in ihre Dachstuben zurückzukehren, an ihre Brote zwischen drei und vier Uhr morgens, den Maisfladen in einer *taquería*** der Avenida Insurgentes, den heißen Kaffee, das

---

* Platz vor der Kathedrale und dem Regierungsgebäude in Mexiko-Stadt. A. d. Ü.
** Geschäft oder Stand, an dem tacos (gerollte und gefüllte Maisfladen) verkauft werden. A. d. Ü.

Lachen, das Glücksgefühl, das der Sieg verleiht. Die Versammlungen dauerten so lange, daß Pfeifkonzerte genehmigt wurden, wie Raúl Álvarez Garín erzählt, um *die Basis* aufzuwecken. Andererseits bewirkten die nicht endenwollenden, überfrachteten Versammlungen, daß die Studenten stets zu spät auf Anstöße reagierten und so den Ereignissen immer etwas nachhinkten; bis sie eine Entscheidung trafen, hatten die Ereignisse sie bereits überholt. Salvador Martínez della Roca, *el Pino*, sagt das treffend in dem Buch *La noche de Tlatelolco* (Die Nacht von Tlatelolco): »man sprach vom Klassenkampf, von den Produktionsmitteln in den Händen der Bourgeoisie, der herrschenden Klasse und anderem Krempel, statt hinauszugehen, mit Flugblättern um sich zu werfen und eine Sprache zu suchen, die ihnen und dem Volk gemeinsam wäre.«

Als die Studenten aus Angst vor der beginnenden Repression – es gab bereits einige Verschwundene – begannen, in der UNAM zu übernachten, übernahm diese die Funktion einer wirklichen Alma Mater, einer liebevollen Mutter, die mit schützenden Flügeln abschirmt und ausbrütet. Luis González de Alba schlief im achten Stockwerk des Rektoratsturms auf einem Sessel, wenn er sich nicht gleich auf den Teppich legte. Die ganze Nacht hindurch hörte er das Kopiergerät. Er fühlte sich wohl. Im Gegensatz dazu war das Polytechnikum mit seiner ärmeren, weniger behüteten Studentenschaft stets den Witterungen, den Maßnahmen der Polizisten sowie der Hoffnung auf Straflosigkeit ausgesetzt.

NUR ZWEI PROZENT DER SCHÜLER ERHALTEN IN UNSEREM LANDE EINE HÖHERE SCHULBILDUNG

Und dies ist ein weiterer Punkt, über den man nachdenken sollte. Die Studenten des Jahres 1968 mußten sich nicht wie andere Bevölkerungsgruppen der Gesellschaft mit Problemen des Lebensunterhaltes auseinandersetzen: Wohnung und Essen. Nur zwei Prozent der Schüler erhalten in unserem Lande eine höhere Schulbildung. Und dafür gilt eine einfache Regel: sie waren so weit gekommen, weil sie so weit kommen *konnten*; das heißt, sie verfügten über finanzielle Möglichkeiten, um so weit zu kommen, nicht etwa weil die UNAM und das Polytechnikum Studiengelder kosten, sondern weil diese jungen Leute arbeiten oder mit jemandem rechnen können, der sie unterhält. Insofern war also die

Situation der Studenten an der UNAM in den Jahren 1968 und 1969 privilegiert, wie ein Blick auf die Statistiken beweist, die uns die Pressechefin der UNAM, Margarita García Flores, vorlegt. 68 % der Studenten wurden von einem Familienangehörigen unterstützt. Geht man nach dem Beruf des Familienoberhauptes des jeweiligen Studenten, so gehörten 77 % der Mittelklasse an, und nur 18 % waren Kinder von Arbeitern oder Bauern. 77 % stammten aus Familien mit einem Einkommen zwischen 1300 und 7000 Pesos monatlich, damals guten Einkommensverhältnissen, wenn man sie mit dem Landesdurchschnitt vergleicht. Anders erging es den Studenten am Polytechnikum, deren finanzielle Lage schwieriger war: sie konnten nicht auf regelmäßige Einkünfte zurückgreifen. Dennoch stimmten die Studenten insgesamt in ihrer kritischen Haltung und ihrer von allen Kompromissen freien Politik überein; nur auf die eigene Person und ihre Studien bezogen engagierten sich die Studenten; die Denkanstöße, die sie erhielten, wirkten wie ein Austauschfaktor und vermittelten ihnen ein neues Verständnis der Welt. Jean-Paul Sartre hat das treffend formuliert, wenn er sagt, daß die einzige Art des Lernens im Diskutieren besteht. Das ist auch die einzige Art, Mensch zu werden. Der Mensch ist nichts, wenn er nicht alles in Frage stellt. Und doch muß er auch irgend etwas gegenüber treu sein. Ein Intellektueller ist jemand, der einem politischen und sozialen Gebilde gegenüber treu ist, der aber nicht aufhört, es in Frage zu stellen. Es kann womöglich auch zu einem Widerspruch zwischen seiner Treue und seinem Infragestellen kommen. Doch das ist gut so: denn das ist ein fruchtbarer Widerspruch. Wenn es Treue ohne Infragestellung gibt, taugt sie nichts, weil man kein freier Mensch ist. Die Universität ist dazu da, polemische Menschen herauszubilden.

POLITISCHE BEWEGUNGEN DER JUGEND IN VIELEN TEILEN DER WELT

In den sechziger Jahren entstanden politische Bewegungen der Jugendlichen immer an den wichtigsten kulturellen Bildungsstätten – an den Universitäten in vielen Teilen der Welt: Stanford, California, Harvard, Sorbonne, Berlin, Tokio, São Paulo, Buenos Aires, Montevideo, Warschau, Prag, Rom und schließlich auch in Mexiko. Unsere Bewegung hier in Mexiko ließe sich also innerhalb der großen Erschütterungen der Jugend einreihen, die es im politischen Leben vieler Länder gab, entgegen den üblichen Behauptungen wurden sie jedoch weder von der Pariser Mai-Revolte inspiriert, noch verhielten sich unsere Anführer wie Cohn-Bendit. Im Gegenteil tanzten unsere Studentenführer stets auf einem losen Seil, und je mehr Zeit verging, desto mehr schwebten sie in Gefahr: sie konnten sich vorstellen, daß das Gefängnis auf sie wartete (wußten aber nicht, was *das Gefängnis* bedeuten würde). Sie wußten allerdings sehr wohl, daß die Reaktionen der Regierung unberechenbar waren, aber da konnten sie schon nicht mehr zurück; die Ereignisse liefen stets schneller, die Entscheidungen mußten von Fall zu Fall improvisiert werden, jeden Morgen, jeden Abend anders, neu und unerwartet. Für die politische Organisations- und Aktionsfähigkeit in den höheren Bildungsstätten lieferten die großen, spontan improvisierten Märsche den Beweis, Märsche, wie sie nie zuvor in Mexiko gesehen worden waren (400 000 Personen, die fünf Stunden lang vom Paseo de la Reforma zur Avenida Juárez marschierten, den *Zócalo* besetzten und schrien: »Mörder, Mörder, Mörder«, was den Präsidenten der Republik zu einer öffentlichen Stellungnahme veranlaßte), so auch der Schweigemarsch, der aus der Geschichte Mexikos nicht mehr wegzudenken ist: Tausende von Füßen, die nebeneinander hermarschierten, der Klang der Absätze auf dem Asphalt, Münder, mit Pflaster verklebt, weil viele nicht sicher waren, ob sie sich würden beherrschen können; dreihunderttausend Männer und Frauen, die aus Protest stumm vorüberdefilierten. Bereits damals hatten sich dem *vereine dich, Volk*, dem vereine dich, hasenfüßiges Volk, andere Bevölkerungsgruppen angeschlossen: Familienväter, neugierige Passanten. Bei den ersten Demonstrationen gab es noch viele Gaffer, später jedoch blieben die Bürgersteige fast leer, weil sich die Fußgänger den Demonstranten anschlossen. »Unsere Agitatoren heißen Hunger und Elend«, stand als Erklärung und Verteidigung zugleich auf einem Spruchband. Die Studenten hatten recht; ihre Protestbewegung war die Antwort auf eine alteingewurzelte Realität: trotz der Revolution war in Mexiko nie Gerechtigkeit ausgeübt worden. Die sogenannten Revolutionäre an der Macht teilten das Land unter sich auf: jedem seinen riesigen Großgrundbesitz, der Boden gehörte dem Gefräßigsten, niemals dem Armen. José Martí hat gesagt: »Es mag viele Menschen ohne Anstand geben, aber es gibt auch immer die, die den Anstand vieler Menschen in sich vereinen.« Waren wir noch immer nicht so weit,

Menschen mit Anstand zu haben? 1968 nahmen Männer, Frauen und Kinder die Stadt ein, sie fühlten, es war ihre Stadt, sie liefen durch die Straßen mit jener verrückten Freude, die dadurch erzeugt wird, daß man laut spricht, seine Forderungen hinausschreit und gemeinsam über den Asphalt marschiert. Am 28. Juli 1959, um elf Uhr abends, betrachtete Carlos Fuentes in Havanna das Gebrodel der Kubaner, die Eis schleckten, an Straßenecken stehenblieben, um einen Kaffee zu schlürfen, sich in den Hüften wiegten und die Hände schüttelten, sich umarmten, und er kommentierte: »Stell dir jetzt die Avenida Juárez vor, alle Türen sind verschlossen, keine Menschenseele traut sich, durch die schlecht beleuchteten, feindseligen Straßen unserer toten Stadt zu schlendern.« 1968 erhob Mexiko sich aus dem Grabe, erwachte aus seiner Lethargie und riß uns alle mit.

DIE JUGEND STELLT UNSERE GESELLSCHAFT IN FRAGE

In der Arbeiterschaft wurde zum Beispiel die erste Studentendemonstration mit Mißtrauen und Distanz aufgenommen, wie der Schriftsteller Gerardo de la Torre anführt: »Was gehen mich die Studenten an? Ich habe Verpflichtungen, eine Frau und drei Kinder, ich zahle meine Wohnung ab, werden die mir etwa bei den Raten helfen? Wohl kaum, was? Da hast du es, wozu soll ich mich also in so eine Demonstration einmischen? Damit sie mir Prügel verpassen und mich ins Loch stecken? Nein, nicht die Bohne.« Später wurde die Atmosphäre hitziger. Seit 1958 hatte es niemanden gegeben, der zu protestieren gewagt hätte; die Jugend wagte es, dank ihrer privilegierten Situation. Warum gerade sie? Zunächst einmal deshalb, weil sie nichts zu verlieren hatte (außer ihrer Freiheit und, wie sich am 2. Oktober zeigen sollte, ihrem Leben), und zweitens, weil sie die Veränderungen, die die Ideen bewirken, aufgrund ihres Alters sofort in die Tat umsetzen möchte. Ein weiteres Motiv der Studenten, die Dinge zu beschleunigen, war auch die Tatsache, daß die jungen Leute sich nicht hatten vorstellen können, bis zu welchen Extremen der Perversion ein an Verfolgungswahn leidendes Regierungssystem gehen kann, das damals und heute von Mandrill und seinen Totschlägern verkörpert wurde. Die Jugend hingegen stellt die Gesellschaft in Frage; sie regt sich über die Ungerechtigkeiten auf, mit denen sie in Berührung kommt, sie prallt mit der Wirklichkeit hart zusammen und lehnt sich auf. Das alles muß in Ordnung gebracht werden, und zwar sofort. Und die Studenten stürzen sich darauf. Von Juli bis Oktober 1968 war Mexiko ein junges Land und lebte intensiv. Täglich hörten wir von Zusammenstößen zwischen Polizei und Studenten in verschiedensten Teilen der Stadt; politische Blitzversammlungen vor Fabriktoren, Straßenversammlungen, Manifeste, die die Zeitung *El Día* veröffentlichte und die daraufhin Anlaß zu einem Leitartikel gaben. In jenen Tagen schlug jeder die Zeitung mit echter Wißbegier auf; die Studentenbewegung hatte es geschafft, sogar die Gleichgültigsten anzustecken. In verschiedenen Gewerkschaften wurden Treffen und Versammlungen abgehalten. Neben anderen gab die Gewerkschaft von El Anfora Flugblätter zugunsten der Bewegung heraus (war das vielleicht der Grund dafür, daß deren Anwälte, Adelita und Armando Castillejos, zweieinhalb Jahre lang ihrer Freiheit beraubt wurden?). Unruhe kam auf, Unzufriedenheit, Non-Konformismus; die Beamten zum Beispiel blökten zum Zeichen des Protestes wie Schafe, als man sie zu einem »Marsch zur Ehrenrettung unserer Fahne« auf den *Zócalo* führte. Daß sie das taten, war bezeichnend, denn sie werden von der Regierung bezahlt, und die Regierung hatte sie dorthin »karren« lassen. Sie machten keinen Hehl daraus: »Wir sind dazu gezwungen worden«, riefen sie laut, trotz des Polizeikordons um sie herum. Die Grundschullehrer schlossen sich den jungen Leuten an. Die Regierung konnte die Begeisterung, die durch die Studentenbewegung geschürt worden war, nicht mehr aufhalten, all den Mut und den Schwung der jungen Leute, die zum ersten Mal spürten, daß die Stadt und die Straßen ihnen gehörten, daß sie sich mit jedermann verständigen und die Dinge laut sagen konnten. Sie waren erregt, glücklich und frei. Klar doch, sie waren Unruhestifter, spielten mit dem Feuer und waren unantastbar; sie schlugen über die Stränge, stifteten Wirrwarr – aber sind das nicht gerade die Charakteristika der Jugend? (Übrigens wurden viele vandalistische Aktionen von Schlägern durchgeführt, die mit Geldern aus der Staatskasse bezahlt wurden, wie später nachgewiesen werden konnte; und das wird bis zum heutigen Tage weiter so gemacht.) Rufe wie »Käufliche Presse! Käufliche Presse!« gingen den Journalisten an die Nieren, und zwei oder drei Herausgeber von Zeitungen fühlten sich davon unter Druck gesetzt und bemühten sich – innerhalb der Grenzen, die ihnen die sogenannte »Pressefreiheit« gewährte – die Berichte und Artikel so durchgehen zu lassen, wie sie ihnen von den Journalisten vorgelegt wurden. Siebenunddreißig Priester (ganz im Gegensatz zum Pfarrer Enrique Meza aus dem Dorf San Miguel Canoa im Bundesstaat Puebla, der die Gläubigen gegen den Aufbruch der Studenten aufhetzte und Tod säte mit dem Ruf »Christentum Ja! Kommunismus Nein! Tod den Kommunisten!«) unterschrieben einen Brief, der eine Analyse der Vorgänge enthielt und so endete: »Als Priester und als Mexikaner erklären wir uns solidarisch mit dem zur Zeit stattfindenden Erwachen der Jugend, wir nehmen zwar an, daß dies auch viele Risiken birgt, doch wir sehen darin auch Möglichkeiten für ein besseres Mexiko.« In jenen Monaten gab die Regierung viel Geld für weiße Farbe aus, um die Sprüche übertünchen zu lassen, die überall in der Stadt auf Mauern und Zäune gepinselt wurden; die Arbeiter von der Stadtreinigung marschierten mit Pinseln und Eimern durch die Stadt und kamen mit der Arbeit nicht nach: »Gerechtigkeit und Freiheit«, »Freiheit für die politischen Häftlinge«, »Diktatur Nein, Demokratie Ja«, »Sieg«, »Wir werden siegen«, und andere Sprüche, die den Mund etwas voller nahmen, neben den fünf Olympischen Ringen und den üblichen Worten für die Touristen aus aller Welt: »Welcome«, »Bienvenus«, »Bienvenidos a México«. Die sechs Punkte der Bittschrift wurden ebenfalls an Mauern und Zäune gemalt: »Freiheit für die politischen Häftlinge«, »Freiheit für die verhafteten Studenten«, »Klarstellung der Verantwortlichkeiten«, »Auflösung der Einsatzkommandos der Polizei«, »Abschaffung des Delikts gesellschaftlicher Zersetzung«, »Entschädigung für die Familien der Toten und Verletzten« ... Viele Lehrer kritisierten diese sechs Punkte, sahen sie als zu eng, als zu regionalgebunden an. Weshalb verlangten die Studenten nicht viel grundlegendere Dinge? Erhöhung der Löhne und Gehälter; gewerkschaftliche Demokratie; Erhöhung des Lebensstandards in den ländlichen Regionen; das Ende der Monopol-Unternehmen; das Ende von Fidel Velázquez, einem der mächtigsten Männer Mexikos, dessen Unterstützung sich alle Präsidenten Mexikos versichert hatten von López Mateos bis Echeverría (war es nicht Fidel Velázquez, der López Portillo aus dem Hut zauberte?); einen Wandel in der *Institutionalisierten Revolutionären Partei*; allgemeine Preissenkungen. Warum schlossen sie in diese sechs Punkte nicht auch Forderungen ein, die ihre Ausbildung betrafen? Diese sechs Punkte waren lächerlich; die Bewegung die reinste Improvisation, wer weiß, wo das alles noch enden würde. Der Nationale Streikrat verlangte den Dialog. Aber wie sollte man mit fünfhundert Studenten ein Gespräch führen? Als Echeverría zum Beispiel, damals noch Staatssekretär im Innenministerium, den Dialog gesucht hatte, führte er einige Telefonate mit ein paar leitenden Leuten und sagte, er wäre bereit. Auf den folgenden Versammlungen wurden diese Anrufe als ungeeignete Form der Einladung zurückgewiesen und Echeverría um eine schriftliche Erklärung gebeten, die er niemals absandte, weil er sich schriftlich nicht darauf festlegen lassen wollte (Horror und Heiligkeit empfinden wir Mexikaner beim geschriebenen Wort!). Die schriftliche Bestätigung wäre ein Beweis guten Willens gewesen, was sich in der öffentlichen Meinung positiv ausgewirkt hätte. Gustavo Díaz Ordaz und Luis Echeverría (einer ebenso verknöchert wie der andere) zogen es jedenfalls vor, ihr ohnehin angeschlagenes Image noch zu verschlechtern. Die Regierung und ihr versteinerter Apparat verfügt über so viele Instanzen, jede Art von Protest zu manipulieren, daß es ein falsches Verständnis von Autorität war, die Kontakte nicht aufzunehmen. Man schien zu glauben, daß Echeverría mit einem offiziellen Schreiben eine Einbuße seiner Stellung öffentlich dokumentiert hätte. Und wenn man es recht besieht, ist es ja nicht so, daß die Regierung sich dem Dialog verschließen würde (war nicht der Dialog die wichtigste Fahne, die Echeverría zu Beginn seiner Regierungszeit heraushängte?), vielmehr wollte sie das geheiligte Image des Präsidenten unangetastet lassen.

Und doch steckte unter diesen sechs Punkten ein echter, tiefgehender Wunsch nach Veränderungen, und er betraf nicht nur die Art, wie wir regiert und wie unsere Probleme gelöst wurden, sondern er betraf die Veränderungen, die mit denen in der übrigen Welt zusammenhingen; die neue Haltung der Jugend drückte sich in ihrer Kleidung und in ihren Frisuren aus, in der Musik und in den Posters; in den Beziehungen zwischen Mann und Frau, in der echten Solidarität, die der Student mit dem Bauern, mit dem Arbeiter empfinden möchte, die sich aber in der UNAM auf einen schlichten Gesellschafts-, Wirtschafts-, ja sogar Literatur*begriff* beschränkte. Wie viele von uns wissen mehr über die Arbeiter als das, was wir in Artikeln oder Essays gelesen haben?

LUIS ECHEVERRÍA RECHTFERTIGTE DAS EINSCHREITEN DES MILITÄRS

Am 18. September 1968, als das Militär in die Ciudad Universitaria eindrang, was uns noch immer empört, bewilligte die Regierung dennoch die Bezahlung der Angestellten und des Lehrpersonals; das Verwaltungspersonal stellte die halbmonatlichen Schecks aus. Einige Lehrer wie Abelardo Villegas und Eugenia Revueltas, die wie die meisten Mexikaner von der Hand in den Mund leben, stürzten sich in panische Vorratskäufe, denn sie dachten: »Wer weiß, wie lange das noch dauert und wann sie wieder zahlen werden!« Aber die Schecks wurden mit der üblichen Frist im voraus ausgestellt, und die Angestellten und das Lehrpersonal konnten sie im Gebäude Aristos in der Avenida Insurgentes einlösen. Hierin liegt ein Widerspruch, denn daraus geht hervor, daß die Regierung die Universität weiterhin unterhalten wollte, auch wenn sie vom Militär besetzt war. Was die berühmte Autonomie betrifft, so interpretierte sie jeder, wie er wollte. Die Studenten sahen sie als außer-territorialen Bereich an, als freies Gebiet in Amerika; die Regierung äußerte ihrerseits durch Luis Echeverría, die Autonomie wäre durch unvernünftige Gruppen, die die Gebäude besetzt hielten, verletzt worden, und rechtfertigte das Einschreiten des Militärs als eine Rückgabe der Räumlichkeiten an die dafür zuständigen Stellen und somit als Erhaltung der Autonomie. Schon Díaz Ordaz hatte das Militär in anderen Universitäten in verschiedenen Provinzen eingreifen lassen, in Michoacán, in Sonora, um jedwelcher Studentenbewegung vorzubeugen bzw. sie auszumerzen. Der oberste Verteidiger der Autonomie, so die Regierung, ist das Militär, das die Guten, ergo die Verwaltung, gegen die Bösen unterstützt: gegen die rebellierende Jugend. Allerdings schloß sich der Rektor, Barros Sierra, den Studenten an und erklärte, daß nur die Autonomie die Möglichkeit gewährleiste, unabhängig studieren und sich selbst verwalten zu können.

HOTELZIMMER WAREN BEREITS AUFGEKÜNDIGT WORDEN

Der Schrecken im Regierungslager steigerte sich 1968 unentwegt, bis er den Siedepunkt erreichte. Die Augen der Welt, hieß es, wären auf uns gerichtet. Was für ein Schauspiel boten wir? Drei Milliarden Pesos waren investiert worden – wie die offiziellen Kosten der Olympiade lauteten –, und man fegte die Probleme auf dem Lande einfach beiseite, die erschreckende Verschuldung der öffentlichen Hand, die Sorgen der Arbeiterschaft und die Wohnungsnot, um Mexiko in ein Schaufenster zu verwandeln. In den Hotels klingelten und klingelten die Telefone, es regnete Telegramme: eine Zimmerreservierung nach der anderen wurde rückgängig gemacht. »Angesichts der Studentenunruhen wollen wir uns keinen Risiken aussetzen ...«; die Auslandskorrespondenten – und insbesondere die Fotografen – zeigten mehr Interesse an Gesprächen mit den Studenten als zum Beispiel daran, das Stadion, wo die Olympischen Spiele eröffnet werden sollten, kennenzulernen (das war der Grund dafür, daß Oriana Fallaci auf Einladung von Mitgliedern des CNH am 2. Oktober auf dem Platz der Drei Kulturen war). Viele Gerüchte waren im Umlauf: am Tage der Eröffnung würde im Azteken-Stadion eine Bombe explodieren, sie würden alle in die Luft fliegen, Athleten und Gäste und vor allem das Großmaul und seine tausend Zähne. Man mußte handeln, und zwar schnell – und ein für allemal! War das Verhalten der Studenten das von jungen, ungestümen Menschen, so gab die Regierung niemals die paternalistische Haltung auf, die unser präsidentielles Regierungssystem kennzeichnet. Der Präsident ist der Vater, unser Väterchen, und 1968 haben wir – daran ist nicht zu rütteln – einen cholerischen Vater erwischt, der einen Stuhl nahm, damit auf den Kopf des ungehorsamen Kindes einschlug und es so umbrachte. Wir alle kennen die Folgen der Wut und der Angst unserer Regierung: eine bis heute nicht feststehende Zahl von Studenten, Männern, Frauen und Kindern (laut der englischen Zeitung *The Guardian* 325) wurde am 2. Oktober 1968 auf dem Platz der Drei Kulturen umgebracht. Von diesem Augenblick an spaltete sich das Leben vieler Mexikaner in zwei Hälften: vor Tlatelolco und nach Tlatelolco.

ZWEIHUNDERTTAUSEND STUDENTEN WAREN AN DER
STUDENTENBEWEGUNG BETEILIGT

In seinem vorzüglichen Essay »Die Studentenbewegung in Mexiko« weist Ramón Ramírez darauf hin, daß sich zweihunderttausend Studenten an der Studentenbewegung beteiligten: neunzigtausend von der UNAM, sechzigtausend vom Polytechnikum und von den Pädagogischen Hochschulen, von der Staatlichen Landwirtschaftsfachschule in Chapingo – die Studenten von der Universidad Iberoamericana und anderen Fachhochschulen, die von der Regierung unabhängig sind, nicht eingerechnet. Hinzu kamen die Universitäten von Veracruz, Sinaloa, Puebla und Tabasco, ebenso die von Michoacán, Nuevo León und Morelos.

Begeistert stellt Professor Ramón Ramírez fest, daß die Bewegung schon von den ersten Tagen an – also ab 8. August – über ein von allen respektiertes Programm und eine kollektive Leitung verfügte. Diese setzte sich aus 210 demokratisch gewählten Studenten zusammen, drei pro Hochschule oder Fakultät – siebzig insgesamt. Alle politischen Strömungen waren vertreten, die es unter der Studentenschaft gab: demokratisch-christliche Kommunisten, Trotzkisten, Spartakisten, Maoisten, Guevara-Anhänger, Sozialisten und vermutlich noch die eine oder andere mehr oder weniger bedeutende Gruppe. Positiv daran ist, daß die politischen Aktionen trotz dieser breiten Skala politischer Richtungen harmonisch verliefen und völlige Übereinstimmung erreicht wurde. In den 120 Tagen des Kampfes wurde die Bewegung zu einer Bewegung der Massen, und man stellte eine Reihe von Werten und Mythen in Frage, wie zum Beispiel die sogenannte *nationale Einheit* und die *soziale Mitbestimmung*, in der Kapitalisten und Arbeiter keine entgegengesetzten Interessen haben; die stets als Tatsache geltende soziale und wirtschaftliche Stabilität des Landes; die Unantastbarkeit der Macht der Exekutive, Legislative und Jurisdiktion; die Unbestechlichkeit der großen nationalen Presseorgane (bei allen Demonstrationen – außer beim Schweigemarsch am 13. September – hielten die Teilnehmer auf ihrem Weg zur Avenida Juárez vor dem *Excélsior* und vor *El Universal* an –, schwenkten ihre Spruchbänder mit erhobenen Fäusten und Armen und riefen im Chor: *Käufliche Presse, Käufliche Presse*); die Gültigkeit der gelenkten Demokratie, die personenbezogene und unangemessene Regierungsform; die angebliche Unabhängigkeit der Arbeiter- und Bauernorgane, die Effektivität unabhängiger Parteien und deren Vertreter in der Abgeordnetenkammer, die Glaubwürdigkeit von so vielen Vereinigungen, die überhaupt niemanden vertreten, und schließlich auch die Frage, ob es angebracht ist oder nicht, individuelle und längst überholte Werte zu erhalten, die der sozialen und politischen Entwicklung des Landes keineswegs förderlich sind.

MEHR ALS SIEBENHUNDERT PERSONEN WURDEN AM 18. SEPTEMBER IM UNIVERSITÄTSVIERTEL VERHAFTET

Als das Militär die *Ciudad Universitaria* am 18. September stürmte, wurden mehr als siebenhundert Personen verhaftet. Am 25. September geriet das Gebiet von Santo Tomás, in dem die Studenten dem blutigen Angriff der Polizei zehn Stunden lang Widerstand entgegengesetzt hatten, unter die Herrschaft der Militärs. Die Fachschulen Vocacionales 7 und 4 wurden am 25. September besetzt. Obwohl einige Personen nach Einnahme der Universitätsstadt freigelassen wurden, kann man sagen, daß die Vorgänge von 1968 eminent politischen Charakter zeigten. Unter Tausenden festgenommener Bürger wurden diejenigen ausgewählt, die leitende Stellen innehatten wie beim CNH, bei der Koalition der Grundschullehrer, bei den Kampfkomitees oder in linken politischen Organisationen. Dies trifft für Adela Salazar de Castillejos und Armando Castillejos zu, beide Anwälte von unabhängigen Gewerkschaften, die zweieinhalb Jahre im Gefängnis verbrachten und angeklagt waren, an einem »Internationalen Plan der Subversion mexikanischer Institutionen« beteiligt gewesen zu sein, der in Havanna und Prag von linken Organisationen wie der Nationalen Befreiungsfront, der Kommunistischen Partei, den Trotzkisten, den Spartakisten und anderen entworfen worden war. Viele andere bedeutende Intellektuelle wurden verhaftet, u. a. auch Manuel Marcué Pardiñas, Herausgeber der Zeitschrift *Política*. Was ihn betrifft, so befanden sich unter dem vom Ministerium für Öffentlichkeitsarbeit gegen ihn vorgelegten Beweismaterial Fotografien, z. B. zusammen mit General Lázaro Cárdenas und auch neben Juri Gagarin während dessen Besuch in Mexiko. Die subversivsten Fotos sind jedoch laut Polizeibericht jene, auf denen er Fidel Castro und Che Guevara umarmt. Ebenso eigenartig war das Beweismaterial gegen den Ingenieur Heberto Castillo, den das Ministerium für Öffentlichkeitsarbeit anklagte, sich selbst zu einer revolutionären Autorität ernannt und Heiratsurkunden von zwischen Studenten geschlossenen Ehen in der Ciudad Universitaria in der Nacht des 15. September, *der Nacht des Geschreis*, unterzeichnet zu haben. Als Beweis für diese unerhörte Tat ist dem Polizeibericht eine Heiratsurkunde beigefügt, nach der Heberto Castillo als Richter seines Amtes waltet... auf einem Wohltätigkeitsfest, das die Studenten für diesen 15. September organisiert hatten. Wieder anders liegt der Fall von Félix Goded Andreu, der am 26. Juli 1968 verhaftet wurde und gegen den keinerlei ihn persönlich betreffende Verstöße, keine Aussage, kein Dokument, das man als Anklageschrift betrachten könnte, vorgelegt werden konnten. Er wurde trotz alledem verurteilt – die Delikte hießen Beschädigung fremden Eigentums, Angriffe auf Verbindungswege, Aufruhr und gesetzwidrige Vereinigung, die Strafe lautete auf acht Jahre Gefängnis und sechstausend Pesos.

DIE BEIDEN ÖLKRINGELVERKÄUFER VON LECUMBERRI, DIE ZU HÄFTLINGEN WURDEN, WEIL SIE GERADE VORÜBERGINGEN

Im Vergleich zu den beiden Ölkringel-Verkäufern Félix Rodríguez und Alfredo Rodríguez, Arbeiter der Ölkringelfabrik von Mexiko, die am 23. September im Stadtteil Santo Tomás/Zacatenco (Mexiko-Stadt) verhaftet wurden, weil sie zufällig dort vorbeigingen, und die ohne jede Verhandlung oder Verurteilung und ohne irgend etwas mit der Studentenbewegung zu tun zu haben zwei Jahre in Haft blieben, sind die Fälle, in denen junge, ungebildete Arbeiter am 2. Oktober und in den darauffolgenden Tagen verhaftet wurden, noch weitaus dramatischer. Vor der 6. Strafkammer wurden sie mit gespielt besorgter Stimme gefragt, ob sie etwa, zwecks Erlangung eines Geständnisses, gefoltert worden wären, und als sie das bejahten, wurde ihnen freundlich geraten: »Dann müssen Sie Ihre Aussagen nur noch ratifizieren«. Die jungen Leute, vertrauensvoll und unwissend, kannten den Unterschied zwischen *ratifizieren* und *rektifizieren* nicht, liefen in die aufgestellte Falle und büßten für nie begangene Vergehen. In ihrem Buch *Los procesos de 1968* schrieben Raúl Álvarez Garín, Luis González de Alba, Gilberto Guevara Niebla, Félix Lucio Hernández Gamundi und Miguel Eduardo Valle Espinoza:

> Wir alle sind wegen Dingen angeklagt worden, die bei der Organisation von Meetings anfangen und bei den Verbrechen von Tlatelolco enden. Es besteht keine direkte Verbindung zwischen den vermuteten Vergehen und den angeklagten Personen. Beispielsweise werden alle am 2. Oktober festgenommenen Personen des Totschlags angeklagt, und zwar einzig und allein aufgrund der Tatsache, daß sie sich an jenem Tag auf dem Platz der Drei Kulturen befanden. Als Corpus delicti für die Körperverletzung mit tödlichen Folgen, deren mehr als zwanzig

Studenten angeklagt sind, legt das Ministerium für Öffentlichkeitsarbeit die Todesurkunden von zwei Soldaten vor: Constantino Canales Rojas und Pedro Gustavo López Hernández; und die kollektive Verantwortung wird dem CNH und den Teilnehmern an der Studentenbewegung zugewiesen. In der Nacht des 2. Oktober gab die Regierung in den ersten Augenblicken offiziell 35 Tote an. (Die Auslandspresse berichtete von mehr als 300 Toten, eine Zahl, die nach Augenzeugenberichten wohl eher zutreffen dürfte.) Die Tatsache, daß nur zwei Soldaten dabei umgekommen sind, beweist, daß die Schüsse nicht auf die Soldaten, sondern auf die Menge gerichtet waren. Das Ministerium für Öffentlichkeitsarbeit wagt nicht, die Angeklagten für den Tod von Zivilisten verantwortlich zu machen, da alle Toten (Zivilisten und Soldaten) Verletzungen von Bayonetten und Kugeln aufweisen, die von den Kalibern der Ordnungskräfte rühren; was die Waffen betrifft, die bei den Durchsuchungen aller Gebäude des Stadtteils Tlatelolco, in dem achtzigtausend Menschen leben, eingesammelt wurden, so bestanden sie aus etwas über zwanzig Pistolen Kaliber 22 und einigen wenigen Jagdgewehren. Mit Ausflüchten dieser Art versucht das Ministerium für Öffentlichkeitsarbeit willkürlich die Tatsachen zu verschleiern. Fest steht, daß das Bataillon *Olimpia* das Chihuahua-Gebäude stürmte, sofort alle Personen festnahm, die sich im dritten Stockwerk befanden – wo ein Meeting stattfand –, und von dort aus in die Menge hinein zu schießen begann. Die Streitkräfte vervollständigten dann die Arbeit des Bataillons *Olimpia*. Zahllose Zeugenaussagen von in- und ausländischen Journalisten beschreiben diese ersten Augenblicke des Massakers, und alle stimmen darin überein, daß fremde Personen anwesend waren, die einen weißen Handschuh trugen und mit dem Angriff begannen. Hauptmann Ernesto Morales Soto sagte im Protokoll 54832/68 aus, »daß zwei Abteilungen Kavallerie, aus 65 Männern bestehend, die zum 18. und 19. Kavallerieregiment gehörten, seinem Befehl unterstellt wurden und sich in das Gebiet von Tlatelolco begeben sollten; sie trugen Zivilkleidung und zum Zeichen ihrer Zugehörigkeit zum Militär einen weißen Handschuh; sie sollten die beiden Eingangstüren des Chihuahua-Gebäudes verteidigen, sich unter die dort Anwesenden mischen und sich später, nach dem Abbrennen einer Leuchtkugel, was vorher als Zeichen vereinbart worden war, vor beiden

Türen aufstellen und verhindern, daß jemand das Gebäude verließ oder betrat...«

Raúl Alvarez Garín selbst stellt fest: »In keinem einzigen Augenblick, das war und ist für jeden objektiven Beobachter klar, bedeutete ein Sieg der Bewegung den Sturz der Regierung. Weder in ihren Forderungen noch in den Taktiken ihres Kampfes hatte sie den Charakter eines Aufstandes. Die Gewalttätigkeit, die den Studenten angelastet wird, lag stets auf seiten der Regierung und war repressiv, die Studenten verteidigten sich lediglich, als sie angegriffen wurden. Einigen Gruppen gelang am 2. Oktober die Flucht aus dem Massaker, und in ihrer Verzweiflung steckten sie Autobusse in der Umgebung in Brand. Dies war ein Versuch, die Aufmerksamkeit der Streitkräfte abzulenken, die ganz auf Tlatelolco gerichtet war. Jedoch war diese durchaus berechtigte Art von Antwort aufgrund der Vorgänge nicht die Regel für die Handlungsweise der Studenten.«

IMPFEN SIE IHREN POLIZISTEN

Die Polizeiberichte selbst, die als Belastungsmaterial vorgelegt wurden, berichten von jugendlichem Wirrwarr und weisen darauf hin, daß die Teilnehmer an den Demonstrationen nicht nur Studenten, sondern Leute aller sozialen Schichten waren, unter denen offensichtlich keine professionellen Aufwiegler gesichtet wurden [ich weise darauf hin, daß ich die einzigartige Ausdrucksweise der Polizei respektvoll wiedergebe], daß die Bevölkerung vielmehr freiwillig *daran teilnahm* und eine allgemeine Unzufriedenheit gegenüber der Regierung festzustellen war, und nach Ansicht der Unterzeichnenden [Gorillas] setzte sich die Demonstration unter Berücksichtigung der Personen, die sich dieserhalb zusammentaten, und derer, von denen sie auf dem *Zócalo* erwartet wurden, aus ungefähr 200000 Teilnehmern zusammen.«
Soweit Polizeibericht Nr. 30, Band VI, Blatt 38, die Demonstration vom 27. August 1968 betreffend. Diese Berichte wurden dazu benutzt, die Existenz des *Planes zur Subversion auf internationaler Ebene* zu beweisen, und die Agenten der Staatlichen Sicherheitspolizei notierten alle Ausrufe, Spruchbandparolen und Leitsätze, etwa *Díaz Ordaz – zum Teufel mit dem Tölpel; Saukerl und Tölpel – an die Wand mit dir; es lebe die Guerrilla von Genaro Vásquez; wir fordern den Paraffintest mit ausgestreckter Hand;*

Corona kann keine Mutter haben, und wenn er eine hätte, würde das Volk sie in Stücke schlagen; Eine krebskranke Regierung – Gustavo Díaz Ordaz, Corona und Echeverría; Wenn wir schon Diebe in der Regierung haben, wollen wir nicht auch noch Mörder; Díaz Ordaz – wo steckst du?; Díaz Ordaz – zeig uns die Zähne; Ich habe keinen Vater, denn der ist Polizist, und ein Polizist kann keine Mutter haben; Ein Polizist – $ 1.760,00, ein Lehrer – $ 1.450,00; Díaz Ordaz – Hitler 68; Ho, ho, ho Chi Minh, Díaz Ordaz – chin, chin, chin. Kurzum, dieses ganze ergötzliche Gewimmel von Refrains, das unsere Straßen fröhlicher machte, Geschrei, Sprüche, Flugblätter, Wandmalereien, Gelächter, Empörung – all das endete in der Nacht von Tlatelolco am 2. Oktober.

EINE LEKTION FÜR DIE JUGEND!

Der Verfolgungswahn, an dem Díaz Ordaz litt, erreichte unvorhersehbare Ausmaße. Für jedes Plakat, das sich gegen ihn richtete, gab es fünfzig Gefangene. Es handelte sich um eine weitreichende internationale Verschwörung, die von Moskau ausging; von da kamen die Befehle, ihn *Tölpel, Dickmaul* und *Mörder* zu nennen; das war keine studentische Bewegung mehr; die eigentliche Absicht war, die Ordnung und den verfassungsmäßigen Frieden zu stören. Das alles mußte niedergewalzt werden, die Schuldigen gehörten erschossen, die Vaterlandsverräter, Agitatoren, Provokateure, das studentische Gesindel – die Feinde Mexikos brauchten eine Lektion. Zweihundert der festgenommenen Bürger blieben in den Gefängnissen, weitere zweihundert wurden gegen Kaution freigelassen; das heißt, sie lebten frei, aber weiterhin bedroht von möglicher Festnahme, und verschiedene Prozesse gegen sie waren anhängig. Luis Tomás Cervantes Cabeza de Vaca von der Landwirtschaftsschule von Chapingo wurde am 27. September verhaftet; aber in der Nacht vom 2. auf den 3. Oktober wurde er bis in die frühen Morgenstunden brutal gefoltert und sie führten eine Scheinerschießung mit ihm durch. Gilberto Guevara Niebla wurde zusammengeschlagen, ebenso Luis González de Alba; dem *Uhu* Eduardo Valle Espinoza, der so gut wie blind ist, wurde die Brille heruntergerissen, in Stücke geschlagen, und so war er in doppeltem Sinne gefangen. Raúl Alvarez Garín wurde im Militärlager Nummer Eins zwei Wochen lang unter so totaler

Kontaktsperre festgehalten, daß seine Mutter, Manuela Garín de Alvarez, viertelseitige Anzeigen in den Zeitungen aufgab, um etwas über seinen Aufenthaltsort in Erfahrung zu bringen. Laut Beschluß der Regierung vom 12. Oktober verblieben offiziell 16 Häftinge.*

Ferner blieb auf Beschluß der Regierung vom 18. Oktober der *Uhu* weiterhin inhaftiert, und am nächsten Tag kam noch Luis Raúl Alvarez Garín hinzu, der sich für *neun* Delikte zu verantworten hatte: Beschädigung fremden Eigentums, Angriffe auf Verkehrswege, Aufruhr und gesetzwidrige Vereinigung, Anstiftung zur Rebellion, wiederholter Diebstahl, Plünderung, Anlage eines Waffenlagers, Totschlag und Körperverletzung an Staatsdienern; er wurde zu neunzehn Jahren Gefängnis und sechstausend Pesos Geldstrafe, ersatzweise weiteren 120 Tagen Gefängnis verurteilt. Andere wie Eli de Gortari, Manuel Marcué Pardiñas und das Ehepaar Castillejos wurden zu zehn Jahren Gefängnis verurteilt, Mitglieder der Kommunistischen Partei zu vierzehn Jahren. Haftstrafen von nur drei Jahren und sechs Monaten Gefängnis (die niedrigsten von allen) erhielten die Angestellten. In verschiedenen Gefängnissen und Militärlagern im ganzen Land gab es dreitausendfünfhundert Festgenommene und Entführte, deren Leben tödlich bedroht war; in Puebla beispielsweise wurde einige Jahre später auf elendste und übelste Weise Joel Arriaga Navarro umgebracht, den die Polizei seit 1968 festgehalten hatte. In Lecumberri wurde eine stattliche Anzahl von Gefangenen festgehalten: rund 200, und alle galten als schuldig.

Noch viele Wochen nach dem Gemetzel von Tlatelolco nahmen die Polizeikräfte Verhaftungen vor, und in diesem Zusammenhang muß man José Revueltas erwähnen, der am 16. November festgenommen wurde, sich daraufhin in seine Zelle setzte und *El apando (Eingekerkert)* zu schreiben begann. Auch die Verhaftung des Universitätsprofessors Moisés González Pacheco am 19. November, José Tayde Aburto am 17. Dezember, der Arzt Fausto Trejo Fuentes am 16. Januar 1969, Salvador Ruiz Villegas, Ana Ignacia

---

* Florencio López Osuna, Sergio Antonio Castaneda, Ayax Segura Garrido, Félix Octavio Martínez Alcalá, José Carlos Andrade Ruiz, Carlos Martín del Campo, Salvador Dávila Jiménez, Leobardo López Aretche, Angel Gustavo Castro Mellado, José Pineiro Guzmán, Sócrates Amado Campos Lemus, Gilberto Ramón Guevara Niebla, Luis Oscar González de Alba, (El Lábaro), Pablo Gómez Alvarez, Félix Lucio Hernández Gamundi.

Rodríguez, *La Nacha*, Roberta Avendaño, *La Tita*, Antonio Pérez Sánchez – sie alle am 4. Januar 1969, und so weiter bis zum Monat Mai, als Ramón Danzós Palomino und der Ingenieur Heberto Castillo und danach noch der Anführer Rafael Jacobo García in Zacatecas festgenommen wurden, dürfen nicht vergessen werden. Außerdem mußten alle, die ihre Sympathie für die Bewegung von 1968 bekundeten, das Land verlassen, weil sie von den »Justizbehörden des Regimes Díaz Ordaz« verfolgt wurden. Dies betraf Alberto Monnier, einen in der Forschung tätigen Arzt, den Mathematiker José Ludlow, die Mitglieder des Nationalen Streikrates: Marcelino Perelló, Gustavo Gordillo und Roberto Escudero.

Die Repression von 1968 brachte vielen Menschen den Tod. Leobardo López Aretche [Autor des Films *El grito* (Der Schrei)] nahm sich das Leben; *Che* ist nie wieder derselbe geworden, *La Nacha* wurde nie wieder gesehen. In unzähligen Fällen übte die Polizei Selbstjustiz, die Ressentiments gegenüber den Studenten steigerten sich zur Raserei, jetzt konnten sie sich ja an den Langmähnigen für deren beleidigendes Geschrei rächen, jetzt würden diese Bürschchen sehen, wer es ihnen zeigen kann. Die Zeitung *La Voz de México* berichtet über den Fall des Studenten Jesús Bucio, der die zweite Klasse der Abendschule besuchte; er wurde am 21. November von dem Verkehrspolizisten José Jaramillo Yañez an der Kreuzung der Straßen Sonora und Oaxaca ermordet. Als Jesús sah, wie der Verkehrspolizist einen Autofahrer anhielt, rief er ihm zu: »Du heimst schon wieder Trinkgeld ein, du Bandit«. Der Polizist wurde wütend, stürzte sich auf Jesús Bucio und dessen Freund Enrique Salazar (der als Überlebender die Vorkommnisse schildern konnte) und feuerte auf Jesús: zwei Schüsse in den Rücken und einen in den Hals. Die dort anwesenden Zeugen – Fahrer von Lastwagen, Trolleybussen und Privatwagen – verließen freiwillig ihre Fahrzeuge und ließen sie dort als eine Art stummen Protest stehen. Andere Fahrer taten es ihnen nach. Leute, die dort in der Gegend wohnten, und Studienkollegen von Jesús Bucio markierten an der Stelle, an der Jaramillo Yañez den Mord an Bucio begangen hatte, einen großen Kreis mit weißer Kreide auf dem Pflaster und schrieben Protestbotschaften daneben. Eine davon lautete: »Da es sich nur um einen Studenten handelt, tun sie, als seien sie blind, taub und stumm.«

Viele junge Menschen versteckten sich in den Bergen; Sóstenes

Torrecilla zum Beispiel, genannt *El Toto*, den man einfach nicht übersehen konnte, denn er wog immerhin einhundertzwölf Kilo. Als er zurückkam, wog er keine sechzig mehr, war nervenkrank, konnte die Straße nicht mehr allein überqueren und hörte ständig Geräusche in seinem Kopf. Monatelang zog er durch die Sierra, ernährte sich von Wurzeln und litt an Verfolgungswahn, woran sich bis heute nichts geändert hat. So wie ihm ging es vielen jungen Menschen, die für ihr ganzes Leben gezeichnet sind und denen die Erinnerung an 1968 unvergeßlich bleibt.

IN POLITISCHER HINSICHT GIBT ES IN MEXIKO NUR KORRUPTE RICHTER

Gilberto Guevara Niebla, Félix Lucio Hernández Gamundi und Eduardo Valle Espinoza, *der Uhu*, behaupten:
Überall in der Welt trifft man korrupte Richter, die sich den Interessen der Mächtigen beugen; aber immer gibt es auch eine ganze Anzahl ehrenwerter Richter, die ihrem Beruf, Gerechtigkeit auszuüben, Ehre machen. In Mexiko gibt es nur eine Sorte Richter. Sie sind alle korrupt, verängstigt und der Macht der Exekutive bedingungslos ausgeliefert. Es ist zwar richtig, daß es in der zivilen Gerichtsbarkeit Justizbeamte gibt, die aufgrund ihrer Rechtschaffenheit und Unbestechlichkeit ein wohlverdientes Ansehen genießen, doch richtig ist auch, daß dieselben Leute, sobald sie politische Fälle verhandeln müssen, sobald sie beurteilen müssen, wer recht hat, ob die Bürger oder der Staat, sie sich ausnahmslos der Willkür des Staates beugen und diese rechtfertigen.
In den Nürnberger Prozessen wurde auf internationaler Ebene geklärt und akzeptiert, daß der Gehorsam gegenüber willkürlichen Befehlen, die eine Verletzung der Menschenrechte beinhalten, denjenigen nicht von seiner Verantwortung befreit, der solche Befehle ausführt. Die Unterwürfigkeit und die fehlende Unabhängigkeit der Rechtsprechenden Gewalt ist eines der schwerwiegendsten Phänomene unserer Innenpolitik, denn sie überlassen die Bürger schutzlos dem Mißbrauch der Macht, verleugnen letztendlich damit das demokratische System, und so erwirbt die Regierung aufgrund ihres willkürlichen Handelns despotische Züge.

MARTÍNEZ MANAUTOU ODER ECHEVERRÍA?

Man darf auch nicht übersehen, daß nur noch eineinhalb Jahre fehlten, bis die sechsjährige Amtszeit von Díaz Ordaz zu Ende sein würde, und man sprach bereits von den Männern in seinem Windschatten: Emilio Martínez Manautou und Luis Echeverría. »*Faites votre jeu, Messieurs-dames*, mal sehen, wohin die Kugel rollt?« Ein Teil der Universitätsleute ergriff Partei für Emilio Martínez Manautou, Staatssekretär im Präsidentenpalast. Eine Broschüre, die Artikel von Henrique González Casanova, Gastón García Cantú, Francisco López Cámara, Víctor Flores Olea und anderen enthält, beweist das. Selbstverständlich beeinflußte dieses politische Spiel auch die Studentenbewegung, und wie bei allen politischen Demonstrationen, die Bedeutung erlangen, versuchten viele, aus der Kraft dieser Jugend Kapital zu schlagen. In »zündenden« Gesprächen schlug Elena Garro ausdrücklich Carlos Madrazo als natürlichen Anführer der Bewegung vor. Verschiedene Politiker wurden da mit hineingezogen, um sie als politisches Kanonenfutter zu benutzen. Luis Tomás Cervantes Cabeza de Vaca erzählte später, daß er während der Verhöre immer wieder angeschrien wurde: »Wieviel Geld hat Gil Preciado euch gegeben?« Unter den Karten, die gemischt wurden, tauchten die Namen von Braulio Maldonado, Humberto Romero, Angel Veraza und Leopoldo Sánchez Celis auf. Viele wollten aufs Pferd steigen, die entfesselte Gewalttätigkeit ließ das Pferd des öfteren ausschlagen, es gab Stürze, und selbstverständlich kamen auch CIA und FBI aus Nordamerika zum Vorschein, wie sie bei allen gesellschaftlichen Konflikten in Lateinamerika zum Vorschein kommen.

DIE SALVEN DER MASCHINENGEWEHRE VERURSACHTEN ENTSETZEN

Von den Chroniken, die die Journalisten über das Gemetzel von Tlatelolco verfaßt haben, gibt der Bericht von Félix Fuentes (*La Prensa*) einen fast filmischen Eindruck dessen, was das Bataillon Olimpia und die Polizisten mit den weißen Handschuhen dort taten. *La Prensa* ist außerdem eher eine Art »Schwarzes Brett«, eine Zeitung, die unterwegs gelesen wird, und die Meinung dieser Zeitung ist weniger einseitig als die Meinungen der Zeitungen, die

Unternehmer- und Staatsinteressen vertreten. Infolgedessen ist diese Version des Geschehens vielleicht nicht unwichtig:

Angst brach unter Studenten, Journalisten und Polizisten aus. Letztere schrien alle Augenblicke: Bataillon Olimpia! Und es wurde weiter geschossen. Der Verfasser dieses Berichts wurde in der Nähe des Außenministeriums von der Menge niedergerissen. Nicht weit davon entfernt wurde eine Frau zu Boden geworfen, und es ist nicht bekannt, ob sie von einer Kugel getroffen oder ohnmächtig geworden war. Ein paar junge Menschen versuchten, ihr zu helfen, was die Soldaten jedoch verhinderten. Die starke Schießerei dauerte zwanzig Minuten, und die Salven aus den Maschinengewehren verursachten Entsetzen. Das Militär schoß auch auf die Gebäude, mit welcher Absicht, weiß man nicht. Schon bald wurde es unmöglich, sich über die Zahl der Verletzten oder Toten klarzuwerden, was durch die ringförmig angelegte Operation der Streitkräfte verhindert wurde, so daß die Soldaten sich möglicherweise untereinander Verletzungen zufügten, denn als der Kreis geschlossen wurde, flogen die Geschosse kreuz und quer. Das pfeifende Geräusch der Kugeln verursachte genauso viel Angst und Schrecken wie die Schießerei selbst, und verzweifelte Frauen schlossen ihre Kinder in die Arme, um diese Zone fluchtartig zu verlassen, ohne daran zu denken, daß sie sich dadurch noch größeren Gefahren aussetzten. Hunderte von Frauen, Studenten und anderen Personen erhielten in zahllosen Wohnungen in Tlatelolco Unterschlupf, aber viele Leute suchten sich einfach bäuchlings unter Treppen zu verstecken. Menschen, die nichts mit der Streikbewegung zu tun haben, die aber durch den Einsatz der Streitkräfte in Wut geraten waren, holten ihre Pistolen heraus und schossen durch die Fenster auf das Militär. Schreie, Tränen und Verzweiflung vermischten sich in jener dreißig Minuten währenden Episode, die jedoch dreißig Jahrhunderte zu dauern schien. Mitten in diesem Chaos gab es junge Menschen, die sich dem Militär widersetzten, und die dafür mit Hieben von Gewehrkolben empfangen wurden. Ein Kollege von einer Tageszeitung rief, er sei Journalist, und ein Soldat antwortete ihm: »Sehr erfreut!« und schleuderte ihn mit erhobenen Händen gegen eine Hauswand. Einem Fotografen wurde ein Stich mit einem Bajonett versetzt, damit er seine Kamera fallenließ. Unser Fotograf Raúl Hernández wurde von Soldaten zu Boden geworfen und mit übelsten Beschimpfungen bedacht, und während um ihn herum die Geschoßhülsen fielen, hörte er das Pfeifen der Kugeln, die von den Streitkräften aus entgegengesetzter Richtung abgeschossen wurden. Ein Mann, der neben Raúl Hernández auf dem Boden lag, hörte nicht auf zu beten. Wir konnten beobachten, daß die Polizisten (eine Gruppe unterstand dem Befehl von Kommandant Cuauhtémoc Cárdenas von der Gerichtspolizei) die Ankunft des Militärs erwarteten, um gegen die Studentenführer losschlagen zu können. Während der dreißig Minuten, die die Schießerei dauerte, wurden Ambulanzwagen vom Roten und Grünen Kreuz nicht zum Platz der Drei Kulturen durchgelassen. Ein Sanitäter vom Grünen Kreuz sagte zu *La Prensa*, man habe ihn mit Kugeln darauf aufmerksam gemacht, nicht näher heranzukommen. Um 18.30 Uhr hörte man noch immer vereinzelte Schüsse. Einige ausländische Kameramänner, die das Geschehen filmten, wurden von einem Mitglied der Streitkräfte weggeführt, um sich aus dieser Hölle zurückziehen zu können. Ein japanischer Journalist lief herum, die Hände im Nacken verschränkt, und niemand verstand ihn, aber es war anzunehmen, daß er um Hilfe bat. Etwa gegen sieben Uhr abends erhielten die Ambulanzwagen die Erlaubnis, auf den Platz zu fahren, und es begann ein unerträgliches Geheule von Sirenen, das den angespannten Nerven all derer den Rest gab, die wir uns dort mitten in dem Geballere aufhielten.

Die militärische Aggression hatte in dem Moment begonnen, als das Meeting so gut wie beendet war und einer der Studentenführer der Versammlung vorgeschlagen hatte, »daß es angebracht erschiene, die Demonstration zu verschieben oder abzusagen, die für den Innenstadtbereich von Santo Tomás geplant war«.

ALLES GING WEITER, ALS WÄRE NICHTS GESCHEHEN

Nach dem Massaker, an eben diesem 2. Oktober, fuhren Taxis und Radfahrer, gingen Fußgänger am Platz der Drei Kulturen vorüber, als wäre nichts geschehen. Es war geradezu beleidigend, wie normal das Leben weiterging. Es gab nur wenige Proteste in der Öffentlichkeit. Entweder wurden sie von der Regierung verschwiegen, oder die Leute waren völlig verängstigt. Raúl

Alvarez Garín sagte in Lecumberri zu uns: »Das Massaker vom 2. Oktober wurde von allen Regierungskreisen gerechtfertigt, die schamlosesten unter ihnen taten es mit großem Geklirr und öffentlichen Erklärungen, und die anderen reagierten mit komplizenhaftem Schweigen. Man vernahm keine einzige offizielle Stimme, die wegen des Mordes an den Studenten protestiert hätte, nur Octavio Paz legte, außerhalb des Landes, sein Amt als Botschafter in Indien nieder.« Was in anderen Ländern einen Bürgerkrieg entfesselt hätte, bewirkte hier lediglich die Erschütterung einer kleinen Gruppe von Mexikanern. Daß Reaktionen in weiten Teilen der Bevölkerung ausblieben, hat zahlreiche Ursachen: Entpolitisierung, der Druck auf die Gewerkschaften, Uninformiertheit und so weiter. Den Studenten ist es niemals gelungen, mit den Arbeitern wirklich ins Gespräch zu kommen, sie haben niemals deren Sprache gesprochen, denn für die Mehrzahl von ihnen ist die Problematik der Arbeiter auch heute noch eine *angelesene* Sache, die sie *nachfühlen* können, die sie aber nicht wirklich kennen. Die Ausschreitungen der Studenten auf den Straßen haben einen großen Teil der Arbeiter aus dem Häuschen gebracht; die jungen Leute, die da in den Bussen lärmen, ihr Geschrei, ihre Wurstigkeit, die langen Mähnen, all das wird mit echtem, tiefsitzendem Groll betrachtet. »Die haben Chancen, wie wir sie niemals gehabt haben, und dann verbringen sie ihre Zeit damit, herumzugammeln. Diese Burschen haben einfach keinen Anstand.« Der Vater von Andrés Montaño Sánchez, Arbeiter in der Fabrik für Eisenbahnwaggons in Ciudad Sahagún, verbot seinem Sohn, sich der Bewegung anzuschließen: »Das alles hat mich zu viel Anstrengungen gekostet, als daß du jetzt hergehst und dich in Mexiko-Stadt auf Komplikationen einläßt.« Die Studentenproblematik berührte also die Arbeiterklasse nicht näher und blieb auf den engen Kreis des Hochschulwesens beschränkt. Selbstverständlich hatten die öffentlichen Kundgebungen nicht nur Mexiko-Stadt erschüttert, auch in Sinaloa, Yucatán, Veracruz, Oaxaca und Guerrero gab es Studentenproteste zur Unterstützung der Bewegung in der Hauptstadt, auch da wurden von den Universitäten Forderungen gestellt; aber in dem Moment, als alles aufeinanderprallte, tat die Mehrheit der Mexikaner so, als hätte sie nichts mitgekriegt. Und das hatte sie tatsächlich nicht. Der Mangel an Politisierung, die empörende Uninformiertheit unserer segensreichen Presse, deren Tätigkeit vor allem darin besteht, täglich immer wieder aufs neue Gedächtnisschwund produzierende Schläge auszuteilen, all das war für die 68er Bewegung ungünstig. Die Fernsehberichte verurteilten grundsätzlich. Unser Land fiel zurück in Schweigen. Ein paar Tage danach fächelte sich eine Dame mit den Fransen ihrer Stola Luft zu, als sie Sergeant Pedraza, der beinahe Leber und Lunge ausspuckte, vorbeiflitzen sah, und die Journalistin María Luisa »China« Mendoza machte die Bemerkung: »Sehen Sie sich das nur mal an, Señora, noch vor ein paar Tagen haben wir das von Tlatelolco miterlebt, und jetzt sehen wir diesem Wettlauf zu, wie wenn nichts geschehen wäre«; und die Dame, die sich noch immer mit den Fransen Luft zufächelte, antwortete: »Tja, so ist das nun mal!«

NUR VEREINZELTE AKTIONEN?

Die Studentenbewegung von 1968 und deren gewaltsame Auflösung am 2. Oktober hatte nicht nur vereinzelte, isolierte Aktionen zur Folge. Das Wichtigste, was daraus hervorging, war vielleicht – wegen seines kollektiven, durchorganisierten Charakters – das Entstehen neuer linker Gruppen. Der PMT von Heberto Castillo und Demetrio Vallejo und die Mexikanische Abteilung der Vierten Internationale PRT, ebenso die LOM – sie alle sind ernst zu nehmen (obwohl letztere, die Trotzkisten, von den »Informations«-Medien grundsätzlich totgeschwiegen wurden). Zweitrangig, und mit politischen Vorstellungen, die zwischen undeutlich und trübe schweben, sind der PST, der PPM und andere. Die Oppositionszeitschrift *Punto Crítico*, die von Raúl Alvarez Garín und Adolfo Sánchez Rebolledo herausgegeben wird, ist ein weiteres unmittelbares Ergebnis von 1968. Es gab noch mehr Veränderungen oder »Radikalisierungen« persönlicher Art; Carlos Monsiváis zum Beispiel und seine Feuilleton-Beilage in *Siempre!*, Cosío Villegas in *Excélsior*, Gastón García Cantú in *Excélsior*, José Emilio Pacheco in *Diorama*; Octavio Paz und Gabriel Zaid in *Plural*, Carlos Fuentes in seinem Buch *Tiempo mexicano*; doch was zweifellos am meisten beeindruckte, war die Wandlung von Heberto Castillo. Der Ingenieur Heberto Castillo war ein Mann, der sich der Forschung und Lehre widmete. In seiner beruflichen Laufbahn war er ein Überflieger. Er hätte an der Universität, bei Zeitungen oder Zeitschriften politisch tätig werden können. Statt dessen entschied er sich dafür, als Politiker auf der Seite der

Schutzlosen dieses Landes zu kämpfen. Im allgemeinen verzichten die Intellektuellen nicht auf ihre Privilegien; Heberto Castillo gab sie auf und hörte stundenlang auf endlosen Versammlungen Männern und Frauen zu, die wir üblicherweise als »Trottel« bezeichnen, die immer und immer wieder auf dasselbe zu sprechen kommen. Als Person hatte Heberto Castillo die Wahl, Revolutionär zu sein oder zu scheinen. Er konnte schreiben, Vorträge halten und sich das Recht herausnehmen, sich seinen Neigungen entsprechend zu engagieren (das pflegt einigen Intellektuellen in Mexiko ansehnliche Resultate zu bescheren), Verpflichtungen auf sich zu nehmen und kollektive Absprachen einzuhalten und, sieh an, das ist das Steinchen, über das so viele stolpern. Heberto Castillo setzte alles aufs Spiel; was 1968 geschah, lehrte ihn, über seine eigene Gesellschaftsschicht hinauszusehen und zu erkennen, daß er zwar mehr von Mathematik verstand als ein Eisenbahner, daß der ihm aber wiederum zeigen konnte, was es bedeutete, dieses Wissen in die Praxis umzusetzen. An den Universitäten gibt es linke Professoren, die Unterricht in Sachen Revolution erteilen; und schlimmstenfalls können sie dadurch ihre Stelle verlieren. Jemand wie Castillo, der Seite an Seite mit den Arbeitern und Bauern kämpft, kann dadurch sein Leben verlieren.

Andere junge Leute haben sich ebenfalls ganz der politischen Tätigkeit innerhalb einer Partei gewidmet. Die Studentenbewegung von 1968 erweckt selbst heutzutage noch lebhaftes Interesse, obwohl die jugendliche Bevölkerung logischerweise einem konstanten Wechsel unterliegt. Die Fluktuation in den Hörsälen, die Ankunft neuer junger Studenten könnte die Bewegung in Vergessenheit stürzen, aber dem ist nicht so. Die Losung »der 2. Oktober bleibt unvergessen« schwebt in der Luft. Auch wenn die Studenten nicht mehr dieselben sind, so bleibt doch der Wunsch nach Information über die Bewegung bestehen. Allerdings habe ich weder unter den Anführern von 68 noch unter den Gefangenen je so etwas wie Selbstmitleid feststellen können. Gilberto – um nur einen zu nennen – spricht *niemals* vom 2. Oktober. Raúl auch nicht. Luis González de Alba lächelt und nimmt aktiv an Gewerkschaftskämpfen teil; keiner von ihnen hat den Blick rückwärts gerichtet, *der Uhu* erzählt Witze, *der Tannenbaum* erfindet sie, sie sind nicht frustriert, keinerlei Allüren von 68 sitzengebliebenen Dämchen. Nur ein einziges Mal hörte ich einen Studenten sagen: »Im Jahre 68, da war ich jemand!«.

1968 wurde plötzlich auf den Straßen, auf dem Paseo de la Reforma und dem *Zócalo* die Stimme laut, die so viele Jahre hindurch geschwiegen hatte, und man behauptete schon, die Mexikaner seien stumm, gleichgültig, resigniert und uninteressiert. 1968 gingen Tausende von Mexikanern auf die Straße, um ihre Wut und ihre Unzufriedenheit hinauszuschreien. Plötzlich zeigten sie nicht nur ihre Ablehnung gegenüber der Regierung, sondern sie waren auch bereit, auf der Erfüllung ihrer Forderungen zu bestehen, die sie unter dem Balkon des Präsidentenpalastes laut riefen. Die Studentenbewegung wirkte wie ein Zünder. Der Groll von Jahren, von den Eltern an die Kinder weitergegeben, stieg an die Oberfläche. Denn die Kinder erstickten allmählich in dieser Atmosphäre von Heimlichtuerei, von »lieber nicht«, von »wir können ja doch nichts tun«, »auch wenn du was sagst, wird sich nichts ändern« und so weiter. Wenigstens konnten sie jetzt aus vollem Halse brüllen und diese bewegliche, kritische, bewußt gewordene Masse formen, die die Regierung so hochgradig in Angst und Wut versetzte, daß sie jenem tragischen, kriminellen Wahn verfiel, der die Öffentlichkeit spaltete.

Die Ablehnung gegenüber der Regierung wurde bei den Präsidentenwahlen von Echeverría ganz deutlich. Trotz ununterbrochener Reden und massiver Propaganda lag der Anteil der Nichtwähler bei 36 %. Das ist mehr als ein Drittel der registrierten Einwohner. Mario Moya Palencia nannte sie die »Partei der Nichtwähler« und sprach von einer tiefen Enttäuschung über das demokratische System. Die Zahl ungültiger Stimmen war enorm hoch: 26 % der abgegebenen Stimmen waren ungültig bei 21 700 000 registrierten Einwohnern im Jahre 1970, enttäuschend und wenig schmeichelhaft für den Kandidaten der Regierungspartei PRI, dessen angestrengte und dynamische Kampagne herb enttäuscht wurde. 36 % der Mexikaner weigern sich zu wählen – das ist eine bittere Pille für einen zukünftigen Präsidenten.

DER WAHLSPRUCH DER STUDENTEN: DIE STRASSEN EROBERN;
ECHEVERRÍAS WAHLSPRUCH HINGEGEN:
DIE STUDENTEN EROBERN

Zwei Jahre später sollten die Folgen der Studentenbewegung und die Nacht von Tlatelolco im Verhalten der Regierung Echeverría (1970–1976) zu spüren sein. Hatte der Leitspruch der Studenten geheißen, die Straßen für sich zu gewinnen, so schien Echeverría dem Leitspruch zu folgen, die Studenten für sich zu gewinnen, denn darauf verwandte er einen großen Teil seiner Energie. In *La ideología del movimiento estudiantil en México* (Die Ideologie der mexikanischen Studentenbewegung) schreibt Abelardo Villegas: »Der größte Feind der Studentenbewegung ist nicht die gewalttätige Repression, sondern die Anpassungsfähigkeit der Regierung«. Präsident Echeverría verwandte viel seiner wertvollen Zeit darauf, Intellektuelle zu erobern, die relativ jung in Machtpositionen aufstiegen. Unter den studentischen Anführern erregte der Fall von Sócrates Campos Lemus größte Aufmerksamkeit, der es immerhin zum regulären Gehaltsempfänger im Sekretariat des Innenministeriums brachte; doch Sócrates war schon vorher von den Anführern des CNH entlarvt worden, und er hatte niemals das Spießrutenlaufen der politischen Häftlinge mitgemacht.

Die Problematik der Studenten ist eine Problematik der Mittelschicht und hat deshalb einen auf höhere Unterrichtsinstitutionen beschränkten Charakter. Es gibt aber zahllose andere Probleme: Hunger, Gesundheitswesen, Arbeitslosigkeit, wirtschaftliche Abhängigkeit von den Vereinigten Staaten. Die Brutalität aber, mit der die Studentenbewegung unterdrückt wurde, machte sie zu dem neuralgischen Punkt, von dem seither jedwede politische Aktion ihren Ausgang nimmt. Die Regierung Echeverría schleppte das Stigma von Tlatelolco mit sich und versuchte, es um jeden Preis zu verwischen. Echeverría würde schwerlich wiederholen, was er der Journalistin Pearl González von *The News* zu Beginn seiner Amtszeit auf einer Pressekonferenz für Auslandskorrespondenten geantwortet hatte. Pearl hatte ihn durchaus angemessen gefragt: »Warum wurde, um die Studenten aufzuhalten, kein Tränengas verwendet, sondern Waffen?« Und Echeverría entgegnete, daß Studenten nichts auf den Straßen zu suchen hätten, denn ihr Platz wäre in den Hörsälen vor ihren Büchern. Wie es scheint, wurde die Regierung Echeverría wegen Tlatelolco tätig und dies nicht ohne Grund, denn ein zweites Tlatelolco hätte – nach Ansicht ausländischer politischer Beobachter – die Einführung der Diktatur bedeutet. (Die Haltung der Regierung gegenüber dem Blutbad vom 10. Juni 1971 war eine gänzlich andere. *Alle* Mexikaner, Volk und Regierung, waren ein Opfer der Verschwörung; wir mußten uns um den politischen Führer scharen, um den Feind abzuwehren. Nicht die Studenten waren die Bösen, sondern die *dunklen*

Mächte, die sich bis in die Regierung eingeschlichen hatten.) Diese hatte zwar in der Öffentlichkeit an Glaubwürdigkeit verloren, versuchte aber, sie durch eine Annäherung an die Jugend wiederzugewinnen. Gabriel Zaid erzählte einmal, daß ein Präsident in Guatemala jedesmal, wenn er eine gegen ihn gerichtete Demonstration witterte, wie ein geölter Blitz vom Präsidentenbalkon weglief und sich an die Spitze der Opposition setzte. Mit Echeverría passierte etwas sehr Ähnliches; der Präsident zog höchstpersönlich aus, um das Studentenvolk mit einer Vehemenz für sich einzunehmen, die ohne Tlatelolco undenkbar gewesen wäre. Auch wenn diese Beispiele abwegig erscheinen, spiegeln sie dennoch die Haltung des Regierungschefs wider. In Baja California beantragten die Studenten zwei Autobusse. Echeverría bewilligte sechs. Ein junger Mann, Sergio Hirales Morán, zwang den Präsidenten in Ensenada zu einer Schweigeminute im Gedenken an die Toten von Tlatelolco. Als Echeverría die gefallenen Soldaten einschließen wollte, erhob der Student Einspruch: »Nein, Señor, hier stellen wir die Bedingungen.«

Hat unser Land sich verändert? Ja, denn die Regierung wurde gefestigter, das Militär furchteinflößender, die Polizei brutaler, die Ziele von Díaz Ordaz trugen den Sieg davon. Die ultralinken Tendenzen als politische Entgleisung und das schematisierte Denken als endemische Krankheit, wie die Zeitschrift *Punto Crítico* herausgearbeitet hat, ermöglichen so schreckliche Phänomene wie die Sache mit den »Kranken« von der Universität Sinaloa; wahnwitzige junge Leute, die sich mit gezogener Pistole darauf konzentrierten, der »Scheißbourgeoisie« die Gedärme aus dem Leib zu holen. Der PRT charakterisierte in einem Dokument mit dem Titel »Politische Häftlinge sprechen« den Zerfallsprozeß der *Kommunistischen Liga 23. September*. Wenn die Menschen sich ihrer Ohnmacht bewußt werden, organisieren sie sich oder werden verrückt. Die »Kranken« und die »Falken« sind die beiden Seiten derselben Medaille; bisher waren alle repressiven Aktionen in unserem Lande immer nur dem Faschismus förderlich, und einer der größten Verbündeten der CIA in Mexiko war die sogenannte *Kommunistische Liga 23. September*.

IN MEXIKO IST ES MÖGLICH, GROSSE TEILE DER BEVÖLKERUNG ZU MOBILISIEREN, TROTZ DER OFFIZIELLEN KONTROLLEN

Echeverría konzentrierte einen Großteil seiner Aufmerksamkeit auf die Jugend; junge Leute in seinem Kabinett, junge Leute auf den Gouverneursposten in den Bundesstaaten, junge Leute in Ämtern von Politik und Verwaltung; man sollte die Stimme der Jugend vernehmen, auch wenn sie dadurch, daß sie das Räderwerk der Regierung passieren mußte, amtlichen Charakter bekam. Die Regierung Echeverría erkannte, daß die Studentenbewegung mit all ihren Fehlern und Tugenden eine ernstzunehmende Kraft war, eine vitale Kraft in unserem Lande. Hätte man anders regieren können? Vielleicht war der größte Sieg der Studentenbewegung von 1968, Tag für Tag auf die Regierungsbehörden Druck auszuüben: auf kurze und auf lange Sicht. Demetrio Vallejo hat sogar verkündet, daß er seine Freiheit – eine der Flaggen, die die Studentenbewegung hißte – den Aktionen der Studenten verdankte. Die öffentliche Diskussion, das langsame Aufkommen kritischer Einstellungen, der Beweis, daß es in Mexiko »möglich ist, große Teile der Bevölkerung zu mobilisieren, trotz der offiziellen Kontrollen«, das Interessse, das den Universitäten entgegengebracht wurde, sowohl in Mexiko-Stadt als auch in den Provinzen, all das wirkte wie ein weiterer Sieg der Studenten in den sechs Regierungsjahren Echeverrías. Trotz eines Boykotts seitens der Großunternehmer kritisierte *Excélsior* deutlich in Leitartikeln, Meldungen und Reportagen seiner Journalisten die Regierung, die höheren Beamten und sogar den Präsidenten der Republik. *Excélsior* berichtete von Konflikten zwischen Arbeitnehmern und Arbeitgebern, die keine oder nur wenig Chancen hatten, in den großen Massenmedien publik gemacht zu werden, und die zu einem gewissen Zeitpunkt zum Embryo eines großen Mobilisierungsprozesses der Bevölkerung wurden. Es wurden Analysen angestellt über das unabhängige Gewerkschaftswesen, über die Universitätsgewerkschaft, über ungerechtfertigte Entlassungen, Klagen der Landbevölkerung, Protestmärsche und Maßnahmen der Regierungspartei. Die Mehrheit der Politiker, die an der Macht waren, befürchtete, daß ihnen eine Zeitbombe in den Händen explodieren könnte, und sie fingen an, sich zu rühren. Man mußte einem möglichen *Watergate* vorbeugen. Señora Echeverría sprach von »unserem guten Freund Julio Scherer«*, und Daniel Cosío Villegas erhielt von *Los Pinos*** eine elektrische Schreibmaschine, als seine kaputtging, ungeachtet der wiederkehrenden Sticheleien in seinen Artikeln, die sich auf die Präsidentschaftsnachfolge bezogen. Echeverría bewahrte fast bis zum Ende Haltung. An dem Tag, an dem er die Fassung verlor, »gab er dem *Excélsior* den Todesstoß«, wie der Korrespondent der *Washington Post*, Terri Shaw, schrieb.

10. JUNI – DER DONNERSTAG VON ECHEVERRÍAS HIMMELFAHRT

Noch in seiner fünften Regierungserklärung hatte Gustavo Díaz Ordaz am 10. September 1969 gesagt: »Was mich selbst betrifft, so übernehme ich voll und ganz die persönliche, moralische, gesellschaftliche, gesetzliche, politische und historische Verantwortung für die Entscheidungen der Regierung, die mit den Ereignissen des vergangenen Jahres in Zusammenhang stehen.« Luis Echeverría hingegen beschuldigte Kräfte, die in Opposition zu seiner Regierung standen, für das neuerliche Blutbad am 10. Juni 1971. »Was am 10. Juni geschehen ist, war im Grunde ein Angriff auf die Regierung; sollte jemand das nicht so verstehen, dann versteht er auch nicht, was in Mexiko vor sich geht. Wir kämpften gerade dafür, die Autonomie der Universitäten zu respektieren, als das geschah.« Als ihn am 10. Juni spät in der Nacht noch Journalisten aufsuchten, sagte er mit jener Intensität, jenem *unterstrichenen* Ja, das seinem Charakter und seiner ganzen Physiognomie eigen ist: »Falls Sie empört sind, ich bin es um so mehr.« Von jenem Augenblick an hat Luis Echeverría der Öffentlichkeit unverdrossen und unaufhörlich Erklärungen abgegeben. Am 15. Juni 1971 gewährte er Jacobo Zabludowsky ein Interview, und als dieser ihn fragte, ob die Schuldigen bestraft werden würden, antwortete er: »Ja, Jacobo, ganz entschieden.« Der gesamte Propagandaapparat des Landes, das Fernsehen, die Presse, alle Organe zur Verbreitung von Informationen verurteilten voller Zorn die Ereignisse des 10. Juni. Doch die Geschehnisse wurden dadurch nicht etwa durchschaubarer als die von Tlate-

---

* Julio Scherer García, geb. 1926, Journalist, von 1968–1976 Herausgeber des *Excélsior*, der seinerzeit wichtigsten Zeitung des Landes. A.d.Ü.
** Präsidentenpalast. A.d.Ü.

lolco, was die Anzahl der Toten betraf. Zuerst waren es vier, dann elf, dann wieder sieben Tote, alles Angehörige des Krankenhauses Rubén Leñero, die von ihren Familienangehörigen identifiziert wurden. Ein vierzehnjähriger Junge war auch darunter: Jorge Calleja Contreras. Die Zeitungen sprachen von einer para-militärischen Gruppe, den »Falken«, stämmig wie Athleten, in Tennisschuhen, trainiert in Kendo, die mit ihren »chang«-Stöcken oder Stangen die Demonstranten angriffen. Man sprach sogar davon, daß sie ihr Trainingslager in Cuchilla del Tesoro/San Juan de Aragón hätten, und daß die Falken aus grau gespritzten Einsatzwagen gestiegen wären, die kurz darauf zum Fuhrpark der Verwaltung von Mexiko-Stadt zurückkehrten. Weder wurde die genaue Zahl der Toten noch die der Verletzten bekanntgegeben, doch der Ton gegenüber den Journalisten und die Behandlung des »ehrenwerten Publikums« änderten sich. Juan Miguel de Mora, ein Augenzeuge, gab einen klaren Bericht ab. Am 12. Juni unternahmen der Polizeioberst Angel Rodríguez García, der Justitiar der Verwaltung Sánchez Vargas und der Staatssekretär im Erziehungsministerium Bravo Ahuja eine Inspektionsfahrt, um den Ort des Geschehens in Augenschein zu nehmen. Ich erinnere mich insbesondere wegen der noblen Haltung des Journalisten Enrique Alfaro von *Novedades* daran, der dem Polizeiobersten ins Wort fiel und ihn beschuldigte, die Tatsachen zu verdrehen und die angreifenden Gruppen unterstützt zu haben, indem er die grauen Fahrzeuge habe passieren lassen, aus denen die Schlägertrupps mit Stangen bewaffnet ausstiegen und die Demonstranten angriffen. Als der Oberst antwortete: »Wir hatten Anweisungen, nicht einzugreifen, die Polizei hat noch nie bei Studentendemonstrationen eingegriffen«, war Enrique Alfaro empört und mit ihm viele andere, die das gehört hatten, denn sein entschiedenes Auftreten durchbrach die ewigwährende Passivität der Gaffer.

Für den 15. Juni bereitete die Regierungspartei PRI eine große Massenkundgebung zur Bekundung der nationalen Einheit im Interesse des *beleidigten Präsidenten* vor. Dafür war aus Puebla, Tlaxcala, Hidalgo und Morelos Unterstützung zugesagt. Gerardo Medina Valdés erzählt, wie im Ärztehaus eine Sitzung unterbrochen wurde, um den Teilnehmern am Kongreß »Sicherheit und Hygiene« mitzuteilen, daß am nächsten Tag die Massenkundgebung zur Unterstützung unseres Mitbürgers, des Präsidenten der Republik, stattfinden würde. Ein Delegierter aus Sinaloa bat ums

Wort! »Können Sie mir sagen, was das soll? Ist das ein Befehl oder eine Einladung?« »Aber *compañero*, selbstverständlich ist das eine Einladung, und die Veranstaltung steht in Zusammenhang mit dem, was am 10. Juni passiert ist, da muß man hingehen und den Señor Präsidenten unterstützen.« Worauf der aus Sinaloa antwortete: »Also was mich angeht, ich bin nicht hierhergekommen, um Falken zu jagen, aber auch nicht, um Täubchen zu sein.«

In derselben Nacht wurden der Verwaltungschef von Mexiko-Stadt Alfonso Martínez Domínguez und der Polizeichef Rogelio Flores Curiel ihrer Ämter enthoben. Beide waren übrigens gute Freunde und *compañeros* des Präsidenten der Republik, der sich vergewissern mußte, daß es »auch nicht den Schatten eines Zweifels bezüglich der Untersuchungen gab«. Julio Sánchez Vargas wurde durch Ojeda Paullada ersetzt. Nun war wirklich alles sonnenklar, man würde die »Falken« aufstöbern und auch die Kräfte, die sich der Regierung Echeverría widersetzten. Der Junimonat verging, die Zeitungen schrieben immer spärlicher über das Gemetzel, die Nachforschungen wurden auf mehr interne Behördenbereiche verlagert, bis das öffentliche Interesse sich mit der Zeit verlor (dies schon allein dadurch, daß es nicht gefördert wurde). Echeverría konnte in seiner ersten Regierungserklärung vor der Abgeordnetenkammer erklären:

Zu gegebenem Anlaß haben wir die Ereignisse des 10. Juli kategorisch verurteilt. Vor den Vertretern des Volkes sagen wir dem Mexikanischen Volk heute noch einmal, daß wir die gesetzmäßige Autorität gegenüber den demokratisch eingesetzten Machtinstrumenten und die moralische Kraft gegenüber ihrem verfassungsgemäßen Bestand auch in Zukunft aufrechterhalten müssen.

Wir kennen die Hindernisse und auch die Kräfte, die sich unseren Absichten widersetzen. Wir wissen, wem eventuelle Uneinigkeit unter uns nützt. Wir werden es nicht zulassen, daß uns fernstehende Interessen, verantwortungslose Splittergruppen oder egoistisches Machtstreben die Ziele gefährden, die dem Volke gemeinsam sind und die zu erreichen es sich entschieden hat.

Und die »Falken«? Und »die Kräfte«? Und die Namen? Dabei blieb es. Nichts wurde je aufgeklärt, kein einziger Falke tauchte je auf, infolgedessen wurde keiner der Schuldigen je bestraft. Oder kann man das düster gewordene Gesicht von Alfonso Martínez

Domínguez als Bestrafung betrachten? Wenn man Monate später zu fragen wagte, was aus den Untersuchungen geworden war, wurde man verdächtigt, ein Verbündeter »der Kräfte«, ein Saboteur der gewaltigen, aufopfernden Tätigkeit des Präsidenten zu sein. Echeverría suchte nach wie vor die Annäherung an die Universitäten und an die Studentengruppen, und er überschritt beharrlich die Berge, die sich 1968 und 1970 aufgetürmt hatten. Aber die Leute aus dem Volk wurden es müde, so lange zu warten, und sie tauften die Volkstanzgruppe der *compañera* María Esther von *Las Palomas* (die Tauben) in *Las Halconas* (die – weiblichen – Falken) *von San Jerónimo* um.

FAST ZEHN JAHRE SPÄTER STELLT SICH HERAUS, DASS AUCH GUSTAVO DÍAZ ORDAZ EIN OPFER IST UND SEIN LAND IHM DAS LEBEN SCHULDET

Luís Echeverría war, wie sich herausstellen sollte, am 10. Juni 1971 ein Opfer der landesfeindlichen Kräfte geworden, und auch Gustavo Díaz Ordaz hat sich selbst am 12. April 1977 – im Außenministerium, genauer gesagt ausgerechnet in Tlatelolco – anläßlich einer unverschämten Pressekonferenz, die er aufgrund seiner Ernennung zum Botschafter Mexikos in Spanien durch den neuen Präsidenten López Portillo gab, als Opfer des Jahres 1968 und der sechsjährigen Regierungszeit Echeverrías hingestellt, während der er sich, wie er behauptete, trotz aller Angriffe in tiefes Schweigen hüllen mußte. Jetzt, von López Portillo wieder ins Amt berufen, von Staub und Spreu gereinigt, konnte er uns sein Herz öffnen und uns sogar von seinen Amouren erzählen, die ihm die Presse zuschrieb, die mit seinem Liebesleben sehr beschäftigt war. Eigenartigerweise war er es, der vom Blut sprach, von seinen Händen, die rein waren vom Blut (eine Erklärung, die niemand verlangt hatte...), während unter all den Blitzlichtern das leise Surren der Filmkamera zu hören war, das an ein anderes Surren von Filmkameras genau hier am Platz der Drei Kulturen erinnerte. Erneut legte er seinen Finger auf die Wunde von Tlatelolco und forderte seine Zuhörer plump heraus: »Wo sind denn die Hunderte, die Tausende von Toten, meine Damen und Herren Journalisten?«

Das weiß nur Díaz Ordaz, denn offiziell starben am 2. Oktober nur zwei Soldaten in Tlatelolco: Constantino Canales Rojas und

Pedro Gustavo López Hernández, die einzigen, von denen eine Sterbeurkunde existiert. Wenn jemand die Zeitungen aus jenen Tagen wieder durchliest, so wird er sehen, daß die Toten mit Zahlen, nie aber mit Vor- und Nachnamen angegeben werden. Die Familienväter, die dorthin gingen und ihre Toten abholen wollten, egal ob es Passanten, Nachbarn, Studenten, Neugierige oder Aufwiegler waren, wurden behandelt, als wären sie Väter oder Geschwister von Vaterlandsverrätern, und sie wurden gezwungen, Einverständniserklärungen zu unterschreiben, wonach es sich um »Tod durch Unfall« handelte, dem keine weitere Untersuchung folgen mußte, und das Recht auf irgendeine Beanstandung wurde damit ausgeschlossen. Das war die Voraussetzung dafür, daß die Toten ihnen ausgehändigt wurden. Einige der Mütter gingen einige Tage später zur Hauptverwaltung, um die tatsächlichen Umstände klären zu lassen; nicht nur wurde dies abgelehnt, man sagte ihnen sogar, sie würden festgenommen, falls sie ihre Nachforschungen fortsetzen oder darüber sprechen würden. Gegen Ende Oktober stellte der CNH Gruppen zusammen, die bei den Familien von Verschwundenen Nachforschungen anstellen sollten. Niemand wollte reden. »Was soll das jetzt noch?« Eine Mutter legte das so dar: »Sehen Sie denn nicht, daß ich noch mehr Kinder habe, und daß sie mir die auch noch umbringen können?«

Von dem Entsetzen und von der Barbarei der Studentenverfolgungen in Mexiko legte die Journalistin Oriana Fallaci Zeugnis ab, die ihren Protest so schnell wie möglich veröffentlichte und sagte, in Vietnam habe es bei Bombenalarm wenigstens Luftschutzkeller gegeben, in Mexiko hingegen seien die Maschinengewehrsalven auf eine wehrlose Menge niedergegangen, ein Akt von Schamlosigkeit und Grauen, wie sie ihn während ihrer gesamten Tätigkeit als Journalistin und sogar als Kriegskorrespondentin niemals erlebt habe.

SCHICKT DEM VOLK VON SPANIEN BLOSS NICHT SO EINE SPINNE[*]

Die großen Presseorgane nahmen die Ernennung von Gustavo Díaz Ordaz zwar mit einstimmigem Lob zur Kenntnis, aber seine Rückkehr ins öffentliche Leben rief in Studenten-, Akademiker-

---

[*] *Al pueblo de España, no le manden esta araña* (Im Spanischen ein gereimter, rhythmischer Slogan). A.d.Ü.

und Universitätskreisen Entsetzen hervor. Mehr als siebenhundert Intellektuelle, Künstler, Journalisten, Lehrer und Wissenschaftler unterschrieben einen Protestbrief. Mehrere Leitartikler machten aus ihrer Unzufriedenheit keinen Hehl. Es handelte sich um eine Provokation, sowohl gegenüber Mexiko als auch gegenüber der beginnenden Demokratie in Spanien. Díaz Ordaz sollte man als Botschafter nirgendwohin schicken, Díaz Ordaz müßte vielmehr vor ein Gericht gestellt werden. Wie konnte López Portillo nur den Mann designieren, der das Militär gegen das Volk eingesetzt hatte, den Mann, der seit 1968 ein Synonym für Repression war, für die Entzweiung der Mexikaner untereinander? Was war das für ein Gesandter? Sobald López Portillo an die Macht gekommen war, bezog sich eine seiner ersten Erklärungen auf die Krise von 1968, die nach seinen Worten das Land gespalten hatte; warum also jenen Mann ernennen, der dafür verantwortlich zeichnete? Wer, zum Teufel, konnte das noch verstehen? Handelte es sich erneut um die Vereinigung dunkler, feindlicher Mächte um den Präsidenten herum, deren Stellung bedroht war? Niemand fand darauf eine Antwort. Die Versammlung der Studenten vom 26. April 1977 wurde trotz ihrer annähernd zehntausend Teilnehmer totgeschwiegen. *El Sol de México* zum Beispiel, eine Echeverría verbundene Tageszeitung, rief zu einer Demonstration auf, die den Verkehr durcheinanderbrachte, aber niemand wußte, weshalb sie stattfand. Der Marsch selbst war schön. Im Kino Latino wurde King Kong gespielt, und die jungen Leute griffen das sofort auf: »King-Kong-Díaz-Ordaz-King-Kong-Díaz-Ordaz/Spanien sozialistisch, Díaz Ordaz faschistisch« und »juhuuuu, Díaz Ordaz so angenehm-sympathisch-faschistisch, dieser Hurensohn« – und andere köstliche Reimereien, die zum Mittanzen geradezu einluden, zum Beispiel auch diese: »Schickt dem Volk von Spanien bloß nicht so eine Spinne.« Auch die Leute auf den Gehsteigen lachten mit, und viele von ihnen hüpften wie Känguruhs über den Asphalt des Paseo de la Reforma: »Wer nicht mithüpft, ist Díaz Ordaz.« Die Zeitungen hüllten sich in Grabesstille. Es sah ganz so aus, als ob sie die Losung befolgen würden, die Díaz Ordaz selbst in der Pressekonferenz ausgegeben hatte: »Was für Tote, welcher 2. Oktober, was für eine Nacht von Tlatelolco?« Dort sind so dreißig oder vierzig ums Leben gekommen, mehr nicht, dreißig oder vierzig, Aufwiegler und Gaffer mitgerechnet, solche, die zufällig vorübergehen, die herunterfallen, weil sie sich zu weit hinauslehnen, die keine Namen haben, oder falls sie einen haben, kann man ihn mit keinem Gesicht in Zusammenhang bringen, jene, die bei Überschwemmungen umkommen, bei Erdbeben, die Armen, das Kanonenfutter, jene, die vor Hunger umkommen, die sowieso immer das ganze Übel trifft, die am 2. Oktober die Kugeln trafen, nichts zu machen, da hat es sie getroffen, weil sie dort blödsinnigerweise und aufsässig herumliefen, aber sie sind nicht wichtig, es könnten ebensogut vierzig wie vierhundert oder viertausend sein, denn sie sind ja niemand, wie auch die Zehntausend niemand sind, die gerade demonstrieren und im Chor singen: »Klatscht Beifall, klatscht Beifall und hört nicht damit auf, denn die verfluchte Regierung, die geht bald drauf!«

EINREICHUNG EINER KLAGE GEGEN DÍAZ ORDAZ

Für den 20. November 1971 zitierten Emilio Krieger, Juan Manuel Gómez Gutiérrez, Carmen Merino Millán, Guillermo Andrade und Carlos Fernández del Real die Journalisten in den Besprechungsraum des Generalstaatsanwalts Pedro Ojeda Paullada. Sie wollten Díaz Ordaz bei der Anklagebehörde denunzieren und klagten ihn folgender Vergehen im Amt an: *Mißachtung der Grundrechte, Übertretung der Verfassung, die zu einer Störung des ordnungsgemäßen Ablaufes der Institutionen gemäß Art. 29 der Verfassung führen.* Allgemeine Straftatbestände: *Körperverletzung und Mord.* Der Anklage wurden Beweise beigefügt, Fotokopien, Namen von Personen, die auf dem Platz der Drei Kulturen umgekommen waren, Prozeßschriften, beweiskräftige Bücher von Journalisten, die bereit waren, als Zeugen auszusagen: Jesús M. Lozano, Miguel Ángel Martínez Agis, Félix Fuentes, Jorge Avilés R., José Luis Mejías, José Antonio del Campo. Der Generalstaatsanwalt, Pedro Ojeda Paullada, empfing die Anwälte, nahm die Klageschrift entgegen, die Unterlagen, die Beweise, die Bücher und so weiter und sagte – lächelnd – zu den Rechtsanwälten, indem er das gesamte Material in eine Schublade seines Schreibtisches legte: »Da wird es bleiben.«

UND DA IST ES AUCH GEBLIEBEN

In der Schublade des Staatsanwaltes blieben auch die Namen einiger Opfer vom Platz der Drei Kulturen in Tlatelolco. Die

Anwälte Krieger und Fernández del Real sagten dazu, daß sie sich, obwohl Gewißheit darüber besteht, daß einige Dutzend Personen dort umgebracht wurden – nach anderen Versionen waren es sogar einige hundert –, in ihrer Anklage lediglich auf den Mord an solchen Personen bezogen hätten, deren Identität und Todesursache voll und ganz bewiesen werden konnte, und auch nur auf solche Fälle, in denen eine entsprechende Dokumentation in Form von Fotokopien beigefügt werden konnte.*

Die Anwälte sahen es als Pflicht seitens der Generalstaatsanwaltschaft an, die anderen Mordfälle, die am 2. Oktober auf dem Platz der Drei Kulturen begangen worden waren, zu untersuchen, war doch mit Hilfe des Militärs die Versammlung des Nationalen Streikrates (CNH) aufgehoben worden.

FAST ZEHN JAHRE DANACH DURCHBRACH EINE EINZIGE OFFIZIELLE STIMME DIE EINSTIMMIGKEIT DES CHORES

Die einzige offizielle Stimme, die nach fast zehn Jahren die Einstimmigkeit des Chores brach, war die von Carlos Fuentes. Sein Rücktritt als Botschafter in Paris war nützlich. Allerdings irrte er sich, wenn er immer wieder darauf beharrte, daß Luis Echeverría nichts mit den Ereignissen von 1968 zu tun hätte. Das ist weder möglich noch glaubhaft, denn wenn Echeverría sich auch nur geringfügig oder ein einziges Mal dem damaligen Präsidenten widersetzt hätte, wäre er niemals dessen Nachfolger geworden. Außerdem erklärten Luis Echeverría, Corona del Rosal und Julio Sánchez Vargas vom ersten Augenblick an, gemeinsam und in gleichem Maße die Verantwortung für den 30. Juli 1968 zu tragen,

---

* Die Namen derer sind: Carlos Beltrán Maciel, 29 Jahre; Luis Gómez Ortega, 23 Jahre; Jaime Pintado Gil, 18 Jahre; Antonio Solórzano Goana (Sanitäter beim Roten Kreuz), 42 Jahre; Agustina Matus de Campos, 60 Jahre; Guillermo Rivera Torres, 15 Jahre; Cecilio León Torres, 19 Jahre; María Regina Teuscher (Betreuerin bei den Olympischen Spielen), 19 Jahre; Fernando Hernández Chantre, 20 Jahre; Gloria Valencia Lara de González (die schwangere Frau: Titelbild von *Paris Match*), 30 Jahre; Rosa María Maximina Mendoza González, 19 Jahre; Leonor Pérez González, 19 Jahre; Cuitláhuac Gallegos Banuelos, 19 Jahre; Ramón Horta Ruiz, 20 Jahre; Cornelio Benigno Caballero Gardulfo, 18 Jahre; José Ignacio Caballero González, 26 Jahre; Jorge Ramírez Gómez, 18 Jahre; Rosalino Marín Villanueva, 18 Jahre; Juan Rojas Luna, 15 Jahre; Petra Martínez García, 15 Jahre. Und die beiden immer wieder erwähnten Soldaten: Pedro Gustavo López Hernández, 22 Jahre, und Constancio Corrales Rojas, dessen Alter nicht genannt wurde.

den *Tag der Bazookas*, als die Soldaten mitten in der Nacht gegen
2.30 Uhr das hölzerne Portal des Kollegs San Ildefonso sprengten –
dabei gab es vierhundert Verletzte und eintausendsechsundsechzig
Festnahmen. Sie waren es, die in Abwesenheit des Präsidenten der
Republik – er hielt sich in Jalisco auf – ein Einschreiten des Militärs forderten. Es waren dieselben drei – Echeverría, Corona del
Rosal und Sánchez Vargas – die vom Lehrerverband schriftlich vor
der Abgeordnetenkammer erwähnt wurden, Art. 29, die verfassungsmäßigen Garantien tatsächlich außer Kraft gesetzt zu haben,
und Art. 129 der Verfassung, der besagt, daß in Friedenszeiten
keine militärische Macht irgendwelche Funktionen außerhalb des
militärischen Geltungsbereiches ausüben darf, sowie Art. 89,
Absatz VI, der bestimmt, daß ausschließlich der Präsident der
Republik die Streitkräfte zur inneren Sicherheit des Landes einsetzen darf. Im allgemeinen ordnen sich die Mitglieder des Kabinetts
und die Staatssekretäre dem Regierungschef unter. Sie werden
(nebst persönlichen Gründen) wegen Unfähigkeit oder sobald sie
dazu übergehen, nützliche kleine Schräubchen oder große Schrauben im Räderwerk der Regierung zu werden, abgelöst. Aus diesem
Grunde tauchen sie auch immer wieder auf. Nie oder doch fast nie
handeln sie selbständig. So ist das zum mindesten in all den letzten
sechs Jahren währenden Amtsperioden gewesen, und das einzige
Kabinettsmitglied, an das man sich aufgrund seiner Persönlichkeit
erinnert – wenn auch mit negativem Beigeschmack – ist Ernesto
Uruchurto. Von den anderen weiß man weder, wie sie aussahen,
noch was sie gesagt haben. Sie stellten nichts dar, sie hinterließen
keinerlei Eindruck. Deshalb hat auch Octavio Paz recht, wenn er
die Meinung vertritt, daß der Herr mit seinem Dienstpersonal und
mit seiner Familie regiert. Der Staatssäckel gehört immer auch
zum Familienbesitz. Und sechs Jahre lang können alle darüber
verfügen: der Herr des Hauses, die Dame des Hauses, die dazugehörigen Kinder. Wegen irgendwas ist man eben in Mexiko Präsident der Republik, wegen irgendwas kommt man an die Macht.

VON DER REPRESSION VON 1968 ZUR DEPRESSION VON 1978

Zehn Jahre sind seit Tlatelolco vergangen. Ein großer Teil der
Jugend von 1968 kämpft jetzt in politischen Parteien, und ihr
revolutionärer Geist hat sich nicht abgenutzt; er ist gewachsen.
Heberto Castillo ist jetzt besser als früher, ebenso Vallejo. Gilberto

Guevara und Raúl Alvarez führen Untersuchungen durch und erheben Anklagen ähnlich denen, die sie damals zu Verbindungen mit den Bauern geführt hatten: die Ernährung, der Mais, die Löhne der Arbeiter, das unabhängige Gewerkschaftswesen. Raúl tut dies in der Zeitschrift *Punto Crítico*, Gilberto als Universitätsdozent für Biologie. Martín Dosal Jottar schnitt Bravo Ahuja (Staatssekretär im Erziehungsministerium) auf der Beerdigung von José Revueltas das Wort ab: »Verstehen Sie denn nicht, Señor, daß wir das nicht hören wollen?« *El Pino* plant Aktionen, die jeden, der Nerven hat, erblassen lassen. Luis Tomás Cervantes Cabeza de Vaca ist noch immer das gleiche heldenmütige Kind, das sich quer vor einen Bulldozer warf, damit kein Stück Land von seinem geliebten Ortsteil Chapingo weggenommen werden konnte. Keiner nimmt sich selbst allzu ernst. Ich habe sie gesehen, wenn sie sich auf den Mittelstreifen der Straßen trafen, wenn sie lachten und zum Paseo de la Reforma hinübersahen, der irgendwann mal ihnen gehört hat. Was für ein Bild geben wir jetzt ab? Unsere Fassade ist immer noch fernsehreif. Es wimmelt von Sanborn's, Denny's, Lyni's, Burger Boys, Tom Boy, Holiday Inn, Sheraton, Ramada Inn, von Super-Markt-Ketten. Die kaum verwelkten Blumen auf den Mittelstreifen der Straßen und in den öffentlichen Parkanlagen werden ständig ausgewechselt, Glas ersetzt den roten Tuffstein, Mexiko ist immer noch eines der geburtenfreudigsten Länder mit einer Geburtenrate von 3,2 %, dem PRI, der Institutionalisierten Revolutionären Partei, geht's danke gut, Fidel Velázquez ist gesund und kräftig, die Reichen sind sehr mächtig, trotz der oder gerade wegen der Geldentwertung. Scheinbar ist alles beim alten geblieben, und doch weht der Wind manchmal die Geräusche der Demonstrationen herüber, den Jubel, der in den Straßen zu hören war, den Ansporn, der uns alle blindlings überkam, und dann fühlt man, daß diese Verwegenheit von 1968 in der Jugend weiterlebt, wenn auch jetzt auf eine nachdenklichere Weise, die mehr in die Tiefe geht und Aussicht gewährt, daß wir hier die geradlinige Richtung spüren können, die uns historisch gesehen retten wird.

Tagebuch eines Hungerstreiks

Montag, 28. August 1978
Durst ist schlimmer bei Hitze, und die Sonne lastet über dem Hof der kochend heißen Kathedrale. Das Rot ihres Tuffsteins ist mit Recht noch dunkler geworden. Die Wasserflaschen in der Ecke funkeln wie Diamanten. Noch hat sie niemand geöffnet. Nur ein paar Frauen, die sich am Weihwasserbecken bekreuzigen, fahren kurz an ihren Mündern vorbei, befeuchten ihre ausgetrockneten Lippen. Hochmütig blickt die Kathedrale durch die Spalten ihrer dicken Mauern auf das Treiben in den Straßen. Sie sieht nicht viel, die Arme, denn das Leben der Mexikaner spielt sich kaum auf der Straße ab. Jetzt allerdings sind achtzig Frauen gekommen, um sich dort einzurichten. An die Mauern geschmiegt versuchen sie, sich vor den Strahlen zu schützen, die auf ihre Rücken niederbrennen und die Haut schmirgeln.

Ab und zu gehen sie in das Innere der Kathedrale und fummeln neben den Beichtstühlen in ihren Einkaufstaschen herum. Ihre Schritte sind nervöser als die der einfachen Gläubigen oder als die der Touristen, die mit offenen Mündern und schleppenden Fußes zu den Baudenkmälern gehen. Als ob sie wüßten, wo es langgeht. 1968 stiegen die Studenten auf den Turm mit den steilen Stufen und ließen die Glocken der Kathedrale fröhlich läuten. Sie hörte die leichten, nervösen Tritte in den Turnschuhen, fühlte sie wie ein Kitzeln, und eigenartigerweise bekam sie keine Beklemmungen. Im Gegenteil, das Geläute weckte helle Freude in ihrer Brust. Und so wollten die Studenten wieder zu ihr zurückkehren. Im Juli 1968 beabsichtigten sie, »die Straße zu erobern«, und in den folgenden Monaten hieß ihr Ziel »den *Zócalo* erobern«, auf dem großen Platz demonstrieren.

Diesen Platz besitzen hieß, vom tatsächlichen Mittelpunkt des Landes aus zu schreien, vom Nabel des Mondes, aus dem Schoße von Tenochtitlán, aus dem Bett von Cortés und Malinche, der Gegend mit der klarsten Luft, von dort, wo das Licht flattert. Den Platz einzunehmen war eine überaus wichtige und magische Tat, die Glocken der Kathedrale zu läuten hieß, einen Taubenschwarm in alle vier Himmelsrichtungen zu jagen – bis ans Ende der Welt; darum mündeten alle Aufmärsche unvermeidlich auf dem *Zócalo*.

An einem Augustnachmittag – es war der 27. – beschlossen die Jugendlichen nach dem triumphalen Marsch von über 400000 Menschen, einfach mal auszuprobieren, was wohl passierte, wenn sie die ganze Nacht über blieben, oder solange wie es nötig wäre, um die Regierung zu einem Dialog zu bewegen. Sie zündeten Feuerchen auf der Esplanade an, setzten sich im Kreis darum und wärmten sich. Es dauerte nicht lange, bis sich die Tore des Palastes öffneten und etliche Soldatenkolonnen mit aufgepflanztem Bajonett im Laufschritt herauskamen. Vierzehn Panzer warteten in den Straßen, um dreitausend Studenten zu vertreiben. Das war der Anfang vom Ende.

Zehn Jahre später ist die Kathedrale in Beschlag genommen. Die Frauen haben sie besetzt. »Die sind ja knallhart«, sagt Neus Espresate zu mir, »sich ausgerechnet eine Kathedrale auszusuchen, um da ihren Hungerstreik abzuhalten!« Sie lächelt bewundernd. »Da macht der kleine Unterschied sich nicht mehr bemerkbar... Das Problem ist nur: wird man sie lassen?«

Einige Frauen überqueren den Hof der Kathedrale wie Schatten; andere verkriechen sich im Halbdunkel, ich sehe ihr geschäftiges Treiben rund um ihre Plastiktaschen herum, ihre Pullover und ihre Schultertücher sind zusammengeknäult; eine ältere Frau ist kurz und bündig in einen Beichtstuhl geschlüpft und schläft. Über ihr unruhiges Gesicht huschen die Alpträume der Erschöpfung. Zwei Frauen sitzen mit ausgestreckten Beinen auf dem Boden und lehnen die Köpfe an die Mauer. Die Außenmauern benutzen sie dazu, die großen Schwarzweiß-Plakate mit den Fotos ihrer Söhne aufzustellen: Jesús Piedra Ibarra, Rafael Ramírez Duarte, Javier Gaytán Saldívar, Jacob Nájera Hernández, Jacobo Gamíz García, José Sayeg Nevares, José de Jesús Corral García, Francisco Gómez Magdaleno und noch viele andere junge Männer, die uns von diesen Fotos her ansehen, die von Kleinstformaten stark vergrößert wurden, was ihre Züge zwanghaft vergröbert, ihre Augenbrauen schwärzer, den Ausdruck ihrer Augen noch tiefgründiger macht, Augen von Ausweiskarten, »Dies-bin-ich-Augen«, »sehen Sie mich gut an, ich bin es, bin für mich selbst verantwortlich, für diesen ovalen Raum, den ich einnehme«. Zehn Jahre nach der Studentenbewegung verschwinden noch immer junge Mexikaner. Ihre Mütter, wie sie da auf den Holzbänken sitzen, sind schmerzensreiche Madonnen, Pietás, bittere Mutterstatuen, Statuen, die nur geformt werden vom Ressentiment, von der Müdigkeit und von der Kirchenluft, die sie – wer weiß, welchem physikalischen Gesetz folgend – in einem weißen Raum zu isolieren scheint. Wieso weiß, wenn doch alle Mütter der Verhafteten, Verschwundenen und aus politischen Gründen Exilierten schwarz gekleidet sind? Nun ja, nicht alle, nur die es sich leisten können und irgendein dunkles Kleidungsstück besitzen, denn es sind sehr arme Frauen. Gestern abend stiegen sie aus den Autobussen, die sie herbrachten, jede kam von woanders her, aus Sinaloa, aus Sonora, Guerrero, Monterrey, Jalisco; dreiundachtzig Frauen und dazu vier Männer aus Oaxaca. Ihr Hungerstreik begann am Morgen des 28. August 1978. Jetzt reichen sie eine Flasche Wasser von Hand zu Hand: »Möchten Sie?« fragt mich Celia Piedra de Nájera mit jener Artigkeit, die manchmal wie unbarmherzige Ironie wirkt.

»Danke, nein, ich werde Ihnen doch nicht das Wasser wegtrinken.«

»Wir haben noch mehr.«

»Nein wirklich nicht, aber ich danke Ihnen.«

Sie sind alle dem Aufruf einer einzigen Frau gefolgt: Rosario Ibarra de Piedra, die jetzt auf dem Hof hin und her läuft, denn die Wasserflaschen müssen im Schatten bleiben, man muß ihnen also einen Sonnenschutz bauen, die Flugblätter kommen nicht, dabei müßten sie längst auf den Straßen verteilt werden, viele Journalisten wissen noch nicht Bescheid, und das Komitee, das sie in Kenntnis setzen sollte, hat seinen Bericht noch nicht fertig. Die Sonne knallt nieder, und der rote Tuffstein der Mauern kocht; mir kommt die Blutwurst in den Sinn, die auf den Backblechen der *taquerías* rund um die Kathedrale mit zunehmendem Tag immer dunkler wird.

Außerhalb des Vorhofes, auf dem Bürgersteig, gehen die Leute gleichgültig vorüber, trotz eines langen roten Bandes, auf dem mit schwarzen Buchstaben steht: »Wir werden sie finden.« Frauen haben sich in eine Reihe gestellt, jede von ihnen hält eine weiße Pappe hoch. Die Buchstaben künden: HUNGERSTREIK. Die Frau mit dem H von *Hunger* scheint besonders erschöpft zu sein; sie hat sich ihren Pullover um den Kopf gebunden, um sich vor der Sonne zu schützen, einige andere haben es ihr nachgemacht, so daß sie von weitem wie schreiende Marktfrauen aussehen. Und das Traurige ist, sie sind es: sie sind doch auf dem Markt, nicht wahr, und sie feilschen mit der Regierung um das Leben und um die Rückkehr ihrer Söhne. Wenn ein Kind verschwindet, so ist das für eine Mutter ein Grauen ohne Ende, eine lange Todesangst, ich weiß nicht, da gibt es kein Sichabfinden, keinen Trost, keinen Zeitpunkt, zu dem die Wunde heilt. Der Tod tötet die Hoffnung, aber das Verschwinden ist unerträglich, denn weder tötet es noch läßt es weiterleben.

Eines Nachmittags bei mir zu Hause ließ ich Rosario Ibarra de Piedra allein im Zimmer, als ich einen Anruf erhielt, und unterdessen begann es zu regnen. Als ich zurückkam, fand ich sie weinend vor. »Was ist los, Rosario?« »Ich hab eben an meinen Jungen gedacht, egal wo er sein mag, jetzt wird er sicherlich naß.« Rosario, die immer so mutig und beherrscht ist, bei ihr öffnen sich, ohne daß man wüßte warum, die Tränenschleusen, wenn sie an den Regen denkt, der ihrem Sohn über den Rücken laufen könnte. Schnelles Wasser, ein Sturzbach. So viel Wasser ist geflossen seit jenen ersten Monaten der Suche, als die Hoffnung noch ganz unbändig war, ihn wiederzufinden, ihn zurückzubekommen, so viel Wasser, das schließlich in die Abwässer floß: »Señora, wir haben hier zwei Tote, die wir im Hauptkanal gefunden haben, vielleicht ist einer Ihrer Angehörigen dabei, kommen Sie auf jeden Fall vorbei, um sie anzusehen.« Ja, und dort lagen dann die Leichen von zwei jungen Männern auf dem kalten Brett, sozusagen hygienisch, an Händen und Füßen gefesselt und jeder mit einem Einschußloch: im Nacken, in der Stirn; keiner von beiden älter als achtzehn und beide bereits im Zustand der Verwesung. Aber sie sind nicht die einzigen. Rosario lief auch zur Autobahn Mexiko-Stadt/Querétaro, um drei Tote anzusehen, die dort abgelegt worden waren, auch sie gefesselt, und zwei weitere, die aus einem Straßengraben in der Nähe des Flughafens gezogen wurden. »Damit Sie's begreifen«, sagte ihr einer von der Polizei für Staatssicherheit, »damit Sie Ihren Kindern sagen, sie sollen sich nicht mit uns anlegen.« Mir fällt das gewaltige Archiv ein, das ich in Genf gesehen habe, wo in einer Kartei die Vermißten des Krieges registriert werden und die Namen der ermordeten Juden. Sie waren wenigstens eine Karteikarte in einer Metallschublade wert, die sich auf einen einzigen Druck mit der Hand hin öffnet und über Name, Alter, besondere Kennzeichen, Ort und Tag des Todes informiert. In welchem Archiv bei der Regierung hier in Mexiko, in welcher Akte, in welcher Karteikarte verschwinden die Spuren eines jungen Menschen, der vor siebzehn, zwanzig oder fünfundzwanzig Jahren geboren wurde? Wahrscheinlich ersucht die Polizei für Staatssicherheit die CIA um Hilfe, bei der Beflissenheit, mit der sie die Daten jedes möglicherweise Abtrünnigen erfaßt, vom ersten Sprießen der Schamhaare und die Schuljahre hindurch, bis so einer seine ersten Plakate klebt, seine ersten Sprüche an Hauswände malt, sich vor seine Klassenkameraden stellt, um auf einer Versammlung seine Sprüche zu klopfen, ganz aufgeregt und glücklich, wie er da auf seinem Pulverfaß steht. Von da aus fehlt nur ein Schritt, bis er Mitglied des Kampfkomitees der Fakultät sein wird, dann folgt der Streik, die Organisation der Abteilungen, das »Flugblätterverteilen«, und dann die Erkenntnis, wie Sartre sagte, daß »niemand sich allein rettet«.

Vielleicht geht es anderen Müttern in diesen nassen und grauen Augustmonaten mit den verhangenen Sonnenuntergängen genauso; vielleicht weinen auch sie plötzlich los, ein verspätetes Weinen, das von nichts mehr zurückgehalten werden kann, für das sie sich entschuldigen, indem sie ihr Taschentuch vor den Mund halten. Eine von ihnen kommt auf mich zu, in ihrer grünen Einkaufstasche aus Plastik sehe ich eine Rolle Toilettenpapier. »Wenn man sie wirklich hier schlafen läßt, wo werden sie dann ihre Notdurft verrichten?« Ich spüre, daß Rosario Ibarra de Piedra, so schmal und zerbrechlich in ihrem schwarzen Kleid, ganz überdreht ist. Sie geht von einer Gruppe zur andern, kneift wegen der Sonne die Augen zusammen und sagt blinzelnd: »Ich komme gleich, ich laufe noch schnell zur Telefonzelle, ich muß anrufen, so wie ich Sie angerufen habe, ich habe einen Haufen Zwanzigermünzen für die nächsten Tage mitgebracht«, läuft auf ihren schwarzen Absätzen viel auf dem Hof herum; kommt aus dem Innern der Kathedrale heraus, geht zurück, weil sie etwas vergessen hat. Ich wundere mich: »Wie wollen Sie das aushalten?«

Ich habe immer gesehen, daß Hungerstreikende Energie und Wärme zu sparen versuchen und sich hinlegen. So geschah es 1961 in San Carlos: Juan de la Cabada, Benita Galeana, die Brüder Enrique und Eduardo Lizalde, José Revueltas, Carlos Monsiváis und José Emilio Pacheco hatten sich in ihre Decken gewickelt, zerzaust und mit Augenringen wie Kinder, bei denen sich der Schlaf in den Wimpern verheddert. Sie hatten sich mit dem Hungerstreik der Eisenbahner und mit Siqueiros im Gefängnis Lecumberri solidarisch erklärt. (Ich nenne Siqueiros nicht, um ihn hervorzuheben, sondern weil er kein Eisenbahner war.) Wenige

Tage später sah ich einige der Festgenommenen in Santa Maria Acatitla wieder, einer von ihnen, Demetrio Vallejo, voller Sonden und mit Verbänden in einem Bett auf der Krankenstation; so fand ich Jahre später, 1968, auch Gilberto Guevara Niebla auf der Krankenstube A vor, ganz grün und vor allem wütend, verloren inmitten eines unerträglichen Gestankes von verfaulten Zitronen – die Polizei hatte nämlich befohlen, alle Schalen in einer Zelle, die neben der seinen lag, anzuhäufen.

Jetzt sehe ich den Frauen zu, wie sie ganz selbstvergessen herumwirtschaften und sich der Sonne aussetzen. Ich mache mir vor allem Sorgen um Rosario, die unentwegt und fast fröhlich lächelt. Am Telefon hatte sie mir erklärt: »Ich habe meinen Mann gefragt, er sagt, daß nichts passiert, der Körper hält viele Tage mit Wasser und Zucker und Salz durch; wir werden Zitronen mit ein bißchen Salz lutschen, Zucker essen und Wasser, viel Wasser trinken. Das ist sogar gesund zum Entschlacken.« Von der Telefonzelle aus verkündete sie mir heiter: »Wir sind noch keine Stunde hier, und schon sind verschiedene internationale Presseagenturen gekommen, Associated Press, Reuter, Efe aus Spanien und eine aus der Tschechoslowakei. Ich habe auch Marlyse Simons von der *Washington Post* und Alan Riding von der *New York Times* verständigt. Wir bekommen viel Echo und werden stark unterstützt. Ein paar Leute vom *PRT* werden bei uns mitmachen. Demnächst kommt ein Reporter vom *UnomásUno*, die verhalten sich wirklich anständig. Kommen Sie bald, Elena, sagen Sie mir bloß nicht von wegen die Kinder, die Schule, kommen Sie, sobald Sie können«, und jetzt, wo ich da bin, gibt Rosario mir ein kleines Zeichen mit der Hand und rennt auf die Straße, sie fliegt fast. Der Staatssekretär im Innenministerium, Fernando Gutiérrez Barrios, hat mit Recht zu ihr gesagt: »Sie sind die hartnäckigeste Frau, die ich je kennengelernt habe!« »Man muß tatsächlich hartnäckig sein, um anzukämpfen gegen die Ungewißheit, die Abwesenheit der Kinder und gegen den Wunsch aufzugeben – stärkere Faktoren als der Feind selbst.

MEIN SOHN WAR EIN GUTER JUNGE, ER TAT NIEMANDEM ETWAS
ZULEIDE, MEIN SOHN WAR EIN GUTER JUNGE, ER TAT NIEMANDEM
ETWAS ZULEIDE, MEIN SOHN WAR EIN GUTER JUNGE, ER TAT
NIEMANDEM ETWAS ZULEIDE, MEIN SOHN...

Und sie, wessen Feinde sind sie? Ich sehe ihre schwarzen Augen, hilflose, manchmal auch harte Augen, ihre ausweichenden Blicke (was will diese Gringo-Frau hier?), Arme-Leute-Augen. Ich weiß, daß viele Frauen Rosarios Aufruf nicht nachkamen. Einige Eltern antworteten, wenn die Sprache auf ihre Verschwundenen kam: »Wir haben schon eine Messe für ihn lesen lassen.« Etliche von ihnen bekreuzigen sich gerade vor der Christusfigur, wie jedesmal, wenn sie die Kathedrale betreten. Vor dem Eingang hüllen sie sich in ihren Schal. Sie könnten Teilnehmer einer Wallfahrt sein oder fromme Gläubige, die irgendein Gelübde erfüllen, tatsächlich kann man auch bei zweien von ihnen das Skapulier vorblitzen sehen, und man kann sich leicht vorstellen, wie sie eine Opferkerze anzünden, damit die Heilige Jungfrau das Wunder vollbringen möge: das Erscheinen ihrer Söhne. Im Innern der Kathedrale setze ich mich neben Señora García de Corral. Sie ist eine stämmige Frau, und groß, nehme ich an; sie hat eine kräftige Stimme. Sie spricht abgehackt. Ich vermute, sie kommt aus dem Norden, denn sie ist weder gehemmt noch läßt sie sich einschüchtern im Unterschied zu anderen Frauen, die sich wie scheue Vögelchen in die Ecken verkriechen (so kommt es mir an diesem ersten Tag des Hungerstreiks zumindest vor). Selbst ich würde gehorchen, falls sie mir in der schattigen Stille dieser Kirche bedeuten würden: »Laßt uns einen Rosenkranz beten.« Aber hier stelle ich die Fragen, und mitleidig sind meine Fragen nicht.

»Wir kommen aus Ciudad Juárez, Chihuahua«, antwortet Concepción García de Corral. »1974 brachten sie meinen Sohn Salvador um, 1976 ergriffen sie meinen Sohn José de Jesús, der seither verschwunden ist, und 1977 brachten sie meinen Sohn Luis Miguel um.«

»Drei Söhne. Und alles Guerrilleros?«

Diese Frage hören die Mütter nicht gern; außer Rosario antwortet keine direkt darauf. Die Mehrzahl leugnet, von den Aktivitäten der Söhne und den Gründen für deren Verhaftung etwas zu wissen. Einige erklären in allen Einzelheiten, wie die Festnahme verlief, aber keiner weiß, warum. Im Gegenteil, ein ums andere Mal wiederholen sie mit eingefallenen Gesichtern: »Mein Sohn war ein guter Junge, er hat niemandem etwas zuleide getan.«

Señora García de Corral denkt nicht lange nach, ist mir auch keine Erklärung schuldig, redet nicht um den heißen Brei herum: »Ich suche den, der verschwunden ist. Sie haben ihn in Puebla festgenommen und gesagt, sie hätten ihn ins Militärlager Nummer Eins gebracht.«

»Haben Sie noch mehr Kinder?«

»Ja, aber von denen will ich weder reden noch ihre Namen nennen, damit sie mir die nicht auch noch umbringen. Ich will nur, daß sie mir sagen, wo der Verschwundene ist, Luis Miguel, sechsundzwanzig Jahre alt.«

Als Rosario ihren Sohn bei allen staatlichen Stellen suchte, kam ihr die Idee, daß andere Frauen in der gleichen Lage sein mußten – sie konnte doch nicht die einzige sein – und beschloß, die anderen ausfindig zu machen. Höhepunkt ihrer Anstrengungen ist dieser Hungerstreik in der Kathedrale, dem sich dreiundachtzig Frauen angeschlossen haben, um eine Generalamnestie zu fordern.

NA UND, SOLLEN SIE UNS DOCH FÜR VERRÜCKT HALTEN.

Rosario kommt zurück. Ich weiß, daß es Rosario ist, noch bevor ich sie sehe, ich weiß es, weil ich sie am Geklapper ihrer Absätze auf den Fliesen erkenne. Ich gehe ihr entgegen: »Rosario, ähnelt dieser Hungerstreik hier nicht dem Protest der ›Verrückten von der Plaza de Mayo‹, alle in Schwarz und direkt vor dem Palast der Regierung?«

»Ja.«

»Aber das hier ist keine Diktatur, das ist nicht die Regierung von Argentinien, Rosario.«

»Aber wenn wir nichts unternehmen, kann es eine werden.« Sie schüttelt heftig den Kopf, so wie sie das jedesmal tut, wenn ich etwas sage, das ihr mißfällt. »Glauben Sie, daß es normal ist, wenn in einem Land die Leute einfach verschwinden?«

»Aber Rosario, alle Regierungen der Welt verfolgen ihre Gegner, vor allem dann, wenn diese zu den Waffen greifen. Ich weiß von keiner einzigen Guerrilla, die mit dem Segen der Behörden frei herumläuft.«

»Wenn sie was Unrechtes gemacht haben, sollen sie verurteilt werden, aber man muß sie sehen können! Glauben Sie, es ist

Auf dem Platz vor der Kathedrale hängen die Mütter einiger »Verschollener« die Bilder vieler der 481 Söhne und Töchter auf.

Sie kamen aus vielen Provinzen Mexikos, aus Guerrero, Sonora, Sinaloa, Nuevo León, Jalisco, und setzten sich auf den Platz vor der Kathedrale, um mit ihrem Hungerstreik zu beginnen.

Rosario Ibarra de Piedra verlangte eine Generalamnestie für Gefangene, »Verschollene« und politische Flüchtlinge.

Einige Jugendliche bemalen ein weißes Leintuch mit roten Lettern: 88 Personen stehen seit 96 Stunden im Hungerstreik.

gerecht, daß ich meinen Sohn seit 1975 nicht mehr gesehen habe? Uns können sie ruhig die Verrückten von der Kathedrale nennen, die Verrückten vom Platz der Verfassung, die Verrückten vom 10. September, das ist mir vollkommen egal. Wir sind bis zum Äußersten gegangen, das ist jetzt unser letztes Mittel. Ein anderes haben wir nicht. Sehen Sie, so wie diese Regierung ist, muß man ihr die Dinge eben entreißen.«

»Aber Rosario, das ist eine politische Maßnahme. Wer berät Sie denn politisch?«

»Niemand. Ich bin sogar zum Ingenieur Heberto Castillo nach Hause gegangen. Er sagte zu mir, wir sollten die Regierungserklärung abwarten und dann weitersehen, er beharrte darauf, daß dieser Hungerstreik ein politischer Irrtum wäre, daß wir die Amnestie verzögern würden. Genauso warnten andere Organisationen und Parteien, aber ich konnte die Frauen nicht mehr aufhalten, diese dreiundachtzig Frauen, die hier sind und schon lange mit einem Hungerstreik anfangen wollten. Wir mußten doch etwas für unsere Söhne tun, Elena! Wissen Sie denn nicht, daß einige Mütter in Culiacán eine Mahnwache vor dem Regierungsgebäude halten, und niemand sie von dort wegkriegt? Der Gouverneur Alfonso Calderón Velarde sagte zu ihnen: ›Meinetwegen können Sie dort ein Jahr lang bleiben, wenn Sie wollen, richten Sie sich nur häuslich ein. Was schert es mich, ich habe Ihre Söhne doch nicht.‹ Auch sie könnte man die ›Verrückten von Culiacán‹ nennen. Was macht das schon? Glauben Sie, wenn die uns ›Verrückte‹ nennen, mache uns das etwas aus? Nein, Menschenskind! Sollen sie uns doch nennen, wie sie Lust haben. Die Frauen aus Sinaloa fragen seit Jahren nach ihren verschwundenen Männern, Brüdern und Söhnen. Sie gingen zum Kommandanten des Neunten Militärbereichs, und niemand gab ihnen Auskunft. In Mexiko-Stadt hat ihnen weder der Chef des Generalstabes noch der Generalstaatsanwalt und nicht einmal Präsident López Portillo sagen können: ›Sie sollen verschwinden!‹ Jetzt reicht es doch, wie? Jetzt sind wir lange genug herumgepilgert, haben genug ausgehalten. Könnte uns die Regierung nicht eine Liste der Toten geben und eine Liste derer, die aus dem Land herauskönnten, und wenn ja, wie sie herauskönnten, zu welchen Bedingungen, damit wir uns woanders mit ihnen treffen könnten, und so weiter.«

Rosarios Stimme ist lauter geworden, sie spricht schneller, fordernd, und die Hoffnung in ihr wird unerträglich. Ich schaue umher, und hinter Rosario sehe ich plötzlich an der Wand die silbrige Kriechspur einer Schnecke, die an der Tuffsteinmauer hochkriecht. Was zum Teufel macht eine Schnecke mitten auf dem *Zócalo* auf einer roten Mauer der Kathedrale? Wie kam sie bis hierher? Ich schaue ihr zu, lenke mich ab, erhole mich von Rosarios Schmerz, die Schnecke gleitet langsam mit ihrem Haus auf dem Rücken weiter, ich kann ihren Kopf sehen, ihre vier Fühler, mühsam kommt sie voran und geht ihren Weg! Welche Mühsal! Wie konnte sie hierher gelangen? Vielleicht weil jetzt Regenzeit ist; ihre feuchte Spur glänzt in der Sonne, eine irrisierende Schnur; sie hinterläßt ihren Schleim, es soll ihr bloß nichts zustoßen, ich erinnere mich, wie einmal eine Heuschrecke in das Waschbecken fiel, ich zog sie heraus, setzte sie auf den Fußboden und dachte: »Ich putze mir noch die Zähne, dann trage ich sie in den Garten«, aber sie sprang unterdessen gegen die Kacheln und brach sich das Genick. Ich hob sie auf, aber es war schon zu spät, und ich warf mir vor, eine Gelegenheit verpaßt zu haben. Wie zerbrechlich ist doch das Leben; alles wird in einer einzigen Sekunde aufs Spiel gesetzt. Und nun diese einsame Schnecke, die unvorsichtig hochklettert und wer weiß wohin will, es soll ihr bloß nichts zustoßen, niemandem soll irgend etwas zustoßen, es soll nicht alles eine ständige Bedrohung sein, das Leben soll nicht dieser intensive Schmerz sein, dieser geifernde Kampf, dieser Schleim, den wir hinterlassen, Spur und Weg zugleich, Weg – wohin? Ich weiß nicht mehr, ob es sich lohnt, für etwas in diesem Land zu sterben, in diesem MEINEM Land, aber ich weiß, daß nur der Tod wirklich ist, nur der Tod ist wirklich, nur der Tod ist wirklich.

»Und wenn sie tot sind?«

Rosario schüttelt erneut den Kopf: »Dann wollen wir ihre Leichen, aber nicht schnell noch umgebracht, sie sollen sie nicht jetzt schnell noch umbringen; wir wollen erfahren, wann, wie und wo sie umgebracht wurden.«

Mehrmals habe ich Rosario sachlich und unbedacht gefragt: »Und wenn er tot ist?« Sie verteidigte sich immer. Ich sehe Rosario an. Vor einem Jahr war das Wort »tot« für sie unerträglich. Jetzt hat der Schmerz eine politische Kämpferin aus ihr gemacht. 1977 sagte Manuel Buendía zu ihr, er hätte genügend Informationen, um ihr sagen zu können, ihr Sohn wäre gestorben. Rosario verlangte Beweise. Da sie keine bekam, setzte sie ihren Kampf fort.

Wenn ich weiterfrage, erzählt Rosario mir vom Militärlager Nummer Eins, daß ein entlassener Häftling ihr die Nachricht zukommen ließ, er hätte ihren Sohn Jesús gesehen mit einer großen Narbe quer überm Gesicht, sie hätten ihn aus Monterrey herübergebracht, entsetzlich zugerichtet. Und sie erzählt weiter. Seit einem Jahr hat sie nichts mehr gehört, nichts, aber sie glaubt, hat Vertrauen, gibt nicht auf, sie... Und erklärt dann: »Diese Leute von der Regierung sind sehr stark, Elena, sehr mächtig. Meinen Sie nicht, wenn die mich loswerden wollten, daß sie das schon längst getan hätten? Meinen Sie nicht, die würden mir sagen, was sie den anderen mitgeteilt haben: ›Señora, Sie haben noch drei Kinder. Ihren Kindern zuliebe raten wir Ihnen, hören Sie auf mit diesem Kampf.‹ Meinen Sie nicht, daß die mir einen üblen Schlag versetzen könnten? Mich plattwalzen, wenn ich aus dem Haus gehe? Die wissen doch genau, wo ich wohne. Tagelang parkt dort ein Auto ohne Nummernschilder, mit vier Agenten vom Innenministerium darin. Darum glaube ich, daß sie meinen Jungen doch haben, sonst hätten sie mich schon längst gezwungen aufzugeben. Es gibt tausend Arten, das durchzusetzen. Wenn sie mich vorher nicht beseitigt haben, wenn sie mich meine Kampagne weitermachen ließen, zuließen, daß ich das Komitee für politische Gefangene, Verfolgte, Exilierte und Verschwundene gründete, Demonstrationen organisierte, herumreiste, meinen Fall in achtzig Städten in den USA vortragen konnte, dann wird es ihnen viel schwerer fallen, mich jetzt zu beseitigen. Aus diesen, für mich sehr gewichtigen Gründen glaube ich, daß sie meinen Jungen haben.«

Es gibt aber auch, und das sage ich Rosario nicht, eine andere Möglichkeit: den Fall totlaufen lassen, in die Länge ziehen, immer mehr in die Länge, so daß Tage, Monate, Jahre vergehen, bis es keine Rosario Ibarra de Piedra mehr gibt, die die Dinge vorantreibt, und dann sagen sie: »Ein Glück, die starrköpfige Alte ist gestorben«, dann mag alles sich auflösen, mag sich verlaufen aus Mangel an Nachschub. Das muß wohl die Absicht der Regierung sein, denn Jesús Piedra Ibarra herauszulassen, jetzt, nach fünf Jahren – ist das überhaupt möglich? Das wäre der unumstößliche Beweis dafür, daß Mexiko genauso ist wie die lateinamerikanischen Diktaturen. Wenn »ein« politischer Häftling herauskommt, wieso dann nicht hundert, wieso nicht tausend? Außerdem ist Rosario jetzt international bekannt: sie hat die nüchternen Sitzungen von Amnesty International in London durcheinandergebracht, man hat sie nach Helsinki, Bonn, Berlin, Stockholm eingeladen, ganz zu schweigen von den achtzig Städten in den USA, deren Universitäten ihre Reise bezahlten. Könnte sich die Regierung von López Portillo einer internationalen Kampagne von solcher Größenordnung widersetzen, den Nachforschungen Jacobys in Den Haag, den englischen Parlamentariern, könnte sie sich einem jener Prozesse unterziehen, wie sie den Diktatoren Lateinamerikas gemacht werden? Wäre das Mexiko gegenüber gerecht?

Am besten ist die sanfte Tour, Zubereitung auf mexikanische Art, sollen die Frauen doch ihr Unglück herumgackern, ihre Protestmärsche veranstalten, man kann sie sogar empfangen (Rosario traf sich sechsunddreißigmal mit Expräsident Echeverría, der sie immer liebenswürdig behandelte, sie zuvorkommend und höflich empfing, sie an Ojeda Paullada verwies, sie jedesmal wiedererkannte, ihr mit ausgestreckter Hand zulächelte, die Stirn runzelte, während er ihr zuhörte: »Exzellenz, mein Sohn, mein Sohn, Exzellenz.«) Welch anderer Ausweg bleibt der mexikanischen Regierung? Welche Taktik soll sie verfolgen? Eine Amnestie gewähren? Das wäre wohl machbar, aber wie die Toten auferwecken, wie die Verschwundenen wieder auftauchen lassen? Der Fall Jesús Piedra Ibarra fällt in die sechsjährige Amtszeit von Echeverría, aber weiterhin verschwinden Bauern und Arbeiter. Die einzigen Komplizen der Politiker sind die Zeit, die Zermürbung und die Kapitulation der Familienangehörigen, die schon aufgegeben hätten, wäre da nicht dieses Bollwerk Rosario Ibarra de Piedra.

»Es ist also beschlossene Sache, Rosario, Sie werden hier übernachten?«

»Ja, ganz sicher. Da die Türen der Kathedrale um fünf Uhr geschlossen werden, sollen die Älteren von uns drinnen schlafen, wir Jüngeren bleiben draußen.« (Nein, nicht die übrigen, die anderen, Rosario hat »die Jüngeren« gesagt. Wie viele Jüngere hätten wohl ihre Jugendlichkeit wenigstens gern am Sonntag?)

»Wir haben warme Decken dabei, das ist kein Problem.«

»Laufen Sie nicht Gefahr, daß der Streik zwangsweise aufgelöst wird?«

»Natürlich, denn in den letzten Monaten hat die Regierung alle Streiks zwangsweise aufgelöst und dann nach Hause geschickt.«

(Jetzt gerade sind drei Frauen bei uns stehengeblieben; eine von ihnen lächelt und zeigt dabei viel von ihrem Zahnfleisch, und es ist so rot, daß es Stückchen einer Wassermelone gleicht.) »Deshalb wäre es gut«, fährt Rosario fort, »wenn wir mehr öffentliche Unterstützung bekämen, wenn Vertreter der Gewerkschaftsorganisationen und Parteien herkämen und am Streik teilnähmen. Sehen Sie, Elena, wie viele wir sind! Alle da drüben, die da in einem Knäuel zusammenstehen, sind aus Atoyac! Sie sollten mit ihnen reden.«

»Rosario!« Vicky Montes mit ihrem langen Haar, das ihr offen über die Schultern fällt, kommt auf uns zu. Sie ist so eine Art Stellvertreterin der Señora Piedra. »Rosario, Pater Pérez sagt, wir können hier nicht übernachten.«

Rosario reagiert sofort:

»Wieso das? Wer verbietet das? Welches Gesetz? (Rosario wedelt jetzt immer mit dem Gesetz.) Wollen wir doch mal sehen.« (Und sie gehen auf die schwarzen Röcke zu, die drohend auf sie warten.

EINE FRAU, BEWEHRT MIT EINEM JAHRTAUSENDEALTEN LÄCHELN

Beim Protestmarsch gegen Díaz Ordaz, am 17. April 1977, trat eine kleine, eher junge Frau mit einer üppigen – üppig, aber nicht lang – ins Rötliche spielenden Mähne lächelnd auf mich zu:

»Mein Sohn ist verschwunden.«

»Seit 1968?« fragte ich.

»Danach, danach.«

Ich fand sie sehr tapfer, fand, daß ich das nicht mit einem Lächeln sagen könnte. Später entdeckte ich, daß das Lächeln ihre Waffe in diesem Kampf ist, daß sie es aus einem Gesicht abfeuert, das sie selbst in den fünf langen Jahren seit dem Verschwinden ihres Sohnes geprägt hat, ein Gesicht, das auf die anderen zugeht, das fast begeistert aussieht, um nicht abgewiesen zu werden – oder einfach weil es so ihre Art ist. Sie rief mich ein paar Tage danach an, denn während des Marsches hatte sie mich um meine Telefonnummer gebeten: »Ich bin die Person, die Sie neulich angesprochen hat, erinnern Sie sich?« und ich sagte sofort ja, weil der Eindruck ihrer Vitalität zusammen mit der Mitteilung, die sie mir machte, so widersprüchlich gewesen war. Wir verabredeten uns. Rosario brachte ein Familienalbum mit. Als ich ihr Lächeln auf den Fotos sah, begriff ich, daß sie jetzt freudlos lächelte, um zu ermutigen, um den, der spricht, anzuspornen, zack, sie lächelt, aber ohne jene innere Anteilnahme wie auf den Jugendfotos, jener langsame Wellenschlag, der gemächlich näherkommt, nein, jetzt ist Rosarios Lächeln flüchtig, nicht das Lächeln ihrer Kindheit, des Kindes Rosario, des jungen Mädchens; manchmal ist ihr Lächeln erregter als sonst, aber das ist auch alles. Sie haben Rosario jedes Lächeln im Körper zerschlagen, sie haben es ihr mit Knüppeln zermalmt, selbst wenn Jesús, ihr Sohn, wiederauferstehen würde, sie würde nicht mehr dieselbe werden.

Das Album auf meinen Knien blätterten wir langsam weiter, sie zeigte mit ihrem Finger, hielt ein, um mir etwas zu erklären. Auf allen Fotos war dasselbe Kind zu sehen, Jesús Piedra Ibarra.

»Sehen Sie, das ist an meinem Hochzeitstag, hier ist mein Vater, meine Mutter, meine Paten. Hier bin ich als stolze Mutter, im Profil, da war ich schon in Hoffnung, ich werde immer sehr dick, ich hatte es schon lieb, bevor es zur Welt kam, ist doch klar, nicht wahr, wie alle Mütter. Ich hatte nicht mal Zeit, in die Klinik zu gehen, glücklicherweise ist mein Mann Arzt, hier ist mein Sohn, eine halbe Stunde nach der Geburt; er hatte schon immer einen rundlichen Kopf, einen so schön geformten Kopf. Als er geboren wurde, haben wir unser Grundstück gekauft und fingen dann an, unser Haus zu bauen. Wir wohnen Richtung Cerro de la Silla; sehen Sie, hier ist er, bevor man ihm das Haar schnitt, ganz wuschelig, und hier, sehen Sie, kurzgeschoren. Als er vier Jahre alt wurde, haben wir ihm ein Eselchen geschenkt, *Platero* ...«

»DIESE MEINE ERINNERUNGEN LASSEN MICH VOR NICHTS HALTMACHEN«

Und so erzählt die Mutter, Seite um Seite, Foto um Foto, die Geschichte ihres Sohnes, der jetzt ein junger Mann von vierundzwanzig ist, angeklagt, zur Liga 23. September zu gehören, und verschwunden seit dem 18. April 1975. Seither die unablässige Suche. Aus den Fotos ersteht vor mir eine Familie, Vater, Mutter und vier Kinder, Maria del Rosario, jetzt Psychologin, Jesús, zur Zeit verschwunden, Claudia Isabel, Tierärztin, und Eduardo, Biologe, zwei Mädchen und zwei Jungen. Auf einer Seite reiten sie, auf der nächsten sind sie am Strand von Manzanillo, reisen, kommen in den Weihnachtsferien und der Karwoche in die Hauptstadt, so wie wir Großstädter ans Meer fahren; sie besichtigen San Juan de Ulúa, und Chucho, der kleine Guerrillero, läßt sich in der Zelle von *Chucho el Roto*, seinem Namensvetter, fotografieren (wie viele Dinge uns doch unsere Zukunft voraussagen!), und Weihnachten verbringen sie in Chichén Itzá, in Mazatlán, in El Sumidero, in Chiapas, in Acapulco, in Guadalajara, sogar in Disneyland. Ich sehe einen Ford Galaxie, Baujahr 1970, neu und glänzend, und Rosario Ibarra sitzt darin und lächelt, ich sehe ein geräumiges, von Blumen umgebenes Haus, ich sehe Hunde, die würdig vorbeigehen, und verspielte Hündchen mit hochgereckten Pfötchen und aufgestellten Ohren und fragenden Blicken; ein kleines Schwimmbecken, das die Eltern anlegen ließen, damit sich die Kinder in der Hitze von Monterrey erfrischen könnten, ich sehe die kleinen Gesichter der Kinder, die zu fordern scheinen, daß man sie glücklich mache. Wenn man umblättert, schauen sie so, sehen sie mich so an: »Mach mich glücklich«, und Chucho, immer wieder Chucho, pummelig, als *charro** verkleidet, wie er in seinem Zimmer sitzt und liest unter den Portraits von Che Guevara und Emiliano Zapata, wie er seine Freundin umarmt, mit seinen Schulbüchern unterm Arm, seinen spitzen Knien, auf einem Baum, auf einem Ausflug, bei einem Kopfsprung, wie er im Gras sitzt und ißt, seinen blauen Pullover um die Taille gebunden, und beim Lachen zeigt er alle Zähne, sein junges Leben in seinen Händen, sein herrliches Leben noch vor sich und was er daraus machen wird. Womit kann man sein Leben füllen? frage ich mich, und wie füllt es sich doch langsam mit Illusionen und Projekten wie mit bunten Papierschnipseln an! Welche unbekannte Größe, das Leben dieses Jungen mit seinen ernsten tiefliegenden Augen, seinen dichten Brauen, unter denen der Blick noch durchdringender wirkt, und der zunehmend intelligenter wird, je mehr Zeit vergeht. Ich habe ihn auf etwa zwanzig Fotos wachsen sehen, was ich von ihm sehe, gefällt mir sehr, und noch mehr gefällt mir die immer gleichbleibende Stimme dieser Mutter, die ab und zu lacht und ruft: »Sehen Sie nur, was er für ein Dickerchen war, was für ein Dickerchen!« Es ist so schön, wenn man sieht, wie ein Mensch heranwächst. Rosario gründete in Monterrey eine Familie mit gesunden Kindern, die zur Schule gingen, dann zur Universität, der Vater das Haupt der Familie, so wie in der Englischlektion – this is the father, he is a doctor, he works for the Social Security, his name is doctor Piedra, he is sixty years old, and this is the mother, and this is their house, the dog,

---

* Ein guter Reiter und Zureiter mit spezieller Kleidung: breitkrempiger, hochstulpiger Hut, kurze Jacke, enge Hose, feines Halstuch, Gamaschen, Peitsche. A.d.Ü.

the dining room, der Tisch im Eßzimmer, das Sofa, die Tür, eine wohlbehütete Welt, denn wenn sich die Eltern lieben, sind die Wände des Hauses immer ein Schutz. Sie sahen sich gegenseitig, aber sie sahen auch nach draußen. Sie lebten ihr Leben in Monterrey, aber sie lebten auch das Leben ihrer Stadt. Monterrey bestimmte ihr Leben. Ihre Stadt war Teil ihres Lebens. Wie könnte es anders sein? (Nur der Jetset bringt es fertig, in Mexiko-Stadt zu leben wie in Paris, in London oder in New York.) Sie erlebten die Demonstrationen mit, die Spannungen, die Ungerechtigkeiten, den Haß. Rosario war nie gleichgültig. Sie nahm die vier an die Hand und marschierte mit. (Ich erinnere mich an Elvira Concheiro, die mir 1968 erzählte, wie sie darunter litt, daß ihre Kinder an den Demonstrationen teilnahmen, das Gesichtchen ihres Sohnes Luciano, der noch ein Kind war, und Elvira, die ihre Hände rang: »Ich hab es ihnen ja beigebracht, ich habe sie zu den Protesten mitgenommen, damit sie im Chor rufen sollten: ›Fidel Velázquez, Fidel Velázquez, in diesem Kampf hast du versagt‹, anstatt ihnen Kinderreime beizubringen. Wie hätte ich sie auch vom eigentlichen Leben in ihrer Heimat fernhalten sollen?«) Die Familie Piedra stand morgens früh auf, Mama, mein Saft, tschüß, bis nachher, vielleicht komm ich nicht zum Mittagessen, die Tür schlägt zu. Rosario holte Dr. Piedra das Auto, ließ es mit laufendem Motor stehen, legte seinen Arztkoffer auf den Vordersitz, wir sehen uns beim Essen; paß auf dich auf. Sobald die Kinder in der Schule waren, packte Rosario Wäsche in die Waschmaschine, beriet mit der Köchin das Mittagessen, verabschiedete sich von ihr und ging sorglos zum Reiten. In diesem Haus blieb nichts ungetan, verzichtete man nicht auf die gemütlichen Stunden beim Nachmittagskaffee, bei denen sich der Körper entspannt und die Stimmen zu einer einzigen verschmelzen: zur Verständigung zwischen Menschen. Sie redeten, worüber alle Familien reden: wie es ihnen in der Schule ergangen ist, in welchen Film sie am Sonntag gehen wollen, wie teuer das Leben ist, wie schlecht der Präsident, wie reich die Reichen, wie arm die Armen, wie verlogen Nixon, wie weinerlich Pat Nixon, kurz und gut, alles was es so gibt. Jesús Piedra Ibarra studierte im dritten Jahr Medizin, er war ein guter Student, trieb Sport (Reiten und Karate), seine Freundin hieß Laura, er las Äschylos, war von *König Lear* sehr beeindruckt, besaß alle neun Symphonien von Beethoven, dirigiert von Herbert von Karajan. Wie alle Jungen seines Alters machte er sich Gedanken über die Gesellschaft und soziale Zusammenhänge, wollte wissen, was zum Teufel man auf dieser Erde machte, wozu er eines Tages nütze sein würde, welches seine kulturelle Identität wäre, wie sein Land sei, und genau das machte ihn zu einem wertvollen Menschen. Er war nicht, wie so viele andere, damit zufrieden, nur das zu sein, was die anderen in ihm sahen, oder was er von sich im Spiegel sah. Er würde sein Schicksal selbst bestimmen. Er würde nicht abseits stehen. Klar, das würde von den äußeren Umständen abhängen, wie bei allen Schicksalen, aber er gehörte zu jenen Menschen, die ihr eigenes Leben aufbauen. Die Universität war von jeher ein Saatbeet für anarchisches Gedankengut gewesen, und gerade weil die Familie Piedra Ibarra finanziell unbeschwert lebte, konnte er seine Studien unbehelligt fortsetzen. In seiner Gegend – im Cerro de la Silla – pflegte man so zu grüßen: »Guten Morgen, Nachbar, guten Morgen, Nachbarin«, und die Nachbarn mochten ihn, die Nachbarinnen sagten zu Rosario: »Wie lieb und wohlerzogen Ihr Junge doch ist!« Mit Ihrer Erlaubnis, Nachbarin, ade, Nachbarin. Verzeihung, Elena, ich nehme das Album jetzt weg, wir sind auf der letzten Seite, sehen Sie mal hier, meinen Sohn: wie kräftig er ist und wie groß, und dabei bin ich ja weder groß noch kräftig.

Plötzlich faltet Rosario, statt des Albums, an das ich mich gewöhnt hatte, ein rotschwarzes Plakat auseinander, so groß, daß es uns beiden die Beine bedeckt. Darauf steht: »Gesucht werden« und gleich darunter sieht man die Fotos von Jacobo Gámiz García, festgenommen am 15. März 1974 in Acapulco, Verletzung an einem Bein; Jesús Piedra Ibarra, am 18. April 1975 in Monterrey festgenommen, brutal gefoltert, wurde nach Mexiko-Stadt überführt; Ignacio Arturo Salas Obregón, 1974 festgenommen, wurde verletzt im Militärhospital gesehen; Javier Gaytán Saldívar, im November 1975 vom Militär in Guerrero verhaftet; und der Rechtsanwalt César Yáñez Muñoz, im Februar 1974 zuletzt in Ocosingo, Chiapas, ansässig gewesen. Sie werden von ihren Müttern, Vätern, Frauen, Kindern, Geschwistern und Familienangehörigen gesucht. Sie wurden von unterschiedlichen Polizeiorganen festgenommen, und ihr Aufenthaltsort ist unbekannt. Außer ihnen gibt es noch viele andere junge Menschen, die verschwunden sind. Wenn irgendein Verwandter von Dir sich in einer ähnlichen Situation befindet, schick uns bitte (genauso, per »Du«) Daten und Fotos ins Büro des Komitees oder ruf uns an, notfalls mit R-Gespräch.

Helft uns sie zu finden
Wir müssen ihr Leben retten
Unsere Forderung heißt, sie öffentlich vorzuführen
Es zeichnet das Komitee zur Verteidigung der Politischen Häftlinge, Verfolgten, Exilierten und Verschwundenen.

ALS ECHEVERRÍA ALS KANDIDAT NACH MONTERREY KAM, GING
EINE GRUPPE JUNGER LEUTE AUF DIE STRASSE UND RIEF:
»NIEDER MIT DER WAHLKOMÖDIE!«

»Als Folge der Ereignisse von 1968«, sagt Rosario, »gab es häufig Demonstrationen in Monterrey. Ich erinnere mich vor allem an die traurige Gedenkfeier ein Jahr nach dem 2. Oktober; ein friedlicher Schweigemarsch, überwältigend. Meine Kinder hatten beschlossen mitzugehen, und ich begleitete sie aus Angst, es könnte ihnen etwas zustoßen. Als Echeverría als Kandidat nach Monterrey kam, gingen mein Sohn Chucho und eine Gruppe von Freunden auf die Straße und riefen: »Nieder mit der Wahlkomödie!« Die Polizei ergriff sie auf der Plaza Zaragoza und schlug sie mit in Zeitungspapier umwickelten Eisenstäben, vor allem auf den Brustkorb. Mein Sohn kam ziemlich verprügelt nach Hause.«

Monterrey wurde, wie andere mexikanische Städte auch, durch die Ereignisse von 1968 erschüttert. In der Universität organisierte man Kampfkomitees, in den Schulen Kampfabteilungen, und Jesús Piedra Ibarra galt neben einigen anderen jungen Aktivisten als besonders begeisterungsfähig und wurde gewählt. Er war geschickt beim Untertauchen, beim Parolenschreiben. Das waren die Zeiten, als der Gouverneur Eduardo Elizondo gestürzt wurde. Aber das schlimmste Ereignis in Politik und Gesellschaft jener Region war die Ermordung des Industriellen Eugenio Garza Sada. Daraufhin brach in Monterrey eine schreckliche Verfolgungswelle aus. Am Sonntag, dem 25. November 1973, so gegen sieben Uhr abends, sagte Rosario zu Chucho, er möchte Käse und eine Flasche Öl fürs Abendessen kaufen: »Nimm mein Auto«, sagte sie zu ihm. Um zwölf Uhr nachts war Chucho noch nicht zurück, statt dessen kam die Polizei:

»Señora, Ihr Sohn hat einen Unfall gehabt, Sie und Ihr Mann müssen auf dem Polizeirevier eine Aussage machen, es liegt eine Anklage gegen ihn vor.«

Als sie dorthin kamen, teilte die Polizei dem Ehepaar Piedra Ibarra mit, daß es gar keinen Autounfall, sondern eine Schießerei zwischen Studenten und uniformierten Polizisten in der Álvaro-Obregón-Straße gegeben hatte, wobei ein Polizist erschossen wurde. Sie nähmen an, einer der Studenten wäre ihr Sohn. Chucho wäre entkommen und flüchtig, der Ford Galaxie, Eigentum der Mutter, wies vier Einschußlöcher auf. Drinnen im Auto lagen der Käse und die Flasche Öl. Sie haben den Sohn nie wiedergesehen, und das Auto wurde ihnen nie zurückgegeben.

»Noch in derselben Nacht«, erzählt Rosario, »kam die Polizei und durchsuchte das Haus. Sie rissen das Portrait Che Guevaras von der Wand und ließen das von Zapata hängen, sie fegten die Bücher aus den Regalen und suchten gezielt das, was sie für verdächtig hielten oder was weiß ich. Ich fragte sie: »Warum nehmen Sie Zapata nicht mit, der war auch ein Revolutionär?« Und sie sagten bloß nein. Sie schnüffelten in seiner kleinen Bibliothek herum. Zu der Zeit las Jesús gerade Äschylos. Sie warfen Äschylos, Sophokles und Shakespeare auf den Boden, und alles, was sie für subversiv hielten: Marx, Engels, das Tagebuch von Che Guevara, das alles nahmen sie mit, dazu noch einige dicke Pullover, Mützen, Hochgebirgsmützen, denn Sie wissen ja, wir waren immer sehr sportbegeistert. Als ich das Paket Bücher sah, sagte ich noch einmal zu ihnen: »Wenn das so ist, müßten Sie alle Büchereien Mexikos mit ins Gefängnis nehmen, denn diese Bücher können Sie an jedem beliebigen Ort finden!«

»Sie suchten auch noch in den Schallplatten herum. Chucho mochte besonders Vivaldi und Bach, desgleichen mexikanische Volksmusik. Sie hielten bei einem populären Volkslied von Gabino Barrera inne, der fürs Vaterland starb. Sogar der schien ihnen verdächtig! Mein Sohn hatte neben seinem Schreibtisch eine Fotografie hängen, die in *Siempre!* veröffentlicht worden war, sie hatte ihn sehr beeindruckt, und er wollte sie als Zeugnis menschlicher Schlechtigkeit aufbewahren. Es zeigt einen lachenden amerikanischen Soldaten, der die Köpfe von zwei Vietnamesen in den Händen hält, etwas ganz Fürchterliches. Der Polizist riß das Foto ab und nahm es als Beweis mit.«

»Nach dieser Nacht ist mein Sohn nie wieder nach Hause zurückgekehrt, aber die Polizei kam, ohne Durchsuchungsbefehl, nahm Bücher mit und Kleidungsstücke, und die Polizisten bestanden immer wieder darauf, ich sollte ihnen fünfhundert *M1-*

Gewehre geben. Wo sollte ich die hernehmen. Immer wieder drängten sie darauf, daß ich fünfhundert *M1*-Gewehre im Hause haben müßte. Von jenem Zeitpunkt an begannen meine Familie und ich, in Angst und Schrecken zu leben.«

»OHNMACHT IST EIN SCHLECHTER FREUND, AMIGA«

Rosario erfuhr erst vier Monate später wieder etwas von Chucho, als die Polizei ihren Mann, den damals zweiundsechzigjährigen Arzt Jesús Piedra Rosales, festnahm und zur Gerichtspolizei brachte, um ihn wegen eines mißlungenen Banküberfalles in der Nähe des Bischöflichen Sitzes zu verhören. Die Polizei nahm ihm alle Ausweise und alles, was er bei sich hatte, ab und sagte zu ihm: »Falls Sie nicht mit uns zusammenarbeiten, schieben wir Sie in ein anderes Land ab. Das macht uns keine Mühe...« Doktor Piedra Rosales wußte einfach nicht, wo sich sein Sohn befand (selbst wenn er es gewußt hätte). Dann steckten sie ihn in eine Zelle, die den bezeichnenden Namen »Zudecker« trug, tauchten seinen Kopf dreimal tief in eine Mischung aus Wasser, Urin und Fotoentwickler, brachen ihm den vierten Rückenwirbel durch Schläge und Stöße und brachten ihn dann mit Fußtritten wieder zu sich. Während der Verhöre riet ihm Luis Bueno Ramírez, Angehöriger der Gerichtspolizei:

»Sehen Sie, wenn Sie uns nicht sagen, wo Ihr Sohn steckt, haben wir da draußen vierhundert Männer mit dem Befehl, ihn zu erschießen, sobald sie ihn irgendwo finden.«

»Mit welchem Recht?« fragte Doktor Piedra. »Falls er ein Vergehen begangen hat, nehmen Sie ihn doch fest und verurteilen Sie ihn.«

»Nicht doch, wir reden hier nicht von Rechten.«

Nach dieser Inhaftierung mußte Señor Piedra Rosales fünfzehn Tage im Krankenhaus San José verbringen. Noch im Krankenhaus reichte er eine Klage wegen Mißhandlung ein, und da er ein hochangesehener Arzt ist und Universitätsprofessor mehrerer Generationen von Studenten (Lehrstühle für Biologie und Embryologie), veröffentlichten die Zeitungen von Monterrey seinen Fall. Während des Krankenhausaufenthaltes erfuhr Rosario zum ersten Mal etwas über ihren Sohn. Er rief sie an und fragte, wie es seinem Vater ginge. Monate später rief er in einer Fleischerei an, wo Rosario meistens kaufte. Er fing an, mit gewisser Regelmäßigkeit zu Hause anzurufen, sagte dann »falsch verbunden«, aber Rosario erkannte ihn an seiner Stimme.

Jesús Piedra Ibarra kam nicht in die Nähe des Hauses in der Guayaquil-Straße in der Siedlung Altavista, denn das Haus war ständig überwacht. Nachbarinnen machten Rosario darauf aufmerksam, daß in den angrenzenden Straßen stundenlang Autos ohne Nummernschilder parkten, und Rosario und alle anderen Mitglieder der Familie hatten stets das Gefühl, daß man ihnen folgte, bis zum 18. April 1975, als die Überwachung plötzlich aufhörte. Das ließ sie um Chuchos Leben fürchten: »Irgendwas Schlimmes ist ihm passiert«, sagte Rosario sich. Die schlechte Nachricht ließ nicht auf sich warten. Am 30. April 1975 meldete die Zeitung *El Norte*, daß der gefährliche Guerrillero, Mitglied der *Liga 23. September*, in der Zaragoza-Straße, in der Nähe der Kirche Sagrado Corazón, festgenommen worden wäre und nun zur Verfügung des Chefs der Gerichtspolizei, Carlos G. Solana (inzwischen in Acapulco) stünde. Aufgrund der mutigen Anzeige des Bürgers Piedra Rosales (seines Vaters) wurden alle Überfälle, Morde und Diebstähle Monterreys dem zwanzigjährigen Aktivisten der *Liga 23. September*, Jesús Piedra Ibarra, zugeschrieben.

Rosario fuhr nach Mexiko-Stadt, weil man ihr sagte, Chucho befände sich im Militärlager Nummer Eins, eine Zeitung sprach sogar von Folterungen, »sehr übel zugerichtet, aber er lebt«.

ICH LAUFE ZU DEINEM BILD, ÖDLAND DER SCHLAFLOSIGKEIT

Rosario Ibarra de Piedra mietete eine kleine Wohnung am Paseo de la Reforma, um von dort aus alle Behörden mehr oder weniger leicht erreichen zu können, und kaufte sich einen Stadtplan. Sie kannte nicht nur niemanden, sie wußte nicht mal, wo sich die jeweiligen staatlichen Stellen befanden. Wer konnte ihr helfen? In Monterrey hatte man ihr gesagt, ihr Sohn wäre im Militärlager Nummer Eins, und mit dieser einzigen Information, diesem winzigen Hoffnungsschimmer, kam sie her und fing an, durch die Straßen zu eilen, zunächst in Taxis, aber als sie sah, wie das Geld dabei wegging, im Autobus, zu Fuß. In *Los Pinos*, wo sie jeden dritten Tag vorstellig wurde, brachten sogar die Wachpolizisten, die diese einsame Gestalt (stets mit einem Lächeln im Gesicht, das allmählich schmaler wurde) über die Straße kommen sahen, ihr Sympathie entgegen. Immer trug Rosario irgend etwas von ihrem

Sohn bei sich: ein Foto in einer Brosche, die sie an den Kragen steckte, oder in einem Talisman, der an einer Kette hing. Später ließ sie sein Foto vergrößern, so daß es ihre ganze Brust bedeckte und sie es wie ein Hemd trug. Und so ging sie zu allen öffentlichen Veranstaltungen.

»Als Echeverría dem Denkmal der Revolution die sterblichen Reste von Pancho Villa übergab, stellte ich mich direkt neben Doña Luz, die Witwe von Villa, und ich trug ein Bild meines Sohnes, das ich mir rundum mit Perlen auf das schwarze Kleid gestickt hatte, und da der Festredner sagte, Echeverría würde mit diesem Akt einem Guerrillero Gerechtigkeit widerfahren lassen, ging ich zum Schluß auf den Präsidenten zu und sagte zu ihm: ›Lassen Sie auch meinem Sohn Gerechtigkeit widerfahren, der Ihrer Meinung nach ein Guerrillero ist.‹ Sofort ordnete Echeverría an, man sollte sich um mich kümmern, und so ging meine Pilgerreise von einem Vorzimmer zum anderen weiter.«

Im November 1976, kurz vor dem Ende der sechsjährigen Amtszeit von Präsident Echeverría, erfuhr Rosario, daß ihr Sohn lebte, mit einer riesigen Narbe quer über dem Gesicht, und sich im Militärlager Nummer Eins aufhielte, woraufhin sie beim Präsidenten vorsprach.

»Ich sagte zu ihm«, fährt Rosario fort, »ich will ihn sehen, ich will ihn bloß sehen, ich bitte Sie nur darum, ihn zu sehen, wir Mütter haben alle nur den einen Wunsch, unsere Söhne zu sehen. Wir wissen nicht, was damit bezweckt werden soll, sie so abzuschirmen. Sind sie verletzt, sind sie tot, haben sie unheilbare Schäden, hat man sie umgebracht? Warum diese schreckliche Verschlossenheit bei allen Behörden? Verurteilen Sie sie, sogar zum Tode, führen Sie die Todesstrafe wieder ein, wie in Francos Spanien, aber selbst der hat die Leichen derer, die er umbringen ließ, den Familien ausgehändigt. Wir hier laufen von Gefängnis zu Gefängnis, von Vorzimmer zu Vorzimmer und unser Leidensweg hört nie auf.«

Und wieder gab Echeverría Anweisungen. Von *Los Pinos* kam Rosario zur Staatsanwaltschaft und von da zum Sekretariat des Innenministeriums, (»Sie sind die hartnäckigste Frau, die ich je kennengelernt habe«, so Fernando Gutiérrez Barrios) und von da zum Sekretariat des Präsidenten.

»Noch am vorletzten Tag von Echeverrías sechsjähriger Amtszeit«, sagt Rosario Ibarra, »sprach ich neunmal mit ihm. Ich bekam heraus, daß er auf dem Marsfeld sein würde. Dort ließ er sich mit den begabtesten Studenten fotografieren, die ihre Auszeichnungen zur Schau trugen. Er ging von Gruppe zu Gruppe, plauderte mit den Studenten, und bei jeder Gruppe stellte ich ihn: ›Bitte, Herr Präsident, bevor Sie Ihr Amt niederlegen, sagen Sie es mir, bitte, sagen Sie es mir, ich will wissen, wo mein Sohn ist, ich bitte schon nicht mehr darum, ihn sehen zu dürfen, ich will nur wissen, wo er ist, wie es ihm geht.‹ Jedesmal sagte er nur: ›Ich kümmere mich gleich um Sie, Señora, gleich kümmere ich mich um Sie.‹ An diesem Morgen erreichte ich nichts. Von da fuhr ich schnell mit dem Taxi zu einer Veranstaltung im Sportpalast, schlich mich hinein und sprach mit Ojeda Paullada, der sich an mich erinnerte, mich begrüßte und mir sagte: ›Ich habe Ihren Sohn nicht. Wenn Sie wollen, sprechen Sie noch einmal mit dem Herrn Präsidenten.‹ Also sprach ich noch einmal mit Echeverría, und er sagte mir, er würde mit Ojeda Paullada sprechen und verschwand. Einige Kommilitonen hielten ihn am Arm fest und sagten zu ihm: ›Herr Präsident, der Fall von Señora Piedra, bitte‹, und er antwortete: ›Man muß mit dem Prokurator sprechen.‹ ›Aber wir haben soeben mit ihm gesprochen, und er sagt, daß Sie ...‹ ›Man muß mit ihm sprechen, Señores ...‹, und weg war er. Am Abend ging ich zum Palast Bellas Artes und gab Echeverría ein Foto meines Sohnes mit all seinen Daten auf der Rückseite. Ich hatte noch mit meinem Mann telefoniert, und er sagte, daß er sich nicht wohl fühlte und daß ich aus Echeverría wenigstens herauskriegen sollte, ob unser Sohn noch lebte oder tot wäre. Und so fragte ich ihn das: ›Sagen Sie mir bitte, ob er tot ist‹, und er antwortete: ›Ich weiß es nicht. Wir werden eine Untersuchung einleiten, man muß mit dem Prokurator sprechen.‹ Ich wartete auf Ojeda Paullada, und der sagte mir, er wüßte nichts, und verwies mich seinerseits an einen untergebenen Beamten, und so begleitete mich ein leitender Beamter zum nächsten leitenden Beamten. Ein Amtsleiter empfahl dem nächsten, mich anzuhören, ich sollte meinen Fall schildern, sie fragten ein und dasselbe, ein ums andere Mal, ich erzählte nochmals und nochmals und sie hörten zu, runzelten die Stirn, alle Beamten machten das gleiche Gesicht, aber nichts, gar nichts, nie eine Antwort.

Nach der Wohnung am Paseo de la Reforma mietete ich mir eine andere in Tlatelolco, das lag zentraler, und von da ging ich, den Weg kannte ich ja schon, zum Sekretariat des Präsidialamtes,

zum Militärlager Nummer Eins, ich ging dieselben Wege so häufig, daß die Parkplatzwächter in *Los Pinos* mich noch heute kennen, ebenso die Türhüter aller staatlichen Vorzimmer, die mir raten: ›Warten Sie‹, ›gehen Sie rein‹, ›sagen Sie's ihm, er ist jetzt drinnen, lassen Sie sich nicht einreden, er wäre nicht da‹. ›Da kommt sein Privatsekretär, wenn er vorbeikommt, halten Sie ihn fest.‹ ›Bleiben Sie, in der nächsten halben Stunde können Sie ihn abfangen, das versichere ich Ihnen.‹
Ich mache weiter, komme und gehe, tue das Unmögliche und werde es weiterhin tun, bis ich sterbe. Ein Sohn von Echeverría sagte – ›scherzend‹! – zu mir: ›Señora, Sie sind störrischer als ein hinkendes Maultier.‹ Solange ich lebe, werde ich störrisch sein, mir bleibt nichts, als störrisch zu sein, auch wenn mein Sohn tot wäre, würde ich störrisch weitermachen, damit die anderen zurückkehren, die anderen Jungen, die sind wie mein Sohn, meine Söhne.«
Wenn ich Rosario zuhöre, frage ich mich, wie ein gepeinigter junger Mensch, der nicht in sein von der Polizei umstelltes Elternhaus zurück kann, der in der Zeitung liest, daß sein 62jähriger Vater brutal gefoltert wurde, *wie sollte so einer nicht zum Guerrillero werden*? Wenn ein hochqualifizierter Mann, ein Universitätsdozent (seit 27 Jahren), ein in seiner Umgebung hochgeachteter Bürger wie Dr. Piedra Rosales ungestraft gefoltert werden kann, was mag dann wohl mit all denen geschehen, die keine Ahnung haben von den Gesetzen und ihre Sorgen nirgends vortragen können, die sich ungeschickt ausdrücken, die ewig nur getreten oder abgewiesen wurden? Selbst José López Portillo hat gesagt, daß Ohnmacht Gewalt hervorruft. Wird die Ohnmacht all dessen, was Mexiko ausmacht, nicht auf lange Sicht zur Sprengkapsel werden, die die Gewalt entfesselt? Ist nicht genau dasselbe mit Lucio Cabañas, Genaro Vásquez Rojas und Florencio Medrano Medares geschehen, die alle gesetzlichen Mittel ausschöpften? Und geschieht nicht dasselbe mit Tausenden von Bauern, die zum Landwirtschaftsministerium kommen, wo ihnen niemand weiterhilft, und so gehen sie zurück, um mit dem Gewehr in der Hand das Land zu besetzen.
Gemäß der allgemeinen Erklärung der Menschenrechte, die auch Mexiko unterschrieben hat, gilt, daß diese Menschenrechte von einer rechtsstaatlichen Regierung geschützt werden – und wir haben eine rechtsstaatliche Regierung –, damit die Menschen sich

nicht genötigt sehen, zur Rebellion als äußerstem Mittel gegen Tyrannei und Unterdrückung Zuflucht nehmen zu müssen. Doch wird in unserem Lande nicht nur der Verfassung Gewalt angetan, sondern auch den Menschenrechten. Statt eine große Energiezentrale zu sein, sind wir ein Brutkasten für Menschen, die nicht einverstanden und frustriert sind. Der junge Jesús Piedra Ibarra war mit seinem Schicksal und mit seinem Leben einverstanden, er studierte, liebte seine Familie und sein Land. Und was hat sein Land ihm dafür gegeben? Eine infame Bürokratie, eine grausame Polizei, korrupte Richter und die absolute Unmöglichkeit, sich Gehör zu verschaffen, »sichtbar« zu sein, denn die mexikanische Regierung gibt ihm nicht einmal Gelegenheit zur Aussage vor einem ordentlichen Gericht. Jesús Piedra Ibarra befindet sich in der unerträglichsten aller Situationen: er ist ein Verschwundener. Er existiert nämlich nicht, und falls er lebt, kann die Polizei sich morgen seiner entledigen, sofern sie Lust dazu hat, kann sagen, er sei bei irgendeinem Zusammenstoß getötet worden, und ihn in den erstbesten Straßengraben werfen. Der junge Mann von dreiundzwanzig Jahren ist völlig schutzlos, falls er lebt, was seine Eltern vermuten und wir alle verlangen, er hat keinerlei Kontakte und befindet sich in der gleichen Lage wie die Gefangenen in den Löchern von San Juan de Ulúa. Niemand weiß, in welcher körperlichen Verfassung er sich befindet, ob er weiß, daß seine Mutter ihn sucht, daß viele Mexikaner empört sind, wie demütigend hier mit einem Menschenleben umgegangen wird. In Mexiko regen wir uns im allgemeinen über die Verbrechen von Pinochet auf, über die von Videla, das Verschwinden der Menschen in Uruguay, Guatemala, El Salvador, aber wir tun nichts für die 481 Verschwundenen in unserem Lande, für Menschen, die sich in geheimen Gefängnissen befinden und die nicht, wie die Familie Piedra Ibarra, die Möglichkeit haben, sich Gehör zu verschaffen, die einen aus Unwissenheit, die Mehrzahl aus Furcht, aus Mitläufertum, denn zahlreich sind die Familienangehörigen von verhafteten Bauern, die sich aufs Beten beschränken: »Wir haben eine Messe für ihn lesen lassen.« Die wenigen, die es wagen, bei den örtlichen Behörden vorzusprechen, werden eingeschüchtert.

DIE TRÄNEN GRABEN SCHÜTZENGRÄBEN INS FLEISCH

Ich erinnere mich, daß Rosario bei ihren ersten Besuchen in meinem Haus kleine Geschenke mitbrachte, eine kleine Schildkröte für meine Kinder Paula und Felipe, Blumen für mich, Süßes für alle. Sie nahm an unserem Familienleben teil, schwatzte mit den Kindern. Einmal, zur Essenszeit, machte sie Rührei, ein andermal beruhigte sie den aufgeregten Guillermo, erzählte ihm dieses und jenes, und ich hörte ihr zu, wie sie zwischen Küche und Eßzimmer hin und her lief. Rosario wollte sich beliebt machen, und sie tat es mit den altbekannten Waffen: mit Liebenswürdigkeit, dem aus Monterrey gewohnten »Guten Morgen, Nachbar, guten Morgen, Nachbarin«, den kleinen Geschenken, die ein »vielen Dank, das war doch nicht nötig« nach sich ziehen. Sie hörte Gesprächen zu, die tausend Lichtjahre von ihren eigenen Interessen entfernt waren, also von dem, was sie zu mir geführt hatte: *ihr Sohn Jesús*. In einem geeigneten Augenblick würde sie über dieses Thema sprechen, doch bis es soweit war, paßte sie sich geduldig an: »Ja doch, Kind, die Schildkröte kann dir im Garten verlorengehen, denn sie ist sehr klein, und ihren kaffeebraunen Panzer kannst du leicht mit der Erde verwechseln, und dann, ja, dann siehst du sie nie mehr wieder. Laß sie lieber hier in der Schachtel, hol ihr das Futter, Salatblätter.« »Ja, meine Kleine, ja, ich habe zwei Töchter, die mal so waren wie du, aber jetzt sind sie schon groß und helfen mir viel...« »Ach, Elena, tun Sie nicht so, wie Ihr Mann will, Sie werden schon sehen, wie ihm das vergeht.« Da war nun also Rosario, hatte für jeden die richtigen Worte, und ich fürchtete, sie könnte uns verlassen, denn voller Illusionen, wie ich seit meiner Kindheit bin, glaube ich immer, daß die Lösungen für alle Dinge von außen kommen.

Fünf Jahre lang habe ich gesehen, wie Rosario sich verändert hat, wie sich ihre Wohnungen verändert haben, vom Paseo de la Reforma zu Tlatelolco (voller Blumen, gehäkelter Deckchen und Tischlampen) bis hin zu ihrer Höhle in der Siedlung Condesa, wo alle Wände mit Plakaten der verschwundenen Söhne tapeziert sind, mit Schildern »Gesucht werden« und mit »Freiheit für alle Politischen Häftlinge«, mit Großfotos, Wandzeitungen, Schildern in Englisch, Französisch, Ausschnitten aus deutschen und Schweizer Zeitungen. Ade, pastellfarbige Bettüberwürfe und Porzellanfigürchen! In ihrer armseligen Bude gibt es zwei Schlafzimmer, insgesamt vier Betten, dazu das Sofa im Wohnzimmer, damit dort die Freundinnen, Mütter, Frauen oder Schwestern anderer Verschwundener, die aus Guerrero, Sinaloa, Monterrey kommen, übernachten können. Die Kaffeekanne ist fast immer in Betrieb, die Kaffeetassen im kleinen Spülbecken sind schnell zur Hand, um sie allen Ankommenden zu reichen. Rosario bietet an, regt an, erzählt, macht niemals schlapp. Da kommen Mütter und Väter von Verschwundenen, Studenten, Sympathisanten, Journalisten aus Mexiko und aus dem Ausland, aktive Mitglieder linker politischer Parteien, Arbeiter, junge Männer, die mit einem Male wieder auftauchen (die tauchen wenigstens wieder auf), junge Mädchen, die die Polizei nach Folterungen wieder freiläßt, und Rosario begleitet sie, damit sie Anzeige erstatten.

Rosario besucht mich jetzt nicht mehr mit Geschenken, fragt mich nicht mehr nach meinem Mann, nach den Kindern, aber nicht, weil sie nicht an sie denkt, sie hat diese Zeit einfach hinter sich. Als sie anfangs nach Mexiko-Stadt kam und mit ihrer Suche begann, führte sie das gleiche gutbürgerliche Leben, das sie aus Monterrey gewohnt war. Es war unerläßlich, daß man sie akzeptierte. Wenn sie die verschiedenen Beamten aufsuchte, so tat sie das entsprechend gekleidet, wohlfrisiert, die Handtasche, die Halskette, die Absätze, diese äußere Korrektheit, die die anderen beruhigt. Sie fuhr Taxi. Sie wartete an Straßenecken. Sie wartete in Vorzimmern. Sie lächelte. Sie lächelte immer, erhob nie die Stimme, wußte ihre Überlegungen gut zu formulieren, wiederholte ihre Geschichte, ohne sich hineinzusteigern, damit die Hochwohlgeborenen sie als anständige Frau behandelten: »Kommen Sie herein, Señora, hier in mein Büro.« Eingehüllt in ein Tuch und mit Zöpfen wie eine Bäuerin hätte sie niemand empfangen; das ist, sieh da, eine der Früchte unserer verdienstvollen Revolution. »Señora, bitte, kommen Sie herein.« »Ich habe sehr schnell gelernt, vor denen nicht zu weinen, Elena, fast vom ersten Gespräch an, den Gefallen wollte ich ihnen nicht tun, damit es nicht hieß: ›Diese arme Frau ist nicht ganz bei Sinnen‹.«

Seit unserer ersten Begegnung konnte ich ihr anmerken, wie verletzt sie war. In ihren Augen blitzten die Tränen auf, aber sie drängte sie mit einem, wer weiß wie viele Tage, wie viele Nächte lang währenden Training wieder zurück. Jede geringste Hoffnung, so absurd sie auch sein mochte (ein Junge, den sie rauslassen, und der erzählt, er habe im Militärlager Nummer Eins von einem Jesús mit einer Narbe quer übers Gesicht gehört), war für sie Grund genug, einen Tag weiterzuleben, Grund genug, sich nicht gehenzulassen, an sich selbst weiterzuarbeiten, diese Aufgabe weiterzuführen, ich würde sagen: Eindeichen des Schmerzes, der Auslieferung an die Suche nach ihrem Sohn, der vermutlich in seinem Lebensnerv getroffen wurde.

Nicht daß Rosario jetzt in Fetzen herumliefe, nein, ihr Äußeres ist gleich geblieben, vielleicht stilisierter. Nicht daß Rosario nicht mehr zu den Behörden ginge, aber ihre Art hat sich geändert. Rosario benutzt jetzt nicht mehr das Wort »Schwuler«, denn die Homosexuellen, die *Homosexuelle Front der Revolutionären Aktion* und besonders die Gruppe *Lambda* haben sie unterstützt und sich ihren Protestmärschen angeschlossen. Keine Spuren mehr von »Kleinbürgerlichkeit«, wenn sie mit anderen spricht, keine Besitzgier, kein Wunsch, sich hervorzutun. Rosario ist entflammt. Sie brennt. Die ganze Nacht. Sie brennt wie eine Opferlampe. Noch nie habe ich ein Wesen gesehen, das so durch und durch vom Leiden getrieben wird wie Rosario, so geschliffen wurde vom Schmerz, der sie so abgehärtet hat, bis sie fast reiner Geist ist, reine, dem Sohn zugewandte Willenskraft. Wahrscheinlich hat sie seit jeher all das, was sie jetzt ist, in sich getragen, allerdings hat sie sich erst in diesen letzten Jahren, ohne ihr Kind Jesús, geformt aus jener harten Materie, die Abwesenheit heißt: die Einsamkeit, die Verzweiflung, das Aufwachen ohne jemanden neben sich, das Warten in den Vorzimmern, das um zwölf Uhr nachts endet, wenn der Herr Staatssekretär mit seinem Privatfahrstuhl bereits hintergefahren ist, die Autobusse und das wie-komme-ich-jetzt-nach-Hause, der Versuch, sogar den Staatspräsidenten zwischen seinen Gorillas und Walkie-Talkies, verstohlenen Fußtritten und dem endgültigen Hinauswurf zu erreichen: »Treten Sie zur Seite, Señora, gehen Sie weiter«, also dieser ganze erdrückende Packen, der auf der Mutter eines verschwundenen Sohnes lastet, die Last, die ihnen allen gemeinsam ist, Vicky, Concha, Celia, Eva, Delia, Elena, Magarita, Maria Eugenia, Carmen, Marta, Teresa, genauso wie es der junge Schauspieler Fernando Gaxiola von der *Gewerkschaft Unabhängiger Schauspieler* formuliert:

»Mein Bruder Oscar César war drei Jahre in Culiacán im Gefängnis, und zwar von seinem 17. bis zu seinem 20. Lebensjahr. Obwohl das meine Mutter Marta Murillo de Gaxiola ziemlich mitnahm, konnte sie ihn jede Woche im Gefängnis besuchen, aber jetzt, wo er verschwunden ist, verzehrt sie sich bei lebendigem Leib. Sie will nur noch wissen, ob er lebt, ob er tot ist, was überhaupt los ist, was die Behörden mit ihm gemacht haben.«

ACH WIND, FALLS DU SEINEN TOD SIEHST, SIE SOLLEN IHN NICHT TÖTEN

> Für meinen Bruder
> Blatt ohne Baum und gefangen
> der umherflattert in einem geheimen
> Gefängnis dieses Landes

I
Plötzlich verschwand er
auf einer Straße die in zwei Richtungen führt oder in keine
schien die Sonne schien sie nicht ich war nicht dabei
so plötzlich
...
ach Wind falls du seinen Tod siehst sie sollen ihn nicht töten
nimm seinen Namen mit dir als Stempel auf deinen Fersen
und hinterlaß überall einen Abdruck
an jedem Haus Berg Stein jedem Kopf der sich sorgt
an jedem Bruder den niemand festhält
ruf seinen Namen Gaxiola ruf ihn durch Straßen
durch Gassen wo Menschen sich drängen voll Schweiß und voll Tränen
sag es gibt Oscar César Blatt ohne Baum und gefangen
dem wurde ein Aufseher in die Rippen gepflanzt
laß das Beten laß das Beten Mutter Herz im Schlamm laß das
...

II
Vier Wagen von dunkler Herkunft
unterbrachen brutal den Lauf jenes jungen Studenten
das fiebrige Buch blitzt in der Faust
Gewehrkolben explodierten im Gesicht
und die Schläge fielen wie blutiger
Donner auf das Gefäß deines Körpers
Lachsalven in Händen fesselten sie deine Niederlage
drei Jahre Gefängnis war für sie nicht genug
jetzt lassen sie dich verschwinden ich weiß nicht ob für immer

deine Nase wird ein Strom sprudelnden Mineralwassers sein
auf dem sogar schwimmen wird was du gar nicht weißt
kraft eines Schlauches um die Knöchel gewickelt
der an deinem Körper explodiert
wirst du Namen nennen und Ereignisse die du nicht gelernt hast
in deinem Studium gebremst von der Elektronadel
die verliebt ist in deine Hoden
Wind sie sollen ihn nicht töten
falls du seinen Tod siehst sie sollen ihn nicht töten
Blütenstaub schrei Windstöße hinaus mit seinem Namen
er soll in den Ohren keimen
damit alle erfahren daß man in diesem Land
den institutionellen Tod aufgetaut hat
denn die Repression in Wagen mit Funkantennen
reitet umher stört das Lachen der Schüler

III
Drei Jahre Gefängnis haben deine Schuld nicht bezahlt
jetzt halten sie dich geknebelt in einem krankmachenden Loch
ach Militärlager Nummer Eins Heim und Grab meines Bruders
gib Antwort ist er bei dir ist er noch am Leben
bis wann wirst du Gefängnisbewohner sein
bis wann werd ich dein Blut brüderlich umarmen
ich hoffe du bist kein ekelerregender Pilger
mit deinen zerschlagenen Nervenzellen unter dem Arm
...
            Fernando Gaxiola
            28. Februar 1978

Ganz in Schwarz gekleidet schließt sich Fernando Gaxiola dem Hungerstreik der Mütter der politischen Häftlinge und der Verschwundenen an, denn seit dem 15. Februar 1977 hat er keinerlei Nachricht von seinem Bruder Oscar César Gaxiola. Oscar kam mit 17 Jahren ins Gefängnis, weil er bei den Protesten gegen den Rektor Armienta Calderón in Culiacán mitgemacht hatte. Oscar war ein stiller Junge, der sich an den Gesprächen beim Essen, zu dem sich zwölf Geschwister, Vater und Mutter einfanden, nicht beteiligte. Während seines Gefängnisaufenthaltes wurden seine Ansichten radikaler, er las Marx und Lenin, schloß sich mit 55 inhaftierten Studenten zu einer Gruppe zusammen, die gemeinsam lernte und die Schriften analysierte. Unterdessen begann draußen auf den Straßen der Niedergang der Studentenbewegung, es fing an mit den sogenannten »Kranken«, schrecklich, denn sie waren wirklich krank. Oscar César kam mit zwanzig Jahren aus dem Gefängnis heraus und verließ den Bundesstaat, in dem er geboren war. An der Universität von Morelia wurde er zum Studium zugelassen; er studierte im zweiten Jahr Tiermedizin, war aber kein guter Student und wollte es auch nicht sein. Eines Nachmittags, am 15. Februar 1977, verschwand er.

Eigenartig ist, daß niemand etwas von einer aktiven Mitgliedschaft in irgendeiner politischen Gruppe weiß, weder seine engsten Freunde, noch seine Familie. Er mag eine Graue Eminenz gewesen sein, einer der Intellektuellen, die koordinieren und organisieren, aber daß er je an einer Guerrilla-Aktion, an einem wirklichen Zusammenstoß teilgenommen hätte, nichts davon! Etwa Mitte 1977 erfuhr Señora Marta Murillo de Gaxiola durch einen Anwalt, der mit der Polizei auf gutem Fuße stand, ihr Sohn wäre von der »Weißen Brigade« festgenommen worden, und derselbe Anwalt verlangte von ihr 50 000 Pesos, um ihn freizubekommen. Die Familie Gaxiola hatte das Geld nicht und konnte es sich auch nirgends leihen. Später ließ man sie wissen, auch unter der Hand – so wie alle Informationen durchsickern: »Er ist im Militärlager Nummer Eins, er erholt sich zur Zeit von den Schlägen.« Wenn ich Fernando Gaxiola so zuhöre, frage ich mich: »Was macht ein Junge von 17 Jahren in einem normalen Gefängnis? Gibt es denn kein Jugendgericht?« Und Fernando Gaxiola bejaht das: »Laut Verfassung ist es nicht möglich, ihn in ein solches Gefängnis zu stecken, er ist noch nicht voll straffähig, und in der Verfassung sind Statuten, Gesetze und Artikel verankert, die solche Übertretungen stoppen sollen. Aber das einzige, was in diesem Land wirklich geschützt wird, sind die Ungerechtigkeiten.«

ICH HOFFE DU BIST KEIN EKELERREGENDER PILGER
MIT DEINEN ZERSCHLAGENEN NERVENZELLEN UNTER DEM ARM

In jedem Bericht, da, wo das Denken sehr weh tut, gibt es eine offene, blutende Wunde: die Folter. Denn jede Verhaftung bedeutet Schläge, und für politische Häftlinge (die als Staatsfeinde und als potentielle Mörder des Präsidenten betrachtet werden) bedeutet sie: Folter. Kein Beamter der staatlichen Sicherheitspolizei scheut davor zurück, kein Gefangener entkommt ihr.

Als Rosario Ibarra de Piedra mit der Suche nach ihrem Sohn begann, entdeckte sie nicht nur die Vorzimmer, das Abgewimmeltwerden durch die Beamten, deren Scheinheiligkeit und die Betrügereien der Behörden, sondern eine noch erschreckendere Welt: die der Folter. Rosario ist eine starke Frau, doch sie schaudert manchmal; ein Schüttelfrost überfällt sie ganz plötzlich, wie eine elektrische Entladung. Das ist die Folter. Die Folter all der jungen Leute, die sie besuchen kommen, wenn die Polizei sie freiläßt. Sie erzählen ihr davon in ihrer Wohnung in der Pachuca-Straße. Rosario hört zu. Die Spuren graben sich tiefer ein und werden zu Schützengräben in ihrem Fleisch. Und mit diesen Berichten hat Rosario eine Schlacht eröffnet: sie veranlaßt die Männer und Frauen, die gefoltert wurden, Anzeige zu erstatten. »Kommen Sie, ich begleite Sie.« Und so hat sie erreicht, daß Akten angelegt werden, die es nie zuvor gab, denn keiner der Gefolterten wollte noch daran erinnert werden. Eine andere Rosario (Castellanos) schreibt in ihrem *Gedenken an Tlatelolco*:

> Ich erinnere mich, wir erinnern uns.
>
> Das ist unsere Art es Tag werden zu lassen
> über so vielen befleckten Gewissen
> über einem zornigen Text, über einem offenen Gitter,
> über dem Gesicht, das Schutz sucht hinter der Maske.
>
> Ich erinnere mich, wir erinnern uns
> bis die Gerechtigkeit sich unter uns niederläßt.

Genau das tut Rosario Ibarra de Piedra. Sie gib diesem so vergeßlichen, so duckmäuserischen, an Nachrichten so leergefegten Land, das voll hilfloser Männer und Frauen, Greise und Kinder ist, die völlig schutzlos ausgeliefert sind, ein Gewissen. »Komm, wir erstatten Anzeige«, »Das muß gesagt werden«, »Wir gehen aufs Revier«, »Ich begleite Sie«. Rosario, ganz allein, diese kleine Frau, die reich und beschützt und von ihren Kindern geliebt und von ihrem Mann verwöhnt wurde, sie erscheint bei allen gerichtlichen Behörden und fordert Gerechtigkeit. Rosario hat sich in diesen letzten Jahren selbst geformt aus den Stoffen, die da heißen:

Gleichgültigkeit, Schweigen, Schwindel, dem ständigen »nein«, das sie in jedem Vorzimmer zu hören bekommt, und weil sie stark war, haben diese Stoffe – harte menschliche Erde, Beton und Monierstäbe – ihr Leben verändert. Zum Guten. Junge Leute, die nach drei, vier oder fünf Jahren Gefängnis entlassen werden, erstatten jetzt Anzeige, ohne sich um weitere Verfolgung zu kümmern, daß man sie zum Beispiel wieder verschwinden lassen, foltern, sogar töten könnte, wobei es dann hieße, sie wären bei einem bewaffneten Zusammenstoß mit der Polizei umgekommen. Ein Land gewinnt viel, wenn seine Bürger sich zu wehren lernen, und diese Anzeigen sind ein erster Schritt.

Ich, Domingo Estrada Ramírez, 22 Jahre alt, gebürtig aus Atlamajac, Verwaltungsbezirk Tlapa/Guerrero, erkläre: Als ich am 7. August (1979) etwa um 9 Uhr abends von Cuautla (Morelos) her in Richtung Cuernavaca auf der Landstraße Yautepec-Cuernavaca fuhr, wurde ich zusammen mit Benjamín Tapia Mendoza, Salvador González Cabrera und Sofonías González Cabrera von der Gerichtspolizei von Yautepec, die in jenen Tagen Fahrzeugkontrollen durchführte, angehalten. Wir wurden zur Polizeikommandantur in Yautepec gebracht, wo wir gegen zehn Uhr abends aus der Zelle, in die wir gefesselt und mit verbundenen Augen gesteckt worden waren, herausgeholt wurden, um so verhört und gefoltert zu werden. Zwischen Beleidigungen, Schlägen auf den ganzen Körper, Eintauchen in einen Wasserbehälter bis an den Rand des Erstickens dauerte das Verhör ungefähr zwei Stunden; später wurden wir da herausgeholt, in ein Auto verfrachtet und nach etwa einer Stunde Fahrt in irgendwelchen Büros abgeladen, wo wir auf dem Fußboden schliefen. Ich nahm einige typische Merkmale dieses Ortes wahr, obwohl mir noch immer die Augen verbunden waren und glaube, diese Büros befinden sich in der Ortschaft Tlaquiltenango (Morelos). Dort wurden wir von zwei Polizisten bewacht, die uns ununterbrochen Fragen stellten. Am 8. (August) gegen 10 oder 11 Uhr morgens holte man uns da heraus und brachte uns in ein anderes Büro, wo ich einen Schreibtisch und zwei Holzbänke, die sie vor uns aufstellten, ausmachen konnte, so daß wir zwischen der Wand und den Holzbänken zu stehen kamen und keine Möglichkeit hatten, uns an die Wand zu lehnen. Dann begannen sie mit dem Verhör, schlugen uns in den Magen und mit den Handflächen auf die

Ohren; sie schlugen uns etwa 2 Stunden lang, und drei oder vier Stunden ließen sie uns da stehen. Später steckten sie uns in irgendwelche Toilettenräume, wo wir uns setzen durften, und von dort holten sie uns einzeln heraus, um uns in demselben Büro, wo sie uns verprügelt hatten, weiter zu verhören, diesmal wurde das Verhör jedoch dadurch unterbrochen, daß sie uns Mineralwasser in die Nasenlöcher spritzten. Danach zwangen uns die Polizisten, ihnen alles zu erzählen, was wir von unserem 6. Lebensjahr bis heute getan hatten, und legten darüber ein Protokoll an.

DEINE NASE WIRD EIN STROM SPRUDELNDEN MINERALWASSERS SEIN
AUF DEM SOGAR SCHWIMMEN WIRD WAS DU NICHT MAL WEISST
KRAFT EINES SCHLAUCHES UM DIE KNÖCHEL GEWICKELT
DER AN DEINEM KÖRPER EXPLODIERT

»Das Mineralwasser, also die Flasche, die schütteln sie kräftig, bis das Wasser weiß aussieht, dann halten sie einem den Flaschenhals dicht vor die Nase, und das Wasser schießt mit solcher Wucht heraus, daß man fühlt, wie einem die Schädeldecke wegfliegt. Viele werden taub, es zerreißt ihnen das Trommelfell, andere tragen lebenslängliche Sehstörungen davon, ganz zu schweigen von Verkrümmungen der Nasenscheidewände und chronischer Nebenhöhlenentzündung, hervorgerufen von diesem brutalen Wasserstrahl, der einen fast ersticken läßt.«

DU WIRST NAMEN NENNEN UND EREIGNISSE DIE DU NIE GELERNT
HAST IN DEINEM STUDIUM GEBREMST VON DER ELEKTRONADEL

Die Elektronadel ist in ganz Lateinamerika verbreitet, auch in Mexiko, sie kommt aus den USA, *shock baton*, der an den Weichteilen des Körpers angesetzt wird. Das ist ein Röhrchen aus Metall, das in den After der Männer, und in Scheide und After der Frauen eingeführt wird, und sobald man es anschließt, sendet es Stromstöße aus. Es wird auch auf Hoden gesetzt, auf Brustwarzen, auf Lippen, auf Zahnfleisch, auf alle weichen Körperteile. Die Stromstöße – am Kopf, am Genick und an den Schläfen – rufen Krämpfe in den Därmen und in der Blase hervor, was zum Verlust der Kontrolle über die Schließmuskeln führt.

Bertha Alicia López de Zazueta berichtete vor dem Nationalen

Komitee zur Verteidigung der politischen Häftlinge, der Verfolgten, Verschwundenen und Exilierten von den Foltern, denen sie als Ehefrau des Guerrilleros Jesús Humberto Zazueta Aguilar ausgesetzt war: »Sie warfen mich auf den Boden, sie schlugen mich in seiner Gegenwart, und sie zogen mich an den Brustwarzen wieder nach oben. Danach führten sie in meine Scheide ein Metallding ein und sagten zu mir, daß sie es unter Strom setzen würden (was sie dann doch nicht taten), aber sie gaben mir Stromstöße auf die Geschlechtsteile und auf die Brüste.«

Bertha Alicia, die sie mit brutaler Gewalt entkleidet hatten, mußte der Folterung ihrer vierzehn Monate alten Tochter Tania zusehen. Wörtlich sagt sie:

Die Erklärung, die ich jetzt abgeben werde, habe ich absichtlich bis zuletzt aufgeschoben, weil es das Verabscheuungswürdigste und Schrecklichste ist, was sie mir angetan haben: Mein vierzehn Monate altes Töchterchen Tania folterten sie in meiner Gegenwart, indem sie sie mißhandelten und ihr Stromstöße an ihrem ganzen kleinen Körper versetzten, nachdem sie sie psychologisch schon damit gefoltert hatten, daß sie zusehen mußte, wie ihre Eltern geschlagen wurden. Ich erinnere mich, und dabei schaudert es mich jetzt noch, wie sie weinend »Papa« schrie, und mein Schmerz, weil ich sie nicht verteidigen und nicht trösten konnte. Das sind schreckliche Augenblicke, die ich am liebsten aus meinem Gedächtnis löschen würde, aber man muß auch das beschreiben, damit es sich vielleicht bei anderen nicht wiederholt.

Als ich freigelassen wurde, drohten sie mir mit dem Tode, bevor ich hinausging, und sie sagten, daß meine Familie und meine Tochter die Folgen zu tragen hätten, falls ich reden würde. Ich mache die mexikanische Regierung verantwortlich für meine körperliche Unversehrtheit und für die meiner Familie; die mexikanische Regierung trägt die Verantwortung für die körperliche und geistige Unversehrtheit meines Mannes und all der Menschen, die unter solchen Bedingungen festgehalten werden. Ich mache diese Aussage, weil ich deutlich machen muß, daß es in Mexiko geheime Gefängnisse gibt, in denen Hunderte von Verschwundenen aus politischen und nicht-politischen Gründen stecken, und daß die Folter dort systematisch und in einem straffreien Raum angewandt wird.

JETZT HALTEN SIE DICH GEKNEBELT IN EINEM
KRANKMACHENDEN LOCH ACH MILITÄRLAGER NUMMER EINS
HEIM ODER GRAB MEINES BRUDERS

»Sie hielten uns in einem Keller fest, es drang nämlich kein Licht herein, den ganzen Tag im Dunkeln, wir schliefen auf dem Fußboden, trugen Handschellen, und unsere Notdurft mußten wir auch da verrichten, in einer Metalltonne, die sie niemals rausholten, kein einziges Mal in all den Tagen, die wir da blieben. Der Gestank war unerträglich. Durch die Folter machten sich viele Kameraden die Unterhosen voll und die Hosen, und wir hatten nicht mal Wasser, um uns zu waschen. Es war fast besser, wenn sie einen zum Foltern auszogen, denn den vollgeschissenen Kameraden gingen alle aus dem Weg.«

Verliebt in deine Hoden

»Ich hörte, wie er jedesmal schrie, wenn sie ihm den Elektrostab an die Hoden legten, ich hörte den Kameraden. Damit es besser wirkt, ziehen sie einen aus und lassen einen dann auf dem fast immer nassen Fußboden stehen, mit den Füßen im Wasser. Ich schrie auch, bis ich das Glück hatte, ohnmächtig zu werden. Wir wünschen uns alle, ohnmächtig zu werden, denn das ist die einzige Möglichkeit, der Folter zu entgehen. Und nicht nur mit der Elektronadel, auch die Brandlöcher von Zigaretten, die Schläge mit dem Pistolenkolben. Der elektrische Schlag von dieser Elektronadel geht vom Fuß, von der Hand oder irgendeinem anderen Körperteil, wo er angesetzt wird, aus und quer durch den ganzen Körper; er ist so stark, daß auch etwas davon auf den übergeht, der ihn ansetzt, den Folterer.«

Verliebt in deine Hoden

»Für mich war das Schlimmste, wenn ich an Händen und Beinen aufgehängt wurde, das heißt ›Grillhähnchen‹, denn bei jeder Bewegung fühlte ich, daß ich mir die Hoden abschneiden würde, falls ich das Gleichgewicht verlor. Für andere wiederum sind die psychischen Foltern unerträglich, wenn man ihnen sagt, man würde jetzt ihre Frau herholen. ›Gleich wirst du reden, du Sauhund‹ – wurde Jesús Humberto Zazueta von seinen Folterern bedroht – ›holt ihm seine Alte her, mal sehen, was wir von ihr übriglassen‹, und vermutlich brach er daraufhin in verzweifeltes Gebrüll aus. Anderen Verhafteten wird gesagt, die Kinder wären im Nebenzimmer, sie würden gleich hereingebracht, damit sie mitansehen könnten, wie so einer sich windet, wie wenig Mann er ist, wie er plärrt, und daß man auch ihnen, den Kindern, ihr Lektiönchen verpassen würde, um sie abzuschrecken, um ihnen das Rebellieren auszutreiben.«

Verliebt in deine Hoden

»Ich habe aufgesprungene Lippen, ich glaube vom Fieber; jedesmal wenn sie mich rufen, blendet mich das Licht nach all der Dunkelheit, in der ich lebe. Sobald ich eintrete, schlagen sie zu. Ich bin schon von vornherein erschöpft. Sie setzen die Elektronadel an meine Ohren und dann kommt der Stromstoß. Und wenn ich mich nicht unter Kontrolle halte, lachen sie. ›Hast dich ja wieder abgebrunzt‹ schreit einer und die anderen brüllen vor Lachen. Da ich an menschliche Stimmen nicht mehr gewöhnt bin, knallt ihr Gelächter gegen mein Trommelfell, wie Trompetenstöße... Danach, nach vielen Schlägen, fühle ich, wie mein Herz anschwillt, das kann ich körperlich spüren; es schwillt an, tut mir weh, und ich bin drauf und dran zu ersticken. Dieses Gefühl, in der Zelle zu ersticken, davor habe ich am meisten Angst, und das überkommt mich dauernd.«

Verliebt in deine Hoden

Draußen vor der Zelle pfeift jemand. Das ist der Folterer. Er pfeift versonnen vor sich hin, »Yesterday«, von den Beatles.

Verliebt in deine Hoden

»Ich, Pedro Cassian Olvera, 35 Jahre alt, Mexikaner, sage folgendes aus: Am 28. Februar 1974 wurde ich von einer Gruppe der Staatssicherheitspolizei festgenommen; Leiter der Gruppe war Miguel Nassar Haro, meine Festnahme erfolgte durch David López Valenzuela. Mir wurden sofort die Augen verbunden und ich wurde in ein Haus gebracht (das alles fand in Guadalajara statt, wo ich aktives Mitglied der *FRAP* war). Ich wurde dort entkleidet, und sie fingen an, mich am ganzen Körper zu schlagen, hauptsächlich mit Karateschlägen auf die Kehle und in den Nacken, dann überschütteten sie mich mit Wasser und versetzten mir Stromstöße mit einer Elektronadel (elektrischer Zikaden-Stab) am Penis, an den Hoden, im After, auf einer Narbe, die ich habe, an den Ohren, in den Nasengängen, auf den Lippen, dem Zahnfleisch und der Zunge, danach zwangen sie mich, zwei Tassen mit Exkrementen zu essen, dann legten sie mich auf den Boden, und Miguel Nassar Haro setzte mir eine Pistole an die Schläfe und spannte den Abzugshahn (Scheinerschießung). Ich möchte darauf hinweisen, daß ich von verschiedenen Leuten geschlagen wurde, jeweils bis zu zehn Minuten. Mein Denunziant, der teilweise bei diesen Foltersitzungen anwesend war, zwang mich, Dinge zu sagen, von denen ich nichts wußte. Sie drohten mir auch damit, sie würden meine Familie holen, um sie in meiner Anwesenheit zu foltern. Dann brachten sie mich in ein anderes Zimmer, wo sie mich gefesselt und mit verbundenen Augen auf den Boden warfen, dort merkte ich, daß noch mehr Kameraden da waren. Dann zwangen sie uns, Erklärungen zu unterschreiben, und wir wurden der Presse vorgeführt.

Tage später brachten sie uns in das staatliche Zuchthaus von Oblatos, wo wir eine Woche in der Strafabteilung verbrachten (dieser Bereich wird der ›Hof‹ genannt). Da holte Nassar Haro mich einmal raus, drückte mir ein Blatt Papier in die Hand, ich sollte alles aufschreiben, was ich über Ramón Danzós Palomino wüßte, dabei drohte er mir, wenn ich es nicht täte, würde er mich in die Hölle schicken. Da ich nicht mehr wußte als jeder andere, schrieb ich nichts, und man brachte mich mit erneuten Drohungen aufs Revier zurück.«

Verliebt in deine Hoden

Der junge Domingo Estrada Ramírez sagt aus: »Nur zum Unterschreiben nahmen sie mir die Augenbinde ab, wobei sie meinen Kopf gepackt hielten und ganz nah an die Papiere, die ich unterschreiben sollte, heranführten, so nah, daß ich kaum unterschreiben konnte, weil meine Augen, die so lange verbunden gewesen waren, mir ununterbrochen tränten, und dieses weiße Papier, so nah vor meinen Augen, tat mir weh, so daß ich keinen von denen, vor denen ich aussagte, sah. Auf die gleiche Weise kamen die Aussagen und Unterschriften von Benjamín und Salvador zustande, nur Sofonías sagte nicht aus, dem ging es nicht gut, seit morgens, nach der Folter, hatte er großen Durst und konnte kein Wasser lassen. Abends gegen halb neun verlor Sofonías das Bewußtsein, ungefähr drei Minuten, nachdem die Polizisten ihm ein Aspirin gegeben hatten (das erfuhren wir dadurch, daß ein Polizist dem anderen vorwarf ›der wäre auch so gestorben‹), das war alles, was sie ihm gaben, denn seit morgens hatten sie uns ein paarmal gesagt, sie hätten nach einem Arzt geschickt (der niemals kam). Sie holten Sofonías aus dem Zimmer heraus und etwa eine halbe Stunde später auch uns und verfrachteten uns in ein Auto, sie legten uns einen über den anderen, Benjamín, Salvador und mich. Salvador, der am Boden des Fahrzeuges lag, sagte später zu uns, er hätte Sofonías ohne Hemd und bewußtlos hinter uns auf dem Boden liegen sehen. Nach ungefähr 30 Minuten Fahrt kamen wir an einen Ort, wo es ein geheimes unterirdisches Gefängnis gibt; sie steckten jeden von uns in eine Zelle, und seither haben wir nichts mehr von Sofonías gehört. Am nächsten Tag kam ein Arzt, um uns zu untersuchen, und gab uns ein paar Schmerztabletten, das tat er auch später ab und zu. In diesen Zellen blieben wir vom 15. August nachts bis zum 22. September, und zwar unter absolut unmenschlichen Bedingungen, denn da läuft ein Radio von morgens 6 bis abends halb 10 oder 10, wobei Lautstärke und repressive Mentalität des diensthabenden Wächters in Übereinstimmung stehen. Ich möchte darauf hinweisen, daß sie jedesmal, wenn jemand zum Foltern abgeholt wird, das Radio auf volle Lautstärke stellen, und trotz dieses Lärms sind noch immer die Schmerzensschreie der Gefangenen zu hören, die dieser viehischen Folter unterzogen werden (soweit wir es mitbekamen, waren es in drei Monaten 36 Gefangene).«

DANK SO VIELER UNBARMHERZIGER FOLTER TRETEN
MENSCHEN ANS LICHT MIT EMPFINDSAMER HAUT UND MUSIK
HÖRT ZU, SAGT ES WEITER, SCHREIT ES BIS INS MARK

»Ich, Laura Elena Gaytán Saldívar, 22 Jahre alt, geboren im Bundesstaat Chihuahua, mexikanische Staatsangehörige, mache folgende Aussage: Am selben Tag (12. April 1979), in derselben Stadt, Torreón/Coah., und von denselben Polizeiorganen wurden mein *compañero* und Ehemann, José Luis Martínez Pérez, 32

Jahre alt, geboren in Cutzamala/Guerrero, und der Mann von Elda Nevárez, Elín Santiago Muñoz, 28 Jahre alt, geboren in Villaflores/Chis., umgebracht. Ich wurde verhaftet als Ehefrau des José Luis Martínez, Mitglied der MAR. Sie fingen sofort mit dem Verhör an, und die Beleidigungen und die Schläge ließen nicht auf sich warten, die sie mir mit Verbissenheit auf die empfindlichsten Körperteile verabreichten, auf Kopf, Brüste, Magen, Rücken; mehrmals versuchten sie, mich zu ersticken; all das wurde von einer Reihe Drohungen begleitet, die die körperliche und geistige Unversehrtheit meiner Schwester Patricia Gaytán, meines kleinen zweieinhalbjährigen Sohnes Inti und selbstverständlich meine eigene mit einbegriffen.«

Nachdem Laura Elena Gaytán Saldívar ausgesagt hatte, daß sie anschließend in ein geheimes Gefängnis in Mexiko-Stadt überführt und in Gegenwart von zwölf Männern und unter deren Späßen und Obszönitäten entkleidet worden war, erklärt sie:

»Ich möchte zu Protokoll geben, daß in besagtem geheimen Gefängnis die elementarsten Menschenrechte verletzt werden. Außerdem:

— Man ist von der Außenwelt völlig abgeschnitten, und es wird strengstens darauf geachtet, daß die Verhafteten untereinander keinen Kontakt haben.

— Die physische und psychische Folter, der der größte Teil derer ausgesetzt ist, die dorthin gebracht werden, findet ohne Unterlaß statt.

— Die Art und Weise, wie dort die elementarsten Bedürfnisse befriedigt werden wie Wasser trinken, Eßgeschirr oder Kleider waschen, sich waschen, sind vollkommen unhygienisch, da dies mit Wasser aus der Zisterne (der Toilette) gemacht wird.

— In der Zelle, in der ich mich befand, stand der Name meines Bruders, Javier Gaytán Saldívar, der im September 1974 von der Armee im Bundesstaat Morelo entführt wurde und von dem die Regierung behauptet, nichts zu wissen.

— Ich erkläre, daß ich an jenem Ort folgende Personen in gutem Gesundheitszustand gesehen habe, nachdem sie sich von den Folterungen erholt hatten: Jesús Humberto Zazueta Aguilar, Antonio Mendoza Sánchez, Ana Maria Parra de Tecla*.

---

* Sechs weitere Namen werden genannt: Armando Gaytán Saldívar, Alejandro Peñaloza García, Rufino Guzmán González, Juan Chávez Hoyos, Eduardo Hernández Vargas und Delfina Morales Cardona. A.d.Ü.

– Ich wurde im Augenblick meiner Entlassung mit dem Tode bedroht für den Fall, daß ich eine öffentliche Erklärung abgeben oder mich irgendeiner politischen Tätigkeit anschließen würde. Mir wurde strikt verboten, die Namen der Personen zu erwähnen, die ich gesehen hatte, oder Kontakt mit den Personen aufzunehmen, die ebenfalls entlassen wurden (Elda Nevárez, Bertha Alicia López de Zazueta, Gloria Lorena Zazueta, Gelasio Miranda und andere).

– Man sagte mir, mein Bruder Armando würde in einigen Tagen auf Bewährung entlassen, er sei in Mexiko-Stadt und Jesús Humberto Zazueta in Guadalajara.

– Ich will hier ferner zu Protokoll geben, daß wir die Leichname meines Mannes und von Elín Santiago erst vier Monate nach deren Tod herausbekamen; daß sie sich in stark verwestem Zustand befanden. Ich erkläre, daß noch keine Autopsie vorgenommen worden war und daß sie in Militärzeltplanen eingewickelt waren, was wir bei ihrer Identifizierung feststellen konnten.«

Verliebt in deine Hoden

»Plötzlich spürte ich etwas wie einen Messerstich am Hals, ein Schmerz, der mich das Bewußtsein verlieren ließ, oder doch beinahe, der pockennarbige Folterer hatte seine Zigarette auf meinem Hals ausgedrückt.«

Verliebt in deine Hoden

»Schluß mit der Quälerei. Ich falle in den Brunnen. Mein Körper wird von einem Schluckauf geschüttelt. Oder von Krämpfen? Ich sehe, wie meine Beine sich zusammenziehen, sich ausstrecken, sich zusammenziehen; ich versuche, sie unter Kontrolle zu bringen. Mein Körper gehorcht den Befehlen meines Gehirns nicht mehr. Er zieht sich wieder zusammen. Und wieder der Fußtritt in die Nieren. Ich höre jemanden sagen: ›Wirst du endlich still liegen, du schwule Sau?‹«

Verliebt in deine Hoden

»Ich kann nicht aufhören zu weinen. Ich will gar nicht weinen, das ist bei mir ein körperlicher Reflex; das Weinen ist da und kommt raus, wie der Schweiß, der Scheiß, der Urin. Ich entleere mich langsam. Sie sagen zu mir, ich soll reden. Ich kann nicht. Ich kann nur weinen.«

Verliebt in deine Hoden

»›Ich bin kein Terrorist, ich habe noch nie jemanden entführt.‹ Und dann werfen sie mich mit Tritten und Faustschlägen zu Boden. Besser so. So kann das Verhör nicht weitergehen.«

DIE TRÄNEN GRABEN SCHÜTZENGRÄBEN INS FLEISCH

Das Brünnlein, die Elektronadel, kohlensäurehaltiges Mineralwasser in Flaschen, das »Brathähnchen«, die Entblößung, die Schläge mit dem Pistolenkolben, Schläge mit Monierstäben, die Isolation, das Hungernlassen, das »U-Boot«, die Brandlöcher von Zigaretten, das grelle Licht, das Radio auf voller Lautstärke, der Kopf im Wasser voller Urin und Exkrementen, das alles sind körperliche Foltern. Die psychischen Foltern bestehen darin, die Kinder die Folterungen an ihren Eltern mitansehen zu lassen oder die Kinder vor den Eltern zu foltern wie im Falle Tanias, der vierzehn Monate alten Tochter von Bertha Alicia López de Zazueta.

Rosario kennt sich in der psychischen Folter gut aus. Bei ihr heißt das, Tag für Tag den verschwundenen Sohn zu suchen; heißt, dem Gedächtnis Tag für Tag Tropfen für Tropfen abzupressen, um winzigste Bilder, zarteste Anzeichen zurückzugewinnen, die einen Hoffnungsstrahl aufkommen lassen. Ihre Hoffnung ist so gewaltig wie die Folter, der Kinder, Ehemänner, Geschwister und auch sie selbst sehr mehr als fünf Jahren ausgesetzt sind. Die Männer sind vielleicht eingesperrt in Kerkern, Kellern oder schrecklichen Löchern – aber auch die Frauen durchleben ihr Gefängnis, durchleben es jetzt, hier in der Kathedrale, eingemauert in ihren Leib aus verbranntem Blut. Der rote Tuffstein hält sie gefangen, und sie bleiben stehen, hochaufgerichtet, starrköpfig, monoton wie der Regen, denn es ist August, und im August ist in Mexiko Regenzeit.

FAST ALLE FRAUEN KOMMEN AUS DER SIERRA DE ATOYAC IN GUERRERO

Celia Piedra de Nájera und ich setzen uns vor der großen Eingangstür der Kathedrale auf eine abgenutzte Stufe, und Celia zieht ihr Kleid über die Knie, damit alles gut bedeckt ist. Ich mag Celias Gesicht, es flößt Vertrauen ein: das kräftige, gute Gesicht einer Frau, die arbeitet, kämpft, ihre Kinder großzieht, denn sie ist auf der Welt, um zu tun, was auf sie zukommt, wie hart die Umstände auch sein mögen.

»Wir sind sehr arme Frauen, wir wissen sehr wenig. Ich habe in San Jerónimo/Guerrero das Komitee für Politische Verschwundene gegründet, aber ich bin ganz ungebildet, ich war nur auf der Grundschule, und so hab ich angefangen, andere nach ihrer Meinung zu fragen; andere Mütter, Frauen und Geschwister von Verschwundenen suchten mich auf, wir trafen uns mit einigen Lehrern, die uns darüber aufklärten, was wir tun, an wen wir uns wenden sollten. Ich rief die Leute zu mir nach Hause, und die Lehrer sprachen mit uns, denn offen gesagt hat keine von uns irgendeine Ausbildung, und wir wußten nicht einmal, wo wir anfangen sollten. Bis Rosario Ibarra de Piedra mich eines Tages ausfindig machte, und zwar aus dem einzigen Grund, weil mein Nachname Piedra ist, wie ihrer, ich folgte ihrem Aufruf und kam nach Mexiko-Stadt. Außerhalb von Atoyac war Rosario die erste Mutter eines Verschwundenen, die ich kennenlernte. Mit ihr lief ich zu verschiedenen Ämtern, gab Aussagen zu Protokoll und lernte ein wenig, mich zu bewegen. Und als der Hungerstreik beschlossen wurde, der einige Tage vor der Regierungserklärung beginnen sollte, sagte ich zu ihr, ich würde den Frauen in Guerrero Bescheid geben, da gibt es nämlich die meisten Verschwundenen. Alle wollten sie kommen, sogar eine ganz alte kranke Frau, die kaum sehen kann, der es sehr schlecht geht, die nicht mal Geld für die Fahrt hatte und zu mir sagte: ›Ich habe ein ganz kleines Schweinchen, aber dafür würde ich sechzig Pesos kriegen. Ich verkaufe mein Schweinchen und fahre mit nach Mexiko zum Hungerstreik.‹ Aber sehen Sie, ich hab sie nicht gelassen: ›Wir werden da für alle sprechen, machen Sie sich keine Sorgen, wir sprechen auch für Sie. Ihre Augen sind sehr krank, es ist besser, wenn Sie hierbleiben.‹ Sie blieb weinend zurück, aber sie sah so schrecklich müde aus. Und dann – ihr Schweinchen verkaufen, um die Reise zu machen. Was bliebe ihr dann zum Leben? Und jetzt sind wir hier, sehen Sie, wie viele wir sind, und schauen Sie, wenn noch so viel Wasser vom Himmel fällt.«

Dienstag, 29. August 1978

Um sieben Uhr abends trifft Neus Espresate sich mit Rosario und mit Vicky Montes, der jungen Witwe von Raúl Zavala, Guerrillero, der bei einem Zusammenstoß mit der Polizei 1972 im Alter von 25 Jahren umkam. Vicky Montes ist jung, hat ein hübsches Lachen und immer ihren kleinen Sohn Raúl an der Hand, der sich mit allem zu unterhalten weiß, sogar mit den Gesichtern der Leute. Es war Neus Espresate gewesen, die Rosario wegen des widerspenstigen Paters Pérez gefragt hatte, der zu guter Letzt dem Druck der streikenden Frauen nachgab, mit der Einschränkung, daß nur die älteren Frauen drinnen schlafen könnten; die jüngeren müßten draußen bleiben, auch wenn es regnete. In der Nacht überwachte er seine Anweisung jedoch nicht weiter, so daß in der Kathedrale hundertzehn Personen schliefen – Mütter von Verschwundenen und von politischen Häftlingen und einige junge Studenten, die sie unterstützen. Es wurde ihnen sogar erlaubt, die Toiletten zu benutzen. Monsignore Corripio Ahumada hat sich dem Streik nicht widersetzt, erklärte aber, die Kirche verfüge nicht über eine Lösung für ihr Problem (für welche Probleme verfügt die Kirche denn über Lösungen?). Hingegen empfing Enrique Velasco Ibarra, damals Privatsekretär des Präsidenten der Republik, eine von Rosario geleitete Abordnung der Frauen, und er sagte zu ihnen, der Präsident sei ungehalten wegen des »sanften Drucks«, der von der Kathedrale her und nur ein paar Schritte vom Regierungspalast entfernt ausgeübt werde, und er versicherte ihnen, der Gesetzentwurf zur Amnestie werde gerade überprüft. Die Gruppe, die aus Rosario, María de Jesús Caldera de Barrón, Celia Piedra de Nájera, Delia Duarte de Ramírez und Rosa María Saavedra de Ávila bstand, zog zufrieden ab. Neus bemerkt dazu: »Rosario verhielt sich offensichtlich hervorragend.« Sie erzählt mir außerdem, daß Ärzte aus dem Allgemeinen Krankenhaus zur Kathedrale kamen, um den streikenden Frauen den Blutdruck zu messen, und sie hätten obendrein Unterstützung von verschiedenen Seiten erhalten, von der »Demokratischen Vereinigung der Elektriker«, von der Sozialistischen Strömung, von den Bergarbeitern aus Nacozari; Fernández del Real sei um sieben Uhr bei ihnen gewesen und ebenso Gilberto Rincón Gallardo, der mit vielen gesprochen habe.

Mittwoch, 30. August 1978
Um halb sechs mache ich mich auf in Richtung Kathedrale. An einer Straßenecke schwenkt ein alter Mann die Zeitung *Últimas Noticias*, und als ich den Namen Margáin lese, kaufe ich sie. Es heißt, Hugo Margáin Charles sei in der Universitätsstadt entführt worden. Vor den Ampeln lese ich die Zeitung, und jedesmal, wenn es grün wird, bringt ein Hupkonzert mich zum Weiterfahren. Carlos Eduardo Margáin, der zweite Sohn, dementiert die Entführung; er sagt, Hugo befinde sich im Ausland. Er muß sich wohl die Journalisten vom Leib halten. Ich denke an Hugo: er ist, wie Mane sagt, ein sehr netter Mensch, ein sehr netter Mensch, Mane wiederholt das immer, wenn ihm jemand gefällt; ein sehr netter Mensch, ein sehr netter Mensch. Eine riesige Schlagzeile beteuert: »Das war die Liga...« Ich denke an Hugo, den Vater, an Margarita Charles, die Mutter; das darf nicht wahr sein, und wenn es wahr ist, dann soll der Junge bald wieder auftauchen, sie sollen ihn zurückgeben; was für ein Alptraum, was für Stunden muß die Familie durchstehen. Und wenn ich heute nicht zur Kathedrale fahre? Eigentlich habe ich keine Lust dazu... Als das Bild von Tamayo für die Zeitschrift *Vuelta* von Octavio Paz verlost wurde, sagte Celia Chávez mit einem breiten, zufriedenen Lächeln zu mir: »Hugo hat es gewonnen, wie schön!«

Der junge Hugo Margáin Charles ist Philosoph und Leiter der Philosophischen Fakultät der UNAM. Er ist dort sehr beliebt, und es heißt ganz allgemein über ihn, er sei ausgeglichen, habe Respekt vor den Ansichten der anderen, wolle nicht dominieren und sei begeistert von seiner Arbeit. Mehr weiß ich nicht. Außer daß er irgendwann mal eine Abhandlung über die Violencia geschrieben hat.

Jetzt sieht der Hof der Kathedrale wirklich wie ein Zigeunerlager aus, aber nirgends liegt Abfall auf dem Boden. Da niemand ißt, bleibt nichts übrig, keine Schachteln, kein Papier, keine Dosen, keine Verpackungen: die Menschen hinterlassen keine Reste, wenn sie sich nicht ernähren; ihre Spuren werden dünner. Wenn das so ist, dann stammt der Müll, der sich in der Landschaft breit macht, nicht von denen, die Hunger haben, sondern von denen, die augenscheinlich mit größerer Reinlichkeit leben (wie viele

Plastiktüten gibt es rund um die Grundstücke der Reichen, wie viele leere Dosen! Wie viele Flaschen bis zum Hals im Dreck!). Ich denke an Rosario, wie sie im Hof der Kathedrale auf irgendeiner Matratze am Boden liegt und aufwacht. Ich stelle mir vor, wie sie den Rock glattstreicht, das Haar, sich den Pullover um die Hüften bindet, die Schuhe anzieht (wer wird schon mit Schuhen schlafen). Ich erinnere mich an ihr Fotoalbum, daran, daß sie eine frische junge Frau war, auf ihren Armen der kleine wohlgepflegte und rundliche Sohn, verwöhnt vom Leben, von seinen Eltern, von einem Lebensstandard, der sehr viel höher ist als der der meisten Mexikaner. »Dieses Anzügelchen hat er an seinem Geburtstag zum ersten Mal getragen«, »Schon früh wollte er ein Fahrrad haben«, »Jedes Kind hatte sein eigenes Zimmer, nach seinem Geschmack eingerichtet, denn es konnte die Möbel selbst auswählen«. Jetzt schläft Rosario auf dem Hof der Kathedrale, und am Tage läuft sie von hier nach da mit einem Glas Wasser im Bauch, sucht diesen oder jenen Beamten auf, ermuntert die anderen Frauen, macht ihnen klar, daß sie um ihre Söhne kämpfen müssen, um sie und sich nicht aufzugeben. Rosario erzählte mir, wie eine Mutter in Monterrey ihren Sohn im Stich ließ:

»Ich kann nicht, mein Mann läßt mich doch nicht.«

»Wieso können Sie nicht? Wollen Sie Ihren Sohn sehen?«

»Ich schon, aber mein Mann will das nicht, und ehrlich, ich habe Angst vor ihm.«

»Was heißt hier Angst! Ich gehe mit Ihnen zusammen Ihren Sohn besuchen, kommen Sie, Sie werden schon sehen, daß Sie mit Ihrem Mann irgendwie zurechtkommen. Glauben Sie etwa, Ihr Sohn braucht Sie nicht?«

»Doch, schon, aber was soll ich bloß mit ihm machen? Mein Mann sagt, er wäre selbst schuld, warum steckt er auch seine Nase in...«

»Kommen Sie, wir gehen, Sie und ich.«

Jetzt aber hat Rosario, durch die Kraft ihres Armes und die Macht der Gefängnisse, aus diesen verzagten, abhängigen Frauen Wesen gemacht, die sich ihren Männern widersetzen, die maulend zu Hause blieben. So wie sie sich ihren Männern widersetzten, widersetzten sie sich den Gefängniswärtern und sind jetzt in der Lage, sich der Regierung zu widersetzen. Wenn das keine Lektion in Zivilcourage ist, dann möchte ich wissen, was diesen Namen verdient. Vielleicht werden sie nicht siegen, aber dann liegt es nicht an ihnen; da ist ihr Kampf, den sie jeden Tag kämpfen, ein tapferer Kampf, er adelt sie.

ICH ERWACHE ZERBEISSE
DIE HAUT DER ERINNERUNG AN DICH

Vor dem Nationalpalast stehen die Autos in zwei Reihen. Wer putzt wohl die Messingkugeln auf den Balkons, daß sie so glänzen? Auch die Kathedrale sieht aus wie eine alte Aristokratin. Neben dem Hauptportal haben die Frauen und die Studenten ein grünes Zelt von respektablen Ausmaßen aufgestellt; ein weiteres Zelt aus Decken und Schnüren steht etwas weiter hinten. Der Boden ist naß, denn es hat die ganze Nacht geregnet (»hier gibt es aber oft Platzregen«, sagt halb zufrieden, halb überrascht eine Bauersfrau aus San Jerónimo/Atayac zu mir, »aber wozu eigentlich, wenn hier doch gar keine Äcker sind«). Jetzt hängt eine große Anzahl von Tüchern am äußeren Gitter der Kathedrale; der ganze Zaun bis hin zum Platz der Verfassung ist tapeziert mit: »Komitee Zehn Jahre Revolutionärer Kampf / 1968–1978«, »Wenn das Volk ausgebeutet wird, gibt es keine Freiheit«, »Freiheit für die politischen Häftlinge: COCEI« und dazu ein großer Stern, und ich frage mich, was dieser Stern bedeuten soll. Die Tücher vom COCEI sind dick und von guter Qualität; andere Tücher sehen aus, als hätten sie alle Demonstrationen meines Landes damit aufgewischt, was sie wiederum liebenswert macht. Es sind ganz geschundene Tücher, als wären sie uralte Kämpfer. Sie haben sicher schon Valentin Campa und Hernán Laborde gedient. Vielleicht sind das sogar Valentin Campa, Hernán Laborde. »Herr Präsident«, schreit ein anderes, ganz durchlöchertes Tuch, »wir bitten um Generalamnestie, Freilassung aller Festgenommenen«, »Union der Eltern verschwundener Kinder, Sinaloa, HIER«, »Vierte Internationale, 1968–1978«. »Revolutionäre Arbeiterpartei, Generalamnestie, 1968–1978« (ich würde gern so ein Tuch vom PMT erblicken, das würde mich sehr freuen, aber nichts), »Stoppt die Unterdrückung der Kämpfe von Volk und Gewerkschaften, Freiheit für die Politischen Häftlinge des Allgemeinen Krankenhauses, Oaxaca, *COCEI.* »Studentisches Komitee der Arbeiter- und Bauernsolidarität, *CESOC,* Um Freiheit wird nicht gebettelt, sie wird genommen« (aber das Tuch sagt nicht wie). »Die Verschwundenen vorzeigen!«, »Hungerstreik, 28. August,

3. September«, »Wir werden sie finden«, (rot und schwarz, das Tuch gefällt mir). »Die Verschwundenen vorzeigen!«, »Befreiung aller Verschwundenen«, »Komitee Pro-Amnestie UPOME«, »Nacozari solidarisiert sich mit der General-Amnestie«, »Freiheit für Politische Häftlinge und Gewerkschafter«, »Union für die Organisation der Studentenbewegung: UPOME«. Wie oft lese ich »Die Verschwundenen vorzeigen!« Und auf dem Boden bemalen ein paar junge Leute schnell noch ein weißes Bettlaken mit roten Buchstaben; Farbtöpfe und Pinsel haben sie mitgebracht; unter Ermahnungen wie »paß auf, mach keinen Fleck«, oder »das *r* sieht wie ein *n* aus« malen sie langsam ihre Symbole der Freiheit, wie Paul Eluard *Freiheit* in den Schnee schrieb. Ich schreibe deinen Namen Freiheit auf ein Tuch, ich schreibe deinen Namen mit blut-roten Buchstaben, Freiheit, ich schreibe deinen Namen mit dem Saft meines Körpers, Freiheit, ich schreibe ihn mit meinen Jeans, meinem verschwitzten Hemd und meinen Fingern, die noch voller Tintenflecke sind. Wie Fernando Gaxiola, der sein Gedicht für seinen Bruder Oscar César auf die Menütafeln der Restaurants in den Straßen schrieb. Er wischt über die Schiefertafeln der chinesischen Restaurants, wischt das »heute empfehlen wir« weg, »Fleischklopse«, »Rippchen mit Gemüse«, »Dessert und Kaffee« – und er schreibt mit weißer Kreide die beiden ersten Verse seines Gedichts hin, »Plötzlich verschwand er auf einer Straße die in zwei Richtungen führt oder in keine«, oder die letzten beiden Verse: »ich hoffe du bist kein ekelerregender Pilger mit deinen zerschlagenen Nervenzellen unter dem Arm«, und der Besitzer kommt heraus, will wissen, was los ist, aber Fernando ist schon fort, sucht mit der Kreide in der Hand eine andere schwarze Platte.

MAN MUSS DEM GEDÄCHTNIS TROPFEN FÜR TROPFEN ABPRESSEN
DIE AUGENBLICKE DIESES SCHWEIGSAMEN STÖRRISCHEN TODES

Unter dem grünen Segeltuchzelt sehe ich einige Frauen wie Kartoffelsäcke daliegen, und ich weiß nicht, warum mich das bedrückt, ich weiß nicht, ob sie schlafen; im Moment rühren sie sich nicht. Mich haben schon immer Leute beeindruckt, die schlafen können, wenn alle anderen um sie herum wach sind. Ich glaube, daß ihr Tod nahe ist, ich weiß nicht, mir wird angst um sie. Ich sehe auch ein paar Klappstühle, die vorgestern nicht da waren, und Wasserbehälter, wo vorher nur Wasserflaschen waren.

An den Ecken haben sich zwanzig oder dreißig junge Leute vom UPOME und vom PRT aufgestellt und rufen im Chor: »General-Amnestie, General-Amnestie«.

Die Nationalgarde, rechts von ihnen auf der Straße, hört ihnen unbewegt zu. Auch die Fußgänger scheinen sich nicht aufzuhalten, obwohl einige der Vorübergehenden die riesigen Fotos der Verschwundenen ansehen, die an den Mauern der Kathedrale lehnen. Viele junge Menschen in Jeans (so viele Jeans!) kommen und gehen, schreiten über den Hof von einem Ende zum anderen, stellen sich dann in einem Haufen zusammen, um jemandem zuzuhören. Concepción Ávila González, die ich gestern kennenlernte, so schmal in ihren grauen Hosen, fragt mich, ob ich mit einigen der Mütter sprechen will, was ich bejahe, und wir suchen uns einen Ort ein wenig abseits vom Lärm an einer Seite des Hofes, zu Füßen eines verrosteten Kreuzes, das auf einem Betonsockel steht, der eigenartigerweise Moos treibt, so eine Art Moos, aber immerhin Moos. Die Türen sind bereits geschlossen, die älteren der streikenden Frauen sind drinnen geblieben, und eine von ihnen hat den Auftrag, an der Tür zu bleiben, und sich durch einen Spalt zwischen Tür und Wand mit der Außenwelt zu verständigen. Concha Ávila González bringt Margarita Cabañas zu mir, deren Verbrechen auf dieser Erde darin besteht, mit Nachnamen Cabañas zu heißen. Als sie auf mich zukommt, fällt mir auf, daß sie in alle Wasserpfützen hineintritt, ihre Füße einfach ins Wasser steckt, und daraus schließe ich, daß sie eine Frau vom Lande ist. Sie spricht jugendlich und lebhaft:

»Weil ich die Cousine von Lucio Cabañas bin, in San Vicente Benítez, mitten in der Sierra von Atoyac, im Bundesstaat Guerrero, haben sie meinen Mann am 25. April 1973 festgenommen. Ich schrie diese ›guachos‹ an (besorgt erklärt sie mir das, falls ich das nicht verstehe), also die vom Militär: ›Nehmen Sie doch nicht ihn mit, nehmen Sie mich mit, ich bin doch die mit dem Nachnamen, das ist mein Familienname, er ist ja nicht mal von hier, er ist nicht von hier, sage ich ihnen.‹ Aber in Guerrero war alles, was nach Cabañas oder Barrientos roch, Gift; die Cabañas haben sie verfolgt, und die, die noch übrig sind, verfolgen sie weiter, nehmen sie fest und lassen sie verschwinden. Mein Mann war Kaufmann, und den Leuten, die den ganzen Tag zum Einkaufen

hereinkamen, schrieb er die Rechnungen an, stellen Sie sich das
bloß vor.«

DIE POLIZISTEN, DIE WIE HERREN GEKLEIDET SIND

Ich spreche mit María de Jesús Caldera de Barrón und mit der
kleinen, nervösen Guillermina Moreno: »Jedesmal, wenn es in der
Fabrik Plásticos Romay einen Streik gab, holte die Polizei meinen
Sohn Francisco Granados Moreno, bis sie ihn einen Tag, nachdem
im Kaufhaus Blanco die Bombe explodierte, verschwinden ließen.« Seither hat sie nichts mehr von Guillermo gehört; aber dafür
wird sie alle Tage bedroht von »Polizisten, die wie Herren
gekleidet sind« und die ihr bedeuten, sie würden ihre restlichen
Söhne und Töchter auch noch mitnehmen, einen nach dem
anderen, weil Francisco sich bei einem der Streiks in der Fabrik
Plásticos Romay zum Sprecher gemacht hatte. »Sie haben ihn
schon vor langer Zeit entlassen, ihn und drei weitere Kameraden,
die dadurch arbeitslos wurden, weil sie, wie sie zu ihnen sagten,
›da drin keine Politischen haben wollten‹. Und jetzt – Guillerma
windet ihre Hände, die leuchtend rot sind wie Tomaten – jetzt
werden sie außer Pancho auch José, Jesús und meine beiden
Töchter verschwinden lassen. Ich sage ihnen immer, sie sollen hier
weggehen. Aber wohin? Und mit welchen Mitteln?«

Mir wird, wie ich da auf den Steinen sitze, sehr kalt, und ich
fühle eine unendliche Traurigkeit. Was soll diese Entführung? Ich
höre diesen Frauen zu, einer nach der anderen, halte ihnen das
Mikrophon vor den Mund, beobachte den Kassettenrecorder,
schaue in ihre Gesichter, aber mein Herz ist nicht völlig bei ihnen.
Ich denke an Hugo Margáin, an die schwarzen Autos ohne
Nummernschilder, aus denen immer Polizisten, »die wie Herren
gekleidet sind«, aussteigen. Wie ich diese Behördenautos hasse!
Und eine ganze Reihe davon steht vor dem Regierungspalast. In
Schweden kann ein Minister mit dem Fahrrad ins Büro kommen.
Elena Urrutia erzählt, daß sie in Kanada die Stellvertretende
Ministerin für Kultur interviewte, die seelenruhig ihr Fahrrad vor
einem Café abstellte, in dem sie sich verabredet hatten. Wieso
scheint in Mexiko dieses metallische Schwarz, gelackt und ge-
schmacklos, unerläßlich zu sein, dieser Exhibitionismus der
Macht? Wir sind dabei, ein Land von Pistolenhelden zu fabrizie-
ren, die wir jetzt Gorillas nennen, und die nichts anderes zu tun

haben, als jedem Emporkömmling das Fell zu schützen, sobald er sein Haus verläßt, und den Rest der Zeit verbringen sie an der Tür oder an der Ecke seines herrschaftlichen Wohnsitzes, kratzen sich an ihren Schamteilen oder fahren durch die Pomadenpracht ihrer Haare mit einem schwarzen Kämmchen, das sie anschließend direkt neben die Pistole in den Gürtel stecken. Aber nicht nur die höheren Beamten haben fünf oder sechs oder sieben private Gorillas, auch ihre Kinder (je zwei pro Kopf) und die Ehefrau, die muß ja in den »Frisiersalon«, und der Gorilla wartet ein paar Meter weiter, bis die Lockenwickler trocken sind. Und da die Unternehmer und die Handelsherren nicht zurückstehen wollen, wird die Zahl der Leibwächter der politisch und ökonomisch wichtigen Gruppen immer höher, die Zahl der Autos mit Funkantennen, der Maschinenpistolen am Boden der Autos. So wie der pittoreske General García Valseca seinen privaten Eisenbahnwagen »El Sol« an den Präsidentenwagen anhängte, um zu beweisen, daß er das auch konnte, so kann jetzt jeder Großindustrielle sein Gorilla-Bataillon an das des Präsidenten oder des Kabinetts anhängen, und dann, ja, dann kriegt man wirklich Lust, eine Bombe zu basteln: soundsoviel Kilo von drei gewissen Buchstaben, soundsoviel Kilo Plastik, soundsoviel Kilo Zucker, denn der Zucker beschleunigt den Verbrennungsprozeß – oder ganz einfach ein paar kleine Kilos mexikanisches Dynamit, um soviel Vermessenheit und soviel Scharlatanerie in die Luft zu jagen.

MENSCHEN TRETEN ANS LICHT
MIT EMPFINDSAMER HAUT UND SINGEN

Es ist schon halb zehn, und ich muß mich verabschieden. Rosario kommt nicht, es heißt, sie sei zu Corripio gegangen, und ich kann nicht länger warten. Als ich aus der Kathedrale komme, bittet ein junger Mann mich um »Unterstützung«, wir unterhalten uns ein wenig, und da ich ein Mikrophon dabei habe, kommen noch andere junge Leute hinzu, sie tragen Ponchos, und einer fängt ganz unumwunden an, eine Litanei über China, Kuba und die Freiheit loszulassen; ein Schwall reinster Klischees, und als ich das höre, werde ich innerlich noch müder, aber das frische, junge und offene Gesicht des Aktivisten, den sie mit der Sammelbüchse losgeschickt haben, der also die Passanten anhauen soll, bewegt mich: Und wenn sie den verschwinden lassen würden? Der in seine Decke gehüllte Redner will mich noch immer bekehren, und plötzlich fragt mich ein junges Mädchen mit ausweichendem Blick: »Und Sie, von welchem Sender sind Sie, vom *Bildungsprogramm*?« und ein anderer belehrt sie: »Nein, sie ist Russin.« Ich stelle klar, daß ich das nicht bin, daß ich allenfalls polnischer Abstammung sei, und als wollte ich vorbeugen, als ob irgendwas Schlimmes bevorstünde, denn mit einem Male bekam ich große Angst, sagte ich zu ihnen, daß man eine solche Demonstration auf dem zentralen Platz der Hauptstadt in Polen kaum zulassen würde, was sag ich: im Land überhaupt, mit Parolen und Tüchern und jungen Leuten, die an den Straßenecken stehen, ihre Parolen rufen, die man immer lauter hört, sobald der Verkehr nachläßt. Ein dunkler Typ sagt zu mir: »Langsam, langsam.« »Jawohl, ganz bestimmt.« »Aber in Polen gibt es doch«, sagt ein anderer, der sich als Trotzkist herausstellt, »viele Gruppen von Dissidenten.« »Aber ganz bestimmt nicht so öffentlich wie hier, das sag ich euch.«

Ich erinnere mich an Polen, die Tschechoslowakei, die einzigen sozialistischen Länder, die ich kenne, und an meine Bestürzung, als ich den Jablonna-Palast besuchte, als aus einer Reihe schwarzer Wagen, die mir gepanzert vorkamen, einige schwarzgekleidete Herren mit offensichtlichem Herrschaftsgebaren ausstiegen und auf einen der Salons des Schlosses zuschritten, um dort ein Bankett abzuhalten. Und um ein Bankett handelte es sich, daran bestand kein Zweifel. Uns Touristen hatte man aus dem Weg geschoben, gehen Sie zur Seite, Platz da, Platz da, und wir verabschiedeten uns langsam mit offenen Mündern und dümmlichen Mienen von einer Reise, die jetzt nicht mehr möglich wäre. Ich dachte: Na, was ist mit der Sozialisierung der Macht? Ich sprach mit meiner Mutter darüber: »Weißt Du, die Mächtigen hier benehmen sich genauso wie in jedem kapitalistischen Land.« Ich fragte unsere Reiseführerin, die entzückende Lydia: »Was soll das?« Sie begriff nichts: »Das sind die Führungsleute.« Ich bohrte weiter, bis ich ganz allein mit meiner Meinung war, »ich habe soeben entdeckt, daß politische Macht privatwirtschaftlich gehandhabt wird, sie wird nicht von der Gemeinschaft verwaltet.« Lydia teilte meine Sorgen nicht, sie lächelte: »Was Sie brauchen, ist ein gutes Abendessen.« »So eines wie die Oberbonzen?« »Hör auf, Elena, sei doch nicht so verbohrt!« lenkte meine Mutter ein.

Ich dachte darüber nach, daß Zyrankiewicz – der, der gerade vorbeigerauscht war, war ein hochgeschossener Glatzkopf – sich in der Öffentlichkeit genauso zeigte wie die, die in unseren sogenannten Demokratien die Entscheidungen treffen, beschützt von einer ansehnlichen Mannschaft von Leibwächtern und Walkie-Talkies, und ich fing wieder an, auf die anderen einzureden, bis Lydia mir beleidigt erklärte, das Wichtigste sei schließlich, daß die Produktionsmittel Eigentum des Volkes seien, und sie sei darüber unterrichtet, daß dies in meinem Land nicht der Fall sei, und ich kam immer wieder auf die Sozialisierung der Macht zurück, und sie antwortete, daß es nun mal immer einen Machthaber geben müsse. »Einen Führer?« fragte ich argwöhnisch, »nein, ich sagte: eine Führungsperson.« Meine Mutter machte der Diskussion ein Ende, indem sie mich mit ihrem »Nun hör endlich auf, benimm dich« auf den Boden meiner Kindheit zurückbeförderte.

DENN DIE REPRESSION IN WAGEN MIT FUNKANTENNEN
REITET UMHER STÖRT DAS LACHEN DER SCHÜLER

Ich hatte mich an diese Episode erinnert, als ich jetzt das junge, hübsche Gesicht dieses Burschen sah, und um dem Sermon, den er da auf uns abschoß, ein Ende zu machen, fragte ich ihn urplötzlich:
»Hören Sie, haben Sie eigentlich keine Angst, daß man Sie verprügeln und einbuchten könnte?«
»Nein, Mensch, bestimmt nicht, denn wenn die mir irgendwann mal was täten, dann werden andere Typen für mich einen Hungerstreik machen. Außerdem haben wir sowieso nichts zu verlieren.«
»Und Ihr Leben, ist das nichts?«
»Das verlier ich schon nicht, Mensch, schließlich bleiben viele Menschenleben auf der Strecke.«
»Auf welcher Strecke?«
»Im Kampf, Mensch, im Kampf.«
»In was für einem Kampf?«
»Für die Freiheit.«
»Ah ja, du glaubst nicht, daß du frei bist?«
»Tja, im Augenblick schon, Mensch, aber die können mich im Handumdrehen verschwinden lassen.«

Er lächelt, und da sich eine Gruppe um uns geschart hat, sagt er in einem Atemzug:

»Wenn ihr was beisteuern wollt, Kameraden, wir sammeln eine Million Unterschriften für eine Amnestie, damit die Regierung sieht, daß das mexikanische Volk eine Amnestie fordert. Zusammen mit der Million Unterschriften wollen wir dem Präsidenten der Republik auch eine Million Pesos überreichen.«

»Eine Million Pesos für den Präsidenten«, protestiere ich, »wofür denn das?«

»Als Handgeld«, murmelt irgend jemand, worauf sich Gelächter erhebt.

»Das soll so eine Art Zahlung sein; damit sie politische Häftlinge rauslassen können.«

»Um ihm seine Unkosten zu erstatten.«

Eine alte Frau, ich glaube, eine Katalanin, lacht:

»Dem Präsidenten seine Unkosten erstatten, Kind?«

»Dann gib es lieber mir«, schnattert einer in einem Wollkittel, »ich bin ziemlich blank.«

Eine Bettlerin ist neben dem Studenten stehengeblieben, denn sie denkt, wenn sie dem was geben, bekommt sie wahrscheinlich auch was. Sie lutscht an einem Zipfel ihres Umschlagtuches und streckt dabei ihre magere Hand aus. Eine andere Frau fordert den Aktivisten unumwunden heraus:

»Also, was habt ihr eigentlich vor?«

»Ein demokratisches Leben für unser Land.«

»Ah ja, und was versteht ihr darunter?«

»Daß die Demokratie vom Volk und nicht von der Regierung geleitet wird.«

»Also hier«, die Frau schreit fast, »machen die Studenten einfach, was sie wollen. Was die da oben machen sollten, das wäre ihre Pflicht, die hier an die Zügel zu nehmen, denn die wissen ja nicht mal, was sie wollen, sind undankbar und laufen herum und wiegeln die Leute auf... und dann werden sie zu Bankräubern und ihre Mütter laufen weinend durch die Gegend... Wieso holen sie nicht die Mutter von der jungen Kassiererin her, die die vom 23. September umgebracht haben, damit sie Gerechtigkeit fordern kann, he? Wieso ist die nicht da? Das sind hier doch alles Heuchler!«

»General-Amnestie, Ge-ne-ral-Am-ne-stie, Ge-ne-ral-Am-ne-stie«, die Parole erschallt so laut, daß sie die Worte verschluckt, und ich nutze die Gelegenheit, um mich zu verabschieden und zum Auto zu laufen. Auf dem Heimweg fällt mir, wer weiß, aufgrund welch merkwürdiger Gedankenverbindung, Auschwitz ein, vielleicht, weil ich soeben an Warschau gedacht hatte und an unsere Besichtigung des Konzentrationslagers. Sie begann am schwarzeisernen Gittertor mit dem schwarzen Eisenschild, das einen Triumphbogen bildete: »Arbeit macht frei«. Die Besichtigung war lang, langsam und schrecklich, so daß meine Mutter sich schließlich auf einem Betonsockel niederließ und sagte: »Ich geh nicht mehr weiter, wenn du willst, geh allein.« Ich ließ sie da sitzen mit ihren Augenringen, mit ihren kaffeebraunen Augen, die fast immer lächelten, jetzt aber umschattet waren. Ich betrachtete die riesigen Schaukästen, einen nach dem anderen, vollgestopft mit Brillen, Krücken, Rasierpinseln, orthopädischem Gliederersatz, bis ich zuletzt zu den Öfen kam. Als ich zu meiner Mutter zurückkam, sah sie gealtert aus. In der Nacht kotzte ich, ich, die sogenannte Starke, die Spitzen-Reporterin, die Superklassefrau, kotzte immer wieder, Brillen, Brillengläser, Zahnprothesen, Goldkronen, pergamentene Haut, Haare. Meine Mutter lag auf ihrem Kissen und war mütterlicher als je zuvor: »Siehst du, ich habe es dir ja gesagt, aber du bist dickköpfig wie dein Vater.« Von jenem Augenblick an war unsere Polenreise ein Aschenhaufen.

Als ich nach Hause kam, das Auto in die Garage gestellt hatte, versuchte ich, diese Gedanken abzuschütteln: »Warum denke ich jetzt bloß an all das? Warum erinnere ich mich ausgerechnet heute daran?« Und ich merkte, daß ich keinen Moment aufgehört hatte, an Hugo Margáin zu denken, wo ist wohl Hugo Margáin, wann taucht Hugo Margáin wohl wieder auf. Vor kurzem war in *Vuelta* ein Artikel von ihm erschienen. Ich suchte ihn vergeblich, fand aber einen anderen Artikel von ihm, aus dem ich folgenden Auszug zitiere:

Wie könnten wir den Konflikt verstehen zwischen zwei moralischen Ansichten, die zwei entgegengesetzten moralischen Gruppen entspringen? Nehmen wir an, wir würden darüber sprechen, ob es legitim ist, daß eine Guerrillero-Gruppe versucht, die Wirtschafts- und Gesellschaftsordnung mittels Gewaltanwendung zu verändern. Die Antwort eines moralischen Relativierers ist oberflächlich und irrelevant. Er würde uns sagen: »Relativ gesehen, also vom Standpunkt der gesellschaftlichen

Moral aus, ist das illegitim, vom Standpunkt der Guerrilleros aus gesehen, ist es nicht nur legitim, es ist sogar ihre Pflicht.«
Was wir hier wissen wollen, ist, ob irgend etwas nicht relativ ist, vom Standpunkt einer bestimmten Gesellschaft aus gesehen, wir wollen wissen, ob die Moral der Gesellschaft über oder unter der der Guerrilleros steht, wir wollen wissen, wer recht hat. Aus diesem Grunde bestreiten wir die Legitimität staatlicher Macht im allgemeinen oder eines Staates im besonderen. Wie läßt sich das rechtfertigen, daß eine Personengruppe mit Hilfe des Staatsapparates Gewalt ausübt gegenüber der Freiheit der übrigen Bewohner eines Staatsgebietes? Aus dem gleichen Grunde bestreiten wir auch die Legitimität gesellschaftlicher und ökonomischer Institutionen, wir bieten statt dessen eine Theorie der Gerechtigkeit, der Rechte des einzelnen, des Ursprungs des Reichtums, der Produktion und des Konsums. Wenn die Moral eine Angelegenheit von Überzeugungen wäre, gäbe es nichts zu bestreiten, nichts zu wissen, dann wäre sie ein reiner Kampf um die Macht.

Donnerstag, 31. August 1978

Morgens war Hugo tot, seine Leiche lag auf der Landstraße, nur mit einer Windjacke bekleidet. Ich laufe im Haus herum, weiß nicht, was ich tun soll, ich fühle mich miserabel, einsam, ich muß zum Unterricht gehen, ich mag die Schülerinnen, sehr sogar, ich laufe umher, bin empört, was kann ich nur tun, ich schließe mich mit den Zeitungen ein, sehe in *UnomásUno* ein Foto von Hugo, jung, lächelnd, etwas unscharf, die Vergrößerung irgendeines hausgemachten Fotos, er war keiner von denen, die sich in Pose setzen, sein rundes, etwas durchscheinendes Gesicht, was kann ich bloß tun, er ist ihnen weggestorben, der Oberschenkel, seinen Oberschenkel haben sie zum Platzen gebracht, er ist ihnen verblutet, im Nu ist er ihnen entglitten, tölpelhaft abgebunden, sie haben ihn auslaufen lassen, und dann waren sie erschrocken und haben ihn beiseite geschafft. Ich denke an deren Bestialität... wer sind denn diese Bestien? Und ich habe Angst. Ich will um jeden Preis zurück, zum 27. August, will die Zeit loswerden, ich will sie eintauschen, ausradieren, neu beginnen, oh mein Gott. Hugo und Margarita sahen ihren Sohn aufwachsen, er hatte ein rundes, so freundliches Gesicht, seine Gedanken waren ja auch ohne Schatten, und er blickte stets wie aus einer Art begeistertem

Gefühl heraus. Auch als Erwachsener hatte er seine kindlichen Züge beibehalten. Er war wie entrückt. Er war kein Angeber, kein Kind mit »goldener Wiege«, er hatte daran kein Interesse, das war nicht sein Leben, nein, er war ein durchgeistigter Mensch. Hugo und Margarita, wie schrecklich, auch für sie, sie ist Engländerin; ich werde nach Gayosso fahren, ich versuche, Celia Chávez anzurufen, ständig besetzt, was redet Celia bloß so viel, ich versuche es noch einmal, wähle, es ist zum Verzweifeln mit ihr, ewig besetzt; ich muß zum Unterricht; ich denke an Hugo und Margarita, an dieses ganze Leben voll Arbeit, die Dienste, die sie diesem Land erwiesen haben; ich sehe Margaritas sanftes Gesicht vor mir, ihre bescheidene Art: »Hugo ist sehr zufrieden [ihr Mann war Staatssekretär im Finanzministerium geworden], dann bin ich auch zufrieden« (sie sagte das wie eine Frau, die nie etwas für sich selbst verlangt hat). Sie schien zu sagen: »Ich bin in Hugo eingehüllt«, und ich fing an, darüber nachzudenken, daß Mexiko in all das eingehüllt war, was Hugo Margáin tat, und jetzt lag sein Sohn dort am Straßenrand. Gott, Gott, Gott, gib, daß ich nicht nachdenke. Ich halte meine Unterrichtsstunde ab; auch die Mädchen sind bestürzt; wir arbeiten schlecht und wenig. Ich fahre nach Gayosso hinaus. Es scheint so, daß alle Autos dahin fahren, denn in Félix Cuevas wird der Verkehrsstrom langsamer. Ich suche einen Parkplatz und sehe viele Männer da herumstehen und warten, die Hände in den Hosentaschen, und viele schwarze Dienstwagen, an deren Türen die Chauffeure lehnen. Ich kann sie nicht leiden! Was soll dieser demonstrative Aufmarsch? Und drinnen im Haus, eine trauernde Menschenmenge. Jorge Ibargüengoitia stellt sich hinter mich in die Schlange und fragt: »Glaubst du, es wäre zu frivol, wenn ich heute abend in meinem Fernsehprogramm auf Kanal 13 zwei Minuten lang mein Beileid ausspreche?« »Aber nein, Jorge, das kann doch nicht frivol sein.« Wie merkwürdig das Wort in diesem Augenblick klingt; es hat überhaupt nichts damit zu tun, aber mit einem Male sind wir, alle die wir hier sind, genau das, frivol, überflüssig, absurd, unnütz, ohnmächtig, sinnlos, alles ist sinnlos angesichts dieses Mannes und dieser Frau, Hugo und Margarita, die in grenzenloser Einsamkeit nebeneinander stehen, grenzenlos einsam in dieser Schlange, die langsam wie ein fetter schwarzer Wurm auf sie vorrückt, um ihnen zu sagen, daß es unrecht ist, daß ein junger Mann von 35 Jahren so nicht sterben darf, und sie sind stark, umarmen, versuchen zu lächeln, umarmen, lächeln, umarmen, sagen Danke, Danke, Danke...

Donnerstag, 31. August 1978, abends
Abends um sieben Uhr hole ich Agustín Ramos im Studio Churubusco ab und wir fahren über Tlalpan in Richtung Kathedrale. Ich mag seinen Blick; seine Art, einen anzusehen, erinnert mich an Gérard Philippe, die Reinheit, die in diesem Blick lag, und Agustín erzählt mir, daß nachmittags um drei mit »Falken« vollgestopfte Wagen an der Kathedrale vorfuhren und daß die Westseite des *Zócalo* von Soldaten besetzt worden sei.

»Sie haben also den Hungerstreik abbrechen lassen? Haben sie sie vertrieben?«

»Nein, nein, ich glaube, das war ganz einfach ein Einschüchterungsmanöver, die Simulation der Auflösung.«

»Aber warum, Agustín?«

»Vielleicht wollen sie sie morgen nicht mehr da haben, am 1. September, vielleicht auch wegen Hugo Margáin Charles.«

»Aber wer hat das getan, Agustín, wer waren diese Barbaren?«

»Das waren sie selber.«

»Wer, sie selber?«

»Sie selber, die Polizei, die Gruppen in der Regierung, die extreme Rechte, und wenn sie es nicht selber waren, die Polizei weiß, wer es war, weiß das sehr wohl, das versichere ich dir.«

»Aber – und die Liga 23. September? Es heißt doch, man hätte einen Zettel gefunden...«

»Ach, Elena! Jetzt wird alles der Liga angehängt, das ist doch am einfachsten...«

»Anscheinend hat die Liga eine Botschaft im Auto hinterlassen...«

Agustín lächelt:

»Du kannst vielleicht naiv sein! Ich kann meine Hand dafür ins Feuer legen, daß die Mörder von Margáin NIEMALS gefunden werden, darauf wette ich. NIEMALS wird darüber etwas in den Zeitungen stehen.«

»Wieso?«

»Weil dieser Mord eine Angelegenheit der Politiker höchstpersönlich ist; ich wette mit dir, daß das eine Sache zwischen ihnen ist.«

Ich schaue Agustín in die klaren Augen. Wir kommen an der

Kathedrale an, und ich finde, oh Wunder, eine Parklücke. »Wie gut, daß wir nicht weit laufen müssen!« sage ich zu Agustín. »Du Faulpelz«, und er lacht zum ersten Mal heute.

Die Menschengruppen auf dem Vorplatz der Kathedrale werden immer größer, und ich frage nach Rosario: »Sie ist nicht da, sie ist mit einer Abordnung unterwegs, um mit Reyes Heroles zu sprechen, sie haben nämlich vom Innenministerium eine Liste aller politischen Häftlinge, Verschwundenen und Exilierten verlangt. Aber sie ist schon lange weg, müßte also bald hier sein.« Concha Ávila González kommt auf mich zu. Delia Duarte sieht ganz bleich aus, fast weiß, und völlig erschöpft. Sie neigt zu Ohnmachtsanfällen. Sie spricht atemlos:

»Ich mache ja nicht nur beim Streik mit, ich gehe mit Rosario auch noch überall hin.«

Concha Ávila González ist immer sehr herzlich zu mir, und ich frage sie:

»Was war los, Concha? Haben sie Euch heute mittag einen Schreck versetzt?«

»Ja«, lächelt sie, »aber sie sind bald wieder gegangen. Das war der Vorbote der Repression.«

»Und wie war's mit der Angst?«

»Nicht so viel, einige hatten sich hingelegt und merkten nicht mal was.«

»Und was meinen Sie, was das sollte?«

Wir sprachen über Hugo Margáin Charles, und Concha sagte zu mir:

»Sie waren heute nachmittag hier und haben seine Asche in die Krypta der Kathedrale gebracht.«

»Und Sie, sind Sie nicht auf die Familie Margáin zugegangen?«

»Sie haben uns nicht gelassen, an diese Leute kommt man ja nicht ran... wegen der Gorillas.«

Ich denke an den langen, den schmachvollen Tag der Margáin, der hier in der Kathedrale zu Ende geht, wo die Mütter der Gefangenen und Verschwundenen ihren Hungerstreik durchführen. Jetzt sind so viele Menschen hier, so viele Menschen, es ist wie eine Wallfahrt. Ich sehe das Zeug auf dem Boden, die Decken, die leeren Wasserflaschen, die aufgestapelten Fotos der Verschwundenen unter einem Mauervorsprung, um sie vor dem Regen zu schützen, ein paar zusammengefaltete Decken in einem Winkel, und ich frage Concha:

»Sollte ich nicht noch mit irgendeiner anderen Mutter eines Verschwundenen sprechen?«

»Ja, ich glaube, Sie haben noch mit niemandem aus Guadalajara gesprochen, warten Sie, ich hole jemanden. Suchen Sie sich inzwischen ein Plätzchen, wo es nicht so laut ist.«

Concha ist noch nicht einmal um die Ecke der Kathedrale gebogen, da kommt sie schon wieder zurückgelaufen:

»Rosario ist zurück, sie will uns berichten, wir sollen uns alle versammeln, es ist wichtig.«

Hinter ihr kommt Rosario, schmächtig, behende, ihr stetiges Lächeln, ein gut geschnittener Mantel, schwarze Stiefel, und ich denke: Sie könnte zu den anderen gehören, zu den Margáin. Rosario kommt und sagt mit lauter Stimme:

»Schnell, es eilt, ich muß euch berichten.«

»Berichten?«

»Ja«, erklärt sie mir, »nach jeder Verhandlung machen wir eine Versammlung hier auf dem Hof, um den anderen zu berichten. Das sind die einzelnen Schritte, die beim Kampf eingehalten werden müssen; über alles wird demokratisch berichtet.«

»Sie werden zu dieser ganzen Menschenansammlung sprechen? Wie sollen so viele Sie denn hören?«

»Wir haben einen Lautsprecher.«

»Und die da drinnen?« fragt Concha. »Sie haben sich schon vor einer Weile zurückgezogen.«

»Sie müssen wieder herauskommen«, sagt Rosario kategorisch.

Daraufhin geht Celia Piedra de Nájera auf die hölzerne Tür zu, beugt sich in eine Ecke und scheint mit dem Holz zu reden:

»Sie müssen herauskommen. Chayo kommt jetzt gleich und holt Sie, Sie müssen herauskommen.«

Delia Duarte lehnt ihren Kopf an die Mauer. Rosario sagt zu ihr:

»Fall jetzt nicht in Ohnmacht, Delia, das geht jetzt nicht.«

Celia und ich setzen uns in die Nische des großen Portals. Hinter der Holztür, durch eine Ritze hindurch, die von oben bis unten geht, fragt eine schrille Stimme:

»Wo ist Chayo, sie soll uns doch holen?«

»Sie ist soeben losgegangen. Sie wird gleich da sein.«

Celia bietet mir Mineralwasser an, und wir hören erneut die Stimme hinter der Tür:

»Chayo kommt nicht.«

»Ist sie noch nicht da?«

»Nein.«
Ein junger Mann sagt Celia Bescheid:
»Anscheinend finden sie den nicht, der den Schlüssel hat.«
Celia Piedra de Nájera sagt einem anderen Studenten, er solle nach dem Rechten sehen. Die Studenten im Hof haben sich im Knäuel um Rosario versammelt, um ihr zuzuhören. Einige rennen, um ich weiß nicht was herbeizuschleppen, vielleicht die Verstärker.
Und wieder die Stimme aus dem Spalt, jedesmal drängender:
»Chayo ist noch nicht da.«
»Sie wird schon kommen, keine Sorge«, antwortet Celia resolut.
Ich weiß, daß ich die Kathedrale nie wieder so sehen werde wie jetzt, wie ich sie in diesen Tagen erlebt habe, obwohl ich nur ein paar Stunden hier war. Ich werde immer dieses Portal der Kathedrale sehen und unten rechts, ganz unten, eine weibliche Stimme hören, die in der Kathedrale eingeschlossen ist, die um neun Uhr abends fragt: »Wieso kommt Chayo nicht?« Ich weiß, Rosario ist eine Besessene, darum wird sie nicht müde und auch nicht krank, sie bleibt stark, ungebrochen, hellwach; ich habe sie nie zusammenklappen sehen, nie habe ich einen Satz von ihr gehört, wie wir Frauen ihn schon mal über unser Haar, unsere Füße oder unsere Müdigkeit sagen. Ich vergleiche diesen aktiven, beschleunigten, vitalen Schmerz mit dem schrecklichen Schmerz eines schuftigen Messerstichs, wenn jemand hinterrücks verraten wurde, der lähmende Schmerz, den ich heute morgen sah. Rosario kommt zurück, packt meinen Arm, kommt ganz nah mit ihrem Kopf heran und sagt leise: »Wir müssen den Streik beenden, Reyes Heroles, er verlangt es. Er sagte mir, er wäre den ganzen Tag von einem Ende zum anderen gelaufen, von den Leuten aus' dem Großbürgertum zu uns, und dann wieder hin und zurück, von uns Müttern der Verschwundenen und Gefangenen nach Gayosso, zum Haus der Margáin in der Fujiyama-Straße.«
»Mein Gott, Rosario! Dann fängt zu all dem hier obendrein noch ein Klassenkampf an?«
Sie lächelt, sie drückt meinen Arm.
»Also ja? Und auf welcher Seite steht der Minister, Rosario?«
Sie lächelt.
»Was glauben Sie, Elena, auf welcher?«
»Ich weiß nicht.«
Das einzige, was ich weiß, ich hab Lust zu heulen. Ich denke an

Hugo, der vom Konflikt zwischen zwei moralischen Ansichten sprach, die zwei moralisch entgegengesetzten Gruppen entspringen.

»Das mit Margáin hat eine heftige Reakation gegen uns ausgelöst, Elena. Reyes Heroles sagte mir, im Innenministerium hätte das Telefon den ganzen Tag geklingelt, daß ›wohlmeinende‹ Leute, so nennt er sie, Dinge gesagt haben wie diese: ›Was heißt hier Amnestie, von wegen Amnestie, diese Weiber werden schon sehen, wenn sie ihre Amnestie kriegen!‹«

»Aber das hat doch nichts mit Ihnen zu tun, Sie sind Opfer, genau solche Opfer wie die Margáin, noch viel mehr Opfer, weil nichts in dieser Maschinerie Sie schützt... Die sind immerhin an der Macht und sind allenfalls Opfer der Macht...«

»Gehen Sie hin, Elena, und sagen Sie denen das, mal sehen, ob die Sie nicht sofort steinigen.«

Ich bin am Boden zerstört. Wenn »wohlmeinende« Leute, wie Reyes Heroles sie nennt, so reagieren, wie werden dann erst die anderen reagieren? Aber was soll das heißen, »wohlmeinend«? Wen mag Reyes Heroles als »wohlmeinende« Leute bezeichnen? Heilige Jungfrau aller Mexikaner! Erst das Verbrechen, und jetzt auch noch dieser Dreck. Ich klammere mich an Rosarios Arm, drücke ihn fest und gestehe:

»Wissen Sie, Rosario, noch vor wenigen Minuten habe ich gedacht, daß Sie wegen Ihres Mantels, Ihres Aussehens zu den Margáin gehören könnten, das heißt zu deren Trauergesellschaft, nicht zu dieser hier. Ich muß Ihnen das beichten, denn ich weiß, daß die Überlegung dem Klassendenken entspricht.«

Rosario hört mir nicht zu. Was sollen jetzt auch meine kleinen Kümmernisse! Wir gehen untergehakt, während sich in der äußersten rechten Ecke die Leute versammeln, um Rosario anzuhören.

»Ich finde das mit dem jungen Margáin furchtbar, Elena, ganz furchtbar, sehr traurig, ein gebildeter Mann, der sich mit niemandem anlegte. Meine Tochter Claudia Isabel sah ihn in einer Fernsehsendung zusammen mit den neuen französischen Philosophen, seine Standpunkte gefielen ihr.«

»Ah ja?«

»Ja... Als wir mit Reyes Heroles im Innenministerium sprachen, das ist kaum eine Stunde her, sagte er zu mir: »Gehen Sie weg von der Kathedrale, sonst werden Sie gegangen!« Daraufhin fragte ich ihn:

»Halten Sie es denn für möglich, Exzellenz, daß man 83 Frauen von der Kathedrale der Stadt wegbringen wird? Das wäre ein sehr harter Schritt der Regierung.«

Er antwortete mir:

»Schon, aber die öffentliche Meinung ist gegen Sie.«

Ich protestierte:

»Und wieso? Unsere Söhne hatten nichts damit zu tun.«

Er schwieg. Ich bohrte weiter.

»Gut, Exzellenz, dann sagen Sie mir, welche öffentliche Meinung ist gegen uns?«

Und er sagte wörtlich:

»Das Großbürgertum und der Mittelstand. Die werden Sie lynchen, wenn Sie da bleiben, darum sage ich Ihnen nochmal, gehen Sie, Señora Piedra, gehen Sie da weg, bevor Sie da weggeholt werden. Soeben rief X mich an und bestand darauf: ›Hängen Sie sie auf, hängen Sie alle auf.‹«

»Ehrlich gesagt, Exzellenz, ich glaube nicht, daß unser Volk so dumm ist, dieses Mühlrad zu schlucken; kein Mensch glaubt mehr daran, daß die Liga 23. September aus Guerrilleros besteht.«

»Aber dieser Mord hat ihnen zur allgemeinen Unbeliebtheit verholfen, Señora Piedra.«

(Für mich denke ich, daß es ja nicht die »Allgemeinheit« ist, wenn es sich um das Großbürgertum und den Mittelstand handelt. Aber natürlich, das Großbürgertum und der Mittelstand, sind sie es nicht, die den anderen die Macht vorenthalten? Reyes Heroles ist zweifellos ein Liberaler; zu Hause im Bücherschrank habe ich sein Werk *Der mexikanische Liberalismus*, drei dicke Bände. Und der Präsident? Wird er jetzt keine Amnestie gewähren? Er muß sie gewähren, er muß. Er darf nicht auf diese Provokation hereinfallen, das darf nicht sein.)

»Elena«, fährt Rosario fort, »ich wollte auf Margarita López Portillo zugehen, sie begleitete die Familie Margáin zur Krypta, aber ihre Leibwächter sagten zu mir: ›Gehen Sie weg, beiseite, gehen Sie ins Amt, sehen Sie nicht, daß die Señora jetzt sehr beschäftigt ist?‹ Ich wandte mich an sie: ›Señora, erlauben Sie mir, einen Moment mit Ihnen zu sprechen?‹, aber sie ging einfach weiter. Ich wollte ihr sagen, daß sie als Freundin der Familie Margáin unser Beileid übermitteln sollte, daß wir besser als jeder andere ihre Trauer nachempfinden könnten und ihren Schmerz, denn unsere Söhne sind verschwunden. Aber die Gorillas haben mich nicht an sie rangelassen. Möglicherweise hätte ich es geschafft, Sie wissen ja, ich bin sehr starrköpfig, die Aufmerksamkeit von Margarita López Portillo auf mich zu lenken, aber ich war sehr aufgewühlt, fühlte mich schlecht, sehr schlecht, als ich diese Leute sah, denn ich habe wirklich viel gelitten, Elena, ich kann das nachempfinden, ich war nahe daran zu weinen, also machte ich kehrt und gab es auf.«

»Rosario«, Vicky Montes kommt, »wir sind soweit.«

AM 2. OKTOBER WERDEN WIR WIEDER NACH UNSEREN
VERSCHWUNDENEN FRAGEN

Wir gehen auf ein paar Holzkisten zu, die in der hintersten rechten Ecke als Podest dienen. Die Frauen sind alle blaß geworden vom Hungern; sie streichen sich ihre Kleider glatt, knoten ihre Westen überm Bauch und legen sich ihre Umschlagtücher um. Ihre verknitterten Kleider sind Zeugnis ihrer Tage und Nächte in der Kathedrale. Ich sehe ihre nackten Beine, ihre Plastiksandalen, ihre Blicke, die manchmal abwesend sind wie die jener Leute, die nicht wissen, wie es mit ihnen weitergehen wird in diesem Hundeleben, und ich frage mich, was aus ihnen allen wird, wenn der Streik heute abend abgebrochen wird. Wo werden sie schlafen? Ich denke daran, daß sie in Autobussen hergekommen sind, um sich auf den Hof der Kathedrale zu legen und Wasser zu trinken. Noch immer drängen sie sich um die Holzkisten herum, wischen sich mit den Händen durchs Gesicht, ziehen an den Trägern ihrer Büstenhalter wie jemand, der soeben aufgestanden ist. Es ist etwas Intimes und Trostloses in der Vertrautheit, mit der sie immer wieder zu dem einen Punkt, zu den Holzkisten hinstreben. Ich sehe sie, und ich sehe mich selbst heute morgen bei den Margáin, vom Schmerz getroffen bis ins Mark, das abrupte Öffnen und Schließen der Krokodillederhandtaschen (teure Marken), und jetzt, heute abend, unter Frauen und Studenten, die ich nicht kenne, mit denen ich mich manchmal aus den geringfügigsten Gründen identifiziere, zum Beispiel wegen der Stimme eines Studenten, der zu einem anderen sagt »los, hopp, Leonardo«, und ich freue mich, daß jemand Leonardo heißt; oder das frische Gesicht des Jungen gestern mit der Sammelbüchse, oder jener eingemummte, schrecklich langweilige Bursche, der seine Litanei über China und Kuba mitleidslos auf mich losließ. Wie alle anderen. *compas* (wie Rosario sie nennt), sehe auch ich hinüber zu einem Magneten: Rosario, die sich auf ein Steinbänkchen gestellt hat und sich fertigmacht für ihren Bericht. Jenseits der Gitter der Kathedrale stehen Geheimpolizisten mit dem Walkie-Talkie am Ohr, und da stehen vor allem, in Reih und Glied, steif und uniformiert, die Soldaten. Die Zahl der grünen Helme wird immer größer. Trotzdem ruft Rosario laut: »Wir gehen jetzt. Wir haben dem Herrn Staatssekretär im Innenministerium gesagt, daß unsere Kampagne zur Herausgabe der Verschwundenen und für eine Generalamnestie nicht hier zu Ende ist, daß dies nur ein Schritt ist, und daß wir glauben, daß wir viel Verbreitung gefunden haben; wir haben den Einwohnern dieser gleichgültigen Stadt, dieser Stadt, die fremdes Leid vorbeiziehen läßt, ohne sich darum zu kümmern, weil sie keine Zeit hat stehenzubleiben und hinzusehen, wir haben ihnen die Augen geöffnet, haben ihnen hier an der Kathedrale gezeigt, daß es politische Häftlinge, Verschwundene und Exilierte gibt.

Wir werden unsere Kampagne bis zum 2. Oktober weiterführen, das haben wir auch Señor Reyes Heroles gesagt. Er hat uns nicht gesagt, daß er uns an diesem Tag die Verschwundenen oder deren Leichname aushändigen wird, aber wir haben ihm gesagt, daß wir an diesem Tag erneut nach ihnen fragen werden, und daß wir dabei auf die Unterstützung Hunderttausender von Mexikanern rechnen können, die genauso denken wie wir. Ich hoffe, daß Sie alle und noch viel mehr bis zu diesem Tag wieder hier mit uns sein werden.

Wir ließen auch durchblicken, daß wir nicht glaubten, man würde die Mütter aus der Kathedrale herauswerfen. Er hat dazu weder ja noch nein gesagt, aber wir glauben jetzt, daß sie kommen und das tun werden. Uns Müttern, die wir hier versammelt sind, tut es nicht weh, selbst wenn wir mit Schlägen von Gewehrkolben hinausgeworfen werden, mit Prügel oder mit Kugeln, aber es würde mich schmerzen, wenn Sie wunderbare junge Menschen – gestatten Sie mir, das so zu sagen –, die Sie hier mit uns gewesen sind, wenn Sie auf unsere langen Listen mit Toten und Verschwundenen noch hinzukämen. Deshalb bitte ich Sie, uns hier am 2. Oktober wieder zu unterstützen, daß wir uns jetzt aber alle in Ruhe zurückziehen.«

Die Gruppe kommt in Bewegung; niemand traut sich, seinen Platz zu verlassen. Rosario ist von dem Bänkchen heruntergestiegen, und aller Augen sind immer noch starr auf jenen Punkt gerichtet, als ob sie durch Beständigkeit einen Zauber heraufbeschwören könnten, mit dem Rosario da oben wieder leibhaftig erschiene. Dann sehen alle sich ungläubig an. »Dann ist also alles zu Ende?« Einige sehen auf ihre Schuhspitzen. Bei vielen sehe ich Tränen in den Augen, vor allem bei den Jüngeren. Gerührt sagt Rosario zu mir: »Mein Dickerchen [ihr zweiter Sohn, Carlos] weint.« Jetzt weinen viele, weil der Hungerstreik abgebrochen wurde. Rosarios fragender Blick sucht Unterstützung: »Aber was hätte ich denn Ihrer Meinung nach tun sollen? Reyes Heroles hat mir gedroht: ›Brechen Sie den Streik ab, Señora, denn sonst wird er zwangsweise abgebrochen.‹ Ich habe geantwortet: ›Das ist nicht mein Streik, Exzellenz, das ist ein demokratischer Streik, den alle beschlossen haben.‹«

Die Gegenwart der Soldaten wirkt bedrohlich. Einige der Frauen haben jetzt ganz rote Wangen bekommen. Die Autobusse kommen schwerfällig an der Kathedrale vorbei, lassen die Bodenplatten erzittern, fahren weiter. Die Passanten auf der Straße gehen hastig vorbei. Niemand bleibt stehen. Sie wollen nichts mit uns zu tun haben. Sie wissen schon, 1968. Sie gehen vorüber, je schneller, desto besser. Füße sind zum Laufen da. Wir sind allein. Während die jungen Leute das grüne Zelt abbauen, die Tücher falten, die Plakate abhängen und die großen Fotos der Verschwundenen aufeinanderstapeln, sprechen sie jedoch noch immer im Chor: »Ge-ne-ral-Am-ne-stie, Ge-ne-ral-Am-ne-stie.« Agustín Ramos fragt mich: »Fertig, Elena?« »Ja, gleich, gleich.« Auch ich will nicht gehen. Man hört einen ziemlichen Lärm von leeren Flaschen. Einige junge Männer, einige Frauen rollen auf dem Boden ihre Tücher zusammen; jüngere und ältere Frauen sammeln ihre Habseligkeiten ein, die in eine winzige Plastiktüte passen. Eine andere faßt erschrocken mit der Hand an die Stirn: »Ich hab meine Tasche da drin gelassen, in einem Beichtstuhl, was mach ich jetzt bloß? Da ist auch meine Geldbörse drin und meine Rückfahrkarte für den Bus.« Ein paar Leute sammeln sich um sie, zwei Studenten schlagen vor, den mit dem Schlüssel zu suchen, damit die Kathedrale noch einmal aufgeschlossen wird. Plötzlich bläst ein kalter Wind, oder mir kommt es wenigstens so vor. Neben mir legt eine Frau sich ihre Decke um und sagt zu mir, als sie mich sieht: »Kommen Sie her, ich deck Sie zu.« Agustín sucht seine Freunde. »Mal sehen, ob wir denen Beine machen.« Die jungen Leute haben beschlossen, den Hof der Kathedrale gemeinsam zu verlassen, dicht aneinandergedrängt gehen sie los, »damit sie keinen schnappen können«, so wollen sie bis zur U-Bahn gehen, Station Pino Suárez, und sich dann in der Medellín-Straße treffen. Dort soll dann beschlossen werden, was mit den Müttern geschieht; einige können bleiben und bei Verwandten schlafen, ein paar andere können bei Rosario bleiben, wieder eine andere in der Wohnung von einigen Studenten. In der Versammlung soll der Hungerstreik ausgewertet, sollen Entscheidungen getroffen, neue Strategien entwickelt werden und so weiter. Insgesamt geht es also weiter, der Hungerstreik ist abgebrochen worden, aber nicht der Kampf.

Noch vorhin war kräftiges Gemurmel auf dem Hof der Kirche zu hören, alle sprachen fieberhaft durcheinander, kamen und gingen. Jetzt hört man nur noch vereinzelt Stimmen: »Gib mir das Tuch«, »sammle die Flaschen ein, wir müssen sie zurückgeben.« Zusammengekauerte Männer und Frauen heben schweigend ihre Sachen auf, sie haben keine Zeit, sie haben auch keine Lust zum Reden, so wie sie da von den Soldaten umzingelt sind, die so tun, als ob sie die Leute nicht sähen, so als ob sie nicht deretwegen da wären, so als ob sie die nicht kennen wollten, die sie auseinandertreiben müssen, sobald sie den Befehl dazu erhalten.

Ich gehe unter dem gemeinsam benutzten Umhang. »So etwas werde ich nie mehr wieder erleben, nie mehr«; das Gefühl ist körperlich spürbar, es schmerzt mich, aber schon seit einiger Zeit fühle ich, daß nichts mehr so sein wird wie früher. Damit es noch mehr weh tut, versuche ich, mir das Lachen meines Sohnes Felipe zu Hause vorzustellen, ich bin oben, verschanzt in meinem Arbeitszimmer und tue so, als ob ich schreibe; die Kinder, das Haus, die Pflanzen, das Grün; hier auf diesem Platz gibt es nichts Grünes, kein Grün, gar keins.

Jenseits des Gitterzaunes richten städtische Arbeiter in orangefarbenen Overalls den Platz der Verfassung für die jährliche Regierungserklärung am 1. des Monats her. Ich mag diese orangefarbenen Overalls, sie sehen ein bißchen nach Zirkus aus. Über dem Gebäude des Pfandhauses hängen sechs Männer ein riesiges Tuch mit dem Portrait von López Portillo aus; zwei Stoffstücke für seine Koteletten, eines für die Nase, eines für das linke, eines für das rechte Auge. Andere in Orange gekleidete Männer stehen auf Kränen und Aluminiumleitern und bringen bunte Scheinwerfer und Glitzerzeug zum Tanzen. Der Platz ist jetzt verschwenderisch beleuchtet, er ist vor lauter Licht fast weiß, und das gibt ihm ein gespenstisches Aussehen. Ich mustere ihn von ganz weit her, als wäre er in einem anderen Land, was sage ich, auf einem anderen Planeten, als ob er nichts zu tun hätte mit mir, mit niemandem, mit gar nichts.

 Unterdessen schlagen sich die letzten Streikenden auf dem Hof der Kirche mit den größten Tüchern herum, die sich nicht einrollen lassen, und jetzt nehmen sie gerade die vier Pfähle ihres Zeltes hoch; die städtischen Arbeiter scheinen sie zu ignorieren, als hätte man ihnen den Auftrag gegeben, keinen Blick mit den Aufständischen zu wechseln. Sie wickeln ihrerseits völlig überdimensionale Tücher und Fahnen aus Plastik auseinander: grün, weiß und rot, die Fahne der Soldaten. Jetzt sehen die Soldaten mit einem Male zu uns her; man hat ihnen etwas befohlen, sie kommen auf das Hauptportal zu. »Beeilen Sie sich«, ruft Rosario, »da kommen sie.« Ich fühle mich den Leuten um mich herum ganz zugehörig, diesen Schatten, die sich über sich selbst beugen, weil der Hungerstreik beendet wurde, diesen Wärme verströmenden Tagen, die vorbei und unwiederbringlich sind, die man nie mehr erleben wird, auch nicht bei einem erneuten Hungerstreik. Ein Junge putzt sich geräuschvoll die Nase. Wieder sagt Agustín zu mir: »Elena, komm doch jetzt.« Eine Frau reicht mir die Hand. Das seitliche Gittertor der Kathedrale, das auf die Straße vom 5. Februar hinausgeht und die ganzen Tage geschlossen war, ist jetzt offen, und dort gehen wir hinaus. (Vorher am Abend waren wir durch ein Loch im Gitterzaun hereingekommen.) Der Platz tut mir weh. Diese Tage der Trauer, und dieser Tag, wie ein Schweißtuch, dieses Heute, das für Hugo Margáin Charles das Gestern ist, das weitergeht und immer weiter; ich erinnere mich an Alejandro Rossis trostloses Weinen, und irgend jemand flüsterte mir ins Ohr: »Er war in Chalco, er hat den Leichnam gesehen«, aber es ist nicht nur deshalb, wie sehr klopft doch der Schmerz eines Menschen, wie durchbohrt er einen, von heute ab wird Alejandro Rossi für mich immer jener in sich zusammengesunkene junge Mann sein, gebeugt vom Weinen, so wie die Kathedrale für mich immer diese Tür und die Stimme dahinter sein wird, die fragt: »Wieso kommt Chayo denn nicht?« Gabriel Zaíd hat zu mir gesagt: »Der Tod eines Menschen, den wir kennen, trifft uns mehr«, das stimmt, wir beziehen alles auf Personen, aber ich kenne Jesús Piedra Ibarra nicht, ich habe ihn niemals gesehen, ich kenne seine Ansichten nicht, sein Lächeln, sein Lachen, seine Hände, und doch wäre es für mich eine große, eine ganz große, eine unendliche Freude, wenn er wieder auftauchen würde, selbst wenn wir nichts miteinander gemein hätten, selbst wenn er mich ablehnen würde oder ich ihn.

Wir sind schon auf der Straße, wir gehen dicht beieinander, ein Knäuel, wir lassen nicht den geringsten Zwischenraum, in den sich der Feind einschleichen könnte. Wir überqueren den Platz. Andere Menschen gehen dicht an uns vorbei, ohne uns zu sehen, oder ohne sich zu wundern, daß wir so viele sind, daß wir Tücher, Einkaufstaschen, Kästen mit Getränken schleppen. Es interessiert niemanden, wer wir sind, was uns passieren könnte. Dahinten auf dem Platz, jenseits des Gitterzauns, warten die Soldaten wie eine kompakte schwarze Masse wahrscheinlich darauf, in die Kaserne zurückzukehren. Worauf sollten sie sonst warten? Agustín macht mich auf etwas aufmerksam: »Was ist mit dem Auto, Elena?« Wir verabschieden uns von den jungen Leuten am U-Bahn-Eingang, und ich sehe sie die Treppe hinuntersteigen, Arm in Arm, ich sehe ihnen nach, bis die Erde sie verschluckt hat. Besser die Erde als die Polizei. »Jetzt aber flott, Elena«, Agustín rüttelt mich, »damit wir sie beim Treffen einholen.« Rosario teilt uns leise mit: »Ich gebe beim *Excélsior* noch eine Anzeige auf. Martínez Nateras ist mir behilflich, falls es irgendwelche Schwierigkeiten gibt; danach gehe ich noch zu *UnomásUno*, die *compas* hier haben ein Auto, sie begleiten mich. Wir sehen uns beim Treffen, ich würde Ihnen gern noch ein paar Einzelheiten von Reyes Heroles erzählen. Wir sehen uns gegen zehn.«

»Aber Rosario, sind Sie nicht schrecklich müde?«

»Überhaupt nicht.«

»Haben Sie denn keinen Hunger?«

»Nein, gar keinen. Ich halte viel aus, sehr viel.«

Sie lächelt dieses mutige Lächeln, das alles zusammensetzen will.

»Nun gehen Sie, Elena, wir sehen uns.«

Auf dem Rücksitz des Autos stapeln sich alle Zeitungen mit den Nachrichten über Margáin, über den Hungerstreik, über die Verschwundenen. Ich werde sie aufheben. Wenn ich sie in einem Jahr wieder aufschlage, werden sie vergilbt sein, brüchig. Ja, in einem Jahr, wenn das doch bald wäre.

PS: Am nächsten Morgen, am 1. September 1978, gab der Präsident der Republik, José López Portillo, vor der Deputiertenkammer seine Regierungserklärung an die Nation ab und gewährte eine Amnestie. (1986)

PS: Bis zum heutigen Tage hat man die Mörder von Hugo Margáin Charles noch nicht entdeckt.

PS: Bis zum heutigen Tage gibt es in unserem Lande noch immer 481 Verschwundene, darunter die Söhne jener 83 Mütter, die vor der Kathedrale ihren Hungerstreik durchführten. (1986)

Die Siedlung Rubén Jaramillo

Für Margarita García Flores

Die Invasion begann gegen sieben Uhr abends, und in der Morgendämmerung des 31. März 1973 hatten sie das Land besetzt. In dem Notizbüchlein des Güero Medrano standen siebenhundert Familien – er hatte sie selbst eingetragen –, aber zur verabredeten Stunde erschienen nur sechs Umzugswillige. Um neun, zwei Stunden später, kamen noch ein paar Leute mit ihren Siebensachen auf dem Rücken. Sie näherten sich schüchtern und mit schleppenden Schritten. Güero Medrano rief ihnen gereizt entgegen:

»Wo bleiben denn die anderen?«

Aquileo Mederos Vásquez, alias El Full, sein Vertreter, vermutete:

»Sie haben wohl Angst bekommen. Bei den vielen Polizeistreifen in der Gegend.«

»Aber es war doch abgemacht.«

»Natürlich, aber dann sind sie doch wieder nur feige«, überlegte Sin Fronteras.

Als er merkte, daß die Leute sich nicht so verhielten, wie er es sich vorgestellt hatte, nahm Güero sein Motorrad und fuhr noch in derselben Nacht durch die Armenviertel von Cuernavaca. An jeder Straßenecke schrie er: »Ihr habt einen Vertrag mit mir, jetzt müssen wir ihn erfüllen.« Die Familien schauten sich ängstlich an (schließlich ist eine Landbesetzung verboten, eine Straftat), und doch hatten ihm dieselben noch vor sechs Tagen zugejubelt, als bei der Versammlung der ANOCE die Besetzung für Samstag, den 31. März, beschlossen worden war. Bei dieser letzten Zusammenkunft hatten sich alle feierlich verpflichtet, um sieben Uhr abends mit ihrem Hab und Gut in Villa de las Flores zu sein. Während dieser Woche traf Güero sich noch öfter mit je drei oder vier Leuten und schärfte ihnen ein: »Wenn wir zu spät kommen, verlieren wir das Land.« Seit Tagen verteilte Güero Flugblätter in den Elendsvierteln von Cuernavaca, auf denen die Besetzung von Villa de las Flores angekündigt wurde, und daß diejenigen, die zuerst ankämen, die besten Parzellen erhielten.

Bis zum Sonntagmorgen kamen noch einige Siedler; sie blieben irgendwo starr vor Angst stehen, stellten nicht einmal ihre Habseligkeiten auf den Boden, um sich gar nicht erst daran zu gewöhnen und um nicht zu sagen, dieses Stück Land gehört mir; so standen sie mit ihrem Huhn unterm Arm und der Einkaufstüte in der Hand: »Laßt uns erst mal alles genau beobachten, daß nur ja nichts Schlimmes passiert«, bis Güero unter dem ohrenbetäubenden Lärm seines Motorrads zurückkam:

»Wir dürfen keine Zeit verlieren, worauf wartet ihr noch?«

»Wir wollten erst mal nur gucken...«

»Hier wird nicht nur mal geguckt; wenn ihr gaffen wollt, verschwindet, wenn ihr Land wollt, nehmt es euch.«

»Aber Güero.«

»Seid nicht blöd.«

Güero Medrano übertönte den Lärm seines Motorrades:

»Nun macht schon, fangt an zu bauen, ich komme gleich zurück.«

So rüttelte er sie auf und teilte jeder der ersten dreißig Familien vierhundert Meter Land zu, unter der einzigen Bedingung, daß sie in aller Eile ein Haus bauten, in 72 Stunden, so lange, wie die Vorbeugehaft im Gefängnis dauert. Trotz all seines Rufens, seines »beeilt euch« und seiner Überzeugungskraft, verloren die Ankömmlinge doch nicht ihre Angst. Nichts ist härter zu erlernen als die Freiheit. Sie hatten das Nötigste mitgebracht, Töpfe und andere Sachen für den Haushalt, sogar den einen oder anderen Blumentopf, ihre Hunde und Katzen.

»Warte noch ein bißchen, Güero, ich habe noch etwas in Cuernavaca zu erledigen; kannst du nicht ein Stück Land für mich reservieren?«

»Du mußt ein Haus bauen, Bartolomé, das kann ich nicht für dich machen, ich habe keine Zeit. Wenn du kein Haus baust, kann ich dir kein Land geben.«

»Kannst du es nicht ein paar Tage für mich übernehmen, Güero, unter Freunden?«

»Das gilt nicht, Bartolomé, auch wenn wir uns noch so gut kennen. Entweder du nimmst das Land oder du läßt es einem anderen.«

»Aber Güero.«

Für Güero gab es kein ›aber‹, er ließ kein einziges ›aber‹ gelten. Am nächsten Baum – in der Siedlung wachsen viele *huamúchiles**

---

* Baumart: Pithecollobium dulce oder Acacia pringlei. A.d.Ü.

– befestigten sie ihre Plastikplane als Dach, sammelten Steine und Knüppel, *huizaches** oder was sie fanden, errichteten ihren Zaun und grenzten ihr Eigentum ein. Gegen Nachmittag sagte Buenaventura, der sich auf einen Stein gesetzt hatte, bedächtig:

»Es ist schön hier.«

Und Micaela, die ihren kleinen Hund doch noch losließ:

»Hier kann Amarillo gut herumlaufen.«

»Wo sind meine Melisseblätter?«

»Bleib ruhig, Großmutter, ich habe den Topf eben noch gesehen, irgendwo da vorn.«

»Und das Geld, das ich in dem Krug im Flur hatte, hast du es mitgenommen?«

»Welches Geld, Großmutter?«

»Das Geld in dem Krug; das Haushaltsgeld war darin. Ich selbst habe den Topf mit dem Eisenkraut hergetragen, und jetzt sehe ich ihn nirgends; auch meine Ziegelsteine sind verschwunden.«

»Morgen fahre ich nach Cuernavaca und hole dir den Krug mit dem Geld, Großmutter.«

So besetzten sie im Morgengrauen des 31. März das Land. Dreißig Familien, über ihre eigene Tat erschrocken, ließen sich in einer Siedlung mit dem Namen Villa de las Flores nieder, an der Straße, die von Cuernavaca in Richtung Taxco führt.

WAS IST EINE HANDVOLL MÄNNER GEGENÜBER EINER POLIZEISTREIFE

Die Morgen in Morelos sind klar, der Himmel wird schnell blau, und bald auch schon spürt man die Wärme der Sonne. Dort ist selbst die Natur solidarisch; Blumen wuchern hemmungslos an allen Ecken, rot, blau, violett, alles umarmen sie, mit allem lassen sie sich ein, Wände, Ecken, Querbalken, Bäume, Sträucher, überall sind sie mit offenen, umschlingenden Armen, bunten Lippen und ihrem aufgelösten grünen Haar; verrückte Blumen, die nicht wissen, was sie sind und was sie tun. Reisfelder bedecken das Land, Zuckerrohr sprießt hochaufgerichtet, dick, rund und fest, ein Feld mit Auberginen, eins mit Rosen, die in feuchtes Zeitungspapier eingewickelt in Cuernavaca verkauft werden und

---

* Strauchart: Pithecollobium palmeri, Caesalpinia cacalaco oder Goldmaria foetida. A.d.Ü.

sogar in der Hauptstadt. Aber etwas weiter oben, dort wo die Siedlung ist, verwandelt sich das Grün in Kaffeebraun, und die schwarze, feuchte Erde wird lehmig und trocken und taugt nur noch zu Staubwolken, die herumwirbeln und sich auf die Hüttendächer legen. Die Pflanzen, die dort unten die Furchen überwuchern und die man ausrupfen muß, werden, je weiter man den Berg hinaufkommt, dunkel und staubig, bis sie schließlich nur noch kleine Stengelchen sind und vor den Füßen der Elenden verkümmern.

Es ist also doch nicht ganz so toll, wie Buenaventura auf seinem Stein sagt, auch wenn der Blick den Hang hinunter eine schöne Aussicht bietet.

»Schau nur, dort hinten ist ein *tabachín**.«

»Wo denn?«

»Dort, da ganz nah an der Straße, dort hinter dem Hügel, ein bißchen weiter noch, dort hinten...«

»Ich sehe ihn nicht.«

»Da hinten sage ich doch, an der Kreuzung, dort wo der Stufenweg anfängt. Siehst du da dieses Leuchten? Noch etwas weiter... ja, genau, was da so leuchtet, das ist das Grün des *tabachín*.«

»Der *tabachín*?«

»Das ist ja nicht zu fassen! Bist du denn kurzsichtig?«

Güero Medrano konnte sich nicht mit solchen Betrachtungen aufhalten, für ihn gab es keine Landschaft, und wenn er manchmal den Horizont absuchte, dann wollte er sehen, wann sie wohl kämen, wie sie ihnen begegnen sollten, mit welchen Leuten und mit welchen Waffen. El Full, Sin Fronteras, Taxco, Chivas Rigal und die Studenten des Kampfkomitees der *ANOCE*, es waren nur eine Handvoll Leute, und was konnten sie gegen eine Patrouille ausrichten? Sein größter Feind war die Zeit, aber sein größter Verbündeter war auch die Zeit, die Schnelligkeit, mit der die Siedler ihre Häuser bauten. Als Güero sah, wie sie arbeiteten, fühlte er blinde Wut: »Macht schneller!« herrschte er sie an, und sie antworteten langsam:

»Wir können eben nicht schneller.«

Sie waren einfach zu träge, hielten sich mit Kaffeetrinken auf, befestigten ihre Dachplanen in aller Ruhe, mal sehen wie, reichten

---

* Strauchart: Caesalpina od. Poinciana pulcherrima, mit einer großen roten Blüte. A.d.Ü.

sich die Axt und das spärliche Werkzeug von Hand zu Hand, verkramten es gar.

»Und der Besen?«

»Irgendwo da...«

»Er ist nämlich geliehen.«

»Ja, ja, verdammt, eben hat ihn Chente noch dort hingehängt. Ich habe jetzt keine Zeit, ihn zu suchen. Ich mache so sauber.«

Es wehte ein heißer Wind, und von unten stieg ein fauligschlammiger Gestank von den bereits abgeschnittenen, aber nicht mehr nach Mexiko versandten Blumen auf, die in der Sonne vermoderten.

GIB MIR NOCH ETWAS MEHR LAND, GÜERO...

Güero Medrano bildete eine Kommission mit Chivas Rigal, Juárez, Chava, Mateo und Serafín, alles Mitglieder des Kampfkomitees der *ANOCE*, um Wege abzustecken und Gräben zu ziehen, während er das Land verteilte. Vierhundert Meter für jeden, ein hübsches Stückchen Land.

»Die einzige Bedingung ist, daß ihr das Haus in drei Tagen baut.«

»Natürlich.«

»Mit diesem Stückchen Land bin ich aus dem Gröbsten heraus; ich leihe mir einen Wagen für den Umzug, damit ich meine Sachen herbringen kann.«

»Ja, aber bis dahin mußt du noch einiges schaffen, Bartolomé, ich sag's dir.«

»Klar, Güero, wenn's geht, hätte ich es gern direkt an einem *huamúchil*, dann ist es etwas leichter.«

»Mal sehen.«

»Kommst du jetzt hierher zum Messen?«

»Ja, sofort.«

»Kannst du nicht etwas großzügig sein und mir fünfzig Meter mehr geben? Wir sind so viele...«

»Vierhundert Meter sind ein ziemlich großes Stück, und das hatten wir in der Versammlung beschlossen.«

»Aber wir sind zwölf.«

»Und vorher, was habt ihr da gemacht? Habt ihr nicht alle in einem Zimmer gewohnt?«

»Gib mir ein bißchen mehr Land; es bleibt ganz bestimmt unter uns.«

»Warum soll ich gerade dir mehr geben, Ezequiel, jeder braucht Land.«
»Ich kann mein Haus nicht wiederfinden, ich weiß gar nicht mehr, wo ich bin.«
»Keine Sorge, Ceferinita, Sie werden sich schon bald hier eingewöhnt haben, wenn nur erst Ihre Sachen an Ort und Stelle sind...«
»Ja, und dann müssen wir nicht mehr umziehen? Meine alten Knochen sind so müde.«
»Natürlich, Ceferinita, und jetzt machen Sie sich keine Sorgen mehr. Das schaffen wir schon; ein Plätzchen für das ganze Leben.«
»Für immer und ewig?«
»Für immer und ewig.«
»Bis hierher gehört es mir.« Die zuerst Angekommenen konnten sich ihr Stückchen aussuchen, Güero maß ihnen persönlich die Parzelle ab, und man konnte sich noch etwas mit ihm unterhalten, denn mit ihm konnte man gut reden, sehr gut, und er wußte immer alles; aber schon am nächsten Morgen kamen weitere Siedler mit ihren quietschenden Karren, die sie durch den knirschenden Staub hinter sich herzogen. Und nach drei Tagen, am Dienstag, dem 2. April 1973, waren es dreihundert Familien, und jetzt sahen sie auch nicht mehr so verschlafen aus.

MEINE MAMA, MEINE FRAU, MEINE BEIDEN KINDER, MEINE BEIDEN BRÜDER UND MEINE LEDIGE SCHWESTER, WIR SCHLIEFEN ALLE ACHT ZUSAMMEN IN EINEM ZIMMER VON ZWEI MAL DREI METERN

»Wir wohnten mit meiner Mama zusammen, und das brachte große Probleme, denn nachts, wenn acht Leute in einem Zimmer von zwei mal drei Metern schlafen sollen, mußten wir alles nach draußen bringen und das Bett aufrecht an die Wand lehnen. Wir haben nie im Bett geschlafen, das war nur zum Sitzen, geschlafen haben wir auf dem Boden. Dann ging es gerade. Und wenn ich von der Arbeit kam, mußte ich mir die Klagen anhören. Natürlich, das war für alle sehr schwer, aber vor allem doch für meine Frau, sie mußte die Hauptlast tragen. Ich habe also noch ein kleines Zimmerchen dazugemietet, so eine Bude ohne Vordach und ohne alles, wo die Sonne den lieben langen Tag herunterknallte, und weil es so klein war, war es drückend heiß in der Kammer, und die Kinder spielten immer draußen, um nicht geröstet zu werden. Weil sie ziemlich wild waren, war das eine arge Mühe für meine Frau. Eine Nachbarin, die sich das schon eine Weile so angesehen hatte, muß wohl Mitleid mit uns bekommen haben. Ich glaube, sie mochte uns, auf jeden Fall taten wir ihr leid, und eines Tages sagte sie mir: ›In Villa de las Flores wird Land verteilt; ihr müßt hingehen, vielleicht bekommt ihr auch noch ein Stückchen.‹ Sie drängte so, daß ich ihr schließlich antwortete, man hat ja auch seinen Stolz: ›Nein, ich besorge mir lieber Geld und kaufe mir eins.‹

Wie zum Teufel konnten die das Land verschenken; ich war da sehr mißtrauisch. ›Und hinterher nehmen sie es uns wieder ab und werfen uns raus, und dann haben wir schon den Umzug bezahlt, nein, lieber nicht.‹ Für die Armen ist es gefährlich, sich auf so etwas einzulassen, denn hinterher ist man doch immer der Dumme. Aber irgendwie schwirrte mir die Sache weiter im Kopf herum, denn noch am selben Tag bin ich nach der Arbeit zur CIVAC gegangen, um mich über Grundstücke zu informieren. Die waren sehr teuer, hundertfünfundzwanzig der Meter, ziemlich teuer, dort in La Alegría, aber ein Kollege, Tebas, auch ein Maurer, war so freundlich, mir zu sagen, daß da, wo er lebte, in der Azteca, das ist ein *Ejido*hügel*, sehr günstig Parzellen verkauft werden; man mußte nur fünfhundert Pesos zu Anfang bezahlen, und den Rest, nun, irgendwann später mal, und das hat mich überzeugt. Am Sonntag bin ich also sehr früh aus dem Haus gegangen, fünf Uhr morgens, um das in der Azteca zu regeln, aber das klappte nicht, vielleicht um elf, sagten sie, und da bin ich nach Temixco gegangen, und dort redeten einige Leute darüber, daß in Villa de las Flores Land verteilt würde. Und weil ich nicht wußte, was ich machen sollte, und auch ziemlich nervös war, einfach da so rumzusitzen und zu warten, bin ich in den nächsten Bus nach Villa de las Flores gestiegen, und da sah ich auch schon die vielen Leute, wie sie überall die Nopalkakteen fällten und mit ihren Karren abtransportierten. Ich war sofort begeistert, sie alle so fleißig zu sehen. Dann traf ich auch noch einen anderen Maurerkollegen und habe ihn sofort gefragt:

---

* Landwirtschaftliches Nutzgebiet; hervorgegangen aus dem alten spanischen Ejido (einer Art Allmende) und vorkolonialen Formen landwirtschaftlichen Gemeinbesitzes. Nach der Agrarreform unter Lázaro Cárdenas ist das Ejido zwar Staatseigentum, aber Kollektiven oder Privatpersonen zur Nutzung auf Dauer überlassen; es darf jedoch nicht weiterverkauft oder mit Hypotheken belastet werden. A.d.Ü.

›Hör mal, gibt es noch Parzellen?‹
›Nein, es gibt keine mehr; es gibt nur noch einige Eckstückchen. Sonst ist alles verteilt. Nur noch diese Stücke in den Ecken.‹
›Gut, ich schau mir das mal an.‹
Ich bin also den Hang hinaufgelaufen, bis zu den Büros, ich glaube, das war früher das Haus des Gouverneurs. Der erste, dem ich begegne, ist ein Wachtposten vor der Tür, und später habe ich erfahren, daß er Cacarizo genannt wurde, denn er hatte überall Pockennarben; den frage ich also:
›Weißt du, ob noch Land verteilt wird?‹
›Nein, ich glaube nicht mehr.‹
Ich traf einen anderen, sehr groß war der, ein Halbchinese, ziemlich dunkelhäutig, später saß er immer mit seiner Waffe oben auf dem Dach. Den habe ich gefragt:
›Weißt du nicht, ob sie noch Land verteilen?‹
›Ja, natürlich, sie verkaufen gerade die Karten.‹
›Was für Karten?‹
›So eine Art Gutschein, für fünfundzwanzig Pesos, damit hast du ein Anrecht auf ein Stück Land.‹
Dann wurde es eigentlich Zeit, zu dem anderen Ort zu fahren, aber ich blieb in der Schlange stehen, denn die fünfhundert Pesos Einstiegsgeld für die Azteca waren nicht mehr vollständig. Ich war ziemlich unruhig und wollte schon umkehren, es waren nur noch drei oder vier vor mir dran, und ich sagte mir, gut, ich werde mir die fünfundzwanzig Pesos von Tebas leihen, das war dieser Maurerkollege, der mir von der Sache in der Azteca erzählt hatte, und so wartete ich und wartete ganz nervös, denn auch mit dem Gutschein mußte man ja wieder bei der Verteilung der Parzellen warten, bis man an die Reihe kam. Sie verteilten immer sonntags, damit man dann am Montag oder am Dienstag, wenn man es nicht eher schaffte, mit seinen Sachen kommen konnte. Am Dienstagnachmittag schaute Güero mit seinen Leuten nach, welche Parzelle leer geblieben war, und wenn man nicht sofort zu bauen anfing, gaben sie den Gutschein einem andern.
Alle, die einen Gutschein hatten, gingen hinter der Verteilerkommission her, Straße um Straße. Mit uns kam ein großer schnurrbärtiger Hund, den sie später Seco riefen, weil er schon sehr alt war. Unser Verteiler war Tacho García, ein kleiner Blonder, aber doch schon kein Kind mehr; wir gingen also hinter ihm her, Straße um Straße, und er maß die Parzellen ab und teilte

sie auf, wie es auf dem Gutschein stand. Die Sonne knallte, und der Junge maß und maß. Er teilte schon dort auf, wo es nach La Joya geht, als sein Vater kam, der auch Tacho García heißt, und dem Jungen sagte:

›Jetzt hast du aber genug verteilt.‹

›Es sind ja nur noch ein paar; ich mache das noch eben zu Ende.‹

›Nein, du hast den ganzen Morgen Land verteilt, jetzt gehen wir zum Essen, es ist schon spät.‹

Ich wurde mutlos, denn es fehlten noch viele. Sie waren etwa bei Nummer 180 angekommen, und ich hatte die 212, das war noch ein gutes Stückchen in der Schlange, und jetzt wollten sie auch noch eine Pause machen. Ich war ziemlich enttäuscht: Jetzt kriege ich hier nichts und drüben auch nichts mehr. Da fiel mir diese Frau ein, Carlota, sie ist jetzt meine Nachbarin, sie hatte immer ein Kind auf dem Arm und gab mir ihren Gutschein. Sie hatte die Nummer 213; ich ging also zu dem Jungen, dem Tacho, und sagte ihm:

›Sei nicht unmenschlich, diese Frau steht schon den ganzen Tag mit ihrem Kind in der Sonne.‹

Ich wollte erreichen, daß sie wenigstens bis 213 verteilten, dann hätte ich auch noch etwas bekommen.

›Sei nicht unmenschlich, und verteile wenigstens so lange, daß diese Frau auch an die Reihe kommt.‹

Er hatte Mitleid mit ihr:

›Gut also, wenn Sie schon seit heute morgen hier sind, dann kriegt die Frau jetzt auch ein Stück Land.‹

Und sie gaben es ihr sofort, auf der Stelle. Wir waren jetzt nur noch ein paar, nur noch die bis 210, eine ganz kleine Gruppe also, und wir haben auf den Jungen eingeredet:

›Nein, gib uns jetzt auch endlich Land.‹

›Am nächsten Sonntag wird wieder verteilt.‹

Aber es gefiel uns dort, die Stelle war gut gelegen, und sogar die »chocolates« (die Busse zur Stadt) hielten dort. Wir wollten nicht am nächsten Sonntag zurückkommen, denn wenn wir in der richtigen Reihenfolge Land zugeteilt bekommen hätten, wäre es irgendwo da hinten, bei der Nopalera oder sonst irgendwo gewesen. Und das wollten wir nicht. Schließlich sagte der kleine Blonde:

›Gut, ihr kriegt noch Land, aber dann müßt ihr mir beim Messen helfen.‹

Wir machten sofort Grenzmarkierungen aus Erdklumpen, es war nämlich Brachland; dann wurde ausgemessen, und jeder bekam eine kleine Parzelle, kleiner, als sie gesagt hatten, aber wir hatten endlich unser Grundstück, und als mir klar wurde, daß ich jetzt endlich mein eigenes Stück Land hatte, habe ich sofort angefangen, ohne mich weiter um die anderen zu kümmern; ich bin dorthin gelaufen, wo Epifanio Holz verkaufte, habe Stützträger für das Dach geholt und auch Balken. Fast die ganzen fünfhundert Pesos, die für das Land in der Azteca waren, gingen dabei drauf. Ich habe mit einem Jungen verhandelt, der eine Spitzhacke hatte, der einzigen in der ganzen Siedlung, der Löcher grub, einer von den Chitas, so nannten wir ihn und seinen Bruder, weil sie wie Äffchen aussehen. Er grub für Geld mit seiner Spitzhacke Löcher. Es war schon Nacht, als ich nach Hause zurückgefahren bin, und als ich ankam, habe ich zu meiner Frau gesagt:
›Wir haben jetzt ein Haus.‹
›Wo denn?‹
Sie wußte nur, daß ich zur Azteca gefahren war, zu der Sache mit dem Einstiegsgeld.
›Nun, wo denn?‹
›Wir haben jetzt eins in Villa de las Flores.‹
›Wie denn das?‹ sagt sie.
›Wir haben's eben‹, sage ich, ›und morgen ziehen wir um.‹
›Was, so schnell?‹
›Ja‹, sage ich, ›wir haben nicht viel Zeit. Morgen ziehen wir um.‹
›Umziehen? Und womit?‹
›Ich habe noch etwas von den fünfhundert Pesos. Und sonst leihe ich mir etwas von Tebas. Wir kaufen Kartons und Schnüre.‹
Und so haben wir ganz schnell den Wagen vollgepackt und sind losgefahren, und weil ich am Montag arbeiten mußte, habe ich, als wir ankamen, nur eben abgeladen, ein Laken als eine Art Dach darüber gedeckt und meiner Frau dann gesagt: ›Du bleibst hier, und wenn ich zurückkomme, machen wir weiter.‹
Die Möbel, den Schrank und die großen Sachen, die wir hatten, den Tisch, die drei Stühle, habe ich dann so nebeneinandergestellt, daß sie eine Art Umzäunung bildeten, und dann bin ich zur Arbeit gegangen. So brauchte ich etwa einen Monat, um das Haus zu bauen. Ich stand morgens früh auf und befestigte zwei, drei Wellblechplatten und nachmittags, wenn ich zurückkam und es schon dunkel wurde, noch einige; es braucht nämlich seine Zeit, um ein

Haus gut zu bauen. Ich bin Maurer, und ich weiß, was ein gut gebautes Haus ist. So hatte unsere Familie zum ersten Mal ein eigenes Haus.«

JE WENIGER ESEL, DESTO MEHR MAISSPINDELN

Am 2. April 1973, um sieben Uhr abends, berief Güero Medrano die erste Versammlung der Siedlung ein. Es waren noch mehr Umzugswillige gekommen, überall hörte man Radios, aber Güero, anstatt zu sagen: »Nein, nicht mehr, es gibt kein Land mehr«, ordnete an, die Parzellen zu halbieren, was zu Protesten führte: sie wollten sich nicht einfach die Hälfte ihres Grundstücks wieder abnehmen lassen. Selbst der große Hund, der Seco, jaulte, als zöge man ihm einen Dorn aus der Pfote. Später kamen aus Acatlipa, Tatlama oder Temixco weitere hungrige Hunde (Mexiko wimmelt von Hunden), aber der erste war eben dieser Seco, und deshalb war er etwas Besonderes. Die Siedler hatten sich ihr bescheidenes Plätzchen zurechtgemacht, und jetzt umkreisten sie es wie die Hunde. Während der ersten Tage waren die Hühner, die frei herumliefen, wie wild, sie pickten eilig, als wolle man sie im selben Augenblick schon wieder forttragen. Sie kamen gar nicht mehr zur Ruhe, vor lauter Picken und Picken, bei der eifrigen Suche nach Würmern. Sie waren so daran gewöhnt, kein Haus zu haben, jedesmal sofort wieder eingesperrt zu werden, wenn sie ein paar Schritte gelaufen waren, daß sie jetzt gar nicht darauf kamen, sich auch einfach auf die Erde setzen zu können. Die Unterhaltungen zwischen den Familienmitgliedern nahmen langsam eine sanfte, hoffnungsvolle Form an.

»Was glaubst du, wo wächst das Eisenkraut wohl besser, hier, oder doch vielleicht besser da?«
»Den kaputten Spiegel hänge ich sofort auf.«
»Schau nur, wie schön das Licht durch diese Ritze fällt.«
»Ich möchte meine vier Kaninchenställe mitnehmen.«
»Am Samstag holen wir sie.«
Die Gespräche wurden zuversichtlicher.
»Gib mir doch noch ein paar Bohnen.«
»Es gibt keine mehr.«
»Dann mußt du eben mehr kochen, du wirst dich schon nicht überarbeiten, und du kannst auch ruhig ein Zweiglein *pazote** dazutun.«

* Ein geruchstarkes Gewürzkraut (Chenopodium ambrosioides). A.d.Ü.

Die Staaten im Süden, Guerrero und Morelos, sind Zapata-Anhänger; sie bringen die meisten Guerrilleros hervor, die nach dem Vorbild Emiliano Zapatas kämpfen.

Rubén Jaramillo, der gegen die Grundbesitzer in Morelos kämpfte, wurde auf Befehl von Lopéz Mateos am 23. Mai 1962 von Soldaten mit Thompson-Maschinenpistolen ermordet.

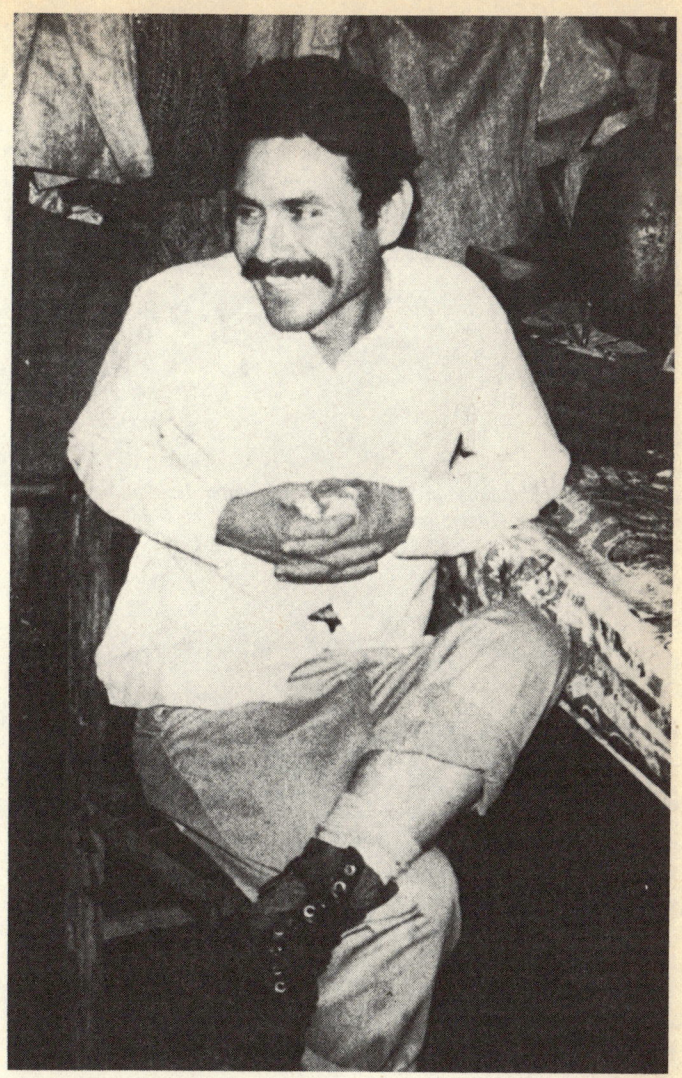

Florencio Medrano, alias el Güero, war ein höchst umgänglicher Mensch, er war stets überzeugend, wenn er sprach, weil er das so gut konnte.

Güero verteilte das Land in Villa de las Flores unter der Bedingung, daß innerhalb von drei Tagen gebaut würde.

Bürgervereinigung Siedlung Rubén Jaramillo im Staate Morelos.

An den »roten Sonntagen« arbeiteten alle Besetzer der Rubén Jaramillo zusammen an gemeinnützigen Projekten: sie zogen Gräben und verlegten Drainagerohre.

Schließlich gelang es Güero, eine Nixtamalmais-Mühle für die Jaramillo zu kaufen.

Die Lehrer wollten eine neue Art von Schule in der Siedlung aufbauen: der Unterricht sollte direkten Bezug zum Leben der Bewohner haben.

Der mexikanische Kampf muß zusammen mit dem im übrigen Lateinamerika geführt werden.

Im Morgengrauen des 28. September 1973 drang Militär in die Jaramillo ein und blieb seitdem dort stationiert.

Solange die Regierung sich nicht um sie kümmert, werden die verzweifelten Bauern weiterhin mit der Waffe in der Hand kämpfen und sich in die Berge zurückziehen.

Und jetzt hatte Güero Medrano mit seinem Vorschlag ihre Ruhe erschüttert, sie geradezu entzweigebrochen. Von allen Parzellen erhoben sich laute Stimmen: »Scheiße, das laß ich mir nicht gefallen, gegeben ist gegeben.« Deshalb kam das Kampfkomitee zusammen:

»Es ist wohl besser, du sprichst mit ihnen, um sie wieder zu besänftigen«, sagte Aquileo zu Güero.

»Wenn du das nicht machst, werden sie wohl nicht zustimmen«, bestätigte Sin Fronteras.

»Ja, sonst gibt es noch wüsten Streit«, meinte Juárez.

WER BRAUCHT MEHR ALS ZWEIHUNDERT METER ZUM LEBEN?

»Genossen, sagte Güero Medrano, Genossen, hört mal gut zu. Das Kampfkomitee (Was ist denn das? fragte Buenaventura mit gedämpfter Stimme, so als spreche er mit sich selbst) hat euch zu einer Versammlung gerufen, um euch zu organisieren und euch zu sagen, welchen Namen die Siedlung tragen soll. Der Name, den das Grundstück bisher hatte, Villa de las Flores, ist sehr schön, ja, sehr schön, aber er ist ein Name, den die Reichen ausgesucht haben, weil sie dort große Häuser bauen wollten. Eigentlich ist fast das ganze Land in Morelos für die Häuser der Reichen, die doch nur am Wochenende kommen. Aber hier baut jetzt kein reicher Schuft mehr seinen Prachtbau, dieses Land wird nie wieder in Grundstücke von tausend, zweitausend Metern aufgeteilt für den Swimmingpool und die Terrasse eines dieser faulen Schufte. Ich schlage euch vor, Genossen, daß wir den Namen Villa de las Flores ändern und uns von jetzt an Proletarische Siedlung Rubén Jaramillo nennen.«

Die Versammlung schwieg, und Güero erläuterte: »Proletarisch, weil es eine Siedlung von Armen ist, von Besitzlosen, die nie genug Geld gehabt haben, um sich ein Stück Land zu kaufen und ein Haus darauf zu bauen. Rubén Jaramillo war ein Bauernführer, ein Bauer wie wir; er wurde 1962 auf Befehl von Adolfo López Mateos[*] ermordet. Er ist ein Held, aber er wurde nie von der Regierung anerkannt. Doch das Volk weiß, daß er ein revolutionärer Held war[**]. Er war Hauptmann unter Zapata (da leuchtete

---

[*] Adolfo López Mateos, geb. 1910, gest. 1969, von 1958–1964 Präsident Mexikos. A.d.Ü.
[**] Im *Corrido* auf Rubén Jaramillo heißt es: »Am Himmel ziehen drei Reiter vorbei, Gott, Zapata und Jaramillo.« A.d.Ü.

doch noch auf einigen der müden Gesichter und in einigen der dumpfen Blicke ein Fünkchen Interesse auf, einige, die bisher auf den Boden gestarrt hatten, schauten auf, bei anderen wechselte der abwesende Gesichtsausdruck, sie wurden geradezu wach, denn in den Versammlungen scheinen die Bauern immer nur ein fernes Geräusch zu hören, sie senken den Kopf, wenn sie nicht einfach geradeheraus die Augen schließen, aufmerksam nur noch auf einen inneren Wind, auf etwas, das nichts mit den Anwesenden zu tun hat). Rubén Jaramillo, Genossen, hat an der Seite Emiliano Zapatas gekämpft, er war ein Mann, auf den man sich verlassen konnte...«

»Es lebe General Zapata!«, rief ein Alter.

»Es lebe Rubén Jaramillo!«, nahm Güero den Ruf auf.

»Hören Sie, Matilda«, flüsterte Jeremías, »Sie schlafen doch nicht etwa, hören Sie denn die Rufe nicht?«

»Aber ich schlafe ja gar nicht, ich habe nur die Augen ein wenig ausgeruht.«

»Und was das Land angeht«, die Stimme Güeros wurde jetzt feierlich, »frage ich euch: wer braucht mehr als zweihundert Meter zum Leben? Keiner von euch hat bis jetzt mehr als zweihundert Meter in Besitz genommen, den Rest nutzt ihr doch gar nicht. Ihr müßt verstehen, wie wichtig es ist, daß mehr Leute einen Platz zum Leben haben, und daß wir uns alle gleichberechtigt behandeln. Versetzt euch an die Stelle derer, die zuletzt angekommen sind. Und je mehr wir sind, um so besser können wir uns verteidigen gegen jeden Versuch von außen, uns zu vertreiben. Die Angriffe kommen, da könnt ihr sicher sein, und wenn wir nicht einig sind, dann sitzen wir ganz schnell wieder in der Scheiße.«

Fast alle waren jetzt aufgestanden. Matilda und einige Alte hatten sich auf die einzige Bank gesetzt. Selbst die Hunde öffneten die Augen, schlossen sie aber sofort wieder. Sie hatten sich die kühlsten Plätzchen gesucht, und manchmal streckten sie sich behaglich der Länge nach oder wechselten die Körperstellung. Nur Amarillo wäre gern zwischen den Beinen der Siedler herumgekrochen, hellhörig für jede leichte Veränderung, die in der Luft lag; aber Micaela hielt ihn auf dem Arm, damit er nicht beunruhigt würde. Casildo ergriff das Wort:

»Ich bin hierher gekommen, weil man mir eine gute Parzelle versprochen hat; ich habe vierhundert Meter bekommen, und davon gebe ich jetzt nicht die Hälfte ab.«

Auch Caritino empörte sich:

»Was soll denn das bedeuten, ich bin dein Freund. Wie kannst du so etwas einem Freund antun?«

»Willst du, daß die anderen verhungern, Caritino, daß die anderen gar nichts kriegen?«

»Was gehen die mich an? Ich kenne sie ja gar nicht.«

»Das sind Leute wie du und ich, arme Leute...«

»Das ist mir egal.«

»Das gibt's hier nicht. So etwas machen wir hier nicht. Es ist noch keine zwei Monate her, da gehörtet ihr auch noch zur Masse der Obdachlosen. Und jetzt stellt ihr euch gegen die Teilung eurer Parzelle.«

»Dann schaffe ich es aber nicht mehr.«

»Ich auch nicht.«

»Jetzt sieht man es ja, du betrügst uns auch nur.«

Die ältesten Siedler schüttelten den Kopf:

»Hätte ich das gewußt, wäre ich doch nicht für so viel Geld umgezogen.«

Schließlich sagte Güero:

»Ihr benehmt euch, wie ihr es da draußen getan habt. In der Siedlung Rubén Jaramillo müssen wir es anders machen. Seht ihr nicht, daß alle hier mit vor Hunger ganz kleinem Magen ankommen?«

Güero verlor die Kontrolle, viele Stimmen wurden laut und übertönten seine, Männer und Frauen diskutierten erhitzt miteinander. Niemand kümmert sich um das Elend des andern, um den Hunger des andern. Güero schrie:

»Während ihr euch hier streitet, droht uns ein viel gefährlicherer Feind, ein viel entscheidenderer Feind, als es eure dummen Streitereien sind, ein Feind, der jeden Augenblick kommen kann, um uns zu vertreiben.«

Jetzt schauten sich alle entgeistert an.

»Wer ist der Feind, Güero, wir müssen wissen, gegen wen wir uns verteidigen sollen, gegen wen wir kämpfen sollen. Woran können wir ihn erkennen?«

Niemand wußte wirklich, wer der Eigentümer des Grundstücks war, und auch nicht, was alles passieren konnte. Eine alte Frau sagte mit zitternder Stimme:

»Einmal, in Cuautitlán-Izcalli, kam die Feuerwehr und hat uns mit dicken Schläuchen vertrieben.«

Güero Medrano wollte sie beruhigen; er sagte ihnen, daß sie das

Land rechtzeitig besetzt hätten, ja, ja, zu einem guten Zeitpunkt, nicht zu früh und nicht zu spät, daß ihre Position klar sei und daß sicherlich am nächsten Tag schon, das müsse er doch, der Besitzer auftauche, und dann wüßten sie ja, mit wem sie es zu tun hätten, und wem das Land nun gehöre, und wer es zu Unrecht beanspruche.

»Können die uns denn, jetzt, wo wir uns schon eingelebt haben, noch vertreiben?« fragte Fulgencio.

»Natürlich können die, was denkst du denn. Hast du nicht die Patrouille gesehen, die in Temixco stationiert ist? Und ich habe nicht einmal ein Gewehr.«

»Ich habe ein Luftgewehr...«

»Ich habe meine Flinte dabei, aber sie ist nicht geladen.«

»Jetzt ist es aus.«

»Und die Macheten? Habt ihr eure Macheten vergessen? Oder könnt ihr damit nicht kämpfen?«

DIE BAUERN HABEN IMMER, WENN AUCH NICHT OFFEN,
IRGENDWO WAFFEN

Die Bauern haben immer Waffen, alte Büchsen, Flinten und Karabiner. Man sieht sie nur nicht immer gleich. Nach dieser ersten Versammlung holten sie sie alle aus ihren Verstecken. »Jetzt habe ich meine 30-30 immer bei der Hand.« Einige hatten nicht einmal ein Magazin, aber sie trugen sie trotzdem geschultert. Noch in jener Nacht organisierte Güero die Wachposten: Bauern mit einer Machete oder einem Gewehr, entschlossen, ihre Familie und ihr Land zu verteidigen. Als die Versammlung zu Ende ging, hatte sich eine neue Verbundenheit unter den Siedlern gebildet: »Junge, das lasse ich nicht zu«, »ja, wir müssen etwas dagegen unternehmen«, »bin ich etwa kein Mensch, auf den man ein bißchen Rücksicht nehmen muß?«, »wir haben lange genug gekuscht!«, »ich will nicht mein Leben lang der letzte Dreck für die Reichen sein.« Güero hatte Unruhe gesät, von jetzt an lebten sie alle in ständiger Alarmbereitschaft, die Soldaten konnten jeden Augenblick auftauchen. »Mich kriegt keiner mehr aus diesem Haus.« »Ich habe mich lange genug vor den Herren geduckt, jetzt zeigen wir ihnen mal, wo es lang geht.« Unbewußt wiederholten sie Güeros Worte, sogar seine Betonungen. Manche gingen Arm in Arm hinaus, und die meisten waren zufrieden. Nur Buenaventura brummelte vor sich hin: »Die ganze Sache schmeckt mir überhaupt nicht.«

GERÜCHTE GINGEN UM, IN ACATLIPA SEIEN SOLDATEN EINQUARTIERT WORDEN

Zur folgenden Nacht, als die Schatten länger wurden, stellten sich mehr Männer zur Wache ein. Gerüchte gingen um, in Temixco seien Truppen einquartiert worden und auch in Acatlipa, und sie seien jederzeit abmarschbereit. Seit der Versammlung mit Güero war der Feind überall. Und manchmal hörte man bereits Schüsse. Güero verwarnte Simon Nepomuceno deswegen persönlich und sagte ihm, beim nächsten Mal werde er ihm die Waffe abnehmen. Als Signal hatten sie ausgemacht, drei Raketen in die Luft zu schießen, dann würden alle sich vor dem Büro versammeln, komme, was da wolle. Die Gerüchte erhitzten die Siedler nur noch mehr und gaben ihrer Wut eine Richtung. Und schon am zweiten Abend blitzten überall die Macheten, hörte man es, wie aus einer nahen Schmiede, aus allen Häusern hämmern. Sie schliefen ruhig, fünf, sechs, sieben, ja bis zu zehn Christenmenschen mit ihren Hunden und Hühnern. Die Wachposten behüteten ihren Schlaf. Die sollten ruhig kommen, sterben müssen wir doch irgendwann, wir werden's ihnen schon zeigen, und wenn Blut fließen mußte, dann aber zuerst von ihren Macheten, darauf könnt ihr Gift nehmen, denn dieses Land, ihr Land, das würden sie mit ihrem Leben verteidigen, da gab es kein Zurück mehr.

»Wir sind entschlossen, zu allem entschlossen.«

AUS DEN TUNAS ENTFERNT MAN DIE SAMEN

Obwohl die Regenzeit kam und die Lage der Siedler noch immer ziemlich unsicher war, erlahmte ihr Eifer nicht, sich in der Jaramillo richtig niederzulassen. Sie bauten weiter ihre Hütten, und diejenigen, die noch keine hatten, begnügten sich zunächst mit zwei Decken, die an den Zweigen eines *huamúchil* befestigt waren. Sie ließen ihre Sachen im Büro und bedeckten sie mit Plastiktüten, Säcken oder Zeitungen, während man ihnen ihr Stück Land gab. Die Kinder konnten auf dem Boden schlafen. Jetzt waren die Neuankömmlinge allerdings willkommen, sie bedeuteten Arbeitskräfte und Soldaten für das Heer der Armen; die Frauen gaben ihnen sogar von dem Kaffee, den sie für die Wachposten machten. Auch der Maurer Pánfilo Narváez tauchte bei der nächtlichen Runde auf und tat es gerne, denn in diesen ersten

Monaten machten sich alle voller Begeisterung an die gemeinsamen Aufgaben. Die Drainagerohre verlegen, die Kirche bauen, den Friedhof anlegen, den Sportplatz und den Kindergarten einrichten, das machten sie alle gemeinsam. Und Camilo hatte noch eine besondere Idee:

»Ich werde Güero in der Versammlung vorschlagen, daß wir eine Brücke zur Nopalera bauen. Jeden Tag müssen die Frauen den Berg hinunter und wieder hinauf, um ihre Besorgungen zu erledigen, und das muß doch nicht sein.«

Güero war sofort einverstanden:

»Ja, wir bauen eine Brücke, und wir nennen sie ›Die Brücke der Einheit‹.«

»Und womit bauen wir sie?«

»Mit unserer Wut und unserem Mut.«

So stellte jeder Zement, Holz, Hacke und Schaufel zur Verfügung, und als sie die Brücke gebaut hatten, machten sie weiter und bereiteten den Boden für eine Maismühle vor.

»Am kommenden Sonntag säen wir ein Feld mit Sojabohnen ein.«

»Was alle angeht, darum müssen sich auch alle kümmern.«

Oben auf der Anhöhe bei der Nopalera wuchs wild und sehr dicht in freier Natur Portulak.

»Da oben wächst so viel Portulak«, sagte Güero, »warum holen wir uns den nicht? Der hat Eisen, wie Spinat, und das brauchen die Kinder. Man kocht ihn mit einem Knochen oder was man gerade hat. Ihr müßt auch die Knochen aufbewahren, man kriegt immer noch ein bißchen Brühe heraus, oder das Mark, und manchmal auch ein bißchen Fleisch für die Suppe. Als Kind habe ich viele *tunas** gepflückt, und meine Mutter kochte sie zusammen mit *nopales** und Kartoffeln, einem Zweiglein Koriander, einer Zwiebel und ein paar Tomaten. Aus den *tunas* muß man vorher die Samen herausnehmen...«

»Ach Güero, wer nimmt denn wohl die Samen aus den *tunas*? Wie denn, und wann?«

»Meine Mutter hat die *nopales* immer sehr fein geputzt, dann gab sie Salz dazu, bis sie ganz zart waren...«

Einmal kam sogar der Bischof Sergio Méndez Arceo, um Portulak zu schneiden, und nachdem er die Messe in dem Schuppen

---

* Opuntienarten. A.d.Ü.

gelesen hatte, spendierte er ein gutes Rückenstück – nicht seins, natürlich, er ließ es in Acatlipa holen –, und so konnten sie mit ihm zusammen Portulak mit Fleisch essen.

Zu den anfangs so aufgeregten Hühnern waren inzwischen Schweine, Ziegen und Schafe gekommen. Und natürlich Hunde, und Katzen, die über die Dächer kletterten. Und auch der eine oder andere Kanarienvogel im Käfig. Micaela, die mit dem kleinen Amarillo, sorgte sich am meisten um den Kaffee für die Nachtwachen:

»Ich fahre nach Cuernavaca und hole Kaffee, und zwar reichlich, und Catita, die ist ja fast ein bißchen reich, die könnte doch für Brot sorgen.«

»Brot?«

»Meinst du, das verdienen sie nicht, wo sie die ganze Nacht für uns Wache halten?«

»Aber jede Nacht Brot? Wer soll denn das bezahlen?«

»Das werden Sie schon sehen, Susana, ich werde schon einig mit Catita.«

Sie hatte recht, die Stimmung war gut in Jaramillo, man war zufrieden, und in den ersten Monaten packten alle mit an. Güero selbst war der erste, wenn irgendwo etwas zu tun war; überall sah man ihn, schlank, ohne Hut, mit seinem hellen Haar in der Sonne. Er half den Neuen, ihre Sachen unterzubringen, zeigte ihnen, wo man Bauholz, Stützen und Draht kaufen konnte, wo man Chita mit der Hacke finden konnte. Das Material, das die Siedler benutzten, war ganz billig: Platten aus Karton und Holzträger, drei mal vier groß, solche, wie sie von denen aus Tetlama auf Eseln oder Pferden verkauft werden. Man läßt vier Träger in die Erde ein, als Fundament; vier weitere nimmt man als Sparren, und so zimmert man ein Dach, und schon kann man die Dachpappe annageln. Eine schwarze Platte, geteert, die man mit Nylonstücken, Holz, Maschendraht und Papier oder was man zur Hand hat, vervollständigt. Güero karrte Steine heran, haute sie passend zu, säuberte den Boden, mischte Speis. Noch im Morgengrauen hackte er Sträucher genau wie Aquileo Mederos Vásquez, der groß und mager war, wie Sin Fronteras und Cacarizo, denn wo Güero war, da fand man auch die anderen Delegierten.

UND VOR ALLEM MOCHTEN IHN DIE FRAUEN SEHR...

Mit seinen 28 Jahren war der Bauer Florencio Medrano Mederos, den sie wegen seiner hellen Haut und seiner heiteren, grünen Augen Güero nannten, überall sehr beliebt. »Seine Augen sahen fast aus wie Honig«, erinnert sich Micaela unter Tränen, »ja, sie waren ganz sanft«, bestätigt Susana, »seine Augen sahen einen voller Mitgefühl und Zärtlichkeit an«, sagt Sara, »voller Erbarmen«, ergänzt Marta, »seine Augen waren wie die von Aquileo«, wirft María Gloria ein, »seine Augen schauten nicht unterwürfig, wie die der unterwürfigen Leute, sie waren stark, und deshalb gefielen sie mir, weil ihr Blick fest und hart war«, versichert Jerónima, »sie spielten so ins Gelbe«, »ich habe sie eher grau gesehen«, »ach Quatsch, sie waren doch fast blau«, »nein, sie hatten eine Farbe wie Klee«, »sie waren wie flüssiger Honig«, »es waren die Augen eines guten Menschen«, beendet Rufina das Geplänkel. Das einfühlsame Gesicht unter feiner Haut, nervige Hände, der Blick von manchmal abgründiger Tiefe und unendlicher Trostlosigkeit, von eher kleinem Wuchs: man sah Güero inmitten der anderen sofort. Aquiles war größer, Juárez auch, und Sin Fronteras war stärker, aber wenn es darauf ankam, setzte Güero sich durch. Ein feinfühliger Mann, feinfühlig in seinen Reaktionen und Handlungen, ohne einen Anflug von Gemeinheit, und doch war er, wenn es sein mußte, um einen Kraftausdruck nicht verlegen. Bei ihm schien alles leicht und natürlich zu sein, seine Befehle kamen wie von allein und bezogen ihre zwingende Kraft aus sich selbst. Niemandem wäre in den Sinn gekommen, Witze über ihn zu machen, er hatte einfach Autorität. Und er war uneigennützig, wie auch die anderen Mitglieder des Kampfkomitees, die oft, vor lauter Arbeit beim Abstecken der Parzellen und all den anderen Gemeinschaftsaufgaben, gar nicht zum Essen kamen. Viele vom Kampfkomitee fingen erst ganz zuletzt an, ihr eigenes Haus zu bauen, wenn sie sich überhaupt selbst eine Parzelle zuteilten. Und noch heute leben die Kinder Güeros in größtem Elend in der Siedlung, die er selbst gegründet hat, in der er aber kein eigenes Land hatte. »Er hat so gelitten, und seine Kinder sind bettelarm.«

VON HEUTE AUF MORGEN, UND EHE DIE REGIERUNG ES HÄTTE VERHINDERN KÖNNEN

Das Ziel Güeros bei der Landbesetzung war nicht, sich dort niederzulassen. Er wollte keinen Besitz, für ihn war Jaramillo ein Anfang für den allgemeinen bewaffneten Kampf. Die Siedlung Jaramillo sollte der erste Stützpunkt werden, ein erstes freies Gebiet im Staate Morelos; danach sollten weitere Stützpunkte gegründet werden, ein Dorf hier, eins da, von denen der bewaffnete Aufstand ausgehen sollte, ganz nach dem chinesischen Vorbild. Für ihn waren die besetzten Gebiete »freie Zonen«, in die weder Polizei noch Heer eindringen konnte, weil die bewaffneten Bauern das verhinderten.

Güero wollte mit der Verteilung der tausendfünfhundert Parzellen eine chinesische Kommune gründen, die erste in Lateinamerika. So wie er die ANOCE maoisiert hatte, so wollte er es auch mit den Siedlern in Jaramillo machen. Viele Mitglieder des Kampfkomitees studierten Maoismus; Cacarizo kannte sogar ein paar chinesische Wörter und Juárez auch.

Das Land war für die andern, für sie ging der Kampf weiter. Eines Tages müßten sie die Siedlung wieder verlassen, das wußten ihre Frauen schon. Während des langen chinesischen Krieges kann keiner Wurzeln schlagen, die Guerrilleros ziehen von Lager zu Lager, und nach einem Sieg stürzen sie sich sofort in die nächste Schlacht. Güero würde sich niemals irgendwo niederlassen, ganz bestimmt nicht, er führte ein anderes Leben, aber sie hatte er gut abgesichert, kein Polizist würde die Siedlung betreten, keiner, der nicht zur Siedlung gehörte, würde die Schwelle bei Los Pinos überschreiten, dafür hatte er gesorgt. Er hatte andere Siedlungen entstehen sehen, die Lázaro Cárdenas*, die Antonio Barona**. Von Don Enedino Montiel, einem Experten für Landbesetzungen, hatte er viel gelernt. Die Männer, die Güero am nächsten standen, seine »Kader«, wie er sie nannte, wußten, daß er die Besetzung in Palmar Grande geleitet hatte. Primo Medrano, sein Bruder, erzählte das gern. Es war auch nicht seine erste.

Güero organisierte die Siedlung so erfolgreich, daß die Selbstver-

---

* Geb. 1895, gest. 1970; Präsident von 1934–1940. Er führte die Umverteilung des Großgrundbesitzes in Ejidos durch. A.d.Ü.
** Geb. 1895, gest. 1915; kämpfte unter Zapata gegen Huerta. A.d.Ü.

waltung schon bald besser war, als es die offizielle je hätte sein können. Es kamen immer mehr Siedler an, und im Handumdrehen und ehe es die Regierung hätte verhindern können, breiteten sie über das ganze Gelände ihre Hütten aus Wellblech, Karton, Holz und Plastik aus, Hütten, die sich kaum vom Boden erhoben, die am Boden klebten wie das Elend in der Welt. Schon bald waren aus den dreißig Anfangsfamilien fünfhundert geworden, bis es schließlich fast zehntausend Besetzer waren, und jeden Tag kamen mehr, Männer, Frauen, Kinder; sie waren vielleicht von irgendeinem Bekannten aufmerksam gemacht worden, oder sie hatten ein Flugblatt gelesen, auf dem angekündigt war, daß es in Villa de las Flores Land gebe, oder sie hatten ein Exemplar der Zeitung »Klassenkampf« gelesen, die Güero mit Aquileo und einigen der »Intellektuellen« der ANOCE herausgab.

Die »roten Sonntage« in Jaramillo, die ganz für kollektive Arbeiten reserviert waren, wurden schnell auch in der Hauptstadt bekannt, und schon bald stellten sich studentische Brigaden der Universität, der Polytechnischen Hochschule, der CCH und der Prepas Populares* ein, die alle das sogenannte erste sozialistische Experiment auf mexikanischem Boden sehen wollten. Aber kaum hatten sie die Schwelle von Los Pinos überschritten, traten ihnen die Siedler schon entgegen:

»Wer seid ihr denn? Könnt ihr euch ausweisen?«

»Wir sind Studenten.«

»Ach so, ich glaube, das hilft uns überhaupt nicht bei dem, was wir hier machen.«

»Aber wir wollen doch helfen, Ehrenwort.«

»Das wollen wir doch mal sehen. Wollt ihr arbeiten oder uns nur aufhalten?«

DIE ROTEN SONNTAGE IN JARAMILLO

Von 1968–1973 gab es auf dem Land keine Besetzungen und Aufstände, und wenn es sie gab, dann drangen sie nicht durch oder

---

* Verschiedene Formen, den Vorbereitungsunterricht auf die Universitäten zu reformieren; entstanden in der Folge der 68er Bewegung: CCH – Colegio de Ciencias y Humanidades – C. für Geistes- und Naturwissenschaften; ist staatlich organisiert und richtet sich, reformpädagogisch, an Arbeiter etc. Prepas Populares sind unabhängige Vorbereitungsschulen und richten sich vor allem an soziale Randgruppen. A.d.Ü.

konnten unterdrückt werden. Die Regierung Echeverría* wollte die 68er Bewegung unterbinden und so die Wunden vom 10. Juni schließen, und sei es mit Spucke. Plötzlich aber besetzen in Morelos einige der sogenannten Randgruppen Land, und nicht nur das, sie wollen die Revolution in ihrer Siedlung beginnen lassen. Und jetzt? Alle, die noch mit dem 68er Mythos der freien Universität lebten, stellten plötzlich erstaunt fest, daß es doch ein freies Gebiet in Amerika gab, und zwar in Morelos. Die Besucher baten um Hacke und Schaufel und machten sich an die Arbeit. Bald schon standen sie nur noch in Hemdsärmeln, und Stunden später zogen sie, inzwischen ohne Hemd, weiter Gräben, erschöpft von der Sonnenglut. Viele kamen nur, um Güero zu sehen, wie er nachmittags eine Versammlung einberief und sich dann an die Leute wandte. »Von dem kannst du alles haben, das sage ich dir, der würde dir sein letztes Hemd geben.« Er wickelte sie mit seinen Worten förmlich ein, so als hülle er sie in einen warmen Mantel, seine Worte waren einfach, er wollte für alle ein gutes Leben, aber helfen müßten sie sich schon selbst. Für Gerechtigkeit müßten sie selbst sorgen und für Ordnung und die Nahrungsversorgung. Sie würden die Grundnahrungsmittel in der Siedlung lagern: Mais, Bohnen, Zucker. »Ich will aus Jaramillo die erste Volkskommune der Republik Mexiko machen.«

»Was ist das denn?« fragte Micaela.

»Ein Dorf, das seinen eigenen Mais, seinen eigenen Reis, sein eigenes Gemüse anbauen kann, die dann in Volksläden, in denen alles billiger ist, verkauft werden. Hast du noch nicht die neuen Stände auf dem Markt gesehen, Micaela? Hier schaffen wir Arbeit für alle, denn wir bauen unsere eigenen Produkte an und leben von dem, was uns die Erde gibt...«

»Aber wie denn, lieber Güero, wir sind doch bettelarm, und wir wissen doch gar nicht wie...«

»Wir holen Fachkräfte, die uns alles zeigen. Von der kommenden Woche an gibt es einen Schlachthof, wir züchten Kaninchen, hast du denn die Karnickelställe noch nicht gesehen, Micaela? Und Fische und Wachteln. Wir haben schon Junge, und dann helfen uns die Chicanos von der *Raza Unida*.«

»Wer sind die denn?«

»Die gehören auch zu uns.«

---

* Luis Echeverría Álvarez (geb. 1922), Präsident von 1970–1976. A.d.Ü.

»Gringos?«

»Chicanos: Kinder von Mexikanern, die über die Grenze gegangen sind.«

»Die Glücklichen. Aber komisch, warum kommen die denn zurück, wo es doch immer heißt, drüben hätten sie alles im Überfluß?«

Nach vierzehn Tagen befanden die Studenten, daß das Schlachthaus funktioniere, und daß es nicht nur alles gab, sondern daß man sogar aus anderen Orten heraufkam, um in Jaramillo einzukaufen, denn vieles war hier billiger als in der Umgebung. Sie fingen auch an, ein Krankenhaus zu bauen; es sollte den Namen Norman Bethune erhalten, in Erinnerung an den kommunistischen Arzt, der nach China gegangen war; die Betten standen bereits in einem Schuppen beim Büro. »Wir besorgen die Ausstattung«, begeisterten sich die Studenten, »Verbände, Instrumente, und die Medikamente bekommen wir über die Laboratorien.« Die Delegierten wollten diesen Eifer etwas bremsen, aber auch die 57 Abgeordneten der 57 Häuserblocks hatten sich für das Projekt begeistert. Sie erhielten keine Bezahlung; es genügte ihnen, ein Stück Land zu haben und die anderen zu vertreten, ihre Stimme hörbar zu machen. Die Studenten waren sprachlos und wollten es fast nicht glauben. »Wenn das hier so weitergeht, Bruder, gehe ich nicht nach Guatemala.« Viele junge Leute haben von den Befreiungsbewegungen in Guatemala, in El Salvador und in Nicaragua gehört und sind entschlossen, die Revolution mitzutragen. Oder dabei umzukommen. Und jetzt gab es hier im eigenen Land auch ein revolutionäres Experiment. An jedem Wochenende kamen ganze Gruppen junger Leute – angezogen vom Charisma Güeros –, Gruppen, die mit der allerbesten Absicht ihre Dienste anbieten wollten, die aber doch keine andere Beziehung zu den Bauern hatten, als die ihres guten Willens. Sie kamen mit Schlafsäcken und Bergsteigerausrüstung, mal sehen, was sie helfen konnten. Sie fuhren statt zum Popocatepetl jetzt nach Jaramillo.

DER PRT, DER PC, DER PMT, DIE PREPAS POPULARES,
DIE ZEITSCHRIFT »PUNTO CRITICO«

Güero ließ die Studenten herein, obwohl Chivas Rigal protestierte:

»Das geht schon früh morgens los mit denen. Das geht nicht,

Lencho, nein, das geht nicht mit denen; und dann das ständige Gerede über Materialismus und Marxismus und ... Unsere Leute verstehen das einfach nicht.«
»Die sind schon in Ordnung; warum wollt ihr ihnen denn unbedingt die Flügel stutzen?«
»Die halten uns nur auf.«
»Aber sie stören doch niemanden. Sie kommen, um zu helfen ...«
»Sie machen zuviel Wirbel, und manche kommen mir eher wie Gauner vor, wie Händler. Sie wollen Sammlungen veranstalten, Flugblätter drucken, Propaganda machen.«
»Ja und? Wem schadet das?«
»Sie gehören einfach nicht zu uns, Lencho.«
»Wer war denn in China, und wer hat die Schulung mitgemacht, Chivas?«
»Du, Lencho, du natürlich, aber die sind trotzdem verrückt, ich weiß, was ich sage, diese Typen passen nicht hierher, ob sie vom PC, vom PRT oder von diesem neuen PMT, ob sie von der Zeitschrift *Punto Crítico*, von den Prepas oder den katholischen Schulen kommen. Die von der Prepa Popular in der Liverpoolstraße sind schon einen Schritt weiter, ich habe gehört, sie wollen denen in der Nopalera zeigen, wie man Bomben fabriziert, weil nämlich von hier die Revolution ausgehen wird.«
Die Studenten der Wirtschafts- und politischen Wissenschaften von der UNAM boten an, Vervielfältigungsgeräte und Matrizen zu besorgen, sie wollten sogar Lastwagen beschlagnahmen. Sie redeten von ideologischer Unterstützung, von Allende, von Revisionismus, vom echeverristischen Populismus, dem man etwas entgegensetzen müßte; sie waren durch und durch euphorisch, und jedes dritte Wort hieß Revolution. Der Lehrer Pedro Tomás García forderte sie schließlich auf, etwas weniger laut zu tönen:
»An der Universität könnt ihr von Revolution reden, von allen möglichen Revolutionen, der sexuellen, der feministischen, der der Umgangsformen oder was ihr wollt, aber hier auf dem Land geht das nicht so, hier geht es wirklich um etwas. Die Bauern holen ihre Waffen heraus, das Heer marschiert auf, hier ist es wirklich ernst. Und wer sind denn die Unterdrückten? Sie doch.«
»Wir aber auch, oder haben Sie 68 schon vergessen?«
»Ja, 68, das muß immer für alles herhalten. Es wird langsam Zeit, 68 zu entmythisieren! Jetzt habt ihr es mit Bauern zu tun, mit einfachen Leuten, merkt euch das.«

EL CHINGADAZO*

Eine Gruppe Studenten brachte, unter Anleitung der Zeitschrift »Punto Crítico«, die Zeitung »El Chingadazo«, »Scheiße«, heraus, zwölf hektographierte Blätter in Heftchengröße, auf dem Titel eine Zeichnung und auf der Innenseite einen kleinen Comic, im Innern Karikaturen, illustrierte Artikel über die Preissteigerungen, die Landbesetzungen, Wanzenbekämpfung, Gartenbau usw. Sie wendeten sich an die Bewohner von Jaramillo und andere Arbeitersiedlungen im Land: die Francisco Villa in Chihuahua, die Tláhuac, die Nezahualcóyotl** und die Helden von Padierna im Bundesdistrikt; sie begrüßten jubelnd neue Landbesetzungen (z. B. die der Sandminenx von Palo Alto, Mexico-Stadt), schrieben über Wahlen von Arbeiterräten und Unterstützung von Streiks unabhängiger Gewerkschaften. Die Zeitung wurde auf der Straße verkauft: »Kauft eure Scheiße, nur dreißig Centavos, wer kein Kleingeld hat, kann auch einen Peso bezahlen«, und wenn die Leute aus der Jaramillo auch lächelten, wenn sie den Rufer hörten, unter sich redeten sie doch: »Die Ausbildung ist so teuer, und dann kommt so etwas dabei heraus. Auch wenn wir so sprechen, man muß das ja nicht so laut herumschreien.« Die ordinäre Sprache gehörte zu ihrem Alltag, sie fiel gar nicht auf bei ihren Gesprächen, aber »Scheiße« gedruckt und öffentlich ausgerufen verwirrte sie und erinnerte sie daran, daß sie selbst der letzte Scheißdreck waren.

»Das ganze Blatt ist eine Unverschämtheit, angeblich volkstümlich und grob vereinfachend«, empörte sich der Lehrer García. »Man kann etwas einfach ausdrücken, man kann es aber auch absichtlich grob vereinfachen.«

»Lencho, jeder Siedler könnte die Zeitung besser machen als die Studenten.«

Für Güero war alles nützlich, was gegen die Regierung war, auch wenn es Chivas Rigal nicht paßte.

»Was mischen die sich überhaupt hier ein?«

»Alles nützt uns, alles, auch ein Verräter.«

---

* Emphatisch gesteigertes Substantiv, abgeleitet vom Verb ›chingar‹ – eines der am häufigsten verwendeten Schimpfworte in zahllosen Bedeutungen. A.d.Ü.
** Halb legendäre, halb historische (1402–72) Herrschergestalt des vorkolonialen Mexiko. Bekannt durch seine Dichtungen. A.d.Ü.

»Nein, Lencho, das stimmt nicht, das Geschreibsel ist durch und durch schlecht.«

Es wurde immer schwieriger, Güero zu widersprechen. Chivas Rigal ging schließlich zum Lehrer Pedro Tomás García: ein großer, schlanker Mann, dessen ernste Augen Vertrauen einflößten. Und auch seine Stimme. Er war jünger als Güero, wirkte aber älter, vor allem wenn er sprach, dann war seine Stimme gleichbleibend ruhig.

»Ich bin auch nicht damit einverstanden, daß all diese Leute hierher kommen, Lencho, Chivas hat recht.«

Güero war die ganze Lawine, die da über Jaramillo hereinbrach, nicht unwillkommen; im Gegenteil, für ihn war der Lärm, der um die Siedlung gemacht wurde, eine Möglichkeit, sein Prestige wachsen zu lassen, bevor der bewaffnete Aufstand begann.

»Weißt du nicht, daß Margerito, der Neue, ein Spitzel ist?« fragte Chivas mit seiner dröhnenden Stimme.

»Klar weiß ich das.«

»Und daß Facundo ein Polizeiagent ist?«

»Verdammt, was habt ihr denn?«

»Was hast denn du, Lencho? Wie kannst du den hier hereinlassen, wenn du das weißt?«

»Der ist mir auch nützlich.«

»Die Leute machen dich schon ganz verrückt. Der Lehrer Pedro hat letztens in der Schule gesagt, bei der Elternversammlung, daß im Sozialismus nicht die einzelnen zählen, sondern die Gemeinschaft.«

»So, so. Und wer hat dem Lehrer erlaubt, eine Versammlung abzuhalten, ohne das Komitee zu informieren?«

»Er hat sie angekündigt. Es scheint allerdings, daß du seit einiger Zeit glaubst, du wärst das Komitee.«

GÜERO FAND NICHT NUR DIE OPPORTUNISTEN, SONDERN AUCH DIE EINGESCHLEUSTEN POLIZISTEN NÜTZLICH

Güero atmete heftiger, aber der Lehrer García schien aus Stein.

»Medrano, es kommt immer mehr Gesindel herein.«

Güero mochte es gar nicht, wenn man sich ihm entgegenstellte, vor allem nicht dieses aufgeblasene Lehrerlein:

»Felix Varela ist Schmuggler; und er gilt als genußsüchtig. Solche Elemente dürften nicht in der Siedlung leben.«

»Aber er hat doch auch ein Recht auf eine Chance, oder nicht, Pedro?«

»Vinalay gibt sich als Journalist aus, um die Leute zu erpressen. Du bist doch auch gegen den Alkohol, und Vinalay lebt davon. Er organisiert Feiern und Tanzveranstaltungen und bis zu sieben Festessen täglich.«

»Laß Vinalay in Ruhe, der hat auch seine guten Seiten.«

»Nun spiel nicht den Erlöser. Du setzt die ganze Siedlung aufs Spiel; es geht ja nicht nur um dein Leben, sondern um das von zehntausend Menschen.«

»Und? Wie haben sie denn vorher gelebt? Jetzt haben sie wenigstens etwas zu beißen.«

»Dann läßt du es also wissentlich zu, daß Polizisten hier eingeschleust werden? Willst du denn Polizei hier drinnen?«

»Ja, denn ich mache sie alle fertig, wenn die Zeit reif ist.«

»Du bereitest deine eigene Vernichtung vor.«

»Ich weiß, was ich tue. Ich habe das Land besetzt, um eine Guerrilla aufzubauen, nicht um ...«

»Und die anderen, die hier bleiben, wenn du in die Berge gehst?«

»Die erwischen auf jeden Fall den besseren Teil, da könnt ihr sicher sein.«

Güero glaubte, er könne alle Probleme mit seiner Kühnheit lösen, er könne alles erreichen, einfach weil er Florencio Medrano Mederos war; der Lehrer begann langsam an ihm zu zweifeln:

»Dieser Bursche ist so gerissen, ja gerissen, er fängt schon an, korrupt zu werden. Er will die Volksbewegung nutzen – und nur deshalb tut er sich immer so hervor – um nachher in die große Politik zu gehen, wie viele vor ihm auch.«

Vorher wurden Kontrollen durchgeführt; man mußte Formulare ausfüllen, die Siedler mußten sich, wenn sie ihre Parzelle erhielten, zu öffentlichen Arbeiten verpflichten. Jetzt, nachdem Güero die Türen geöffnet hatte, kamen Leute herein, deren Zivil nur Verkleidung war, und auch Gauner und Gesindel.

DER METZGER, DER IHN SCHWER BELEIDIGTE

»Wenn es etwas zu tun gab«, erzählt der Maurer Pánfilo Narváez, »war Güero Medrano immer mit dabei, und auch wenn ich nur wenig mit ihm gesprochen habe, sah man doch gleich, daß er ein guter Mensch war, wirklich, er hatte Schwung, aber er konnte

auch hart sein. Die Leute aus der Siedlung sagten: ›Wenn man ihm entgegenkommt, gibt er einem alles, aber wenn man ihm widerspricht, na warte, dann kannst du sehen, wo du bleibst.‹ In einer der ersten Nächte, in der ich Wache hielt, habe ich ihn wütend gesehen, weil ihn ein Metzger angegriffen hatte; Güero forderte uns auf zu entscheiden, ob wir ihn hinauswerfen sollten oder ob er dableiben könne, denn solche Leute könnten wir hier natürlich nicht gebrauchen. Im Grunde befahl er uns, ihn hinauszuwerfen, auch wenn er uns scheinbar die Entscheidung überließ. Nicasio war der Delegierte von Block 33, und ich habe zu ihm gesagt:
›Das muß doch nicht sein, wir können doch noch einmal mit dem Metzger reden.‹
›Wozu denn? Güero hat es doch gesagt, wir werfen ihn raus.‹
Ich fühlte mich traurig oder ich weiß nicht wie, denn plötzlich fing seine Frau im Dunkeln zu weinen an, das wäre ihr Tod und wir würden sie fertigmachen, man hörte ihre ziemlich lauten Schreie durch die Nacht, sie bat um Hilfe, aber keiner kümmerte sich um sie; die Leute gingen achtlos vorbei.
Ich sprach mit meiner Frau, sie sollte sich ihrer ein bißchen annehmen, ihr sagen, daß man ihr nichts tun würde, daß sie in einer anderen Armensiedlung neu anfangen könnte, aber sie weinte immer heftiger, und jedesmal, wenn ein Stück ihres Hauses abgerissen wurde, hörte man sie stöhnen, so als würde sie geschlagen. Als das Haus abgerissen war, weinte sie nur noch still vor sich hin; es half ja doch nichts mehr. Wir brachten sie zum Eingang von Los Pinos, und genauso wie bei dieser Metzgerfamilie war ich dabei, als ein anderer Siedler hinausgeworfen wurde, weil er von Güero Rechenschaft verlangte. Er zählte die ganzen freiwilligen Beiträge von drei Pesos wöchentlich pro Familie zusammen, und da wir schon achthundert Familien waren, ergab das zweitausendvierhundert Pesos, das heißt, fast zehntausend im Monat; und dieser Bursche kam zu Güero und wollte wissen, was er denn wohl mit dem ganzen Geld machte, und Güero ließ ihn hinauswerfen. Wenn einer etwas gegen Güero sagte, verteidigten ihn die Leute: ›Wenn es dir hier nicht paßt, kannst du ja gehen.‹ Und das war ja ziemlich leicht, denn die Häuser waren alle nicht sonderlich fest, und schon bei der leichtesten Erschütterung fielen sie zusammen. Einer riß einen Träger heraus, einer eine Wellblechplatte, und ehe man ein Kreuzzeichen gemacht hatte, gab es schon kein Haus mehr. Beim Haus des Anwalts Miguel Buendía war es

ganz besonders einfach, denn er hatte nur einen Tisch und zwei Sprudelkisten.«

ES GEFIEL DEN SIEDLERN, DASS GÜERO MOTORRAD FUHR

Während der ersten Monate war Güero immer auf den Straßen der Siedlung zu sehen, und die Leute riefen ihm von ihren Häusern aus zu: »Setz dich ein bißchen zu uns, Güero«, »du brauchst auch mal eine Atempause«, »du mußt auch mal an dich denken«, oder geradeheraus: »Güero, kannst du mal mit anpacken?« Es gefiel ihnen, daß er Motorrad fuhr, sie erkannten ihn daran und schauten dann aus dem Haus. Das Motorrad gehörte zu ihm. Güero war liebenswert, und alle stimmten darin überein, daß er sehr umgänglich war, in jeder Hinsicht umgänglich:

»Hallo, Jerónimo, was macht dein Husten?«
»Es geht so.«
Güero schaltete den Motor aus, stieg vom Motorrad ab und schob es.
»Es ist also noch nicht besser mit deinem Husten?«
Jerónimo bekam einen Hustenanfall.
»Warum gehst du nicht zum Arzt?«
»Der hat gesagt, daß es die Bronchitis ist, die mich nicht in Ruhe läßt, die mir so zu schaffen macht.«
»Mach dir einen *Zorrillo*tee*, und reib dich mit *Zorrillo*salbe ein.«
Ja, auch da wußte er Bescheid.

DAS GRUNDSTÜCK VILLA DE LAS FLORES LAG 18 JAHRE VERLASSEN
DA UND WAR ÜBERHAUPT KEIN PARADIES

Nach Plänen von 1941 gehörte Villa de las Flores zum *ejido* von Acatlipa. Während vieler Jahre war das Land Gegenstand verschiedener Betrügereien; es war Gemeindeland, das später zu einem unbebauten *Ejido*gebiet gemacht wurde, wo die Leute sich Brennholz holten oder ihr Vieh weiden ließen. Ein *Ejido*beauftragter aus Temixco verkaufte das Land, das 18 Jahre verlassen dagelegen hatte, an einen Italiener, der die Hälfte in Parzellen aufteilte, die er zu 90 oder 200 Pesos verkaufte, auf der andern Hälfte baute er eine Molkerei; aber da er keine Steuern bezahlte,

* Kermesbeere (Phytolaccaceenart). A.d.Ü.

beschlagnahmte die Regierung sein Land, und aus war es mit dem italienischen Milchmann. Wegen der Steuerschulden wurde das Land versteigert, wie das Gesetz vorschreibt, und da es keine Bieter gab, erteilte sich die Regierung selbst den Zuschlag.

EIN GRUNDSTÜCK FÜR MEINEN SOHN

Als Felipe Rivera Crespo Gouverneur wurde, ging das Grundstück von 64 ha Größe in die Hände seines Sohnes über. Luis Felipe Rivera, Chacho genannt, war Architekt und fing ein bißchen zu bauen an, ließ das Gelände aber bald wieder liegen. Es gab, als Vorzeigestück, am Eingang zwei Pfeiler, Wachhäuschen, einige Gehwege, einige Drainagerohre für Abwässer, den Anfang eines Golfplatzes und einen Brunnen. Das Modell, das den zukünftigen Käufern einen Eindruck geben sollte, stand in einem Häuschen unter dem Schild: »Zu verkaufen, Informationen hier.« Es gab einen künstlichen See und eine Tontaubenschußanlage. Der Turm der Molkerei blieb als eine Art Wache, und als die einfachen Leute kamen, um ein Stückchen Land zu ergattern, war der Turm das Zentrum für die Verteilung.

Eines Tages, als Luis Felipe, der Chacho, durch Temixco kam, sah er seinen Berghang in kleine Rechtecke aufgeteilt, hörte Hundebellen, das eine oder andere Radio auf voller Lautstärke spielen und merkte so, daß etwas dort oben passiert war. Als er »Die gute Freundschaft« betrat, bestätigte ihm Urbano, der Wirt, daß das Land von einer Bande Hungerleider besetzt worden sei:

»Schauen Sie nur, es sieht aus wie eine Kruste.«

Chacho befahl seinen Arbeitern, in Villa de las Flores Gehwege anzulegen, Pfosten aufzustellen und das Gelände in Grundstücke aufzuteilen, damit die Elenden sähen, wer dort der Herr sei. Die 50 Arbeiter schafften die Maschinen herüber und fingen an zu graben. Zu Mittag riefen die Siedler:

»Kommt doch auf einen Bissen herüber, auch wenn es nur ein *taco** ist.« Überrascht aßen sie mit den Besetzern. Am zweiten Tag ging es genauso und auch am dritten, und am vierten unterhielt sich Genaro, der Kleine vom Kampfkomitee, mit ihnen, während er die Tortillas wendete:

»Was bezahlt euch die Regierung, daß ihr die Straßen hier planiert? Zahlen sie wenigstens den Mindestlohn? Warum baut

---
* Eingerollte Tortillas mit verschiedener Füllung. A.d.Ü.

ihr euch nicht euer eigenes Haus, statt für die Regierung zu arbeiten.«

»Uns bezahlt die Baufirma.«

»Und gehört die Baufirma nicht dem Gouverneur oder dem Sohn des Gouverneurs oder dem Freund des Gouverneurs oder wie?«

»Das weiß ich auch nicht.«

Auch Güero sprach mit ihnen in diesem überzeugenden Ton, in dem sich immer alles so klar und problemlos anhörte:

»Wir sind doch Klassenbrüder, wir werden alle von der Regierung ausgebeutet. Es ist einfach eine Sauerei, die Reichen, die Feinde sind noch immer sehr mächtig. Der einzige Weg, sie daran zu hindern, uns das Essen zu nehmen, ist, daß wir einig sind.«

Er versicherte ihnen, daß sie, sobald sie aufhörten, für Chacho zu arbeiten, eine Parzelle bekämen. Nachdem sie sich untereinander beraten hatten, kamen sie zu Güero:

»Es scheint, daß du recht hast.«

Sie überließen die Maschinen, die Schaufeln und die Hacken der Siedlung Jaramillo. Und als Chacho vorbeikam, fand er seine Arbeiter bauend vor, aber sie bauten ihre eigenen Häuser. Chacho verlangte seine Maschinen und alles, was ihm gehörte, zurück, aber die Siedler rückten nichts mehr heraus.

Als Chacho das seinem Vater erzählte, warf dieser ihm vor, sich nicht genügend um das Grundstück gekümmert zu haben:

»Hättest du wirklich gebaut, sähe jetzt alles ganz anders aus.«

Noch mehr Sorgen aber machte er sich, als er hörte, daß Güero Medrano der Anführer sei; der hatte ihm schon Schwierigkeiten gemacht, als er noch Bürgermeister war. Damals war er nur ein Steinchen im Schuh gewesen, aber jetzt schien er sich langsam in einen dauernden Kopfschmerz zu verwandeln. Dieser starrköpfige, aufsässige Knirps war im Rathaus erschienen und hatte gefordert, aber wie, den Handwerkern den Vorplatz des Einkaufszentrums von Cuernavaca zur Verfügung zu stellen, damit sie dort ihre Stände zum Verkauf ihrer Waren errichten könnten. Er war schimpfend in sein Büro gedrungen, und als er den Vorplatz bewilligt bekommen hatte, wollte er auch noch Material für die Stände. »Da Ihnen die Holzfabrik Moctezuma gehört, können Sie die Bürgschaft für das Holz übernehmen.« Und als Rivera Crespo sich weigerte und ihm auf seine Unverschämtheit antwortete, das Rathaus sei nicht dazu da, Almosen zu verteilen, fuhr Güero ihn an: »Die Büros des Rathauses gehören nicht Ihnen, sondern dem Volk, und Sie sind ein Diener des Volkes.« Und jetzt machte dieser selbe Knirps, der war schon ein harter Brocken, ihm erneut Schwierigkeiten, und das knapp zwölf Kilometer von Cuernavaca entfernt.

UND IHR? FÜR WEN SEID IHR? FÜR DAS VOLK ODER FÜR DIE REGIERUNG?

Drei Patrouillen, begleitet von je vier Polizisten, kamen zu einer Untersuchung. Ohne die geringste Angst antworteten die Siedler ihnen, daß sie das Land besetzt hätten, weil es ihnen gehöre, dem Volk; daß sie entschlossen seien, es nicht aufzugeben, weil dieses Land immer schon ihnen, dem Volk, gehört habe, und daß die Zeit gekommen sei, es dem Volk nicht mehr länger vorzuenthalten. »Deshalb haben wir es uns genommen, und wir werden es hiermit verteidigen!« Dabei zückten sie ihre Macheten. »Und ihr, wozu seid ihr da, ja, wozu? Um das Volk zu verteidigen oder um mitzuhelfen, es zu prügeln? Für wen seid ihr? Für das Volk oder für die Regierung?« Durch die gerade erst gezogenen Straßen marschierte jetzt auch die Wachmannschaft; einige hatten ihr altes Gewehr geschultert: »Schau nur, die sind ja bewaffnet.« Die Siedler kamen aus ihren Hütten, und ohne sich abgestimmt zu haben, gingen sie alle der Patrouille entgegen. Die Polizisten hatten noch nie erlebt, daß ihnen eine ganze Menschenmenge entgegenkam; die Frauen hoben Steine auf und hielten sie hoch. Die drei Patrouillen machten sich sofort davon und kehrten unmittelbar zum Regierungspalast zurück.

»Nun, was war? Ist das Gelände geräumt?«
»Das wird eine langwierige Geschichte, Herr Lizentiat.«
»Was ist passiert, Leutnant? Berichten Sie!«
»Es sind sehr viele, mehr als zehntausend, und sie sind bewaffnet.«
»Das muß geregelt werden, und zwar ohne Skandal.«
»Das wird schwierig, sehr schwierig.«
»Ich will keinen Skandal, ist das klar! Es darf keine Ausschreitungen geben. Man muß sie unterwandern, Sie wissen schon wie. Erstatten Sie Hauptmann Galindo Bericht; er frühstückt gerade im »Mañanitas« mit den Herren Abgeordneten aus Mexiko.«

SIE HABEN NICHT NUR DAS LAND BESETZT, SIE WIEGELN AUCH NOCH ANDERE AUF

Der Gouverneur hatte das Gefühl, als stünde der Teufel vor ihm, als am 10. April, dem Jahrestag von Zapatas Tod, etwa tausend Siedler aus Jaramillo nach Chimameca demonstrieren kamen und auf ihren Kampf aufmerksam machten. »Sie haben nicht nur das Land besetzt, sie wiegeln auch noch andere auf.« Das war zuviel, sie sollten schon merken, wer er war, es wurde Zeit, dem Pöbel seine Schranken zu weisen. Voller Wut beschloß der Gouverneur, Polizisten in Zivil in die Siedlung zu schleusen.

»Lauf und sage dem Kampfkomitee, daß dort, wo die Schule gebaut werden soll, fremde Leute aufgetaucht sind«, beauftragte Pedro Tomás García den kleinen Mateo, einen Jungen, dreizehnjährig und dünn wie ein Fädchen, der ihm überallhin folgte. Das Komitee setzte sofort eine Kommission ein: Aquileo, Genaro, Pánfilo Narváez, Jerónimo, Camilo und Mateo, das Fädchen. Sie gingen zum Regierungspalast, um den Rückzug der Polizisten zu fordern: andernfalls müßten sie zu Gewaltmaßnahmen greifen.

»Die Polizisten sind beauftragt, für die Sicherheit der Siedlung zu sorgen.«

»Dafür können wir schon selbst sorgen; die Polizisten werfen wir hinaus.«

DIE SACHEN

Die Siedler rückten vor. Als die Polizisten sie kommen sahen, rannten sie voller Angst in Richtung Ausgang; einer von ihnen, der dickste, schaffte es nicht, über die Mauer zu springen. Als Güero dazukam, schlotterte er vor Angst, und das mit gutem Grund: das Volk wollte ihn lynchen, und sie hätten ihn sicherlich gesteinigt, wäre Güero nicht eingeschritten.

»Der Mann arbeitet doch nur deshalb als Polizist, weil er nichts besseres gefunden hat. Zeigt dem Dummkopf, daß wir nicht gegen die Armen kämpfen, sondern gegen die Reichen, die uns das Leben so schwer machen.«

Die Bauern entwaffneten sie und hatten jetzt ihre 45er Super und eine Maschinenpistole.

»Sagt euerm Chef, daß er selbst kommen soll, wenn er die Sachen zurückhaben will.«

Am folgenden Mittwoch erschien Hauptmann Galindo, der Privatsekretär des Gouverneurs, begleitet von acht Polizisten, um Güero anzukündigen, daß Rivera Crespo ihn sehen wolle.

»Es gibt nichts, worüber wir offiziell zu verhandeln hätten«, erwiderte Güero, »ich wüßte nicht, warum ich gehen sollte.«

»Der Gouverneur will nur mit Ihnen sprechen.«

»So geht das hier nicht. Ich werde den Vorschlag des Gouverneurs der Versammlung vortragen, und wenn die Siedler annehmen, schicken wir eine Kommission, die mit dem Gouverneur redet.«

Hauptmann Galindo verlor die Fassung:

»Der Gouverneur wartet im Regierungspalast, und ich rate euch, hinzugehen, sonst geht es euch schlecht. Diese Landbesetzung ist illegal, wie alle; ihr habt ein Verbrechen begangen.«

Hauptmann Galindo kehrte höchst ärgerlich zum Regierungspalast zurück. Das waren nicht nur Hungerleider, die waren wild und überheblich, voller Zorn und Haß. Man würde nur schwer mit ihnen übereinkommen können, man müßte sie wohl mit Waffengewalt vertreiben.

DIE SANFTHEIT PRIMO MEDRANOS, GÜEROS BRUDER

Die Versammlung beschloß, daß Primo Medrano die Kommission anführte und daß die dreißig Mitglieder des Kampfkomitees gehen sollten. Nur Sin Fronteras, Chivas Rigal, Sabelotodo und Camilo blieben mit Güero zurück. Primo Medrano Mederos war ein guter Mensch, ein einfacher Mann, verträglich, sanft und liebenswert. Die Leute mochten ihn. Viele Jahre lang arbeitete er im »Atorón«, einer Kneipe, in der das einfache Volk verkehrte; deshalb konnte er gut mit ihnen umgehen und wußte sie zu nehmen. Er kam zum Kampfkomitee, als Güero anfing, Land zu besetzen, und da er der Bruder Güeros war, hatte er schon bald ein ziemlich gutes Ansehen. Er kümmerte sich um den Schutz und die Bewachung der Siedlung, und da er gewohnt war, geduldig mit den Leuten umzugehen, und da er zudem die Autorität des Bruders auf seiner Seite hatte, stieg sein Stern schnell. Güero ernannte ihn zum Oberkommandierenden der Streitkräfte von Jaramillo, zu seinem Vertreter, der die schwierigen Aufgaben zu erfüllen hatte, wie jetzt diese, mit dem Gouverneur zu reden. Primo sagte zu allem voller Sanftheit: »Wie bitte?« und fragte mit den Augen. Wäre er nicht der Bruder Güeros, hätten sie ihm daraus sicherlich einen Spitznamen gemacht. Später übertrug ihm das Kampfkomitee die Beschaffung von Waffen.

Der Gouverneur sagte ihm sofort:

»Das Land, das Sie besetzt halten, ist Privateigentum im Wert von etwa 70 Millionen Pesos. Wir leben in einem Rechtsstaat, und meine Pflicht als Gouverneur des Staates ist es, für den Schutz des Privateigentums zu sorgen. Aber obwohl Ihre Aktion illegal war, mache ich Ihnen ein Angebot. Wenn Sie das Gelände verlassen, verspreche ich Ihnen 88 Hektar, 34 mehr als hier, wo Sie ihre Häuser bauen können und sogar kleine Höfe haben, denn Sie sind sich doch darüber klar, daß Sie nach dieser Besetzung in keiner Fabrik Cuernavacas mehr Arbeit finden.«

Mit seiner natürlichen Gutmütigkeit, seinem stets freundlichen Lächeln, das ihm in der Siedlung schon soviel Sympathie gewonnen hatte, antwortete Primo:

»Das können wir nicht entscheiden, da müssen wir erst die anderen Genossen in der Versammlung fragen.«

(So ein charmanter junger Mann, was will der nur hier, dachte der Gouverneur.)

»Sind Sie nicht der Bruder von Güero Medrano?«

»Ja, aber deshalb kann ich trotzdem nicht entscheiden. Beschlüsse werden bei uns gemeinschaftlich gefaßt, nachdem jeder sich dazu äußern konnte.«

Als sie zur Siedlung zurückkamen, berichtete Primo vom Vorschlag Rivera Crespos, aber niemand fand ihn akzeptabel. Das Komitee beauftragte den Lehrer Pedro mit einer Untersuchung des angebotenen Landes, und es ergab sich, daß es zum Dorf Tetlama gehörte. Güero, Aquileo, Full, Juárez, Cacarizo, Gregorio, Sin Fronteras und die Lehrer der Schule, angeführt von Pedro Tomás García, die Güero in solchen Fragen immer berieten, kamen zu dem Ergebnis, daß der Gouverneur den Konflikt nur nach Tetlama verlagern wollte.

MIT EIGENEN AUGEN SEHEN

Rivera Crespo zermürbte sich zwischen Vermutungen und Voraussagen. »Wie ist es möglich, daß niemand weiß, was dort drinnen vor sich geht? Schon wieder die Kommunistische Partei.«

»Das greift noch bis auf Mexiko-Stadt über, und dann haben wir die Bescherung.« »Die Hauptsache ist, daß die Sache nicht die Landesgrenzen überschreitet.« Jaramillo raubte ihm den Schlaf. »Und wieder dieser Kerl, der mir, seit ich Bürgermeister war, immer nur Scherereien gemacht hat.« Schließlich entschied er sich, selbst nach Jaramillo zu fahren, um mit eigenen Augen zu sehen, was die dort machten.

Am 12. Mai um 10.00 Uhr morgens meldete Buenaventura, daß ein unbekannter Wagen, ohne Kennzeichen, in der Siedlung herumfahre. Güero ließ sofort die drei Raketen abfeuern, andere forderten über Lautsprecher die Siedler auf, den Wagen anzuhalten, die Insassen herauszuholen und sie zum Büro zu bringen. Bald wußte jeder Bescheid. Die Frauen kamen unter Micaelas Führung am Eingang von *Los Pinos* zusammen und versperrten den Weg mit Steinen. Full, Juárez, Gregorio, Sin Fronteras, Cacarizo, Buenaventura, Camilo, Canario, Ciro, Genovevo, Nicasio und Chivas Rigal hoben den Wagen hoch und stellten ihn samt Insassen vor dem Büro ab. Es war Rivera Crespo, als Bauer verkleidet: Bauernhemd, Sonnenbrille und Strohhut, sein Fahrer und Leibwächter (ein wahrer Orang Utan und Besitzer einer Baumaterialienfirma in Acatlipa) und zwei bewaffnete Männer. Inzwischen durchsuchte eine andere Kommission alle Wagen, die es in der Siedlung gab, damit niemand unbemerkt eindringen könnte. Heimat oder Tod; wir werden siegen.

»Das ist der Gouverneur.«

»Was, so alt ist der schon?«

»Ja, das ist der Gouverneur, der sich hier eingeschlichen hat, um mal zu sehen...«

»Er hat die Hoffnung wohl noch nicht aufgegeben, etwas zurückzubekommen...«

»Bist du sicher, daß dieser häßliche Alte der Gouverneur ist?«

»Ja, natürlich, das ist er.«

Der Morgen war schön und noch ganz frisch vom nächtlichen Regen, der die Wege geglättet hatte, von denen einige noch nicht einmal befahren waren. Noch sah man keine Staubwolken, diese Geißel der Siedlung.

»Ich dachte, man müßte mehr Angst vor dem Gouverneur haben.«

»Er ist von der Polizei.«

»Der Gouverneur soll sprechen, der Gouverneur soll sprechen!«

»Einen Augenblick, Genossen, wir wollen uns doch an die

Tagesordnung halten. Wir gehen vor, wie wir es immer tun, und hier ist noch ein Punkt offen, ein Problem, das die Lehrer haben. Immer hübsch der Reihe nach. Wenn wir diese Angelegenheit geregelt haben, kommt der Gouverneur an die Reihe.«

Rivera Crespo meldete sich:

»Wäre es nicht besser, am nächsten Sonntag noch eine Versammlung abzuhalten?«

»Nein, das wird hier und jetzt zu Ende gebracht.«

»Guck mal, der Gouverneur hat eine Glatze.«

»Und einen Bauch...«

Mit Zeichen des Schreckens im Gesicht wandte sich der Gouverneur an die Mitglieder des Kampfkomitees:

»Ich wollte doch nur mal sehen. Am kommenden Sonntag könnte ich Ihnen einen Vorschlag machen, der...«

»Sie bleiben hier, Gouverneur; wir hören Sie an, wenn Sie an der Reihe sind.«

»Ich könnte Ihnen ein interessantes Angebot machen, vor allem Ihnen, den Führern, aber jetzt habe ich natürlich nichts vorbereitet...«

»Einen Augenblick, Gouverneur, noch einen Augenblick«, unterbrachen sie ihn, »Sie kommen gleich dran...«

Felipe Rivera Crespo schaute von seiner Bühne auf all diese Menschen, die schlecht aßen und tranken, mit irgendwelchem fast giftigen Zeug in den Därmen. Die überlaufende Galle färbte ihr Gesicht gelb. Er befand sich in den Händen dieser Menge, dieser Elenden, die Eingeweide essen. Sie schauten ihn von unten an, weiße Flecken einer Flechte bedeckten ihre Haut. Neben ihnen schnüffelten ihre mageren, schwärigen Hunde mit ihrem stellenweise kahlen Fell und den Ohren, die im Staub hingen. Eine Frau rief: »Schwalbe«, und Rivera Crespo dachte: »Wie kann man so einen schwarzen und ausgemergelten Hund Schwalbe nennen? Sie sehen sich auch selbst als etwas, was sie gar nicht sind.« Diese Leute stießen sauer auf und hatten einen kaputten Magen, die Muskeln wurden ihnen überall schlaff, zuerst am Bauch, der Hals schwoll ihnen an, und die Schultern krümmten sich, weil das Leben so drückend für sie war, und doch nannten sie ihre kahlen, mageren Hunde »Schwalbe«. Der Gouverneur wußte, daß er sich in ihren Händen befand. »Sie haben mich erwischt.« Zwischen den Beinen hing ihnen die Haut, oder das Fleisch drückte so gegen das Skelett, daß die Knochen durch die Haut zu dringen schienen wie bei den mageren Hunden, und bei der leichtesten Anstrengung schwitzten sie, aber wenn es Reibereien gab, dann wurden sie energisch und stürmisch, dann lösten sie sich – natürlich nicht ganz – von ihrem Elend, der Pest ihrer Eingeweide und ihrer Mutlosigkeit und waren ganz sie selbst. »Sie haben mich zwischen den Fingern, den Händen, den Brüsten, den Bäuchen«, wiederholte sich Rivera Crespo ein ums andere Mal, er konnte an nichts anderes mehr denken, nichts lenkte ihn von dieser Menge ab, von diesen alten Gesichtern, denen er gegenüberstand. Niemand grüßte ihn und sagte dienstbeflissen: »Jawohl, Herr Gouverneur«, niemand klatschte ihm Beifall, bevor er seine Rede begann, keiner von seinen politischen Freunden war da, niemand schützte ihn, im Gegenteil, seine Leibwächter waren draußen geblieben. Das war nicht seine Welt aus Begrüßungen, Lächeln und Dienstfertigkeit, niemand verbeugte sich und suchte seinen Blick: »Herr Gouverneur...« Sie würden ihn nicht geschlossen, im Stehen, mit Ovationen überschütten. Er stand allein vor ihnen und dem ranzigen Geruch, der von ihren Körpern ausging. »Das ist der Geruch des Volkes«, sagte er sich. Bis heute haben diese Leute nicht mehr Vergangenheit als die paar Monate in der Siedlung, während derer sie ängstlich ihre 1500 Baracken gebaut hatten, nachdem sie zuvor das Gelände von Steinen und *huizaches** gesäubert hatten. Ihre Gemeinschaft war ungewöhnlich. Am Ende marschierten sie noch gemeinsam nach Cuernavaca, besetzten es, wie sie es mit dem Land getan hatten, besetzten gar den Regierungspalast; man mußte ihnen zuvorkommen, man mußte gerissen sein. »Schau nur, er sieht ziemlich erschöpft aus, der Gouverneur«, hörte Rivera Crespo; »ruhig«, sagte er zu sich selbst.

Er begann furchtsam zu erklären, daß das Land von Villa de las Flores Privateigentum sei, aber vor ihrem unzufriedenen Murmeln verlor er den Boden unter den Füßen, sie setzten ihm zu, er wußte es im voraus, seit er dieses Meer aus braunem, welkem, schmutzigem Fleisch gesehen hatte, daß er verlieren würde, und er unterzeichnete die feierliche Urkunde, in der zugesichert wurde, das Gebiet der Siedlung zu respektieren, zweihundert Pesos pro Familie zu zahlen, zehn Pesos der Quadratmeter, für Straßenbeleuchtung, Wasser, Strom, Kanalisation, etc. Der Rest würde den Gemeindefundus von Jaramillo bilden. Das Dokument blieb in

---

* Strauchart (Pithecollobium palmeri). A. d. Ü.

den Händen der Versammlung der Siedler. Sechs Monate später, als das Heer in Jaramillo eindrang, bewahrte die Lehrerin Evita die Urkunde, und da sie fliehen mußte, gab sie sie der Frau von Camilo, die sie im Innenhof ihres Hauses neben dem *chayote*strauch* begrub, bis bessere Tage kämen, und noch heute, obwohl sie doch vollkommen bedeutungslos ist, wird sie in einer Kassette aufbewahrt. Rivera Crespo erklärte, seine Unterschrift sei erzwungen worden, und widerrief alles, aber die alten Siedler betrachten das Dokument als einen der ersten Triumphe von Jaramillo.

LIEGT ALLES IN GOTTES HAND?

Nach diesem Sieg, der sich sofort in Acatlipa, in Tetlama und in Temixco ausbreitete, erhielten die Siedler Unterstützung von anderen Gruppen. Bauern und Arbeiter kamen im Auftrag nach Jaramillo und baten um Anweisung und um Geld. Denn die Siedler waren großzügig; stets gab es genügend, die einen Peso oder auch nur einen halben übrig hatten für die Streikenden der freien Gewerkschaften, für die Näherinnenvereinigung, für die Siedlung Antonio Barona. Mit ihren großen Umhängen und den rot beschrifteten Transparenten stellten sie sich vor dem Turm der Molkerei auf. »Güero muß uns einen Rat geben.«

Die Bäckergewerkschaft verteilte ihre hektographierten Flugblätter auch noch an den Hängen, an denen sich die Ärmsten der Armen niederließen. Jaramillo war der Anziehungspunkt für die Entrechteten. Jeden Tag kamen Delegationen von Bauern zum Büro, das Kampfkomitee konnte die Menge oft gar nicht bewältigen, und man erinnerte sich an Don Enedino Montiel, der gesagt hatte, daß manche Angelegenheiten vom DAAC in der Hauptstadt gelöst werden müßten. Die Politiker wurden merklich unruhig, als die Aktionen in Jaramillo, die Märsche und die Demonstrationen bekannt wurden.

»Das ist eine Verherrlichung des Verbrechens, die Landbesetzung ist illegal, die soziale Ordnung, die sie sich selbst geben, ist kommunistisch, und jetzt unterstützen sie auch noch andere. Das greift womöglich auf die Datsun über. Und machten sie nicht dem Bürgermeister von Tlatizapán auch Schwierigkeiten?«

---

* Eine Kürbisart. A.d.Ü.

Ein *Ejido*bauer aus San Antón kam zu ihnen ins Büro und übergab ihnen acht Hektar Land, seine Parzelle, zur Verteilung. »Ich gebe das Land lieber euch als den Banditen vom DAAC.« Zwei Tage vor der Verteilung kam der Chef der Verkehrspolizei mit sechs Patrouillen. Er wurde von der Menge mit einem Steinhagel empfangen.

»Güero, die wollen hier einmarschieren«, bemerkte Micaela.
»Ich habe Nachrichten, daß sie uns nachts überfallen wollen.«
»Ja, sie wollen uns jetzt vertreiben.«

Ein Spitzel hatte nicht dichtgehalten, und Güero nahm es ernst. Vorher waren es Gerüchte. Am 4. Juni um 11 Uhr nachts sollten siebzig Polizisten in die Siedlung eindringen. »Überfall auf Villa de las Flores«. Weit davon entfernt, sich einschüchtern zu lassen, wurden die Wachen verdreifacht, und zwar nicht nur am Eingang von *Los Pinos*, sondern auch in Panocherras, an der Grenze zum Eisenbahnhang, zur Siedlung Lázaro Cárdenas. Tausendfünfhundert Männer, bewaffnet mit Flinten und Macheten, erwarteten die Angreifer, die sofort den Rückzug antraten.

Rivera Crespo blieb nichts anderes übrig, als in den sauren Apfel zu beißen und Güero und seine Leute im Regierungspalast zu empfangen.

WANN ENDLICH KÖNNEN DIE ARMEN SCHWEINE DEN DUMMEN REICHEN ETWAS WEGNEHMEN?

So viele wollten mit, daß um zehn Uhr morgens achtzehn Busse zum Bersten voll von Jaramillo abfuhren. Das war das Erstaunlichste: die Teilnahme der Siedler. Während in anderen »besetzten« Siedlungen (und viele, die jetzt in Jaramillo lebten, kamen aus solchen) das Interesse an derartigen Aktivitäten nur sehr gering war – und deshalb gingen sie alle auch sofort wieder unter oder wurden von der Regierung übernommen –, nahmen die Leute hier großen Anteil am Geschehen um die Siedlung, so sehr, daß Jaramillo in Cuernavaca als heißes Eisen galt. Aus der Hauptstadt kamen Reporter, man sprach vom Herd der Subversion, die Politiker gaben ängstliche Kommentare über die Stärke dieser Massen von Armseligen ab: »Das wird im Handumdrehen ein zweites Tlaltelolco.«

Die achtzehn Busse parkten direkt vor dem Regierungspalast, und Güero und seine Leute strömten in Scharen hinein. Aquileo,

Genaro, Sin Fronteras, Cacarizo und Juárez deckten ihm den Rücken; sie blieben dicht bei ihm, bis sie ins Vorzimmer kamen, wo Hauptmann Galindo, der Privatsekretär des Gouverneurs, sie empfing.

Draußen waren viele Neugierige zusammengekommen, denn eine solche Menschenmenge hatte man seit langem nicht mehr im Regierungspalast gesehen. Die Polizei hätte die Menge gern zum Schweigen gebracht und sie in der bewährten Form nach draußen befördert, aber da es so viele waren und immer noch mehr kamen, mußten sie sich wohl oder übel zurückhalten.

Als Hauptmann Galindo ins Vorzimmer kam, wollte er sich empören:

»Was soll das denn? War in der Einladung nicht eindeutig bestimmt, daß Sie allein kämen?«

»Ja, aber ich habe Ihnen doch bereits gesagt, daß in Jaramillo alles demokratisch geregelt wird. Und die Genossen wollten mich eben begleiten.«

»Das ist doch die Höhe! Und wie sind Sie gekommen?«

»Mit Bussen oder zu Fuß.«

»Nun gut, aber hinein darf trotzdem nur der Anführer.«

»Entweder alle oder keiner!« rief Buenaventura aufgebracht.

»Das können wir nicht zulassen.«

»Dann gehen wir wieder.«

»Einen Augenblick, ich werde nachfragen.«

Als er sah, daß ihm nichts anderes übrig blieb, ordnete Rivera Crespo an, daß die Leute eintreten sollten, zumindest so viele, wie der Raum faßte, und der Rest wartete draußen.

Güero führte nicht nur die Verhandlungen für die Siedlung, sondern auch für die anderen Dörfer. Da der Gouverneur sie sonst nicht empfing, nutzten die *Ejido*bauern die Gelegenheit, sich Gehör zu verschaffen. Wegen dieser solidarischen Haltung hatte das Kampfkomitee großes Ansehen bei den Bauern. Sie suchten vor allem die ruhigen Augen des Lehrers Pedro Tomás García, aber die endgültige Entscheidung traf natürlich Güero. Güero hatte die Abgesandten aus Xoxocotla, Ahuatepec, Jojutla, Zacatepec und Tetlama mitgenommen, und als die sich zu Wort meldeten, wollten die Polizisten sie zurückhalten.

»Nein, wir schweigen nicht. Wir sind nicht allein gekommen, wir sind mit Güero gekommen, und deshalb müssen sie uns anhören.«

»Beschließt also jetzt Güero Medrano, wer vom Gouverneur

empfangen wird?« erregte sich Galindo.
 Güero drohte:
 »Wenn die Polizei sich weiterhin so provozierend verhält, mache ich Sie, Herr Gouverneur, dafür verantwortlich, wenn irgend jemandem hier etwas passiert, ob er aus der Siedlung kommt oder nicht.«
 Ohne Güero hätten die Bauern sich sofort einschüchtern lassen, der Raum war so groß, die Decke so hoch, die Gardinen so lang, und draußen hatten sie einige Bilder gesehen, voller dichtgedrängter Menschen, so wie sie jetzt hier drinnen standen, aber Güero fing mit klarer und gebieterischer Stimme an zu sprechen. Jeder Siedler sollte eine Urkunde bekommen, und jeder hatte auch Anspruch auf die öffentlichen Installationen, die sonst den Elendsvierteln vorenthalten bleiben; sie brauchten Wasser, Licht, Kanalisation, und das bald; die Regierung sollte für die Sicherheit der einzelnen bürgen und keine Repressalien mehr gegen die Siedlung anwenden: Schluß mit den Anschlägen und Überfällen. Schluß mit der Unterdrückung. Andernfalls würden sie, die Armen, in Richtung Hauptstadt marschieren.
 Dem Gouverneur hatten sich während dieser Rede die kahlen Wangen glühend rot gefärbt, und mehrmals versuchte er, etwas zu sagen, aber Güero ließ ihn nicht soweit kommen:
 »Wir erwarten Ihre Antwort, aber Sie werden sie uns in der Siedlung geben.«
 Am Ausgang warteten Journalisten, Photographen, Reporter, Kameramänner und blickten sie voller Erstaunen an. Einige klatschten Beifall, aber Galindo verwarnte sie. Die Reporter des *Correo del Sur*, des *Insurgente*, der *Voz* und des *Diario Matutino* aus Morelos wollten den neuen Führer oder wenigstens eines der Mitglieder des Kampfkomitees interviewen, aber die Siedler beschützten ihren Führer wie immer und ließen niemanden an ihn heran. Scherzend stifteten sie Verwirrung unter den Neugierigen:
 »Hier, ich bin Güero Medrano.«
 Überall hörte man schallendes Gelächter, genausogut aber hätten Schüsse knallen können, und das wußten Güeros Leute sehr wohl. Güero lief schnell die Treppe hinunter, inmitten seiner Männer, die ihn, seit sie den Raum des Gouverneurs verlassen hatten, wieder schützend umgaben. Das Motto war: »Der Anführer über alles.« Sie hingen sehr an ihrem Führer und wollten ihn behüten, daß er ihnen für immer bliebe. Sie waren ihm nicht nur

unendlich dankbar, sondern vertrauten ihm auch.

Güero sprach viel in der Siedlung, und jedes seiner Worte war ihnen Unterweisung und Anordnung.

Im Bus Nr. 7 sang Micaela auf der Rückfahrt zur Siedlung »Cuatro milpas tan solo han quedado« (Nur vier Maisfelder sind geblieben), Güero stimmte »La cama de piedra« (Das Bett aus Stein) an und Buenaventura versuchte sich mit »Popotitos« (Strohhälmchen). Und alle sangen mit bei »Agujetas de color de rosa, un sombrero grande y feo« (Rosa Schleifchen und ein großer häßlicher Hut). Felipe Sánchez Lima, der Volontär in der Wirtschaftsredaktion von *Punto Crítico*, brachte ihnen »Santa Catarina« bei; das gefiel ihnen besonders gut, wegen des »pinpirirín ponpón«, und sie wiederholten es bis zum Erbrechen: »Die Heilige Catarina, Pinpirirín ponpón, war die Tochter eines Königs, pinpirirín ponpón, aber ihre Mutter nicht. Eines Tages, als sie betete, pinpirirín ponpón...«

Hinterher erfuhren sie, daß in den anderen Bussen auch gesungen worden war, im achtzehner sogar die Nationalhymne. Und als sie in Jaramillo ankamen, umringten alle, aber wirklich alle, Felipe Sánchez Lima und sangen das »Kampflied der Siedlung Rubén Jaramillo«, das Sabelotodo und drei Schüler der Vorbereitungsschule aus der Liverpoolstraße im Jahr der proletarischen Kämpfe 1973 verfaßt hatten:

DAS LAND GEHÖRT NICHT DEN SCHUFTEN,
SONDERN UNSEREN BRÜDERN

Am einunddreißigsten März
im Jahre dreiundsiebzig
besetzten sechs starke Männer
festen Schritts das Land.
Lencho Medrano Mederos
war der Führer der sechs,
denn er fürchtet die Bestie nicht
und stellt sich allen entgegen.

Güero Lencho Medrano
sagte vor versammelter Runde:
mir zittern nicht die Hände,
und wollen sie auch meinen Kopf.

Und Güero erzählte ihnen:
ich sah mich, am Hals schon den Strick,
aber das Volk, es hat mich befreit,
nur deshalb lebe ich noch.

Nein, ich bereue es nicht:
der Kampf, fest und beständig,
geht weiter für die Armen,
und niemand kann mich erschrecken.
Und er sagt mit fester Stimme:
ich vertraue ganz auf das Volk,
denn die Stunde ist gekommen,
vereint erreichen wir alles.

Vorher »Villa de las Flores«,
jetzt »Rubén Jaramillo«,
und sie bereiteten dem viele Sorgen,
der nur betrügen wollte.
Rivera Crespo, der Herr,
er dachte, er legt uns rein,
doch obwohl er Gouverneur ist,
verlor er und gab klein bei.

Er verlor siebzig Millionen,
ganz einfach, in einer Nacht,
denn das Land gehört nicht den Schuften,
sondern unseren Brüdern.
Da veränderte er die Taktik
und sandte getarnte Agenten,
es kamen »Pinscher« und »Esel«,
schwerfällige Bullen und ziemlich dumm.

Doch alle Siedler wachen
und passen sorgsam auf;
und die »Esel« und die »Pinscher«
finden den Ausgang kaum.
Professoren und Studenten,
Bauern und Arbeiter,
sie alle geben ihr Letztes
vereint in unserer Siedlung.

Denn hier, hier arbeiten alle
und denken nicht an Geld,
jeder lebt frei und liebt
den proletarischen Kampf.
Es schliefen große Teile
der riesigen Arbeiterschaft;
vorwärts, nun sind wir erwacht,
ich habe Fäuste aus Stahl.

Wir besiegeln unsern Vertrag
der Siedler, der Arbeiter,
und damit ist schon gewonnen
die Schlacht gegen die Bestie.
Wir gehören zur selben Klasse
und haben dasselbe im Sinn,
vereint nur gewinnen wir
gleiche Rechte für alle.

Und mit dem Kampfkomitee
kämpfen wir alle besser
für die Massen der Armen
und für ein besseres Leben.
Wir kämpfen für die Befreiung,
die leuchtet strahlend am Himmel;
und hier endet jetzt das Lied
vom Siedler aus Morelos.

Sie waren noch alle zusammen und sehr zum Feiern aufgelegt, als Güero anordnete, frisches Wasser und Erfrischungsgetränke zu verteilen; sie sollten ein bißchen ausruhen und feiern, denn noch in dieser Nacht wollte er seinen Bericht zur Lage abschließen. Er fühlte sich sehr zufrieden. In der Versammlung sprach er vom zweiten großen Sieg der Siedlung Jaramillo – der erste war das Dokument mit der Unterschrift des Gouverneurs –, und die Siedler fühlten sich gut wegen des Triumphs. Sie hatten dem Gouverneur gezeigt, wer sie waren, Rivera Crespo und sein Kabinett hatten Angst vor ihnen, die erste Runde war an sie gegangen, an sie, die armen Schweine, die den dummen Reichen das Land abgenommen hatten. Mitten in dieser allgemeinen Ausgelassenheit stellte Micaela einen Antrag:

»Ich bitte ums Wort; das ist ja alles ganz schön und gut, und das gefällt mir auch unendlich, aber was können wir tun, um endlich die Kakerlaken loszuwerden?«

Einige begannen zu pfeifen, »die dämliche Alte ist verrückt«, aber Güero rief sie zur Ruhe:

»Warum pfeift ihr sie aus, das ist nicht richtig, Genossen, Micaela hat recht. Und ich werde euch zeigen, wie man Kakerlaken bekämpft. Wenn ich euch gezeigt habe, wie man gegen die reichen Schufte kämpft, kann ich euch auch zeigen, wie man Kakerlaken loswird. Ihr kennt doch Borax. Borax ist das beste Kakerlakenvertilgungsmittel, denn diese ekelhaften Tiere haben einen großen Widerwillen dagegen, und sie kehren niemals dorthin zurück, wo man sie damit empfangen hat.«

»Aber was ist denn Borax?« rief Susana.

»Das ist ein weißes Salz, das aus Säure, Natron und Wasser zusammengesetzt ist. Man nimmt acht Teile Borax und fünf Teile Stärkemehl; 240 Gramm Maismehl; 480 Gramm Zucker; 120 Gramm ungelöschten Kalk; 120 Gramm Boraxpuler. Das mischt man alles und bewahrt es in einem gut verschlossenen Gefäß auf. Man verstreut es dort, wo die Kakerlaken sich aufhalten.«

TAGELÖHNER AUF NUR ZEITWEILIG ZU BEBAUENDEM LAND

Fünfundsiebzig Prozent der Männer und Frauen von Jaramillo leben von der Landarbeit, aber da diese nicht kontinuierlich das ganze Jahr über möglich ist, gehen sie in Trockenzeiten wie Zugvögel als fliegende Händler nach Cuernavaca, geradeso wie die, die man auch in Mexiko-Stadt treffen kann.

Da in Cuernavaca ständig Häuser gebaut werden, findet ein großer Teil der Unterbeschäftigten oder Arbeitslosen Arbeit im Baugewerbe, als Hilfsarbeiter oder, wenn sie Glück haben, als Maurer. Nur wenige bekommen eine Stelle in einer der Fabriken in Morelos: in der IACSA, der Nissan, den Cementos Portland Moctezuma, in Pond's de Mexico, in der Kautschukfabrik El Centenario, in der Upjohn, in den Laboratorien Lepetit, weil sie keinen Volksschulabschluß haben. Auch in den großen Hotels, im Las Mañanitas, im Las Quintas, im La Casa de Piedra, in den Suites El Paraiso konnten sie nicht arbeiten, auch nicht in den zweitklassigen, die doch viel Personal brauchen, wie das Casino de la Selva mit seinen 238 Zimmern, denn die Hoteliers haben kein Vertrauen zu ihnen: »Diese Leute aus Morelos und Guerrero sind sehr schwierig, so barsch im Umgang.« Seit der Besetzung von Jaramillo verlangt man Geburtsurkunden, Impfbescheinigungen, und vor allem in den Hotels werden Karteien geführt. Man fragt sie nach Religion, Lebensumständen, Einkünften, nach der vorherigen Arbeit, nach Empfehlungen und Zeugnissen; und nur wenige erfüllen die Anforderungen. Das allgemeine Mindesteinkommen 1977 betrug 89 Pesos, 1978 waren es 100 und 1979 waren es 115 Pesos; und obwohl die CIVAC einen großen Teil der Arbeiter beschäftigen könnte, zieht man Auswärtige vor, und der Prozentsatz der Arbeiter der Region in der Industrie ist minimal.

Die Leute allerdings betrachten sich selbst als Bauern, aber sie haben eben nicht immer Land zum Bebauen. Da sie keine eigene Parzelle besitzen, arbeiten sie als Gelegenheitsarbeiter bei der Zuckerrohrernte, beim Reisanbau, bei der Blumen- und Feigenernte (in Morelos wachsen die meisten Feigen des Landes), aber eben nur einige Monate im Jahr. Die übrige Zeit schlagen sie sich so durch, es wird schon werden, ohne zu wissen, wovon sie morgen leben sollen.

ZARTE KÜRBISSE, WELCH HÜBSCHE BEINE!

Güero Medrano erzählte gern von den alten Zeiten, wie er und sein Vater mit ihren Macheten über Land zogen und im Morgengrauen, bevor die Grundbesitzer selbst kamen, Kürbisse ernteten, wenn es Kürbiszeit war, und Maiskolben, wenn sie zart waren. Besonders schön war es, sie sofort an Ort und Stelle zu kochen und sie, gepfeffert mit ein bißchen Chili, in der Frische des Morgens, noch bevor die Sonne herauskam, heiß zu essen. Alles Entscheidende geschieht in einem Augenblick, und ehe man sich versieht, ist es schon vorbei. Sie hatten Hunger. Und so aßen sie wenigstens etwas Nahrhaftes, aber wenn keine Kürbiszeit war und auch der Mais nicht reif war, fanden sie höchstens *capires**, *huamúchiles* und *nanches***, und im Winter gingen sie von den Wildpflanzen über zu Wurzeln und tranken dazu Eisenkraut- und Fencheltee, um ihre Galle zu besänftigen. Natürlich waren die Medranos nicht die einzige hungernde Familie, viele scharrten wie die Hühner in

---

* Lucuma capiri, Zapoteazeenart. A.d.Ü.
** Malpighia faginea oder Byrsonima crasifolia, Malpigiazeenart. A.d.Ü.

der Erde nach Nahrung. Um sich ein paar Früchte, Süßkartoffeln und Wurzeln zu besorgen, mußten sie in aller Herrgottsfrühe aufstehen, und der Vater kletterte auf Bäume, wenn notwendig, während die Kinder und die Frau unten standen und aufsammelten. Das mußte morgens ganz früh geschehen und blitzschnell, noch bevor die bewaffneten Wächter des Grundbesitzers etwas gemerkt hatten, denn die schossen sofort oder prügelten sie hinaus. Eines Morgens, die Sonne kam gerade heraus, konnte Güero den fetten Pistolenhelden Cenobio Navarro gerade noch zurückhalten:

»Der Herrgott wird dir die Hand verdorren lassen.«

»Aber vorher wird der Hunger euch Schweine austrocknen, denn ihr werdet keinen Fuß mehr auf dieses Anwesen setzen.«

Und er zielte auf ihre Beine.

DIE ERDNUSSFABRIK

Viele Bauern finden, so Gott will, Beschäftigung in der Erdnußfabrik, andere beim traditionellen Zwiebel- oder Kleeanbau; aber alles ist Saisonarbeit, sehr einträglich für den Staat, der sich so seinen Reichtum erwirtschaftet, nicht aber für die Arbeitskräfte, die wie Gespenster von Ort zu Ort ziehen und die immer wieder ohne Beschäftigung sind. Die Bewohner Morelos' sind es gewohnt, ihr Jahr einzuteilen: »Ich gehe jetzt nach Yautepec, vielleicht ist bei der Avocadoernte was zu machen.« »Im letzten Jahr war ich in Coatlán del Río.« »Ich war in der Vulkangegend zur Quittenernte. Das war sehr angenehm. In Tetela war es auch schön.« »Mal sehen, was in Ahuatepec zu machen ist.« Und so geht es die Ortschaften rauf und runter: Tetecala, Cuautla, Yautepec, Puente de Ixtla, Ocuituco und San Gabriel, Jiutepec und die Gemeinde von Emiliano Zapata, wo Rosen, Narden und orangefarbene Gladiolen wachsen. Aber die Leute, die in der Landwirtschaft arbeiten, werden immer weniger. Sie bevorzugen das Geräusch des Wassers, das aus dem Hahn ins Zinkbecken fließt, anstelle des Regens, der auf grüne Blätter tropft. Lieber sind sie Dienstboten in den Herrenhäusern, denn das ist sicherer; und auch wenn die Gringos ziemlich pingelig sind – das Wasser muß abgekocht sein, das Obst mit gereinigtem Wasser gewaschen, der Speck ausgelassen, und die Eier dürfen nicht zu stark gebraten sein –, zahlen sie doch gut. Und wenn sie abends ausgehen, kann

man sich vor den Fernseher setzen und »Auch die Reichen weinen«*
anschauen. Aber auch die sind sehr anspruchsvoll: Empfehlungsschreiben, Zeugnisse, in Morelos kann man nie ganz sicher sein, ob man nicht doch gerade Emiliano Zapata selbst angestellt hat, der tatsächlich einige Zeit Stallknecht bei Ignacio de la Torre war.

MORELOS, DER DICHTBEVÖLKERTSTE STAAT DES LANDES

Viele Leute kamen aus Guerrero nach Jaramillo: Güero und seine Brüder, Chivas Rigal, Sin Fronteras, Camilo und Cacarizo, alles arme Bauern auf der Suche nach einem Stückchen guten Landes, denn Morelos ist zwar ein sehr kleiner Staat (4941 qkm; nur der Regierungsbezirk mit der Hauptstadt und Tlaxcala sind kleiner), aber das Land dort gehört zum besten der ganzen Republik. Wenn die Leute in Morelos arm sind, dann sind sie in Guerrero bettelarm, der Hunger guckt ihnen aus den Augen und beugt sie nieder. Der Lebensstandard in Guerrero ist so niedrig, daß für viele die Ankunft in der Siedlung ein spürbarer Schritt nach vorn war, denn zu Hause verdienten sie als Tagelöhner noch weniger als in Morelos, wo der Mindestlohn 115 Pesos beträgt. Wegen dieser Menschenflut ist Morelos der dichtbevölkertste Staat der Republik, und das wiederum hat eine übermäßige Aufteilung des Landes zur Folge gehabt; es gibt keine großen, zusammenhängenden Flächen, die man mit Maschinen bebauen könnte, auch wegen der Berge und anderer natürlicher Gegebenheiten. In den Tälern und an den Hängen ist es schwer, die Arbeit zu mechanisieren, weil die Flächen immer sehr klein sind. Und dann hat die Stadt Cuernavaca eine Menge Ackerland zu Bauland gemacht für die Luxusvillen, die Golfplätze, Clubgelände, Tontaubenschießstände, private Swimming-pools, herrliche, ausgedehnte Gärten, wo die Besitzer sich größtenteils nur zwei Tage in der Woche aufhalten. Eduardo Bolio Villanueva hat in einer Studie gezeigt, daß die Fläche für Ackerland von 142 742 Hektar 1965 bis 1970 um 19 509 Hektar auf 123 231 Hektar geschrumpft ist.

Die Leute aus Guerrero und aus Morelos sind in einer viel rauheren, weniger von Lebenslust geprägten Atmosphäre aufgewachsen als die anderer Staaten. Und so wie die Zapatisten gestorben sind, ohne sich auf dem Land niedergelassen zu haben,

* Erfolgreiche Fernsehserie. A.d.Ü.

für das sie gekämpft hatten, gerade so fordern die Anhänger Jaramillos, die von Genaro Vasquez und die von Medrano weiter »Land und Freiheit«, und haben doch weder das eine noch das andere. Und das ist ein mächtiger Grund, zu den Waffen zu greifen. In Guerrero beispielsweise behandeln die Soldaten die Bauern als »Feinde« und lauern ihnen aus dem Hinterhalt auf: sie sind da, um bekämpft zu werden, sie gefangenzunehmen, sie zu beseitigen. Unter dem Vorwand, das sogenannte »Gummi« zu suchen, Mohn und Marihuana, durchkämmen sie mit geschultertem Gewehr Täler und Hügel, und die Bauern fürchten ihre Treibjagden mehr als Naturkatastrophen. Von den 471 aus politischen Gründen Verschwundenen stammen 255 aus Guerrero, und dort vor allem aus der Sierra de Atoyac; sie werden beschuldigt, mit Lucio Cabañas, dem Anführer der Landguerrilla, der 1975 vom Heer erschossen wurde, kollaboriert zu haben. Deshalb bemerkt Eva Patino mit ihren trostlosen Augen: »Lucio Cabañas hat es nur noch schlimmer gemacht.«

Nach Jaramillo kamen die gottverlassensten und wütendsten Leute aus Guerrero, das immer schon ein konfliktreicher, hungernder und explosiver Staat gewesen ist. 1975 gab es die schärfste politische Krise, als Lucio Cabañas Rubén Figueroa entführte, nachdem er ihn in die Berge bestellt hatte. Von da an verschärfte sich die Verfolgung der Bauern. Aber Eva Patino weiß das, sie weiß es besser als sonst jemand, denn sie hat es erlebt. Allerdings hat sie keine Vergleichsmöglichkeit und ahnt nicht einmal, daß man in anderen Staaten vielleicht besser leben könnte. In Guerrero sind das Elend, der Hunger, die Korruption, der Mangel an Initiative und die Ausbeutung mit Händen greifbar; und das alles ist auch schon unzählige Male angeprangert worden. Guerrero hat eine 377 km lange Küste am Pazifischen Ozean und eine Fläche von 63 794 qkm. In der südlichen Sierra Madre gibt es Bodenschätze: Silber, Gold, Blei, Antimon, Quecksilber, Zink, Kupfer, Eisenerz, Kalkstein, aber der Staat trägt nur 2 % zur Bergbauproduktion des ganzen Landes bei. Es fehlt an Samen, es fehlt an Maschinen, es fehlen öffentliche Einrichtungen, und vor allem fehlt Wasser.

Dafür gibt es genügend bewaffnete Männer, bezahlte Leibwächter, auch wenn der Gouverneur Rubén Figueroa sie für sich ablehnt: »Ich habe meine eigene Pistole«, sagt er mit eindeutiger Geste, und als einmal ein paar Bauern ihn um Wasser baten, tat er so, als öffne er seinen Hosenschlitz, um ihr Problem zu lösen:

»Sofort, ich muß gerade pinkeln.« Einigen Müttern und Ehefrauen von Verschwundenen sagte er: »Eure Männer haben sich mit anderen aus dem Staub gemacht, ihr blöden Kühe; schaut euch doch an, wie fett und häßlich ihr seid.« Dieser so offensichtlich um seine Genitalien besorgte Macho ist Besitzer verschiedener Transportlinien: ihm gehören die *Flecha Roja** und alle Lasttransporte des Südens. Er ist maßlos reich, der Prototyp des despotischen, anmaßenden, hinterhältigen, malerischen und geschwätzigen Mexikaners: des Mexikaners von früher, der mit seinen, manchmal treffenden, Sticheleien für Heiterkeit sorgt, der aber doch eigentlich nicht mehr an der Macht sein dürfte (sage ich, um die technokratische Form zu wahren). In seinem Staat könnte zum Beispiel die Viehzucht besser entwickelt sein; das Vieh ist mager, weil es schlecht versorgt wird und das Weideland knapp ist. Obwohl 33 % der Fläche Guerreros mit Wald bewachsen ist, ist die Holzwirtschaft nicht überragend. Aber am schlimmsten ist nicht die Rückständigkeit, sondern die politische Situation. In Guerrero scheint sich das ganze moralische Elend des Landes zu konzentrieren; die unteren Klassen wissen nichts von den elementarsten Verfassungs- und Menschenrechten. Und wer sich dessen bewußt wird und rebelliert, ist der ständigen Verfolgung durch die Polizei, das Heer und die paramilitärischen Gruppen ausgesetzt, wobei die letzteren bis zu einem Grade straffrei ausgehen, der uns eigentlich schrecken sollte.

Um nur einen Fall zu erwähnen: 1974 verschwand der Lehrer Jacob Nájera im Alter von 32 Jahren. Innerhalb des Lehrkörpers standen sich zwei gewerkschaftliche Ausrichtungen gegenüber; Jacob war Mitglied der Revolutionären Lehrerbewegung, einer unabhängigen Gewerkschaft. Auf Betreiben der Nationalen Erziehergewerkschaft erhielt Jacob auf dem Dienstweg ein Schreiben aus dem SEP, in dem er der Aufrührerei bezichtigt wurde. Er beantragte daraufhin beim SEP selbst, seinen Fall zu untersuchen, da es tatsächlich Unstimmigkeiten in bezug auf sein Gehalt gebe, besonders aber wegen der ständigen Verzögerungen bei der Bezahlung. Drei Monate später wurde er entführt, und seine Frau Celia Piedra de Nájera und seine vier Kinder (das jüngste war gerade zwei Monate alt, als er verschwand) haben nie wieder ein Lebens-

---

* *Roter Pfeil*, eines der größten Busunternehmen des Landes. Der größte Teil des Personenfernverkehrs wird in Mexiko von Bussen getragen. A.d.Ü.

zeichen von ihm bekommen. Als Celia beim Gouverneur anfragte, antwortete Rubén Figueroa ihr, daß ihr Mann tot sei, und daß er selbst sie zum Militärlager Nummer Eins* begleiten wolle, um ihr den Leichnam zu zeigen. Und so wie Jacob Nájera verschwanden 1974 aus dem Dorf Río Chiqito 35 Männer und zwei Frauen; aus Camarón zwölf Männer, aus San Andrés de la Cruz neun, aus Caña de Agua der *Ejido*beauftragte Francisco Hernández und León Bello Ramos. Zwischen Atoyac de Álvarez, Chilpancingo, Acapulco, Los Piloncillos, Paraíso, Cacalutla und San Luis Acatlán zählte man 26 Gefangennahmen und 56 Verschwundene. Eine hübsche Frau aus Atoyac, Angelina Reyes de Loza, erzählte, daß ihr Mann Florentino López Patino, 33 Jahre alt und technischer Angestellter des Instituto Mexicano del Café, am 14. Juli 1977 verschwand, weil ein Kommandant der Polizei in Acapulco, Wilfrido Castro Contreras, ihn im Staate Guerrero beschuldigte, zu Lucio Cabañas Männern zu gehören und in Putla, Oaxaca, Marihuana geschmuggelt zu haben, bis er eines Tages verschwand; Angelina mit ihrem kleinen Jungen sucht ihn seit damals.

So verschwinden, nach Verdächtigungen und Verleumdungen, in einem fürchterlichen Durcheinander angebliche Guerrilleros und Drogenhändler. Nach und nach erfahren die Frauen irgendwann, daß ihr Mann, Sohn oder Bruder im Militärlager Nummer Eins ist, vielleicht, weil ein Gefangener wieder frei kommt oder weil, wie im Fall der Margerita Cabañas, der Gefangene selbst ihr schreibt. Margerita Cabañas hat fünf Briefe ihres Mannes erhalten, abgeschickt vom Militärlager Nummer Eins. Sie zeigte sie Echeverría, als er Chilpancingo besuchte, und Ojeda Paullada, damals noch Prokurator, tröstete sie, nachdem er einen Blick darauf geworfen hatte: »Aber Ihr Mann schreibt doch hier, daß es ihm gut geht, oder?«

VERSPRECHEN MACHT NICHT ARM,
GEBEN HINGEGEN RICHTET ZUGRUNDE

In Morelos sind Güero Medranos Leute nicht verschwunden; sie sind tot oder verbüßen eine vierzigjährige Haftstrafe wegen Entführung, Mord, Raub, bewaffneten Überfalls und Mitgliedschaft in einer kriminellen Vereinigung. Unter den Gefangenen

* Im Nordosten von Mexiko-Stadt; politische Gefangene werden dort inhaftiert. A.d.Ü.

befinden sich auch zwei Frauen, die von Güero Medrano, die in der Verwaltung der Jaramillo gearbeitet hatte, und die von Aquileo Full. Ihre »Aktionen« begannen im Juli 1973, kurz nach dem größten politischen Triumph Güeros, als Rivera Crespo die Siedlung besuchte, von seinem gesamten Kabinett und den persönlichen Vertretern Echeverrías aus der Hauptstadt begleitet. Seine Laufbahn als Führer der Massen stand damals auf dem Höhepunkt. Am 26. Mai 1973 kam der Gouverneur in die Siedlung, in seinem Gefolge auch Ingenieur Mares, der Direktor des INDECO (Nationalen Instituts für die Entwicklung von Landgemeinden und Wohnungen für das Volk), als offizieller Vertreter des Präsidenten der Republik, der Direktor des INPI (Nationalen Instituts für die Versorgung von Kleinkindern), vertreten durch María Esther Zuno de Echeverría*, und andere Funktionäre, die als rücksichtsvolle (so hieß es tatsächlich: rücksichtsvolle) Beobachter kamen. Güero berief die Generalversammlung ein:

»Es sind einige Leute zu Besuch gekommen. Es ist gut, daß alle genau auf das achten, was sie uns sagen, denn sie werden uns viel versprechen. Ihr könnt jetzt ein für allemal feststellen, daß die Regierung ihre Versprechungen nicht einlöst.«

Rivera Crespo griff zuerst zum Mikrophon:

»Ihr Anführer meint, daß alles, was die Funktionäre der Regierung anzubieten haben, bloße Demagogie ist. Wir sind hierher gekommen, um das Gegenteil zu beweisen. Wir haben strikten Befehl des Präsidenten der Republik, Ihnen das zu geben, um was Sie bitten: dort am Eingang der Siedlung, am Eingang von Los Pinos, wie Sie ihn nennen, liegen Sand, Kalk, Zement, Holz, Bänke für die Schule, Drainagerohre und Material zum Bauen. Der Ingenieur Mares, der persönliche Vertreter des Herrn Präsidenten, möchte Ihnen nun die Wohltaten verkünden, die unser oberster Befehlshaber aus der Hauptstadt schickt.«

Der Ingenieur Mares versprach ihnen Wasser, Licht, alle öffentlichen Einrichtungen. Der Beauftragte für öffentliche Aufgaben des Staates Morelos konnte nun auch nicht länger zurückstehen und gab dem Gesuch um Behandlung im staatlichen Krankenhaus für die Kranken von Jaramillo statt. Alle Funktionäre des Staats, ob sie nun für Ackerbau und Viehzucht oder für Erziehungsfragen

---

* Die Betreuung dieses Instituts ist traditionell Domäne der Frau des Präsidenten. A.d.Ü.

zuständig waren, hatten etwas anzubieten, und Ingenieur Mares bestätigte noch einmal die tiefe Anteilnahme Echeverrías und seiner Gefährtin María Esther Zuno, der Direktorin des INPI, am Schicksal der Besitzlosen, besonders aber an ihnen, die jetzt in ihrer Verzweiflung das Land besetzt hatten. Die Genossin María Esther würde in der Schule freies Essen für die Genossen Kinder verteilen, der INPI würde in kürzester Zeit öffentliche Waschplätze errichten, und niemand würde sie von dem besetzten Land vertreiben, sie könnten es von jetzt an als ihr eigenes betrachten.

»Machen Sie weiter mit der Siedlung, niemand wird Sie hier verdrängen, das Land gehört jetzt Ihnen«, schloß er.

Die ganze Versammlung von Jaramillo applaudierte, Männer und Frauen umarmten sich wie bei einem Fest, in Scharen stiegen sie, die Überraschung der Leibwächter ausnützend, zum Präsidium hinauf und nahmen Mares auf die Schultern. Unter Freudenrufen warfen die Männer ihre Hüte in die Luft, der Applaus wurde immer stärker, und das Ganze schien sich in eine Jubelveranstaltung für den Gouverneur zu verwandeln, als Güero zum Mikrophon sprang und voller Wut schrie: »Ihr müßt euch nicht bedanken, ihr müßt euch nicht bedanken!« bis er den Applaus beruhigt hatte und vor den bestürzten Siedlern und den ängstlichen Funktionären, die von einer solchen Reaktion völlig verwirrt waren, stand und weiterhin angespannt mit erhobenen Armen rief: »Ihr müßt euch nicht bedanken, ihr müüüßt euch nicht bedaaaaaanken, ihr müüüüüüßt nicht!« und er wiederholte es immer wieder, als sei es das einzige, was er noch herausbrächte. Mitten in ihr Schweigen sagte ihnen Güero mit fast leiser, schrecklich müder Stimme, die aber doch jetzt, im Vergleich zu den wilden Schreien, die ihn wie einen Rasenden erscheinen ließen, sanft und mild klang, daß alles, was man ihnen aus der Hauptstadt gesandt habe, nicht ein Geschenk, sondern das Ergebnis von jahrelangen Kämpfen sei, daß dieses alles, Wasser, Licht, Stromleitungen und Schulspeisungen, längst im voraus bezahlt sei, daß es das Blut ihrer Vorfahren, der Staub ihrer Knochen, die Saat in den Furchen und das Rauschen der Maisfelder im Wind sei; daß sie jetzt nur das in Besitz nähmen, was ihnen seit tausend Jahren bereits gehöre, daß sie nur auf ihr Herz hören sollten, denn das Land sei ihre Heimat. Am Ende nahm Güero den Ruf, mit dem er begonnen hatte, wieder auf: »Das Land gehört euch, und zwar rechtmäßig, ihr seid keine

Waisen, ihr seid Mexikaner, hier seid ihr geboren, und hier müßt ihr leben und in euren Kindern weiterleben, das Land gehört euch und auch der Mais und die blaue Blüte, die sich mit der roten vermählt, euch gehört das Licht und das Wasser, es gehört euch, weil man euch vertrieben hat; ihr müßt nicht dankbar sein, ihr müßt niemandem für irgend etwas danken, für gar nichts; nur euch selbst und eurer Arbeit!«

Die Besucher hatten noch nie die Begeisterung gesehen, die ein Volksführer erwecken kann, und sie waren völlig fassungslos. Hinter dem Mikrophon hervor, mit gebeugten Schultern, leicht geneigtem Kopf, dem sensiblen Blick und seinem mickerigen Körper feuerte Güero seine Salven ab, daß es ihn schüttelte und verunstaltete. Sein vor Anspannung verzerrter Mund war mit Speichel bedeckt. Und wie sehr er ihn auch mit seinem Hemdsärmel abwischte, sein Mund wollte nicht zur gewohnten Form zurückkehren, blieb so, feucht, rot, unzüchtig. Es schien unglaublich, daß ein so schwächliches Männlein ein Führer der Massen war, Micaela lief zu ihm: »Das ist ja ungeheuerlich, Güero, das ist ja ungeheuerlich, Güerito!« rief sie immer wieder, und sie wußte selbst nicht, ob wegen der Rede oder wegen des Zustands, in den diese ihn versetzt hatte. Elena, die aus der Verwaltung, weinte und versuchte überhaupt nicht, die Tränen abzuwischen, die ihr die Wangen herabliefen. »Jesus, Maria und Joseph, hoffentlich kommt er wieder zu sich.« Wenn Güero verschwände, würde man ihnen das Stückchen Erde wieder fortnehmen – und man kommt doch zum Leben auf die Erde, verdammt, nicht zum Sterben –, und sie würden zu ihrem vorherigen Tod zurückkehren, in die Schweineställe der Elendsviertel. »Das ist ja ungeheuerlich, Güerito!« Micaela traute sich nicht, näherzutreten; erst als er ihr einen Schritt entgegenkam, schloß sie ihn liebevoll in die Arme.

»Morgen machen wir *mole**«, sagte sie zu ihm, wie zu einem Kind, »morgen machen wir ein Fest.«

NUR LUFTGEWEHRE

Das Fest war noch in vollem Gange, als Güero, inmitten der Rufe: »Nieder mit der schlechten Regierung! Es lebe Mexiko! Es lebe Güero!«, inmitten des frischen Wassers, des *mole*, der *sopes*** und

---

* Dunkle Soße mit Kakao und vielen Zutaten, typisch für Mexiko. A.d.Ü.
** Tortillaart mit Füllung. A.d.Ü.

des Dufts nach Zwiebeln eine Kommission zusammenrief, um die Waffen zu verkaufen.

»Du übernimmst die Leitung, Aquileo. Wir werden die Wachen entwaffnen. Das haben wir mit dem Gouverneur abgemacht, und jetzt muß das auch gehalten werden.«

Bevor er die Siedlung verließ, sprach Rivera Crespo mit verschiedenen Mitgliedern des Kampfkomitees:

»Wir haben Nachricht, daß Sie ständig bewaffnet sind, daß Sie sogar die Einkäufe zur Verpflegung der Siedlung bewaffnet erledigen. Sie müssen die Waffen niederlegen. Das ist ja die reinste Anarchie.«

»Aber wir haben doch gar keine Waffen, überhaupt keine, allenfalls ein Luftgewehr hier oder eine kleine Pistole da, um vielleicht... Aber das heißt doch nicht, daß wir ernsthaft bewaffnet wären.«

»Das ist doch nur Kleinkram«, wiederholte Buenaventura.

»Wir haben keine schweren Geschütze«, meldete sich auch der dumme Ezequiel.

»Kaum sehen sie, daß es einem ein bißchen besser geht, und schon wollen sie einem wieder eins drauf geben.«

»Ja, sie haben gesehen, daß Güero ein großer Mann ist, und jetzt wollen sie ihn fertigmachen«, sagte Canario ahnungsvoll.

»Aber haben wir Ihnen nicht das Land gegeben?« fragte der Gouverneur gereizt.

»Gegeben? Gegeben?« das Geschrei wurde stärker. »Das wollen wir doch mal sehen. Gegeben haben Sie es uns? Die Regierung verschenkt nichts, im Gegenteil, die Reichen und die von der Regierung nehmen sich Land, und zwar jede Menge, nicht nur zweihundert miese Meter.«

Diese Leute werden es nie begreifen. Die Stimme des Gouverneurs wurde drohend.

»Sie sind gewarnt, sagen Sie nicht, Sie hätten es nicht gewußt, entweder Sie entwaffnen sich oder...«

Güero hatte eingewilligt; vier Männer unter der Leitung Aquileos sollten die Waffen im Staate Mexiko verkaufen. Als sie ins Auto stiegen, sagte Camilo zu Güero, als er ihn zum Abschied umarmte:

»Du läßt uns nie hängen, Güero, denn du bist genauso ein armes Schwein wie wir auch. Früher hat uns die Regierung überhaupt nicht beachtet, und jetzt ist sie sogar hierhergekommen und hat uns Wasser, Steine, Holz geschenkt. Ich war, ich weiß nicht wie oft, mit einer Kommission beim Regierungspalast, und niemals haben sie uns beachtet. Du hast uns gerächt, Güero.«

»Aber ich bin mir trotzdem nicht sicher, ob es gut ist, die Wachen zu entwaffnen«, warf Genaro düster ein, »das scheint mir sehr gewagt.«

»Junge, ich habe dem Gouverneur mein Wort gegeben.«

»Und seit wann kümmerst du dich so sehr um den Gouverneur?« erwiderte Genaro ärgerlich. »Dem Gouverneur haben wir es doch wohl gezeigt.«

»Dir geht es genauso dreckig wie uns, aber du hältst den ganzen Staat Morelos in Schach«, sagte Camilo noch einmal voller Stolz.

Sie verabschiedeten sich zufrieden, und als der Ford abfuhr, lächelten sie. Die Gewehre paßten alle in den Kofferraum, die paar Pistolen legten sie hinten auf den Boden, und Camilo stützte sich auf das Maschinengewehr. Ganz in der Nähe von Almoloya de Alquiciras hielt sie die Polizei an, und einen Augenblick später waren sie auch schon von Militär umzingelt. Der Wagen wurde durchsucht, und so sehr sie auch beteuerten, daß sie in den Staat Mexiko fuhren und daß der Waffenverkauf auf Anordnung des Gouverneurs stattfinde (»Ach ja? Und wie wollen Sie das beweisen? Haben Sie eine Erlaubnis?«), sie wurden abgeführt und kamen ins staatliche Gefängnis.

In Jaramillo waren alle überrascht, als die verstörten Gesichter ihrer Genossen in der Zeitung erschienen: sie sollten Verbindung zu Lucio Cabañas und Waffen bei sich gehabt haben. Nachdem man sie gefoltert hatte, mußten Aquileo, Camilo, Genaro und ihre beiden Genossen bei einer Pressekonferenz erscheinen; am nächsten Tag brachten alle Zeitungen die sensationelle Nachricht: Führende Mitglieder des Exekutivkommandos der Armenpartei gefaßt. Fünf höchst gefährliche Stellvertreter von Lucio Cabañas, nach denen seit langem in der ganzen Republik gefahndet wird, konnten durch eine gemeinsame Aktion der Polizei, des Militärs und einiger Sonderbeauftragter der DIPD, die eigens aus der Hauptstadt gekommen waren, gefaßt werden.

Von den dreißig Mitgliedern des Kampfkomitees war der Lehrer Pedro Tomás García der einzige, den das nicht überraschte; er murmelte: »Jetzt fängt der Krieg an.«

»Aber wir haben doch mit dem Gouverneur gesprochen, und er hat uns sein Wort gegeben.«

»Sein Wort? Welches Wort? Wie kann ein erfahrener Kämpfer

wie du so leichtgläubig sein? Die machen das immer so, das ist überhaupt nichts Neues. Sie fallen dir in den Rücken; so machen sie es immer. Wußtest du das etwa nicht? Zuerst müssen wir jetzt die fünf im Gefängnis verteidigen und Anwälte besorgen.«

»Sie haben doch schon gestanden«, warf Canario ein.

»Ach, du Ochse; unter der Folter gestehst du auch alles.«

Pedro Tomás García besorgte Anwälte. Einer von ihnen, Miguel Buendía, schlug vor:

»Wir brauchen eine Erklärung von Rivera Crespo, warum sie Waffen bei sich hatten.«

Der Gouverneur war nirgends zu finden; er empfing sie nicht mehr, obwohl anfangs die Anwälte zwei- oder dreimal wöchentlich bei ihm vorsprachen. Aquileo, Genaro, Camilo und die anderen beiden blieben sieben Monate im Gefängnis; als sie schließlich entlassen wurden, schlossen sie sich Güero und seinen Leuten im Untergrund an.

WENN ALLES ANDERS WIRD

Nach der Gefangennahme von Aquileo Full wurde alles anders in der Siedlung. Drei bis fünf bewaffnete Männer begleiteten Güero jetzt immer, hielten vor seinem Haus Wache und verschafften ihm überall freien Durchgang. Sie waren ständig in seiner Nähe und erledigten alles für ihn. Die Leute sagten nicht mehr: »Da kommt Güero«, sondern: »Da kommt das Kommando.« Es waren seine Männer, und er beauftragte sie sogar damit, die Versammlungen zu leiten. Aber das war ein ziemlicher Reinfall, denn die Siedler nahmen nicht mehr teil: Güero fehlte. Wenn sie nach ihm fragten, antwortete Cacarizo geheimnisvoll: »Er ist in Cuernavaca und muß was erledigen.« Selbst der Lehrer, der doch sonst so zugänglich war, war befangen:

»Lehrer Pedro, können Sie mir nicht das mit der Leitung in Ordnung bringen?«

»Nein, das kann nur Güero.«

»Aber Güero ist doch nicht da...«

»Dann mußt du sehen, was du machst, Pánfilo, aber das kann ich nicht allein entscheiden.«

»Könnten Sie nicht heute abend das Kampfkomitee zusammenrufen?«

»Das ginge vielleicht; mal sehen, was sich da machen läßt.«

Nichts schien mehr wie früher zu sein. Die Funktionäre der Regierung, die an jenem ruhmreichen Nachmittag die Reparatur der Pumpen versprochen hatten, die Sendung von Baumaterialien und die Wiederaufforstung der Siedlung, ließen nie wieder von sich hören. An jenem Nachmittag erklärten sie, daß sie, solange es kein Trinkwasser gebe, jeden Tag sechs Tankwagen schicken wollten; erst schickten sie fünf, dann vier, später zwei und schließlich gar keinen mehr. Die Kinder mußten nun zum Wasserholen nach Acatlipa hinuntergehen, wenn nicht gar bis Temixco, und dann kamen sie, den Eimer an einem Stab über die Schulter gehängt, tiefgebeugt in der heißen Sonne zurück. Oft fiel ihnen der Eimer zu Boden, wo das Wasser im Handumdrehen versickerte: die Regenzeit war vorbei.

Aber die Frauen vernachlässigte Güero nie. Er suchte sie. Micaela lief dann von Haus zu Haus. »Komm heute nachmittag zu mir, beeil dich, Felicitas, sieh zu, daß du deine Arbeit erledigt hast, Güero kommt um sechs. Julia, Berta, Carmen, Margerita beeilten sich, und wie sie sich beeilten, und mit welcher Lust sie nun arbeiteten, das Essen zubereiteten und die Wäsche erledigten. Pünktlich um sechs empfingen Güero zwanzig lächelnde Gesichter. Er fühlte dann geradezu eine feierliche Sehnsucht in sich wachsen.

»Wir wollen uns ein wenig unterhalten.«

Güero mochte sie, er hatte beschlossen, sie zu mögen, sie, die alles immer ohne weiteres über sich hatten ergehen lassen, das Leben, die Liebe, die Mutterschaft, sie waren ganz erstaunt darüber. »Uns geschehen die Dinge einfach«, getraute sich Berta ihm eines Tages zu sagen, »sie überkommen uns.«

»Vom Himmel?«

»Ob vom Himmel oder aus der Hölle, sie überkommen uns.«

Güero schaute sie genau an. Nie zuvor hatten sie sich so betrachtet gefühlt. Ihr Mann kam abends nach Hause:

»Soll ich dir das Essen warm machen?« fragten sie dann.

Ohne sie anzusehen, sagte er ›ja‹ oder ›nein‹, aß langsam, den Blick auf den Teller gerichtet, rollte seine Tortillas, und wenn er fertig war, starrte er ins Leere. Seit langem schon existierten sie gar nicht mehr. Der Mann erzählte nie etwas, er war abwesend.

»Soll ich dir noch etwas warm machen?«

»Nein, nichts mehr.«

Anfangs sprach nur Güero, mit leiser, fast heiserer Stimme, so daß man ihn bisweilen gar nicht hörte. Er brachte ihnen Bruchstücke einer bekannten Welt, der des Hungers. Und dann beschrieb er ihnen eine andere: die Welt seiner Reisen: Laredo, die Grenze, Eagle Pass. Er nahm die Welt in die Hand und zeigte sie ihnen. »Seht nur, man kann das so sehen, und man kann es auch so sehen.« Das war eine Form der Aufmerksamkeit, die sie überhaupt nicht kannten: die Unterhaltung. Ihre Männer machten das nicht; sie schimpften nur über ihr Unglück, vögelten sie und schliefen dann. Nach und nach verloren sie ihre Scham, Micaela ermutigte sie ständig, und so fingen sie an, ihm einiges aus ihrem Leben zu erzählen. Einige waren schüchtern und ängstlich, man konnte sie kaum verstehen, so unzusammenhängend redeten sie und so leise, anderen dagegen gab die Möglichkeit, sich einmal auf sich selbst beziehen zu können, schnell Kraft und Sicherheit, und sie verwirrten Güero geradezu durch ihre Leidenschaft. Sie waren geborene Rednerinnen, denen niemand je zugehört hatte. »Jetzt redest du einmal, Lola, heute ist ›Dia del Grito‹*, da wirst du einmal reden.« – »Ich, Güero? Aber was denkst du denn?« – »Ja, Lola, ich möchte, daß alle dich hören.« – »Aber was denkst du denn, Güero. Guillermo bringt mich um.« – »Doch, doch, du sagst ihnen jetzt auch, was du mir gesagt hast, daß die Frauen nicht einen Acht-Stunden-, sondern einen Sechzehn-, Achtzehn-Stunden-Tag haben, und daß ihnen überhaupt keine Zeit für ein eigenes Leben bleibt.« – »Güero, um Gottes willen, das sage ich hier vielleicht, wo wir unter uns sind, aber vor allen Leuten könnte ich das nie, da würde ich sterben.« Die größte Stütze Güeros war bei all dem stets Micaela; sie war immer voll und ganz da, mit ihren in die Hüften gestemmten Armen, ihrem sauber geflochtenen dichten Haar, der Offenheit ihrer Worte und dem kleinen Amarillo in Rufweite, so daß sie sich um ihn noch kümmern konnte.

»Und du, Margerita, was meinst du?« hakte Güero dann nach.

»Wie, was soll ich meinen?« antwortete Margerita mit ihrem hellen Lächeln.

»Nun, was denkst du darüber?«

»Nichts, ich weiß nicht, mir fällt nichts ein, mich hat noch nie jemand nach meiner Meinung gefragt.«

Es gab ihnen Auftrieb, daß jemand sich in dieser Form für sie

---

* *Tag des Rufs*: Feier der Ausrufung der Unabhängigkeit durch Miguel Hidalgo y Costilla in der Nacht vom 15. zum 16. September 1810. A.d.Ü.

interessierte. Sie entwickelten eine Sprache, ein Bewußtsein. Einmal traf Micaela Eloísa händeringend und weinend in ihrem Haus an; auf die Frage, was passiert sei, antwortete Eloísa: »Ich möchte Güero auch mal von mir erzählen.« Güeros Art zu sein beeinflußte sie, etwas geschah mit ihnen, etwas Neues, Unerwartetes: was sie vorher waren, schien ihnen nun unbedeutend, selbst ihre Stimmen klangen jetzt anders, und das überraschte sie selbst. Nach und nach faßten sie Vertrauen, und Güero lernte eine Intimität kennen, die nur aus Mißbrauch und Plackerei bestand, »nur weil wir Frauen sind und ein Löchlein haben«. Anfangs senkten sie den Kopf und sprachen nicht über die Vergewaltigungen. Sie stammelten: »Sie haben mich geschlagen« – »Ja, mit dem Gewehrkolben« – »Sie haben mich ins Auto gezerrt« – »Wenn sie eine Pistole haben, fühlen sie sich stark«, aber später erfuhr er, daß Cira, Eloísa und Eduviges von den Soldaten in Guerrero gefoltert worden waren, als sie das Land nach den »Gummi«-Bauern durchkämmten. »Ich mußte mich ausziehen«, erzählte Eloísa, »obwohl ich ihnen sagte, daß ich sie in Chilpancingo anzeigen würde; ich mußte mich auf den Rücken legen und dann auf den Bauch, auf allen Vieren, und so sollte ich gestehen, wer Mohn anbaute, sonst würden sie mich an den Füßen aufhängen. Nachdem sie mich so gequält hatten und sich über meine Blöße lustig gemacht hatten, befahlen sie mir, mich zu baden und zu cremen, damit ich mit einem von ihnen schlafen könne. Ich traute mich zu sagen, daß ich das alles melden würde, aber sie lachten nur: ›Ihr seid doch alle Mohnbauern; ihr könnt so viel melden, wie ihr wollt, darum wird sich niemand kümmern.‹«

Güero war erschüttert und empört über ihre so totale Verletzlichkeit. Zu allem sagten sie: »Na ja, ... irgendwie.« Sie erwarteten nichts oder doch fast nichts. Manchmal sagte Marta: »Vielleicht kann ich mir ja mal irgendwann einen etwas besseren Rock kaufen«, aber so unbeteiligt, als hinge das vom Zufall ab. Sie waren zerbrechlich, aber auch stark, sonst hätten sie die Unterwerfung, die Gleichgültigkeit und vor allem den Hunger gar nicht ausgehalten.

»Ich begnüge mich mit dem, was ich habe.«

»Güero, mit dir bekommen die Dinge irgendwie Hand und Fuß.«

Die Siedlung Jaramillo gab ihnen Halt und bot Schutz, denn hier wurden die Frauen nie angegriffen.

»Ich komme spät abends von der Nachmittagsschule zurück, ich muß doch schließlich etwas lernen, aber ich habe Angst, hinzugehen.«

»Keine Sorge, Ubaldina, das hört auf, darum kümmere ich mich.«

»Die Belästigung der Frauen, das hört jetzt auf«, rief er eines Tages in der Versammlung. »Das dulde ich nicht mehr. Jeder schuldige Siedler wird sofort hinausgeworfen. Keine Frau in Jaramillo darf sich unsicher fühlen, sie können nachts spazierengehen mit der Gewißheit, daß ihnen nichts passiert.«

Teodora Santos sagt es deutlich:

»Ich hatte immer nur Angst auf der Straße. Als ich sah, daß man mich in Jaramillo in Frieden ließ, konnte ich in Ruhe auch mal ein wenig spazierengehen; das gilt auch für meine Kleinen und vor allem für Maricela, die ist gerade fünfzehn.«

»Warum soll es nicht alleinstehende Frauen geben? Es gibt doch auch alleinstehende Männer. Und wer belästigt die? Ihr glaubt, daß jede alleinstehende Frau Freiwild sei. Laßt sie in Ruhe! Von heute an wird das exemplarisch bestraft...«

Viele alleinstehende Frauen fanden ein Haus für sich und ihre Kinder, und noch heute leben sie in Jaramillo, und nie sind sie belästigt worden.

»Und was den Alkoholismus angeht«, drohte Güero, »wer hier besoffen hereinkommt, wird am Eingang abgefangen und eingesperrt, bis er wieder nüchtern ist.«

Auch das war eine Folge seiner Gespräche mit den Frauen: »Güero, unsere Männer lassen ihr Geld in den Kneipen von Temixco, dort wo die Prostituierten auf die Lastwagenfahrer warten. So bringen wir es nie zu etwas.«

Für Güero wurde der Kampf gegen den Alkohol zu einer fixen Idee. Angel Medrano, sein Vater, war ständig betrunken gewesen, und die Familie hatte sehr darunter gelitten. Während seiner Kindheit hörte Güero ständig die eintönigen, traurigen Klagelieder der Frauen, wie Gebete oder Litaneien: »Er trinkt wieder.« – »Er kam betrunken nach Hause.« – »Er hatte eben zuviel getrunken.« Als wollten sie ihn noch entschuldigen. Um in einem so erbärmlichen Leben zu überleben, mußten sie sich ständig betrinken. »Nur so vergeht mir die Verzweiflung.« – »Dann fühle ich mich nicht so hungrig.« – »Ja, ich habe ein paar Glas zuviel getrunken, und? Das entspannt.«

Unglück und Alkohol gehören zusammen, und so ist das Leben

bald eine einzige Katastrophe. Was Güero sagte, machte er auch (deshalb respektierten ihn die Leute). Er kämpfte ernsthaft gegen den Alkoholismus, verbot nicht nur den Verkauf alkoholischer Getränke in der Siedlung, sondern gab strikten Befehl, am Eingang von Jaramillo jeden einzusperren, der betrunken hereinkam.

»Wir müssen streng sein, sehr streng, nur so können wir Ordnung halten in der Siedlung. Wir müssen ein gutes Bild der revolutionären Bewegung abgeben.«

Selbst Männer, die sich ständig betranken, waren einverstanden. »Klar, wenn es für jeden gilt, ist das in Ordnung.«

Auch sie hatten bei der Übergabe der Parzelle die Statuten, die Güero aufgestellt hatte, mit einem Fingerabdruck oder einer Unterschrift unterzeichnet: sie durften das Land nicht verkaufen oder vermieten, sondern sollten es für ihre Kinder als Familienbesitz erhalten; sie durften nicht noch anderswo eine Parzelle oder sonstige Güter besitzen und auch keinen Handel damit treiben, sie mußten sich einverstanden erklären, die Gemeinschaftsarbeiten und Aufgaben zu erfüllen, die das Kampfkomitee für das ordentliche Funktionieren der Siedlung als angemessene Verpflichtungen auferlegte, sie durften alkoholische Getränke weder verkaufen noch selbst trinken, sie mußten aktiv an den Versammlungen teilnehmen, die Meinungsfreiheit anderer achten und konstruktive Kritik üben, ohne dabei persönliche Querelen auszutragen. Als sie ihre Papierchen erhielten, waren viele begeistert:

»Gut, daß es eine Ordnung gibt und etwas, woran man sich halten kann.« Aber das Fleisch ist schwach: »Was ist eine Unterschrift gegen ein gutes Schlückchen?« meinte Ezequiel, als er sich »das letzte Gläschen« genehmigte, dem allerdings stets noch das nächste folgte. »Was gibt es besseres als einen guten Schluck, der dir schön heiß die Kehle herunterläuft, das ist auf jeden Fall besser als dieser scheiß-schwarze Fingerabdruck.« Rein damit und dann noch eins, denn bald kann es zu spät sein. Güero verbot nicht nur den Verkauf von Alkohol in Jaramillo, sondern erreichte auch, daß der Betrunkene, der es geschafft hatte, die Kontrolle am Eingang zu umgehen, sich ganz still verhielt, damit ihn die Nachbarn nicht beim Kommandanten Primo Medrano, dem Chef der Sicherheitskräfte von Jaramillo, anzeigten. Einmal schnappte die Anti-Alkoholkommission den Vater Güeros, aber obwohl er geltend machen wollte, daß er der Vater des Führers sei, nichts galt hier, hinein mit ihm, besoffen wie er war, und auch hinter ihm schlossen sich die Türen des Häuschens von Los Pinos; aber da er weiterhin beharrlich seine Ausführungen wiederholte, kamen ihnen Zweifel, und sie erkundigten sich bei Güero. Güero kratzte sich am Kopf und fuhr sich durch die Haare:

»Natürlich, er ist mein Vater, aber das hilft nichts, er bleibt eingesperrt, bis er wieder nüchtern ist. Gleiches Recht für alle.«

Die Frauen waren besonders glücklich über die fünf Punkte des Reglements, denn damit hatten sie die Gewähr eines geregelten Lebens und konnten sich gleichzeitig beschützt fühlen; zum ersten Mal nahm jemand auf sie Rücksicht. Güero sagte ihnen:

»Dieses Durcheinander mußte endlich aufhören.«

Die Kampagne gegen den Alkohol brachte Güero am Ende die meisten Feinde ein, denn er wollte das Beispiel von Jaramillo ausdehnen und organisierte eine heftige Aktion gegen die Kneipenwirte in Temixco und Acatlipa. »Wir fordern die Schließung«, verkündeten die Spruchbänder und »Wir wollen uns nicht mehr kaputtmachen lassen«, leuchtete es in roten Buchstaben von den Wandtafeln. »Wir sind arm und werden systematisch weiter zugrunde gerichtet« – »Nieder mit den Kneipenwirten!« »Schluß mit dem Laster«. Sie brachten Lautsprecher mit, und Eloísa ergriff das Wort. Und dann auch Lola und Micaela. »Da kommt Güero mit seiner Herde alter Weiber«, sagte Cacarizo lächelnd. »Ja, bei ihnen kommt er sehr gut an«, bestätigte Canario. »Den Frauen fehlt das, was die Männer in den Kneipen lassen«, meinte Nicasio bedeutungsschwer. »Seht nur, wie kämpferisch die Alten sind, wie heftig Eloísa geredet hat, sie ist doch sonst immer eher zurückhaltend.« Hundert und aberhundert Stimmen, vor allem die der Frauen, forderten immer wieder: »Die Lasterhöhlen müssen geschlossen werden.« Der Bürgermeister von Temixco war praktisch nie in seinem Rathaus anzutreffen; und auch in der Verwaltung fand man nie eine Menschenseele. Die Menge wuchs, bis der ganze Platz vor dem Rathaus voll war. Einige Wagen, die die Straße entlangkamen, hielten an, um zu sehen, was los sei. Die Kneipenwirte ließen ihre metallenen Schutztüren herunter, und die Lebensmittelhändler, die ihre Schnapsflaschen wie Edelsteine im Schaufenster dekorieren, verbarrikadierten sich. Es drohte ihnen allerdings überhaupt keine Gefahr, Güero hatte angeordnet:

»Keine Gewalt, keine Steine gegen Schaufenster: so etwas machen wir nicht.«

Drei Tage später kam Micaela, ziemlich aufgeschreckt, ins Büro des Kampfkomitees:

»Es scheint, daß Lauro Ordóñez und Efraín Solana einen Killer suchen, um Güero umzubringen. Die Kneipenwirte haben einen Preis auf seinen Kopf ausgesetzt.«

DIE REAKTION DER MÄCHTIGEN IST EIN ENTSCHEIDENDER FAKTOR

Ein entscheidender Faktor in jedem revolutionären Kampf ist die Reaktion der Reichen. Nach der Aktion gegen die Händler umkreisten die Pistoleros der Kneipenbesitzer plötzlich die Siedlung: man hatte beschlossen, Güero zu erledigen. Der Bürgermeister von Temixco hatte sich den Kneipenwirten angeschlossen, er organisierte sogar einen Protestmarsch gegen die Ausschreitungen der Siedler von Jaramillo. Die Reichen und die Grundbesitzer der Umgebung begannen, die von Güero organisierten Arbeiter- und Bauernaufmärsche zu fürchten. Vorher lebten alle für sich, es gab keine Beziehungen zwischen den Arbeitern und den Bauern, aber Güero entsandte zu jedem Streik ein Kontingent, und wenn der Arbeitgeber fragte: »Wer sind denn die da?« kam unvermeidlich die Antwort: »Die kommen von Jaramillo zur Unterstützung.« »Jaramillo wird ja langsam eine richtige Bedrohung.« Und weiter: »Deshalb geht es uns so, wie es uns geht.« – »Arbeiten wollen die Mexikaner nicht, aber aufrührerisch sind sie.« – »Bettler, und dann noch aufmüpfig.« – »Haben die denn alle nichts zu tun?« – »Die Arbeiter sind faul, die Bauern sind faul, wo soll das nur hinführen?« – »Ihr versteht das nicht.« – »Ihr stellt euch dem Fortschritt des Landes in den Weg.« – »Schade um ein so schönes Land.« – »Ihr wißt nicht zu schätzen, was ihr habt.« – »Wir sind doch ein Land von Barbaren.« Wenn vorher die stärksten Bemühungen, zum Beispiel der Gewerkschaftsvereinigung, vielleicht fünftausend Leute mobilisieren konnten, so vergrößerte sich jetzt, mit der Unterstützung der Siedler von Jaramillo, nicht nur die Zahl, sondern auch die revolutionäre Durchsetzungskraft. »Sie haben uns die Augen geöffnet; wir laufen nicht mehr blind herum, wir fordern jetzt, was uns zusteht«, wiederholte Buenaventura. »Was euch zusteht? Was steht euch denn zu? Was habt ihr denn erarbeitet? Ihr seid doch nur ein Haufen feiger Schwächlinge, Hungerleider, Faulpelze, und jetzt zu allem Überfluß noch Unruhestifter! Das fehlte gerade noch! Unser armes Land!« Jaramillo zeigte nicht nur, daß ein paar Leute der Regierung etwas entgegensetzen konnten, sondern auch, daß sie eine ernstzunehmende politische Kraft geworden waren. War man stark und einig, konnte man auch im Widerstand leben, denn obwohl der Antagonismus offensichtlich war, tat die Regierung, als wisse sie von nichts. Als habe sie sie gelassen.

Jaramillo hatte sich bald in einen Staat im Staate verwandelt. Die Polizei kam nicht hinein, und auch draußen schienen ihr die Hände gebunden zu sein. Vier Beamte nahmen den Fahrer des Wagens fest, den sie als Krankenwagen benutzten. Daraufhin erschienen dreihundert Siedler in der Verwaltung und besetzten sie in einem Überraschungsangriff: um die fünfzehn schwerbewaffneten Polizisten kümmerten sie sich nicht und erzwangen die Freilassung des Gefangenen. Wenn er nicht sofort freigelassen wird, gibt es Stunk hier! Daß dreihundert Leute in die Verwaltung kamen und die Freilassung eines Genossen erzwangen, war ein dermaßen ungewöhnliches Ereignis, daß niemand darauf vorbereitet war. Das war der Regierung noch nie passiert, daß eine Bande Landbesetzer die Behörden nötigte, einen Siedler freizulassen. Als das Kampfkomitee und die anderen Delegierten mit dem Fahrer zurückkamen, glaubten die Leute, die sie am Eingang und auf den Straßen erwarteten, Jaramillo sei unbesiegbar geworden. Es war nicht nur die Befreiung des Fahrers, man erinnerte sich jetzt auch wieder an die anderen Triumphe: neulich wollte die Streife einen ihrer bewaffneten Wächter gefangennehmen, aber, kaum daß sie ihn angerührt hatten, richteten sich schon fünf Waffen auf ihre Köpfe, haha, und die waren vielleicht erschrocken, haha. Es war auch noch nie vorgekommen, daß ein Krankenhaus Leute behandelte, nur weil sie aus einer bestimmten Siedlung kamen, oder daß eine aufgebrachte Gruppe mit Gewalt in das Labor eindrang, wenn man einem Kranken als Bezahlung Blut abnehmen wollte. Auch hatte man nie erlebt, daß sich die Siedler und Studenten bei einer Demonstration gegen die vorsichtigen Arbeiter, die sich dem PRI anschließen wollten, auflehnten und ihnen zuriefen: sie unterstützten ja die Arbeitgeber. »Wir dürfen nicht versöhnlerisch sein! Wir müssen die Macht ergreifen, ihr reformistischen Feiglinge!« und nicht nur das, von ihrem Land aus weiteten sie den Kampf aus, rissen andere mit, und die Regierung konnte nichts machen.

Wenn auch die meisten Siedler keine Ahnung von der Doppelfunktion Jaramillos, Landbesetzung und Guerrilla, hatten, waren sich doch alle darüber im klaren, daß die Behörden sie fürchteten und daß sie durch ihre Radikalisierung in drei Monaten mehr erreicht hatten als andere Arbeitersiedlungen in drei Jahren. Es hatte sich ganz in der Nähe von Cuernavaca ein revolutionärer Herd gebildet, eine Guerrilla, die der Regierung gefährlich werden konnte. Aber sie hatten einen Fehler gemacht: sie hatten sich direkt mit den Reichen angelegt. Deshalb vertraute Rivera Crespo und sein Kabinett darauf, daß die Kneipenwirte und Händler, wenn sie ihre Einkünfte bedroht sähen, dem schon ein Ende setzen würden, was Güero inzwischen für die ganze Gegend bedeutete. Und wenn die Polizei nicht in die Siedlung hineinkonnte, weil sonst sofort zehntausend Menschen über sie hergefallen wären, konnte man doch denen, die die Siedlung verließen, auf den Fersen bleiben, vor allem Güero Medrano, dessen Bewegungen sorgfältig registriert wurden. »Ist der Hund erst tot, ist es auch mit der Tollwut vorbei.«

IN JARAMILLO BEUTET UNS NIEMAND AUS

Auch die Verkäufer aus Acatlipa waren verärgert: sie kamen mit ihren Wagen voller Tortillas oder Brot nach Jaramillo und wollten wegen der Anfahrt den Preis erhöhen. Güero stellte sich ihnen mit seinen Leuten in den Weg:

»Nein, meine Herren, hier werden keine Preise erhöht.«

Viele fuhren verärgert mit ihrer Ladung wieder zurück; am meisten aber ärgerten sich die fahrenden Händler, die auf Pump verkauften; sie erhielten überhaupt keinen Zutritt mehr. Micaela gab zu bedenken:

»Die Wäsche, die sie bringen, ist einfach besser, Güero, und billiger. Und so, auf Raten, merkt man es nicht so.«

»Eben deshalb...«

Micaela gehörte zu den Aktivsten bei der Errichtung der Tortillabäckerei und der Nixtamalmais-Mühle. Güero Medrano bat die Genossen von Xoxocotla, die Bürgschaft für die Maschine zu übernehmen. Als Gegenleistung verpflichtete sich die Siedlung, die Xoxocotlaner bei der Bewachung ihres Grund und Bodens zu unterstützen, denn man wollte ihnen Land abnehmen, um darauf das CETA zu errichten. So machten sich täglich siebzig Siedler auf den Weg nach Xoxocotla, und andere streiften in Cuernavaca umher. Micaela kochte für alle; direkt auf dem Boden machte sie zwei große Feuer und kochte Bohnen auf dem einen und eine reichliche Menge Tortillas auf dem anderen. Und manchmal brachte einer sogar ein paar Dosen Sardinen mit. Der kleine Amarillo war immer in ihrer Nähe. Das Tier war gewachsen, seine Pfoten waren nicht mehr samtweich, sondern starke Werkzeuge. Er war kräftig und lief überall herum, Jaramillo war ihm gut bekommen, seine fünf Lebensmonate spiegelten die besten Tage der Siedlung wider, ein einziger, zielstrebiger Aufstieg. Nur seine Ohren behielten die Zerbrechlichkeit der ersten Tage, und wenn Amarillo sie nicht gerade aufrichtete, sahen sie aus wie Blütenblätter. »Amarillo, komm her!« rief Micaela, »Amarillo!« riefen ihn auch die Siedler, aber sie behandelten ihn wie alle anderen auch, wie Seco, Paloma, Pichón, Retintín, Duque, die magere Golondrina und die anderen Hunde der Siedlung, nicht wie Micaela, der er ihre erwachsenen Kinder ersetzte und den Mann, der sie verlassen hatte, ihre tote Mutter und auch Güero, wenn sie ihn nicht sah. Immer wenn Micaela ihn irgendwo sah, selbst wenn er sie gerade erst verlassen hatte, rief sie: »Güero!« und umarmte ihn mit überströmender Herzlichkeit und ansteckender Fröhlichkeit, und die anderen Frauen, mit ihren von vielen Geburten ganz unförmigen Körpern, lächelten mit glänzenden Augen und klatschten wie kleine Mädchen in die abgearbeiteten Hände. Micaelas Umarmung war schon eine Art Ritual in der Siedlung.

KOMM DOCH HER, DANN KÖNNEN WIR UNS EIN BISSCHEN UNTERHALTEN

»Hast du nicht Lust, dich ein bißchen mit mir zu unterhalten?« Güero schien sie am liebsten immer in seiner Nähe haben zu wollen, und sie folgte ihm willig und mit gesenktem Kopf. Wenn er sie nicht sah, rief er mit fester Stimme »Elena!«, und sie antwortete mit einem verschämten »Ja?«. Dann konnte er beruhigt weitermachen. Er mußte nur wissen, daß sie in der Nähe war. Seine Abhängigkeit begann, als sie Aquileo schnappten, gut, vielleicht auch schon eher, Elena war Sekretärin im Büro. Sie war nicht einmal eine besonders gute Sekretärin, sie schrieb nur mit zwei Fingern auf der Maschine, aber sie verließ ihren Arbeitsplatz auch erst wieder, wenn alles fertig war. Sehr eifrig war sie, Elena, und so ernst, daß die übrigen Mitglieder des Kampfkomitees sich oft fragten: »Ist sie wohl verärgert?« Sie ließ sich mit niemandem ein, Güero war der einzige, dem sie mit ihrem immer ein wenig fragenden Tonfall antwortete, und zu Anfang auch nur, weil er der

Chef war. Elena schrieb alle Anträge auf eine Parzelle mit der
Maschine, schrieb die Blätter mit dem Reglement, die jeder Siedler
erhielt, ins reine, heftete die Paßphotos daran und legte es dann
dem Vorsitzenden des Nationalen Exekutivkomitees der ANOCE,
alias Güero, dem Generalsekretär der Bauern sowie dem der
Studenten zur Unterschrift vor.

Güero gefiel es, wie sorgfältig sie auf ihre Kopien, das Kohlepa-
pier und alles andere achtete und es stets verschlossen hielt. Zwei
Tage nachdem sie Aquileo und seine Begleiter gefangengenommen
hatten, las sie mit gerunzelter Stirn *El Insurgente*: »Vier Extremi-
sten gefaßt.« Und auch in *La Voz* und *Correo del Sur*: »Attentäter
gefaßt« – »Lucio Cabañas Leute im Gefängnis.« Sie faltete sie
sorgfältig zusammen, steckte sie in einen Umschlag, beschriftete
ihn und legte ihn dann in eine Schublade. »Ist sie vielleicht ein
Spitzel?« fragte sich Güero, der sie beobachtet hatte. Dann
spannte sie ein Blatt mit drei Kopien in die Maschine und schrieb
eifrig, fast verbissen, an der Liste mit den Aufgaben der einzelnen
Mitglieder des Kampfkomitees. Von ihr stammte die Idee, die
Namen der wichtigsten Leute an sichtbarer Stelle anzubringen,
wer für Sozialhilfe, Finanzen, für Urkunden, für Transport, für
Organisation und für Gesundheit zuständig war, damit die Siedler, vor allem die neu angekommenen, wüßten, an wen sie sich
wenden sollten, wenn sie Probleme hätten. Ihre Idee war es auch,
die Versammlungen von Jaramillo zu protokollieren. Sie stempelte
alle Unterschriften Güeros mit dem schönen violetten Stempel der
Arbeitersiedlung Rubén Jaramillo – »das gibt dem Ganzen mehr
Gewicht«, sagte sie – und kaufte gutes Papier, damit die Dokumente in den Händen der Besitzer lange hielten, obwohl sie bei der
Übergabe stets riet, sie in eine Plastikhülle zu stecken. Alle nannten
sie einfach »die Sekretärin«, er »Elenita«. »Warum so traurig,
Elenita?« rutschte es ihnen schon bald heraus, denn sie war eine
eher trockene, nüchterne Frau, die keine Zeit vertat und immer
alles in Ordnung hielt. Sie war keineswegs häßlich, eher unschein-
bar, dünn, mit kurzem Haar und lächelte nie, oder fast nie.
Vielleicht war es das, was Güero neugierig machte, ihre Verant-
wortlichkeit; um zehn Uhr nachts saß sie noch immer und tippte:
»Ich schließe ab, ich habe einen Schlüssel.« Es wurde zwölf, eins,
und immer noch brannte Licht im Büro. »Die Sekretärin ist noch
oben«, sagten die vom Kampfkomitee dann mit der Gewißheit,
daß alles in Ordnung war. Güero gefiel diese Frau mehr und mehr,

weil sie so still lebte. Er rief sie aus dem Büro: »Komm und erzähl mir ein bißchen«, aber dann redete er – und suchte ihre Zustimmung – über schwierige Fragen, die Abwesenheit Aquileos, Krankheit, Tod, wie er einmal einen Mann mit Schaum vor dem Mund hatte sterben sehen, denn in Tollwut sind wir Mexikaner führend in der ganzen Welt, und die Tollwut ist eine Seuche der Armen, der Entrechteten, der armen Länder. Eines Nachmittags beschloß er, sie zu seinem Treffen mit den Frauen mitzunehmen. Alle sahen sie an, als sie eintrat. Später nicht mehr. Elena hörte still zu. Sie nähten ein Gesicht von Rubén Jaramillo an die Stelle des Staatswappens auf die Flagge, mit der Güero den Kampfruf anstimmen wollte. An dem Nachmittag tat Güero sich hervor: »Ich erzähle euch jetzt, warum ich Hunde so gern mag. Als Kinder wohnten wir in Arcelia, Guerrero«, erklärte er ihnen, »und unser ganzes Kapital war ein Pferd, Colorín, und ein Esel, Chuparrosa, mit dem wir Holz aus den Bergen holten, das wir dann für fünfzehn Pesos verkauften.«

»Je Ladung?« fragte Micaela.

»Ja, pro Ladung. Ich habe auch auf dem Markt Wasser in einem Tonkrug verkauft, und mein Vater handelte mit Grünfutter für das Vieh. Wir aßen nur einmal täglich, und Pedro, der kleinste, war oft ganz schlapp vor Hunger. Wir waren acht Geschwister, eigentlich zehn, zwei sind bei der Geburt gestorben, vier Jungen und vier Mädchen; ich bin am 27. Oktober 1946 in Limón Grande, Guerrero, geboren. Wir haben oft nur *Cascalote*schoten* mit *Cacahuananche*früchten** gegessen, bis uns ein Landbesitzer, der irgendwie entfernt zur Familie gehörte, er hieß auch Medrano, zwei seiner Äcker zur Verfügung stellte, um sie zu bebauen.

›Halte die Kinder auch schon zur Arbeit an, dann lernen sie es sofort.‹

Er gab uns Chili, Salz, Öl und Mais auf Kredit und notierte alles in einem kleinen Buch. Bei der Ernte verrechnete er dann alles, und wir standen am Ende da und schuldeten ihm noch etwas:

›Ich habe dir mehr vorgestreckt, als du erarbeitet hast; dieser Mais gehört also mir.‹

Er behielt alles für sich; da sagte Primo zu ihm:

---

* Coesalpinia cacualco. A.d.Ü.
** Rosenart. Licanea arborea. A.d.Ü.

›Und dann regen sie sich auf, weil Lencho dem Oso die Tortillareste wegnimmt.‹

Deshalb folgen mir die Hunde immer«, schloß Güero, »weil ich ihnen das Futter weggegessen habe, daran erkennen sie mich, sie sind Hunde und ich bin ein Hund.«

»Und Primo?« fragte noch einmal Micaela.

»Primo hat auch Osos Tortillareste gegessen, das war der Wachhund der Hazienda. Ich habe sie immer für meine Brüder mitgenommen, Oso ließ zu, daß ich sie ihm wegnahm.«

Die Frauen verschlangen seine Worte; diese Anekdote sprach ihre Empfindsamkeit an, gab ihrer Empörung und ihrem Zorn gegen die Reichen mehr Nahrung als ihr eigenes Elend. Draußen hörte man die Schritte der Wachen, Eloísa machte Kaffee und gab Güero eine Tasse. Schon bald hatten sie sich an die Gegenwart der schweigsamen Sekretärin gewöhnt, »sie muß sich Notizen machen wie in den Versammlungen«, und schließlich nahm sie ihnen ja nichts, sie spielte eine untergeordnete Rolle. Güeros Erzählungen nannten sie »die Lektion«. »Ich lerne viel dabei«, begeisterte sich Micaela. Sie begriffen, daß andere schon vor ihnen gekämpft hatten, daß stets die gleiche Kindheitserfahrung von Rubén Jaramillo, Lucio Cabañas, Genaro Vásquez Rojas, von denen ihnen Güero erzählte, entscheidend gewesen war: Entbehrung. Die Entbehrung gab ihrer Wut Bestand; Emiliano, Rubén, Genaro, Lucio, Güero, sie alle waren auf dem Lande geboren, bearbeiteten es und ließen sich dort nieder, aber nicht in den üppigen, fruchtbaren Tälern, die waren für die Hazendados, sondern auf den kahlen Hügeln und in den windigen Llanos. Für Güero die *mezquites**, die *guajes*** und die öden und weiten Hochflächen. Zapatas Kindheit, auf der anderen Seite des Anenecuilco, war vom Grün geprägt. In Güeros Kindheit gab es statt des sprießenden Reis einen Graben, in dem er sich verstecken konnte, als die Soldaten seinen Onkel abtransportierten, den Rebellen Martín Medrano. Das Gesicht an die Erde gedrückt, hatte er vor Wut geweint. »Kommt alle heraus, mit erhobenen Händen, sonst schießen wir!« Diesen Ruf hatte Güero noch genau im Gedächtnis, und auch die Stöße mit den Gewehrkolben in Rippen und Nieren und die Maschinenpistolen. So ging es zu in Limón Grande und Limón

---

* Baumart, Prosopis juliflora. A.d.Ü.
** Verschiedene Flaschenkürbisarten. A.d.Ü.

Chico, einer Gegend in Guerrero, die ganz von Bergen eingeschlossen war, ohne jeden Kontakt zur Außenwelt.

»Ich könnte Güero ganze Tage lang zuhören«, meinte Lola.

Nach den Treffen brannte das Licht im Büro bis tief in die Nacht hinein. Nachdem Güero sich verabschiedet hatte, setzte Elena sich noch an die Maschine und schrieb mit ihren zwei Fingern auf, was er erzählt hatte.

»Der Fall Florencio Medrano Mederos, alias Güero, oder Lencho für die Vertrauteren, unterscheidet sich von dem Cabañas oder Vásquez Rojas, denn diese beiden waren Lehrer und bauten nach castristischem Vorbild eine bewaffnete Bewegung in den Bergen auf, während Florencio Medrano Mederos ›Güero‹ erst sehr spät überhaupt lesen und schreiben gelernt hat; sein erster Impuls zur Guerrilla liegt in seiner Kindheit, als er mit seiner ersten Magnum, die er unter seinem Körper versteckt hatte, in einem Graben lag und hörte, wie Soldaten seinen Onkel Martín Medrano mitnahmen, den Führer des bewaffneten Aufstands, wegen dessen Aktion das Heer in Palmar Grande fast alle Medranos umgebracht hatte.

Die Berge boten Vásquez Rojas und Cabañas schließlich die einzige Zufluchtsstätte, nachdem sie alle legalen Mittel erschöpft hatten; Güero Medrano dagegen bleibt, obwohl er bei den Behörden verhaßt ist, in Jaramillo. Man sieht ihn sofort, oben am Hügel, wenn er Land verteilt und den Siedlern beim Abladen ihrer schlechtverschnürten Kisten hilft oder wenn er abends in einer Versammlung spricht. Ihm erweisen die Studenten ihre Anerkennung, wenn sie zu den ›roten Sonntagen‹ in die Siedlung kommen. Mit den anderen Führern, Vásquez Rojas und Cabañas, gab es nie direkte Kontakte (nur über Mittelsmänner), aber ein Bus von Mexiko nach Cuernavaca und dann einer von Cuernavaca nach Villa de las Flores bringt den Reisenden direkt bis nach Jaramillo. Da braucht man dann nur noch zu fragen:

›Wo ist Güero Medrano?‹«

Eines Nachts folgte ihr Güero, nahm ihr das Blatt aus der Maschine und sagte:

»Du bist eine Spionin.«

»Nein, ich schreibe dein Leben auf.«

»Mein Leben? Warum?«

»Weil ich dich liebe.«

DIE REISE NACH CHINA

Güero war gern im Büro, ihm gefiel die ruhige, sanfte Atmosphäre, die Elena dort schuf, der dumpfe Klang der Schreibmaschine, der ernste Ausdruck ihrer Augen, die ein bißchen an die des Lehrers Pedro erinnerten. Auch er mochte Elena gern. »Sie ist ein heller Kopf«, sagte er, oder »Elena kann arbeiten«, oder »als Arbeiterin ist sie nicht zu überbieten«. »Wenn sie mir doch auch in der Schule helfen könnte, da liegt noch so viel unerledigte Arbeit.« Mit der Schule lief es sehr gut. Die Kinder hatten zusammen mit ihren Eltern Mais und Bohnen gesät, später noch Hirse. Güero kam und zeigte ihnen, wie man Humus macht und Reis anbaut, genau wie in China.

»Werft den Abfall nicht auf den Müll, daraus kann man Humus machen, und den setzt man dann dem sandigen, lehmigen oder steinigen Boden zu. Schaut, hier ist es steinig«, und Güero nahm etwas Erde in die Hand, um es den Kindern zu zeigen. »Humus macht man aus entkörnten Maiskolben, Maisblättern, Obstabfällen und sonstigen Pflanzenresten. Hier in Jaramillo soll jeder auf seinem Stückchen Land Gemüse anbauen, und dort oben, bei den Nopalkakteen, bauen wir alle zusammen Gemüse an, ihr werdet schon sehen, wie gut das mit dem Humus gedeiht.«

»Ich habe noch nie Gemüse gegessen«, meinte der kleine Miguel.

»Von jetzt an essen wir alle Gemüse ... Aber ich bin sicher, daß du schon mal Portulak oder *nopales* gegessen hast, und das ist auch Gemüse. Und jetzt bauen wir Reis an. Ich bin vor vier Jahren in China gewesen, sechs Monate lang, das war lange genug, um zu sehen, wie gut dort der Reis wächst...«

Lange genug auch, um eine Kaderschulung mitzumachen. Am liebsten erinnerte sich Güero an die langen Zugfahrten, im Schneckentempo zwischen Reisfeldern hindurch, die zu beiden Seiten das Land endlos überschwemmten, so daß einem ganz schwindelig im Kopf wurde, wenn man dem Wogen des Reises im Wasser folgte. Die beiden großen Flüsse, der Jang-tse und der Gelbe Fluß, fließen durch das Land, und weil dort alles sehr flach ist, strömt das Wasser in Kurven, so als suchte es sich tanzend, zwei Schritte links, zwei Schritte rechts, seinen Weg und bewässerte so das Land. Außer von den Flüssen sprach Güero immer wieder voller Bewunderung davon, daß China nie von einem anderen Volk beherrscht worden sei, niemals, zwar haben sich die Engländer mit viel Mühe Shanghai unter den Nagel gerissen, aber sie haben es nie wirklich besessen, und so ist es nie ein kolonisiertes Land gewesen: könnt ihr euch vorstellen, was das ist, ein Land, das nie von Feinden beherrscht worden ist? Er war in Shanghai und in Nanking gewesen, in Peking, Mausan, Yenan und auch in den Bergen von Chan Kian; er hatte sogar auch einmal an einem Essen im Palast des Volkes teilgenommen, das Tschou En Lai für die ausländischen Delegationen gegeben hatte, und er konnte dabei dem Vorsitzenden des Staatsrats die Hand schütteln. Vom 9. Juli 1969 bis Ende Dezember, dem Datum der Rückkehr, war er ein anderer Mensch gewesen, weil China eine andere Welt war. Und er konnte sich nur schwer wieder an die Wirklichkeit in Cuernavaca gewöhnen. »Dort essen alle gleich; sie gehen alle mit einem gleich vollen Magen ins Bett; sie arbeiten gemeinsam, die Felder sind fruchtbar, denn sie bebauen sie zusammen, und so können sie sehr viele Chinesen sein, soviel sie wollen, sie haben immer genug zu essen für alle; dort gibt es keine Hungersnot und auch keine Hungerleider, wie wir es sind.«

Mit der Spaltung zwischen China und der Sowjetunion bildete sich eine maoistische Partei in Cuernavaca. Zwischen 1964 und 1966 hatte Güero häufig Kontakt mit dem Ingenieur Javier Fuentes. Der kam aus China zurück und erzählte voller Begeisterung:

»Die chinesische Botschaft bezahlt deine Reise.«

Von da an war Güero bereit, im PRP mitzuarbeiten und andere Bauernführer zu agitieren; Güero würde dem PRP von Javier Fuentes die Bauern, die auf ihn hörten, zuführen, aber vorher sollte er nach China reisen, als Teil einer Delegation von Mexikanern. Güero war Javier Fuentes immer dankbar für die Reise, stritt sich aber oft mit ihm über die Parteiführung, denn seiner Meinung nach bestand die Mehrheit der Mitglieder aus Bauern, also mußte er der Parteiführer sein.

MACH MIR DIE WELT NICHT MIES, GÜERO

»Was schreibst du denn da, Elena?«

»Das möchte ich dir jetzt lieber noch nicht zeigen, erst wenn ich weiter damit bin.«

»Aber wie machst du das denn?« fragte Güero neugierig.

»Ich schreibe das auf, was du sagst, ich frage die Leute, Don Angel, deinen Bruder Primo, deine Schwester Güera Leonor, deine andere Schwester Tomasa, Cacarizo, Chivas, alle, die dich von früher her kennen. Ach, und auch den Lehrer Pedro, er kann immer alles so schön erklären und analysieren. In der Nacht ordne ich dann das Material und schreibe es ins reine; aber ich komme nur langsam voran.«

»Und die Siedlung?«

»Da schreibe ich auch auf, was ich sehe; ich passe immer auf. Es macht mir Spaß aufzupassen, ich habe immer auf alles acht gegeben.«

»Dann verlierst du all die Zeit also mit mir?« sagte Güero sichtlich stolz.

»Das bist nicht nur du, ich spreche nicht nur von dir; der revolutionäre Vorgang insgesamt interessiert mich; und für mich ist es gewonnene Zeit, denn ich lerne sehr viel dabei.«

Wie verantwortungsvoll sie war! Güero betrachtete den ernsten Ausdruck in ihren Augen; wenn sie ihn fragte, kam er ihr auch mit Fragen, die sie anfangs zurückwies: »Ach nein, das ist nicht wichtig und auch schon so lange her.« Oder sie antwortete einfach: »Daran kann ich mich überhaupt nicht mehr erinnern.« Aber nach und nach kam eine traurige und fade Kindheit zum Vorschein, die sich in nichts von anderen unterschied, außer darin, daß sie andeutete, was Elena auch hätte sein können; die immer gleichen Tage eines fleißigen Mädchens, die Schule, wo die Lehrerin lustlos unterrichtete, sanft, aber doch abwesend, denn es warteten noch so viele andere dritte Klassen in anderen Schulen auf sie; sie war immer in Eile und kam doch immer zu spät, gab dann mit ihrer kraftlosen, müden Stimme die gleiche Stunde mit den gleichen Gesten und Gebärden wie kurz zuvor in der anderen Klasse. Sie öffnete das Notizbuch, setzte ihre Brille auf und strich sich den Kreidestaub von ihrem Rock. Manchmal verwechselte sie auch die Klassen, und wenn sie dann die Kinder aufrief, Gutiérrez Matilda, Fonseca Gabriel, Pérez Cano Marta, rief es ihr entgegen: »Nein, Frau Lehrerin, dies ist die Benito Juárez!« Dann nahm sie eine andere Liste aus ihrem Notizbuch und ging die langsam durch, wobei sie jeweils ein Sternchen oder ein Kreuz hinter jeden Namen machte. Und nachdem sie alles wieder eingepackt hatte, die Brille, die Liste, die Papiere, stellte sie ihnen mit derselben kraftlosen Stimme die Aufgabe: »Lest jetzt von Seite 27 bis 32.« Wie ihre Eltern waren? Wie alle Eltern. Ihre Geschwister? Wie alle Geschwister. Sie hatte in der Schule eine Freundin gehabt, Ángeles, aber die war mit siebzehn schon verheiratet, und sie verloren sich aus den Augen. Sie hatte sicherlich schon Kinder. Das war nun mal so, wenn man verheiratet war. Das war ihr Leben. Mehr gab es nicht, und mehr konnte sie auch nicht erzählen. Was sonst sollte sie ihm erzählen? Bis vor einem Monat war sie in dem Institut für Kurzausbildungen für Frauen in der Juárezstraße gewesen; dort hatte sie eines Tages den Anschlag gesehen: »Sekretärin in Villa de las Flores gesucht«; in der Direktion hatte ihr die Direktorin erklärt: »Ich habe das ausgehängt, weil mich eine Micaela, die früher meine Wäscherin war, darum gebeten hat, aber ich empfehle es niemandem. Und dir, Elena, fehlt ohnehin noch ein Jahr. Die Ausbildung hier soll zwar kurz sein, aber so kurz nun auch wieder nicht.« Elena war die einzige, die sich von den Zuständen in Jaramillo nicht abstoßen ließ, die anderen wollten nicht wieder hinaus zu den Hütten: »Dann hätte ich ja gleich zu Hause bleiben können; da käme ich ja vom Regen in die Traufe; nein, das mache ich nicht. Ich dachte, das wäre ein richtiges Gebäude.« Elena nicht. »Schließlich stamme ich ja auch aus der unteren Klasse.« Sie blieb. Vom ersten Tag an hielt sie ihren Schreibtisch in Ordnung und arbeitete mit Vergnügen, ein perfektes Mädchen, wie Primo sagte, und sie lernte gern. Auch wenn sie langsam schrieb.

Für Güero, der nie zur Schule gegangen war und der nur mit Mühe, als Erwachsener, und dann fast ohne Hilfe lesen lernte, war es unbegreiflich, daß Elenas Schule grau, eintönig und fade gewesen sein konnte. Er hatte sie sich wie eine Lichtsäule vorgestellt, die vom Himmel herabkommt und einen ausfüllt und den Verstand öffnet, oder wie diesen Strahl, wenn die Sonne durch ein blaues Kirchenfenster scheint. Aber so war das wohl nicht, es sagte einem niemand: »Schau nur, wie schön das Universum ist.« Es überraschte ihn auch, daß ein so beschütztes Leben wie das Elenas – denn wenn sie auch arm waren, hatten sie doch immer zu essen – nur Melancholie hervorbrachte. Ihre Jugend war so arbeitsam und doch so farblos gewesen. Verglichen mit seinen Abenteuern hatte Elena ja wie eingemauert gelebt. »Nun, du bist ja auch eine Frau«, versuchte er das irgendwie zu rechtfertigen, und dann erzählte er ihr wieder voller Stolz, und sogar ein bißchen eitel, von seinen Reisen in den Norden, nach Tijuana, Sonora, Chihuahua, Laredo, Los Mochis, alles ohne einen Centavo in der Tasche. In Ciudad Camargo bekam er zu allem Überfluß noch Fieber, und die Bahnarbeiter, die entlang der Strecke wohnen, gaben ihm ein

Plätzchen zum Schlafen. Elena bewegte sich nicht, sie atmete kaum, und er überkam sie mit seinen angehäuften Erinnerungen, mit den verschiedenen Berufen, die er schon ausgeübt hatte, wie er Speis mischen konnte, weil Casimiro, der Maurer, es ihm gezeigt hatte, wie er Glasbläser in Hilario Garcías Fabrik in der Siedlung Vasco Quiroga war, bis ihm die Augen zu tränen begannen, wie er an der Ecke von Balderas gegenüber der Zitadelle ein Gebiet von der Größe eines Häuserblocks besorgt hatte, um dort Handwerksprodukte zu verkaufen; und diejenigen, die jetzt dort ihre Sachen verkauften, ahnten nicht einmal, wem sie diesen wertvollen Platz verdankten.

Güero erzählte besonders gern die Geschichten, die starken Eindruck auf sie machten, und beobachtete dann das Zucken ihrer Augenlider und die fast unmerkliche Bewegung ihrer Lippen. »Als ich in die Hauptstadt gefahren bin, hatte ich nur das Zeug, das ich am Leibe trug, und eine *tilma**, die damals acht Pesos wert war. Wenn ich wenigstens eine vorübergehende Arbeit bekäme – dachte ich –, dann könnte ich mir neue Kleidung kaufen. Ich hätte doch gern einmal eine neue Hose und ein Hemd ohne Flicken und Löcher. Aber ich bekam nur Arbeit beim Verladen in der Merced, dem Markt im Norden der Hauptstadt, und die anderen riefen: ›An die Seite, Junge, das hier ist Männerarbeit.‹ ›Das ist nichts für dich, Kleiner.‹ ›Dazu bist du zu schwächlich.‹ Sie nahmen mir stets die Arbeit ab, und ich verdiente nur wenig. Schließlich hatte ich doch soviel zusammen, daß ich mir für vier fünfzig eine Fahrkarte nach Cuernavaca kaufen konnte, und als ich aus dem Bus stieg, sah ich ein Brot auf dem Boden liegen, und während ich einen Augenblick abwarten wollte, ob ich es nehmen könnte, ohne daß es jemand sah, schnappte es mir ein Hund vor der Nase weg.«

»Mein Gott, was hast du für ein Leben gehabt!«

Elena quälte es, wenn sie daran dachte, daß sie ein so friedliches Dasein zwischen Haus und Schule, Schule und Haus geführt hatte, während Güero so unstet gelebt hatte, immer mit einem Fuß fast im Gefängnis, per Anhalter mit Lastwagen unterwegs, krank und verwundet und stets in der Lebensgefahr, die für die Armen der Hunger bedeutet.

»Weißt du, daß ich auch Soldat gewesen bin? Ich habe mich in

---

* Ponchoart. A.d.Ü.

Camixtla, Guerrero, registrieren lassen und kam dann zum dritten Infanterieregiment. Ich wollte dort nur den Militärausweis bekommen, denn ohne den bekommst du nie eine halbwegs ordentliche und geregelte Arbeit. Ich habe mir den Ausweis bei dem Unteroffizier, der für die Rekrutierung zuständig war, gekauft, und später bin ich dann desertiert, gerade ein paar Tage, bevor der Kommandant, Oberstleutnant Jorge Cruz García, und der Major der Infanterie, Juan Mucino Barrientos, Befehl gaben, auf Puebla zu marschieren und dort die Unruhen der Milcharbeiter zu beenden.

Güero Medranos Leben verlief in rasender Geschwindigkeit, wie ein Film, der wegen eines unaufmerksamen Vorführers zu schnell läuft. Elena hatte große Mühe, ihm zu folgen, wenn er halbtot vor Hunger durch die Straßen der Hauptstadt lief, wenn er auf einer Parkbank in Portales schlief und die Polizisten kamen und ihn wachrüttelten: »He, Bürschchen, such dir einen anderen Platz«, oder auf dem Fußboden einer Küche, wo man ihm erlaubt hatte, sich auf einer Zementtüte hinzulegen.

Elena hörte ihm still zu, die Augen weit geöffnet, und sagte schließlich leise: »Dann hast du, während ich meine Aufgaben machte, solch ein Leben geführt?«

Güero war stolz über die Wirkung seiner Worte und erzählte ihr auch von seinen ersten Landbesetzungen, und von Enedino Montiel, seinem Lehrer in Sachen Landbesetzung; der fragte niemanden um Erlaubnis, wenn es um die Verteilung des Landes der Reichen ging, wie zum Beispiel damals, als er diesen Gringo, Stoner hieß er, enteignete. »Männer, die für die Sache der Armen kämpfen, gibt es bald überall«, sagte Güero gedankenverloren in Erinnerung an Enedino Montiel, »der hat niemanden um Erlaubnis gebeten, der setzte sich durch.« – »Und folgst du seinem Beispiel?« fragte Elena nach. »So muß man mit den Mächtigen umgehen, sonst richten sie einen zugrunde. Wenn du nicht willst, daß sie so mit dir umspringen, mußt du ihnen von Anfang an energisch entgegentreten.« Güero war Delegierter in Puebla und Tampico gewesen, er hatte Danzós Palomino und César del Ángel* an die Costa Negra begleitet, er hatte als Tagelöhner bei der Zuckerrohrernte für die Destillierfabrik von Morelos und ebenso bei der Rosenernte gearbeitet; dann hatte er auf dem Bau

---

* Zwei führende und bekannte Vertreter der CCI. A.d.Ü.

geschuftet, als Maurer in Pilancón, mit dem guten Casimiro; dann hatte er wieder Blumen geerntet, war aber hinausgeflogen, weil er die Kollegen zu organisieren begann. Er war auch einmal mit einem Wagen durch Cuernavaca gezogen und hatte *hot-dogs* verkauft. »Das Glöckchen gefiel mir sehr gut«, lachte er. Am meisten hatte ihm die Reise mit Rafael Equigua im Sportflugzeug nach Palmar Chico gefallen: »Eine tolle Sache, das Fliegen«, und als der Leutnant zu ihm sagte: »Du kannst dir den Ast, an dem du hängen willst, selbst aussuchen; hängen mußt du auf jeden Fall, und das verdienst du ja auch wohl«, hatte Güero ihm geantwortet: »Den Ast müssen Sie schon aussuchen, mir gefällt gar keiner.« Sie steckten ihn ins Gefängnis, und die Bauern folgten ihm vom Gefängnis in Mayaltepec zu dem in San Pedro Limón, von San Antonio Rosario nach Tejupilco. »Mir gefällt das Abenteuer besser als das Reden, Elena, eine Aktion, das ist viel besser. In der CCI reden sie nur, und das ziemlich lange; Danzós Palominos denkt, er führt Dialoge, aber eigentlich hält er nur endlose Monologe.

Ich war auch als Vertreter unterwegs, Elena, denn da die Polizei ständig hinter mir her war, lebte ich immer auf dem Sprung. Bei einer meiner Reisen nach Ciudad Juárez habe ich meinen abgelaufenen Paß genommen und bei Eagle Pass die Grenze nach Nordamerika überquert, wohin ich als Tagelöhner nie gekommen wäre. Wir hatten die Grenze schon überquert, als der Busfahrer unbedingt einen Kaffee trinken mußte; dabei bin ich der Einwanderungspolizei in die Hände gefallen, und die haben mich ins Gefängnis gesteckt. Das Verhör dauerte 72 Stunden; sie hielten mich für einen internationalen Schmuggler, weil ich einen Pariser Stempel im Paß hatte. Schließlich ließen sie mich doch frei, und ich machte mich total zerschlagen auf den Weg; ein Junge ließ mich auf seinem Pferdewagen mitfahren, er nannte mich *wetback* und schenkte mir einen Peso. Manchmal trifft man gerade dann einen guten Menschen, wenn es einem am schlimmsten geht. Die Kinder sind gut, Kinder und Tiere. Per Anhalter kam ich wieder zurück nach Mexiko, und als ich ankam, war meine Familie aus dem Loch, das sie in der Siedlung 201 hatten, wegen Zahlungsrückstand hinausgeflogen, und die Möbel lagen mit den Beinen in der Luft oder zerschlagen auf dem Bürgersteig. Damals habe ich für Hilario Rives gearbeitet, der mich später an die Polizei übergeben hat.« Elena bekam große Augen: »Du in Paris?« – »Ja, auf dem

Rückweg von China war ich da.« – »Aber Paris?« – »Klar, was erstaunt dich denn daran so?«

Nachts saß Elena vor ihrer Schreibmaschine und versuchte, die Erzählungen Güeros zusammenzufassen und dabei die Ausführungen des Lehrers Pedro zu berücksichtigen, den sie immer befragte:

»Güero ist ein Abenteurer, das ist er immer gewesen, und das wird er immer sein. Sein Leben ist eine lange Folge von Abenteuern. Aber was sollen Guerrilleros auch anderes sein als Abenteurer? Ja, das sind sie. Man muß ziemlich verrückt und mutig sein, eben ein Abenteurer, um sich nirgends niederzulassen, nichts für sich selbst zu wollen; und um durch diese Uneigennützigkeit zu erreichen, daß andere dem Beispiel folgen, daran glauben, sich überzeugen lassen. Das ganze vorherige Leben Güeros, seine Gefangenschaft in Los Ángeles, seine Arbeit in der CCI, in der Asociación Guerrerense mit Genaro, war eine Art Vorbereitung für die Übernahme der Führung in Jaramillo.«

»Du hältst wohl ziemlich viel von den Intellektuellen, Elena?«

»Warum sagst du das?«

»Weil du alle Tage in der Schule herumhängst.«

»Sei nicht böse, Güero, mach mir die Welt nicht wieder mies, wo ich gerade anfange, sie in schönem Licht zu sehen. Pedro Tomás García und die anderen Lehrer scheinen immer alles zu wissen, und ich lerne doch, ich lerne soviel.«

»Ich habe den Intellektuellen nichts zu verdanken. Im Gegenteil, das ganze Leben haben sie versucht, mir ihre Ideen aufzuzwingen, aber ich lasse das nicht zu.«

NACHTS KOMMEN SIE KEINE HUNDERT METER WEIT

»Aber du kannst doch nicht mehr wissen als sie, sie haben schließlich studiert.«

»Wenn es um meine Sachen geht, weiß ich allerdings ... Ich werde dir erzählen, was die Intellektuellen sind, Elena, dann siehst du, was aus ihrem Gerede wird, wenn es darauf ankommt. Der Ingenieur Fuentes zum Beispiel gibt sich große Mühe, er ist ein guter Mann, ich bewundere seine Rechtschaffenheit und hänge sehr an ihm, er spricht gut, aber nachts kann er nicht einmal die Bäume auseinanderhalten.«

»Ja und?«

»Ich habe es den Intellektuellen klar und deutlich gesagt: ›Wenn ihr von Landguerrilla redet, müßt ihr erst einmal lernen, auf dem Land zu leben.‹ Und dann habe ich ihnen eine kleine Ausbildung vorgeschlagen, nicht einmal besonders hart, aber da hättest du sie sehen sollen! Sie taten mir wirklich leid: sie liefen sich sofort die Füße wund, waren von Insekten zerstochen, bekamen Durchfall und konnten nichts mehr essen, oder sie legten sich auf einen Ameisenhaufen zum Schlafen; den Ingenieur Fuentes mußte ich hinuntertragen, so zerstochen war er und ganz grün und blau von seinen vielen Stürzen. Aber sie wollten nicht aufgeben, so sind sie, sie haben eine Idee und halten daran fest, koste es, was es wolle, sie haben dann einfach nichts anderes im Sinn. Bei der nächsten Versammlung des PRP schlug einer vor, daß noch eine Gruppe unter meiner Führung in die Berge geschickt werden sollte, aber ich habe sofort nein gesagt, denn ich hatte schon genug, ich wollte nicht noch einmal Kranke versorgen, und sie dann noch auf Tragen nach Cuernavaca zurücktransportieren müssen. Da war ich ganz deutlich: ›Wenn ihr Landguerrilla sein wollt, müßt ihr euch ausbilden, und wenn ihr das nicht könnt, dann überlaßt das Ganze mir und meinen Leuten.‹ Ein Bauer erkennt nachts einen Vogel, einen Stein, einen Baum oder ein Tier, auch wenn es so dunkel ist, daß man gar nichts sieht. Aber die vom PRP liefen blind herum, und ich dachte: ›Die kommen nachts keine hundert Meter weit.‹ Diese Ausbildung mit den Intellektuellen hat mir viel zu denken gegeben, sehr viel: ›Was denn? Sie wollen zur Guerrilla, wollen sie sogar anführen, und dann machen sie bei der kleinsten Belastung schon schlapp? Das ist doch nicht möglich. Das wäre ja wohl das Allerschönste.‹«

Wenn er sich auch eine Zeitlang für die Gruppe um Javier Fuentes begeisterte, so erinnerten ihn die Sitzungen des PRP doch bald an die CCI, an die Anweisungen Danzós Palominos und der übrigen Führer, denen gegenüber er stets ein Gefühl des Unbehagens nicht verlor, denn er fühlte, daß sie ihn nur benutzen wollten, ohne ihn je um seine Meinung zu fragen. Ohne die Leute zu kennen, ohne die Betroffenen zu fragen, gaben sie ihre Richtlinien heraus. In der Asociación Cívica Guerrerense nahm er neben Genaro Vásquez und César del Ángel an verschiedenen Aktionen teil und sammelte dabei seine Erfahrungen. Aber als er merkte, daß er dort nichts mehr lernen konnte, trennte er sich von ihnen. Er konnte geradezu riechen, welcher Kampf zu gewinnen war und bei welchem es keine Chance gab. Er schien ein einfacher und bescheidener

Mensch zu sein. Und zwar auf seine Weise. Während seiner Zeit im PC, in der CCI und im PRP hatte er den Anordnungen der Theoretiker gehorcht, aber er hatte gefühlt, daß die Anweisungen nicht für seine Wirklichkeit zutrafen, daß die Theoretiker nichts vom Land und von den Bauern wußten.

»Wenn ein Führer einer falschen Linie folgt, die eine übergeordnete Organisation ihm auferlegt, verliert er seine Basis. Ich kann nur innerhalb eines bestimmten Gebiets funktionieren: in dem Land, aus dem ich stamme – Guerrero, Morelos. Und deshalb habe ich das volle Recht, mir nicht eine Richtlinie vorgeben und aufzwingen zu lassen. Ich bin der Bauernführer. Ich habe ja nichts gegen eine nationale Linie, aber ich bin in Guerrero geboren, und ich weiß, was meine Leute wollen und wie sie es wollen. Wenn ich auf die aus der Hauptstadt höre, verliere ich nicht nur meine Autonomie, sondern ich führe meine Leute, ja, ›meine‹ Leute, hört gut zu, ins Verderben.«

Wütend erinnert sich Güero daran, wie Fuentes und die Intellektuellen ihn nach Yucatán hatten schicken wollen, um dort, nach chinesischem Vorbild, neue Anhänger zu suchen, und wie er sich geweigert hatte, und wie sie ihm dann mit Ausschluß gedroht hatten.

»Dann schließt ihr mich eben aus, aber ich gehe nicht nach Yucatán. Das sind ja nicht einmal Mexikaner da.«

»Was soll denn das heißen: die sind keine Mexikaner?«

»Gut, auch wenn sie es sind, ich kenne sie nicht. Ich bin nicht so blöd, daß ich irgendwohin gehe, wo ich die Verhältnisse gar nicht kenne. Ich will in meinem Staat bleiben und hier den Kampf zu Ende führen.« Dann hatten sie ihm streng vertraulich angekündigt: »Der allgemeine Aufstand bricht bald aus.« Statt dessen ging eine Bombe in der Hauptstadt hoch. Ein Sprengstoffexperte, Besitzer eines Radiogeschäfts und führendes Mitglied der PRP, hatte nicht genügend aufgepaßt. Von da an begann die Jagd auf die Militanten des PRP, und die Presse schrieb, man habe ein subversives Zentrum aufgedeckt. Fuentes und die übrigen Theoretiker kamen ins Gefängnis, und deren Abwesenheit war entscheidend für den weiteren Verlauf von Güeros Leben. Er übernahm den führerlosen PRP und gründete in Acatlipa die ANOCE, die dann später das Land der Siedlung Jaramillo besetzte.

DIE SATZUNG

»Wenn ihr schon nicht kämpft, macht uns wenigstens die Satzung.«

Güero wollte eine Satzung für die ANOCE. Er wollte einiges vom PRP übernehmen, anderes aber grundsätzlich anders machen. Die ANOCE sollte sich neben anderen linken Organisationen bewähren; man brauchte also eine politische Plattform, ein Reglement, Ziele, ein Ideal, wie man so sagt. In der Aula der Schule übertrug Güero das den Lehrern als Aufgabe.

»Mal sehen, ob sie wenigstens dazu taugen. Du, Pedro, mußt mir wenigstens darin behilflich sein.«

»Wir müssen eine historische Analyse durchführen.«

»Dazu haben wir keine Zeit.«

»Dann übernehmen wir die zapatistische Linie.«

»Nein, auf keinen Fall, die jaramillistische ist besser, auch wenn Jaramillo nicht ganz so gekämpft hat, wie ich es mir vorstelle. Er machte einen bewaffneten Aufstand und legte dann die Waffen nieder; dann gab es wieder einen Aufstand, und danach legte er die Waffen auch wieder ab; so konnte López Mateos ihn unvorbereitet fassen, und Rubén hatte nichts, womit er ihm hätte antworten können. Aber ich will mit allem antworten, mit meinen Waffen und mit meiner Satzung.«

Wenn ihm jemand erklären wollte, daß man eine Satzung nicht aus dem Boden stampfen kann, fragte er böse:

»Du bist doch Intellektueller? Warum versucht ihr ständig, mich zu manipulieren?«

»Eine politische Plattform muß von unten kommen, Güero, jede Massenbewegung ist so entstanden, der *Partido de los Pobres* (Partei der Armen) von Lucio und auch die Bürgerbewegung aus Guerrero von Genaro.«

»Nein. Ihr setzt euch jetzt hin und arbeitet das aus, was ich euch sage. Ich kenne Genaros *Asociación Cívica* genau, und ich kann euch sagen, dort wird so etwas auch in aller Eile und nebenbei gemacht. Sie wollen die Partei der Armen, des Volkes sein; das ist ein schöner Anspruch, aber es stimmt nicht. Ich brauche eine Plattform, um mich mit den anderen auseinandersetzen zu können. Ich will durchschlagende Grundsätze, die ich gegen sie durchsetzen kann, damit sie mich nicht zur Seite drängen können. Ihr formuliert das jetzt als Thesen, was ich euch sage.«

DIE REGIERUNG WAR GÜERO AUF DEN FERSEN

»Güero«, bestätigt der Lehrer Pedro Tomás García, »war ein wunderbarer Führer mit einer phantastischen Überzeugungskraft, er sprach so eindringlich und einfühlsam, wie ich nie wieder jemanden habe sprechen hören, aber mit abstrakten Gedanken konnte er nichts anfangen. In der letzten Zeit studierte er viel, las und wollte wirklich lernen. Aber er hatte einfach nicht mehr genügend Zeit, denn die Regierung war ihm auf den Fersen. Er war ja schon ein Führer und konnte sich nicht mehr hinsetzen und alles, Logik, Geschichte und Ökonomie, von Anfang an lernen, er wollte alles sofort begreifen; und da konnte Ingenieur Fuentes ihm auch nicht helfen. Wenn den Intellektuellen etwas auszeichnet, dann ist das seine Methode, die Stringenz, mit der er einem Gedanken folgt, mit der er die Ereignisse analysiert und sie so anderen verständlich machen kann. Sie haben Güero nie vermittelt, welche Stärke, als wissenschaftliche Methode, die marxistische Methode hat; sie haben ihm nie eine Vorstellung davon gegeben, was Geschichte, was der historische Prozeß ist, und deshalb hatten seine Erkenntnisse keine Tiefe. Er war, bewußt oder unbewußt, wütend darüber, daß er nicht richtig verstand, und dachte, sie gaukelten ihm ein Ziel vor, das er niemals sehen würde, von dem er nicht einmal eine Ahnung hatte.«

Als eine Kommission aus Lehrern und Studenten zur ANOCE kam und über zu befolgende Taktiken redete und sich dabei auch an ihn wandte, lief alles gut. Aber wenn er aus irgendeinem Grund von etwas redete, von dem sie glaubten, daß er es nicht verstünde, und dann die Unterstützung des Lehrers Pedro Tomás García suchten und dabei ständig ein »tatsächlich, Herr Lehrer?« und »Sie werden es schon wissen« in die Gespräche einfließen ließen, fühlte Güero sich beleidigt und begann wütend, sie zu beschimpfen: »Ihr Schönlinge, ihr Lackaffen, ihr Hanswürste!« Und als ihm der Lehrer Pedro Tomás García einmal sagte: »Nein, ich bin eben Lehrer«, glaubte Güero, er bilde sich darauf etwas ein, und fühlte sich sehr beleidigt und verwies ihn gehörig. Er sprach dann drohend von den politischen Säuberungen in China. Jedesmal wenn er dachte, daß sie ihn verachteten, führte er die berüchtigten chinesischen Säuberungen an, wie man dort irgendwelche miesen kleinen Abweichler abserviert hatte, den Tschou zum Beispiel und dann den anderen Tschou und dann noch irgendeinen Tschou, und dann schickte er noch ein paar Flüche und Beschimpfungen hinterher.

AUSTAUSCH MIT DEN CHICANOS

»Und die Satzung? Ist sie immer noch nicht fertig?«
»Wir wollen ein Gesamtkonzept für den Kampf in Mexiko erarbeiten, Güero. Wir müssen an die zapatistische Tradition anknüpfen und sie mit der Bewegung Jaramillos und allen anderen verknüpfen...«
»Aber doch nicht so langsam, ich habe euch doch gesagt, daß ich es eilig habe.«
»Ja, aber du hast darauf bestanden, daß wir, die nicht direkt am bewaffneten Kampf teilnehmen, die Satzung ausarbeiten sollen.«
»Aber ihr habt doch schon eine Unmenge von Papieren«, fuhr Güero einfach fort und ignorierte den Lehrer Pedro, »ich habe euch doch die ganzen Papiere gegeben.«
»Ja, die Satzung des PRP, die haben wir überarbeitet und auf den heutigen Stand gebracht; wir haben Teile der Plattform des PRP benutzt, und wir suchen Anregungen in anderen Dokumenten...«
»Ihr braucht euch keine Anregungen mehr zu holen, macht euch an die Arbeit, in Chilpancingo gibt es ein Treffen«, unterbrach Güero.
»Wir sind ja schon fast fertig; Elena muß es dann nur noch tippen.«
»Und was hat Elena damit zu tun?« knurrte Güero argwöhnisch.
»Sie ist doch die Sekretärin, oder?«
Kaum hatte sie eine freie Minute, lief Elena auch schon über die staubige Straße vom Büro zur Schule. Und sie kam stets mit leuchtenden Augen und zufriedenem Gesicht zurück: »Sie lernen gerade Rechnen mit Beispielen. Lehrer Pedro hat sogar Bananen und Tunas gekauft; so kann man gut Rechnen lernen. Ich fand es immer so langweilig«, oder sie rief begeistert: »Ich möchte gern helfen, sie geben jetzt abends auch den Erwachsenen Unterricht, allen, die etwas lernen wollen. Lehrer Pedro sagt, daß es einen Austausch mit den Chicanos geben soll; die haben auch großes Interesse an dem Projekt: die schicken ihre Leute hierher, und von uns gehen Leute zu ihnen, um Englisch zu lernen. Wie gern

würde ich Englisch lernen! Lehrer Pedro baut wirklich eine neue Gesellschaft auf. Am liebsten würde ich wieder zur Schule gehen, nur um ihn zu hören, er spricht so schön.«

Güero erinnerte sich voller Unwillen an die Antwort des Lehrers, als er ihm vorschlug, der Guerrilla beizutreten: »Das ist schon in Ordnung, dieser Teil der Revolution ist notwendig, und wenn du es so machen willst, dann mach es, aber wir Lehrer führen den Kampf mit unseren Mitteln.« – »Dann machst du also nicht mit?« – »Nein, ich bin Erzieher und nicht Guerrillero. Auch durch Ausbildung arbeitet man für sozialen Wechsel.« Zuerst habe Güero den Lehrer nicht als miesen Schwulen beschimpft, sagte er sich immer wieder, aber dann, als er sich dessen Antwort noch einmal durch den Kopf gehen ließ, wurde er wütend. Er, Pedro Tomás García, konnte die anderen etwas lehren, er konnte sie ausbilden, wohingegen er, Güero, nur mit der Waffe in der Hand kämpfen konnte. Er war immer noch der kleine Junge, der vor Wut in seinem Graben weinte, die Magnum unter seinem Körper versteckt. »Mieser Schwuler, mieser kleiner Schwuler.« Und jetzt war Elena auch noch die ganze Zeit bei ihm, holte seinen Rat für dies und das, sprang von ihrer Maschine auf und kam wie erleuchtet über die Straße zurück; und wenn Güero sie dann fragte, wo sie gewesen war, antwortete sie etwas gereizt: »Ich habe den Lehrer nach einem Wort gefragt.« – »Hast du denn kein Wörterbuch hier?« – »Ja, aber das dauert so lange.« Güero kochte vor Wut.

Zu allem Elend rückten die aus der Hauptstadt auch immer näher, wurden die Ultimaten des Innenministers immer häufiger.

»ENTWEDER DU REIHST DICH EIN ODER WIR ERLEDIGEN DICH«

Ein anderer Experte für Besetzungen war Humberto Serrano, ein Freund Güeros. Einige ihrer Entscheidungen trafen sie gemeinsam. Serrano machte als Berater bei einigen Besetzungen im Umkreis der Hauptstadt mit, und oft kam er zur Siedlung Jaramillo und fragte Güero nach seiner Meinung. Als Pate von Güeros Sohn gab er aus diesem Anlaß ein großes Fest. (Drei Jahre später bewirkte er den Sturz Julio Scherer Garcías und seiner Leute, als er die Besetzung der Gebiete der Taxqueña, Eigentum des *Excelsior*, leitete.) Als er eine immer wichtigere Figur wurde, sandte Humberto Serrano seine Frau als Stellvertreterin mit Drohmeldungen von Moya Palencia*. Die Frau (»eine sehr anmaßende und lautstarke Frau« – beschreibt sie der Lehrer) sprach mit Pedro Tomás García und den anderen Lehrern, damit sie, »die doch Verstand hätten«, den Geist des Kampfkomitees beeinflußten; sie sagte, die Bedingungen, die das Innenministerium anböte, seien gut, die Regierung Echeverría kümmere sich um das Volk und sei bemüht, die Probleme der Siedler zu lösen. Bemüht? Nach dem Besuch von Ingenieur Mares waren all die vielen Versprechungen wie Tauben davongeflogen; weder waren die Pumpen repariert, noch war die Siedlung aufgeforstet worden, und auch die Verteilung von Wasser klappte nicht. An jenem ruhmreichen Nachmittag versprachen die Vertreter der Regierung täglich sechs Tankwagen, solange es kein Trinkwasser gebe, von denen zunächst fünf kamen, dann vier, später zwei und schließlich überhaupt keiner mehr. Moya Palencia ließ den Führern der Siedlung sagen, sie müßten legal handeln und ihre politische Energie in eine politische Organisation des PRI einbringen, andernfalls müßten sie mit Repressionen rechnen. Das war ein Ultimatum: »Entweder du arbeitest mit uns zusammen oder wir erledigen dich.« Zu dieser Zeit hatte Humberto Serrano noch einen mehr oder weniger guten Ruf. Aber bald schon wurde er Abgeordneter, und da war es klar, daß er zur anderen Seite übergelaufen war.

Nach Güeros negativer Antwort auf die Bemühungen der Frau Serranos begann die Regierung, ihn einzukreisen: man verhaftete Leute aus der Siedlung Jaramillo und steckte sie ins Gefängnis, und man übte ständig Druck aus. Man wollte bis zuletzt und um jeden Preis eine bewaffnete Auseinandersetzung mit diesen Verrückten vermeiden, denn man wollte kein Gemetzel riskieren; jetzt aber ging der Kampf auf Leben und Tod. Der Anwalt Carlos Fernández del Real unternahm, auf Betreiben Micaelas, den Versuch, Güero aus dem Land zu schaffen, und Ojeda Paullada sicherte Güero die unbehelligte Ausreise zu; der aber lehnte ab. Es blieb ihm nur noch ein Ausweg. Eines Tages hatte er auf die Hütten der Siedlung gezeigt und gesagt: »Glaubt nur nicht, daß das alles ist, was ich will.«

---

* Mario Moya Palencia, geb. 1933, unter Echeverría Innenminister; ab Februar 1974 Präsident des Consejo Nacional de Población, des Nationalrats für Siedlungsfragen. A.d.Ü.

DIE GUERRILLA GEHT VON JARAMILLO AUS

Die bewaffneten Aktionen der Gruppe um Genaro Vásquez Rojas begannen 1968, die von Güero Medrano Ende 1973, als er den Anschlag auf das Gefängnis zur Befreiung Fuentes' und seiner Leute vorbereitete. Vásquez Rojas war im November 1966 in Mexiko-Stadt gefangengenommen und zu dreißig Jahren Gefängnis verurteilt worden. Am 22. April 1968 wurde er, der Zeitschrift *Punto Crítico* zufolge, von einem bewaffneten Kommando unter Führung Roque Salgados, der während der Aktion starb, befreit. Vásquez Rojas zog sich dann mit zwölf anderen Männern in die Berge zurück und organisierte die *Asociación Cívica Guerrerense* (Bürgervereinigung von Guerrero). Güero Medrano schaffte es nicht mehr, Fuentes zu befreien, da ihn das Heer vorher erwischte. Aber er hatte die Jaramillo gegründet, und die gibt es heute noch, und er gab zehntausend Leuten Land, tausendfünfhundert Parzellen zu je zweihundert Quadratmetern. Wegen der Aktionen hielt Güero sich oft außerhalb der Siedlung auf, und obwohl das nur seine Kader wußten, spürten es die übrigen doch. Bei den Versammlungen zeigten sie ihre Enttäuschung: »Güero ist wieder nicht da.« – »Ich will ihn sprechen.« – »Das geht nicht, er muß etwas erledigen.« – »Was heißt, das geht nicht?« – »Ihr laßt uns nur nicht zu ihm.« – »Warum darf ich ihn nicht sprechen?« – »Er ist wirklich nicht in Jaramillo.« Die Leute bekreuzigten sich. Sie verloren den Mut, nahmen nur noch gezwungen an den Versammlungen teil, und wenn es um das Planieren von Straßen oder die Errichtung von Schutzmauern ging, kamen sie nur noch unfreiwillig und unregelmäßig. Zu Anfang hatten alle zusammengearbeitet, damit man ihnen ihr kleines Grundstück nicht wieder abnähme, jetzt aber erschien ihnen all das, was sie da akzeptiert hatten, nur noch schlecht. In kleinen Gruppen bekundeten sie ihr Mißfallen.

»Was heißt das, daß die Parzellen Familienbesitz sein sollen?«
»Ich will meine Urkunde.«
»Die Aufteilung des Landes ist beurkundet, aber auf wessen Namen? Auf den Gouverneur?«
»Der Familienbesitz kann nicht verkauft, verpachtet oder sonst irgendwie veräußert werden, darauf haben wir uns im Büro, bei der Registrierung, verpflichtet. Hast du denn das Papier nicht gelesen?«
»Wenn ich keine Urkunde über mein Grundstück bekomme, bin

ich auch nicht länger so doof und mache diese dämliche Sonderarbeit.«

»Ich mache auch nicht mehr mit und halte auch keine Wache mehr.«

»Ja richtig so, das haben sie dann davon.«

Die ersten, die sich verweigerten, waren die Lumpenproletarier, die in die Siedlung gekommen waren, als Güero die Tore weit öffnen ließ, sowohl um sein Prestige zu vergrößern als auch, damit die Studenten seinen Kampf weiter verbreiteten, aber da hatte er sich getäuscht, der arme Güero. Das waren nämlich oft Leute, die auch in anderen Siedlungen schon Parzellen hatten, in der Azteca, der Antonio Barona, der Satélite, der Lomas del Carril, und sie protestierten, als sie sahen, daß sie mit dem Land in Jaramillo nicht handeln konnten:

»Wenn ich die Parzellen nicht verkaufen oder verpachten kann, zum Teufel damit.«

Zu Güero drang so etwas kaum vor. Er hörte nur noch, was er hören wollte, Jaramillo lag schon weit zurück. Wenn er nachts zurückkehrte, hörte er die Geräusche des Dorfs, er sah die schwarzen Löcher einiger Häuser, die fast nichts weiter waren als schwarze Löcher, schlecht befestigte Dachpappen über einem nur lose zusammengehauenen Kasten; aber er ging einfach weiter. Früher hätte er gesagt: »Mateo, nimm wenigstens eine Plastiktüte, sonst kommen dir doch Tiere herein« oder »du mußt da am Dach noch etwas ausbessern« oder irgend etwas, aber das interessierte ihn jetzt nicht mehr. Die Straßen waren schmutzig, die Bürgersteige viel zu eng, man konnte nur im Gänsemarsch gehen, aber Güero tat nichts mehr. Vorher hätte er gedacht: »Ich muß in der Versammlung vorschlagen, daß wir den Bürgersteig verbreitern« oder »Morgen gehe ich zu Chente vom Gesundheitswesen und zu Gelasio von der Organisation und Propaganda: sie sollen eine Sauberkeitskampagne starten.« Jetzt hatte er andere Sorgen. Zu Anfang, wenn sie im Komitee jemanden anzeigten, notierte Elena sorgfältig: »Anacleto Peralta hat noch ein Grundstück in der Antonio Barona«, und Güero versicherte zornig: »Das werden wir untersuchen, so wie es Enedino Montiel auch immer gemacht hat.« Aber er hatte soviel Arbeit, daß er sich bald schon nicht mehr darum kümmerte. Der Lehrer beklagte sich: »Die Siedlung füllt sich mit Gesindel; du umgibst dich mit dem reinsten Abschaum.« Die Straßen wurden immer voller von Leuten, die nur herumhingen und nichts taten, nur mal so, um zu sehen. »Was für Typen! Was sollen wir mit so einer Bande von Gaunern?« Sie brauchten kein Haus zu bauen, da sie ja bereits eins in einer anderen Siedlung hatten, und so lungerten sie herum und vertrödelten ihre Zeit. Sie saßen im Büro und warteten auf Güero, und Tag für Tag begleiteten sie ihn bei seinen Rundgängen durch die Siedlung, hingen an ihm wie Kletten, redeten und verbummelten die Zeit, und wenn Güero nicht da war, saßen sie irgendwo herum. »Wir warten, daß Güero zurückkommt.« Und sie scheuten sich nicht, im Gegenteil, sie boten sich als Vertreter der Siedlung an. So war schließlich sogar einer der 57 Delegierten des Häuserblocks ein Polizist, der auch noch eine Ranch mit Ländereien in Ahuatepec besaß. Güero hatte ihn in Begleitung seiner Eskorte den Siedlern von Block 35 vorgestellt.

»Dies ist euer Delegierter, Narciso Solares.«

Außerdem war Güero stets von seiner Leibwache umgeben. Zwei Männer standen vor seiner Wohnung. »Dort, wo die Wachen stehen«, sagten die Leute, »das ist Güeros Haus.« Seit Aquileo verhaftet worden war, hatte sich Güero verändert. Er brauchte immer viele Leute und viel Bewegung um sich. Der Anwalt Miguel Buendía hatte gesagt, daß er bald frei sei, ja, aber wann? Güero brauchte ihn, um mit den Aktivitäten im großen Stil zu beginnen. Nur Primo war noch der alte, leutselig und friedlich.

DIE BEWAFFNETEN MÄNNER SAHEN WIR AUSGESPROCHEN GERN

»In der Siedlung sah man viele bewaffnete Männer«, sagte der Maurer Pánfilo Narváez, »und das sahen wir ausgesprochen gern, denn sonst war es immer umgekehrt gewesen, die Polizei überwachte uns, und wir waren die Dummen, wir standen mit leeren Händen da. Nur wenige wußten, daß das Kampfkomitee von Jaramillo aus operierte. Aber die Vorstellung der Vergeltung befriedigte uns: endlich zeigten es die Armen den Uniformierten.«

Zwar war die ANOCE nach außen nur eine Vereinigung von Arbeitern, Bauern und Studenten, aber die dreißig Mitglieder des Kampfkomitees wurden zu Guerrillakämpfern ausgebildet, sie studierten Maoismus und das Konzept des verlängerten Kriegs. Canario, Cacarizo, Chivas Rigal und drei oder vier andere konnten die Texte teilweise auswendig; ihre Vorgehensweise war einfach, aber effektiv. Die Leute in der Organisation kamen aus

Morelos und Guerrero, sie konnten mit Waffen umgehen, sie waren von Güero selbst in den Bergen ausgebildet worden, einige waren auch im Exekutivkommando des *Partido de los Pobres* (Armenpartei) gewesen; und sie waren nicht nur widerstandsfähig, sie kannten sich auch gut aus in der Gegend.

WENN SIE NICHT BEI EINER AKTION STERBEN,
DANN STERBEN SIE AUF JEDEN FALL VOR HUNGER

Elena schaute den Lehrer mit einem Stolz an, den sie am liebsten mit der ganzen Welt geteilt hätte. »Mich hat sie noch nie so angesehen«, dachte Güero. Er wußte genau, daß Elena sich, käme es darauf an, für den Lehrer entscheiden würde. »Du bist immer so in Eile«, sagte Elena und kam Güeros Gedanken zuvor, »du bist immer so mit dir selbst beschäftigt. Der Lehrer versetzt mich in einen Rhythmus, daß ich alles verstehen kann. Ich fühle mich gut und sehe gern, wie sich sein Gesicht bewegt, jeden Tag erscheint es mir neu, unverhofft, ich weiß nicht, warum ich seine Augenbrauen im Verhältnis zu seinen Händen sehe, seinen Mund im Verhältnis zu seinen Augen, an seinen Augen hänge, wenn er dies oder das sagt und seine Augenbrauen sich bewegen, wenn er lächelt.« Elena lebte auf. Viele Menschen, vor allem jene, die sich selbst zuhören, schauen ihr Gegenüber nicht an, wenn sie sprechen, sie schauen geradeaus, sie halten lange Reden für irgendeinen Punkt im Leeren, aber sie brauchen eigentlich niemanden. Deshalb sprach sie mehr mit Pedro über ihre Angelegenheiten; der nahm den Faden ihrer letzten Unterhaltung genau dort wieder auf, wo sie ihn verlassen hatten, wiederholte den letzten Satz, als sei er am Körper kleben geblieben oder sitze in einem Teil des Gehirns oder sonst irgendwo fest. Güero dagegen empfand sie wie eine Last, die sie erdrücken wollte, die immerzu verlangte, ihr stets das Letzte abforderte. Sein Verhältnis zu ihr war vor allem durch Eifersucht bestimmt. Wo warst du? Mit wem? Das hemmte sie, sie wollte nicht, daß er sich alles aneignete, ihre Sehnsüchte und Wünsche, die sich immer mehr an die des Lehrers banden.

»Ich glaube, der Lehrer weiß alles über das Leben«, sagte sie leise.
»Und ich?« wurde Güero sofort wütend.
»Du noch mehr, Güero, du weißt noch mehr. Aber der Lehrer ist älter, und ich schaue mir die Alten an, um zu sehen, wie viel oder

wie wenig sie gelebt haben, wie viele Erfahrungen sie gemacht haben und wie viele Stunden sich in ihnen angesammelt haben, an die sie sich erinnern. Mir gefällt die Ruhe in den Augen der Alten«, sie wurde jetzt noch leiser, »manchmal schmerzen mir die Augen und die Schläfen und der ganze Körper, weil ich so wach bin.«

Elena sagte nicht, daß Güero ihr seit einiger Zeit schon wie eine Karikatur vorkam. Er war immer so außer sich, daß alles an ihm wie verzerrt war. Dagegen fühlte der Lehrer sich wohl in seiner Haut, war immer ganz er selbst. Er regte sich nicht auf. Die Waffen machten Elena Angst.

»Ich habe Leute mit Gewehren hantieren sehen. Was wird da gespielt?«

»Wie? Spielen wir denn? Und wenn wir spielen, dann steht aber zumindest unser Kopf auf dem Spiel.«

»Das ist nicht konstruktiv, Güero.«

»Du redest wie Pedro.«

»Das bringt nur Tote.«

»Ja und, wir müssen doch alle eines Tages sterben.«

Ihr klang noch immer die Antwort Güeros in den Ohren, als sie sich um einige Genossen sorgte, die in einer Aktion unterwegs waren.

»Natürlich ist das ein Risiko, sie können sterben dabei. Ja und? Wenn sie dabei nicht sterben, dann sterben sie auf jeden Fall vor Hunger.«

»Aber wie kannst du das Leben der Leute aufs Spiel setzen?«

Er setzte das Leben der Leute, genau wie sein eigenes, mit Leichtigkeit aufs Spiel. Er setzte sie alle der Gefahr aus: »Wenn sie dabei nicht sterben, dann sterben sie doch bald vor Hunger.«

WENN DAS LEBEN WERTLOS IST, FÜRCHTET MAN DEN TOD NICHT

Elena schrieb in ihr Schulheft (es war bereits das zweite, das erste hatte sie schnell vollgeschrieben mit ihrer unruhigen kleinen Handschrift). »Güero hat viele Tode gesehen; sein ganzes Leben war er Aktivist, Kämpfer für die Bauern und Landbesetzer. Tode sehen. Ihn kümmerten zwei oder drei Tote gar nicht. Für Güero, wie für fast alle in Morelos oder Guerrero, ist das Leben nichts oder doch fast nichts wert. Man muß darum kämpfen, ja, Aber doch nur bis zu einem gewissen Punkt. Auf jeden Fall kommt der Tod bald, weil sie ihn suchen. Mir macht es angst, daß die Menschen sterben, aber Güero macht das nichts aus. Ich habe gelernt, daß man die Menschen beschützen muß, aber er läßt sie einfach. Mal sehen, wie es ausgeht. Jedes Mal, wenn ich ihm sage: ›Güero, diese Leute können dabei sterben‹, antwortet er: ›Ja und?‹ Wozu dann der Kampf um das Land, um das Leben, wenn er uns zuletzt doch ins Schlachthaus schickt? Ich habe den Lehrer gefragt, und er hat mir gesagt, daß die Leute in Morelos und Guerrero sehr arm sind; da sie nichts zu verlieren haben, fürchten sie auch den Tod nicht. In anderen Staaten sind die Leute eher konformistisch, sie glauben an die Ordnung der Familie, das Eigentum, und es fällt ihnen schwer, deren Verlust zu akzeptieren. In Guerrero oder Morelos ist das nicht so; der Hunger hat ihnen das Leben, oder was sie dafür halten, kaputtgemacht. Sie lieben das Leben nicht. So ist auch in Guerrero der Brauch entstanden, seine Feinde töten zu lassen, und das ist nicht nur ein Privileg der Reichen. Man muß nur die Pistoleros kennen. Eines Morgens wartete der Lehrer darauf, das einzige Telefon in Jaramillo benutzen zu können, und dabei hörte er eine kleine, dunkle Frau mit Goldzähnen und krausem Haar, wie sie sagte, daß ›man Rodríguez anrufen müsse, damit er endlich Schluß mache damit, denn sie habe nun endgültig die Nase voll.‹ Und dann wiederholte sie mit gewichtiger Stimme in die Muschel, daß der Soundso endlich ein für allemal erledigt werden müsse. Güero nimmt sich so etwas auch nicht sehr zu Herzen. Es kümmert ihn nicht, wenn der eine oder andere bei einer Aktion stirbt, sondern er betrachtet es als einen Verlust bei seinen Leuten und sagt: ›Streicht ihn von der Liste.‹ Das einzige, was ihm wirklich Sorgen macht, ist die Verhaftung Aquileo Mederos Vásquez, denn er braucht ihn. Alles andere ist ihm egal.

Vielleicht glauben die Leute auch einfach nicht an den Tod. Viele Bauern versichern ernsthaft, Zapata auf seinem weißen Pferd durch die Berge reiten gesehen zu haben. ›Zapata lebt, aber nur wir aus dem Süden sehen ihn, weil wir ihn erkennen können; neulich noch ist er ganz nahe an Estefanía vorbeigeritten, nur dreieinhalb Meter, so weit wie der *huamúchil* dort, der mit den weißen Früchten.‹ Ich verstehe das wirklich nicht. Warum glaubt man, ein Toter sei noch lebendig? Warum stellt man sich nicht der Wirklichkeit? Warum verwandelt sich alles in Illusion oder *Cor-*

rido*? Der Lehrer sagt, daß viele auf die Revolution hoffen, und dazu brauchen sie den Glauben, daß Zapata noch lebt. Die Leute hoffen immer noch, aber die Wut wird jedesmal größer.«

Ein anderer Tag:

»Zu Anfang wußte ich überhaupt nicht, wie man Steine bewegt und trägt, und ich habe mir die Schulter so verrenkt, daß ich einen ganzen Monat Schmerzen hatte. Später habe ich dann gelernt, wie man mit Brechstangen und Hebeln umgeht, und habe selbst die Mauern für meine Einzäunung errichtet. Und so ging es auch mit dem Wasser. Jetzt hole ich es selbst. Niemand muß mir mehr helfen, und ich möchte auch niemanden dafür bezahlen, daß er die Arbeiten ausführt, die ich nicht gern mache oder nicht machen kann. Seit ich in Jaramillo wohne (sonst hätte ich ja mein ganzes Geld für Busfahrten gebraucht), habe ich selbst gelernt, wie man Wasser holt, wie man Speis mischt, wie man die Steine auf Fugen mauert, wie man das Palmdach räuchert, wie man tropfende Stellen im Dach mit Blech und Teerpappe ausbessert. Ich habe zwar noch immer Angst vor Skorpionen, aber ich glaube, das ist auch das einzige. Am liebsten verputze ich die Wände mit einem Schlamm aus Erde und Kräutern, weil es dann nachts nach Erde, Wasser und frischen Kräutern riecht. Das Wasser muß sauber sein, und dann gebe ich reichlich Kräuter in den Schlamm. Das mache ich alles selbst, es gefällt mir; ich muß natürlich immer früh aufstehen, um das alles zu schaffen, die Arbeit im Büro darf ja nicht darunter leiden. Ich glaube, am besten gefällt mir das Säen, denn ich sehe so gern, wie etwas wächst; aber ich habe die Bohnen zu spät gesät, und deshalb sind sie mir dieses Jahr vertrocknet. Im nächsten Jahr muß ich sie rechtzeitig säen; morgens hole ich mir ein paar frische, zarte Maiskolben, die ich selbst gepflanzt habe, und es ist mir jedesmal wieder ein riesiges Vergnügen, mein Maisfeld so dicht und voll zu sehen.«

---

* Eine volkstümliche Romanze, die eine Geschichte, ein Abenteuer, das Leben von bestimmten Personen erzählt oder besingt; ähnlich dem Bänkel- oder Moritatengesang. A.d.Ü.

WENN MAN MIT EINEM BAUERN AUS MORELOS ÜBER DEN
POLITISCHEN KAMPF SPRICHT, FRAGT ER ALS ERSTES:
WO SIND DIE WAFFEN?

Als der Lehrer Pedro von Pachuca kam, um in Jaramillo eine neue Schule zu gründen, war er schon viel im Lande herumgekommen, und immer war ihm die Gewalt in Morelos und Guerrero gegen den Strich gegangen.

Wenn jemand von außerhalb, ob er vom PC, PMT oder vom PRT ist, mit einem Bauern aus Morelos über den politischen Kampf spricht, fragt der als erstes:

»Wo sind die Waffen?«

Als der Lehrer ihm antwortete, er habe keine, zuckte der Bauer nur die Schultern.

»Dann taugt das alles nicht, was du erzählst.«

Der Lehrer versuchte, in Jaramillo Verständnis für die Dringlichkeit seiner Pläne zu wecken: man brauche nicht nur eine Schule für die Kinder; auch die Eltern sollten nachmittags kommen, auch die Erwachsenen sollten am Unterricht teilnehmen und sich zu Funktionsgemeinschaften und Nachbarschaftsverbänden zusammenschließen. Nur so bekomme man einen Kindergarten oder zwei Singer Nähmaschinen, und nur so funktioniere das gemeinschaftliche Leben.

»Was das wieder kosten wird«, murmelte eine Mutter ängstlich. Aber zu ihrer Überraschung widersprach ihr Pedro Tomás García empört:

»Mit den stets gut gekleideten Lehrern, die nur wegen des Gehalts arbeiten, ist es jetzt vorbei. Und auch damit, daß die Kinder in Uniform zur Schule kommen, daß die Eltern die Lehrmittel kaufen, daß sie noch Schulgeld bezahlen müssen, wenn sie am Verhungern sind. Wir stellen Papier und Bleistift. Schluß mit der schönen Kleidung, wir unterrichten nicht die Kleidung, sondern das Kind! Sie müssen nicht einmal sauber kommen, sie sollen so kommen, wie sie können. Wir wollen, daß die Schule etwas mit eurem Leben zu tun hat, wir wollen mit euch über eure Verhältnisse reden, über das Land, das ihr bebaut, über den Abwassergraben, den wir gemeinsam ziehen müssen. Wir wollen euch nichts aufschwätzen, was ihr nie im Leben gebrauchen könnt.«

Aber auch so waren sie noch mißtrauisch. Epifanio kam wieder mit der alten Leier:

»Nein, nein, die Waffen sind das einzige, was gegen die Regierung hilft.«

»Wir müssen die Leute vorbereiten, sie unterrichten und ihnen politische Bildung vermitteln.«

»Nein, nur nicht so etwas, dazu haben wir keine Zeit.«

Wenn der Lehrer ihnen von Bewußtwerdung sprach, riefen sie: »Das kennen wir schon!«

Oder sie unterbrachen ihn einfach:

»Sag uns, wie wir die Regierung loswerden. Wie? Wir wollen sie besiegen. Sag uns wie, Lehrer.«

Die Bauern wissen, daß es ihnen schlecht geht, und sie wollen nicht, daß man ihnen mit Bewußtwerdung kommt. Sie brauchen einen handfesten Plan, eine bewaffnete Aktion. Und das ist nicht nur in Jaramillo so, das ist so in allen Siedlungen, in allen Armutsgebieten im Süden. So sah sich der Lehrer von Anfang an einer Wirklichkeit gegenüber, von der er nichts geahnt hatte. Nachts wiederholte er sich bestürzt die Worte der Bauern, die Art und Weise, wie sie auf ihn eindrangen. Glaubst du, wir sind dumm, oder was? Sag uns, wie wir kämpfen sollen, wenn du es weißt. Hast du Waffen? Wenn du welche hast, gib sie uns, und dann sag uns, wie.

SIE FÜHLEN, DASS SIE SCHLIESSLICH DOCH NOCH DIE
HELDENROLLE SPIELEN, DIE IHNEN DIE LIEDER ZUWEISEN

Aus Elenas Heft:

»Sie denken, daß sie die Heldenrolle spielen, die ihnen die Lieder zuschreiben, und daß sie zu einer legendären *Corrido*figur werden, und das ist ja schließlich nicht irgend etwas. Wenn Güero in Jaramillo auch keinen Alkohol zuläßt, draußen treten seine Leute aber doch wer weiß wie auf; sie fahren nach Acatlipa, Temixco oder Amatepec und spielen sich wie *Charros** auf, Frauen im Arm und die Gitarre in der Hand. Sie alle halten sich für eine Mischung aus Lucio Cabañas und *Chucho el Roto*** und finden sich selbst ganz toll, wie in den Liedern, die von Lucio Blanco, Valente Quintero, Margerito Flores oder sonst irgendeinem Volkshelden erzählen, der besoffen in eine Kneipe kam und dort erfuhr, daß die Polizei hinter ihm her sei und ihn verhaften

---

* Ein guter Reiter und Zureiter mit spezieller Kleidung. A.d.Ü.

** Ein legendärer Bandit und Sozialrevolutionär des 19. Jh.; auch die übrigen Namen bezeichnen Corrido-Helden. A.d.Ü.

wolle, und der aber, mutig und stark wie er war, das nicht mit sich machen ließ und Rosita noch drei Kugeln verpaßte.* Diese Figuren aus Liedern und Filmen, richtige Machos, Weiberhelden, Spieler und Müßiggänger, das sind ihre Ideale, und im Grunde will auch Güero so etwas; er hat hier eine Frau und da eine, und dann hat er auch noch Zeit, spazierenzugehen und herumzugucken.«

MAN MUSS NICHT ZUR GUERRILLA GEHEN,
NUR UM ZU DEN ERSTEN ZU GEHÖREN

Als der Lehrer sah, daß Güeros Leute immer offener bewaffnet durch die Siedlung liefen, dachte er: »Jetzt spinnen sie wirklich«, und redete noch einmal mit Güero, obwohl alle ihre Gespräche stets in einen Wutanfall mündeten:

»Es ist nicht recht, daß ihr Autos stehlt und sie in die Siedlung bringt; und es ist auch nicht gut, daß die Leute die Waffen so zeigen. Wenn ihr wirklich eine Revolution machen wollt, dann macht es richtig.«

Natürlich gab es immer eingeschleuste Spitzel, Denunzianten und Agenten. Jeder, der den starken Mann spielte, war willkommen, ohne daß man fragte, woher er komme oder was er wolle; man war sehr arglos bei der Auswahl der Leute. Einige wollten lediglich einer Bande angehören: die Mehrzahl waren Männer, die allein waren. Allein und verzweifelt. Denn die Einsamkeit führt zur Verzweiflung. Die Tatsache, daß die Polizei nicht nach Jaramillo kommen konnte, machte sie für viele ganz gewöhnliche Kriminelle aus Cuernavaca und allen Orten der Umgebung attraktiv; und weil sie hier nichts zu fürchten hatten, fühlten sie sich stark. Andererseits empfing Güero einen Regierungsagenten, und als dieser kam, schickte er alle hinaus, auch den Lehrer: »Ich will, daß niemand dabei ist.« Güero war der Chef, und niemand widersprach seinen Anordnungen, er besaß die Befehlsgewalt, und sein Wort galt, er gab »die Linie« vor, und daran hatte man sich zu halten, und wem das nicht paßte: raus. Ein Wort von ihm genügte: »Der Genosse gerät auf Abwege«, und schon ließ man ihn fallen und entzog ihm jede Unterstützung. Stets hatte Güero sein drohen-

---

* Das Vorhergehende ist eine Zitatencollage aus verschiedenen, sehr bekannten Corridos. A.d.Ü.

des »Denk an Lio Shao Tschi...« bereit. Zwar konnte man in der Versammlung Kritik äußern, aber ob Güero sich daran hielt, war eine andere Sache. Darüber hinaus fürchtete er ständig um seine Autorität, wollte immer über alles unterrichtet sein. Er überwachte die Sonderarbeiten, die Einkäufe, schließlich war er der Präsident des Kampfkomitees einer besetzten Siedlung, die von außen bedroht wurde, und er mußte sich um vieles kümmern. Und mit der gleichen Leidenschaft, mit der er sich zu Anfang für Jaramillo eingesetzt hatte, setzte er sich dann für den bewaffneten Kampf ein. Aber man durfte ihm nicht in die Quere kommen: »Entweder ihr akzeptiert, oder ihr geht.« Pedro Tomás García rief nicht öffentlich zum Widerstand auf und auch nicht dazu, die Siedlung zu verlassen, aber viele Siedler schlossen ihr Haus hinter sich zu und zogen sich zurück: »Das endet mit brutaler Unterdrückung, und dann wird hier fürchterlich aufgeräumt.« Der Lehrer hatte darüber mit Güero gestritten:

»Man muß nicht zur Guerrilla gehen, nur um zu den ersten zu gehören. In die Berge gehen und verfolgt werden, nur wegen des Mythos, ohne Basis, ist Selbstmord. Du führst die Leute in den Tod.«

»Und was kümmert dich das? Du bleibst doch in der Siedlung. Wenn die Repression vorüber ist, arbeitest du weiter in der Schule, vergrößerst sie, und am Ende sagst du noch, das sei deine revolutionäre Ausbildung. Die Leute folgen mir, weil sie überzeugt sind, nicht, weil ich sie zwinge.«

»Auch wenn die Verhältnisse, das Elend und die Unterdrückung fürchterlich sind, so garantieren sie doch nicht den Erfolg einer Revolution. In Jaramillo sehe ich keine Voraussetzung dafür, es gibt sie einfach nicht, Güero.«

Obwohl er sonst einer der Radikalsten war, sagte Felipe Sánchez Lima von *Punto Crítico* zu Güero: »Ich komme nicht mit.« Als es darauf ankam, wurde ihm klar, daß es nicht nur keine Möglichkeit gab zu siegen, sondern daß es nicht einmal eine gab zu überleben.

DER TOD VON GÜEROS BRUDER

Güero ordnete an, die Truppe solle unter dem Befehl des Oberkommandierenden der Streitkräfte der Siedlung, seines Bruders

Primo, ausrücken; achtzehn Leute in drei Autos, darunter die Generalsekretäre der Bauern und der Studenten; sie trugen Rucksäcke und legten ihre Waffen in den Kofferraum der Autos. Am nächsten Tag kamen die, die fliehen konnten, einer nach dem anderen zerschlagen und verängstigt zurück und erzählten, daß sie unterwegs (sie waren schon durch Nanche Dulce, Lagunillas und Laguna Seca, wo ihre Wagen im Schlamm stecken geblieben waren) beschlossen hatten, in Tepecuacuilco, Guerrero, zu frühstücken, und daß man ihnen im Gasthaus bedeutet hatte, es gebe nicht genug für alle und sie sollten besser zum Markt gehen. »Seht nur, so viele Leute.« Daher verteilten sie sich, aber ganz offen. Sichtlich folgte man ihnen, und kaum hatten sie sich gesetzt, sahen sie sich von acht Polizisten umringt: »Kommt ihr von Laguna Secas?« Sie wollten sie packen, und als sie zu der ersten Gruppe sagten, Hände hoch, schossen die anderen Guerrilleros auf die Polizisten, und schon war der Kampf in vollem Gang. Es blieb ihnen nichts anderes, als zu fliehen. Aber sie waren hinter ihnen her, zerschossen ihnen die Reifen und verwundeten einen Studenten am Bein. Einige erreichten den Berg. Motorisierte Polizei und ein Militärkommando der XXV. Militärzone durchlöcherten mit einer Maschinengewehrsalve die Reifen des einzigen Wagens, bei dem es gelungen war, den Motor zu zünden. Sie schnappten sieben, darunter zwei Frauen, eine davon schwanger. Als Primo seine Maschinenpistole aus dem Kofferraum holen wollte, traf es ihn, und er fiel sofort und war tot.

Wem die Flucht gelang, gab Güero Nachricht. Er befahl, die drei Raketen abzufeuern, trat auf den Balkon des Büros mit seiner M1 in der einen und der mexikanischen Flagge mit dem Gesicht Rubén Jaramillos in der anderen Hand und sagte ihnen, daß der Oberkommandierende Primo Medrano Mederos, der Kampfgenosse, der für die Sicherheit aller in Jaramillo gesorgt hatte, bei einer Aktion gestorben sei.

»Genossen, man muß unsere Stimmen jenseits der Grenze hören, jetzt ist nicht die Zeit zur Trauer, sondern die Zeit der Rache für die Gefallenen. Bruder, du bist nicht gestorben, du wirst für immer in unseren Herzen leben. Bruder, wer aufschreit, lebt mit dir. Bruder, wer Widerstand leistet, lebt mit dir. Bruder, wir werden dich rächen.

Anfangs haben wir uns hier darum bemüht, eine neue Gemeinschaft von fast fünfzehntausend Menschen aufzubauen, aber sie haben uns nicht gelassen; sie wollen, daß wir Abfall bleiben, Lasttiere. Wir, die Armen, kennen nur das, was wir sehen und erleben, nicht das, was sie uns erzählen. Wir verstehen das, was uns täglich geschieht, und das, was in Jaramillo geschieht, ist schrecklich. Wir wissen, daß wir die Mehrheit der Mexikaner bilden, aber vor allem wissen wir, daß wir der beste Teil der Menschheit sind, denn wir sind die Arbeiterklasse. Deshalb werden wir siegen, Genossen. Was wir hier beginnen, werden andere weiter- und zu Ende führen, besser, als es je gewesen ist. Einige werden das nicht mehr erleben, aber es wird geschehen, ich versichere euch, es wird geschehen! Jetzt kämpfen wir nicht mehr nur um ein Stück Land von zweihundert Metern, jetzt kämpfen wir um ein größeres, das Mexiko heißt.«

Und er wiederholte das noch einmal mit erhobenem Gewehr und erhobener Flagge:

»Wir kämpfen nicht mehr nur um ein Stück Land von zweihundert Metern, sondern um ein größeres, das Mexiko heißt!«

Die Siedler hatten keine Zeit, um Primo zu trauern, die Ereignisse überstürzten sich. Man sagt in Jaramillo, daß der Alte mit den Krücken, ein Regierungsspitzel, der Polizei den Hinweis gab, sie könne Güero jetzt erwischen, denn er warte auf den Leichnam seines Bruders, um ihm die letzte Ehre zu erweisen und ihn auf dem Friedhof von Jaramillo zu begraben. Aber schon einige Tage zuvor quartierte sich das Heer in Acatlipa ein, und als sie das sahen, dachten alle, daß es nur noch eine Frage der Zeit sei.

»LAS GOLONDRINAS« — »DIE SCHWALBEN«*

Güero konnte sich auf seine Ahnungen, wenn es um seine Person ging, verlassen; und so konnte er jeden Augenblick unbemerkt verschwinden. Er kannte seine Verfolger seit Jahren; er hatte sich auf sie eingestellt, und so kam es, daß ihm durch eine seiner Eingebungen klar wurde, daß es höchste Zeit wurde. Natürlich hatte er seine Stützpunkte, wie Mao es empfiehlt, seine strategischen Pläne und eine Gruppe Bauern, die ihn in den Bergen erwartete, um mit ihm weiteres Land zu besetzen und immer mehr zu erobern, gemäß der Taktik des verlängerten Kriegs. Güero kündigte seinen Kadern an: »Die Genossen warten seit Monaten

---

* Ein populäres Lied, das zum Abschied gesungen wird. A.d.Ü.

auf uns, sie werden es langsam leid sein oder schon allein kämpfen, auf keinen Fall aber werden sie uns begeistert empfangen; aber wir dürfen uns jetzt nicht spalten.«

Zwei Tage nach dem Tod seines Bruders Primo trat Güero, es war schon spät abends, in Pedros Hütte, und als er sie dort sah, blieb er schlagartig stehen:

»Das hätte ich mir denken können, daß ich dich hier treffen würde.«

Sie schauten sich nur an, über den Tisch hinweg.

»Das hätte ich mir denken können.«

Pedro schaute von dem Mädchen zu ihm hinüber und sah ihn, bewaffnet, ohne Hut, mager und mit fest verschnürten Stiefeln. Eigentümlicherweise sah er trotz seiner M1 sehr verwundbar aus.

»Und was willst du um diese Zeit hier?«

Die Frau antwortete nicht.

Güero machte plötzlich einen demütigen, geschlagenen Eindruck. Er wiederholte:

»Ich gehe jetzt. Ich wollte mich verabschieden.«

Pedro schwieg.

»Ich dachte, daß du schon schlafen würdest, und daß ich dich wecken müßte.«

Primo war tot, was blieb ihm anderes? Güero vermied es, sie anzusehen. Was sollte es schon noch? Sein Stimme klang belegt:

»Jetzt beginnt der Kampf, ich übergebe dir die Siedlung, sorge für sie und verlaß sie nicht.«

»Ich gehe mit dir.« Elena erhob sich.

Jahre später erinnerte sich der Lehrer, daß diese Nacht eine der längsten und schwersten seines Lebens war.

GÜERO VERLÄSST JARAMILLO

Im Morgengrauen des 28. September, einige Stunden bevor das Heer in Jaramillo eindrang, verschwand Güero. Er verschwand mit seinen Leuten über die Straße Lázaro Cárdenas, und als sie an der Schule vorbeikamen, sahen einige versteckte Polizisten sie über eine Hecke springen und schossen auf sie, aber niemand hörte es, denn sie hatten Schalldämpfer. Cleofas spürte beim Klettern plötzlich einen Schlag im Daumen und sah, daß seine Hand zerschossen war: die Kugel hatte ihm den Daumen abgerissen. Einige fielen mit zerrissener Kleidung herunter; auch Güero blutete, doch er bestand darauf, Gordo den Arm abzubinden. Sie wuschen sich im Wasser eines Bachs. Später erzählten sie, daß sie in einer anderen Arbeitersiedlung Unterschlupf gefunden hatten, auf einem Hügel, auf dem oben ein Kreuz stand, in der Nähe der Autobahn, und von dort aus sahen sie den Einmarsch der Truppen, als die Leute noch schliefen. Nichts regte sich, außer diesen Wagen, die sich wie Dickhäuter zwischen den Häusern voranbewegten. Die Siedlung Jaramillo sah von dort oben so klein aus, kaum eine Handvoll Häuser. Und so schmutzig, so mickrig. Die Straßen staubig und wie ausgestorben, die Häuser klein und geduckt, als wollten sie auch vor den Soldaten fliehen, als wollten sie gerade fortlaufen, um sich wie Ziegen an die Berghänge zu drücken.

Wie Güero später erklärte, waren es Truppen der XXXIV. Militärzone und Agenten des Sicherheitsdienstes. Dreitausend Soldaten und achthundert Polizisten marschierten ein. Die Wachtruppe konnte fliehen, und einige, wie Pánfilo Narváez, kamen erst Monate später zurück. Von dort oben sahen sie alles, und einige weinten, bis Güero anordnete:

»Jetzt müssen wir uns doch trennen und jeder schlägt sich allein durch. Das Ziel sind die Berge.«

»Und die Verpflegung?«

»Rábano, du mußt in Cuernavaca Kontakt aufnehmen. Nur so können wir etwas Nahrung besorgen. Wo die Waffen sind, wißt ihr.«

Güero schaute Elena nicht ein einziges Mal mehr an, sie dagegen schien sein Schatten zu sein. Sie hatte sich sogar einen Schal um den Kopf gewickelt, als wolle sie sich verstecken. Sie sprach nie, nur einmal sagte sie, mit der gleichen fragenden Stimme wie zu Anfang:

»Ich habe mein Heft in Jaramillo gelassen.«

»Gut so«, antwortete er etwas gereizt, »hier kannst du doch nicht schreiben.«

Die staatlichen Behörden hatten den Einmarschbefehl gegeben, weil Jaramillo zu einem Waffendepot für Lucio Cabañas geworden war und die Siedler die Guerrilleros beschützten. In den Zeitungen stand zu lesen, daß man eine große Menge Waffen beschlagnahmt habe und verschiedene Männer gefaßt worden seien, die Maschinenpistolen und andere gefährliche Waffen trugen. Die Gefangenen wurden angeklagt, den Landwirt Manuel Soto und seine Frau in Lagunillas ermordet zu haben.

Micaela empfing die Soldaten, die Arme in die Hüften gestemmt, und Amarillo bellte wie verrückt.

Francisco Ortiz Pinchetti überliefert in einem Artikel, dem besten über Jaramillo, die Worte des alten Eleuterio:

»Die Frauen wollten sich ihnen entgegenstellen, aber die armen Alten hatten ja nur Stöcke und Steine. Und was soll man damit schon ausrichten? Aber sie haben sie beschimpft, bis sie nicht mehr konnten.«

DIE AKTIONEN

Einige Tage nach dem Einmarsch der Truppen erschien Güero, in Begleitung eines Unbekannten, bei Eduardo Martínez Correa. Er erzählte ihm, daß er aus Jaramillo geflohen sei und daß er nun im Untergrund leben werde. Er war verwundet. Eduardo Martínez Correa ließ ihn herein, bot ihm Platz an und holte sofort Medikamente.

»Ihr bleibt über Nacht hier.«

»In Ihrem Haus?«

»Ja, wo sonst?«

Am nächsten Tag versteckte er ihn in einem kleinen Haus, das zu seinen Ländereien gehörte, und Güero sagte ihm, er solle nach seiner Geliebten, Elena, alias Celia, schicken lassen. Eduardo Martínez Correa gab ihnen Pfannen, Geschirr und Besteck, daß sie sich etwas zu essen machen könnten, und Bettzeug. Täglich kam er vorbei und begrüßte sie, aber nie hörte er die Stimme der Frau. Sie sprach nicht, hob nicht einmal den Blick, und wenn er hereinkam, ging sie aus dem Zimmer. Eine schüchterne Frau. Auch Güero schien ihr nicht die geringste Aufmerksamkeit zu zollen. Nach vier oder fünf Tagen gingen sie. Martínez Correa, ein Mann von 68 Jahren, merkte, daß Güero, bevor er gegangen war, das Haus geputzt hatte, er hatte gefegt und alles ordentlich zurückgelassen. Er hatte ihn immer bewundert und teilte seine Ideologie; vor zwölf Jahren hatte er ihn kennengelernt. Der alte Mann hörte ihm gern zu, denn Güero war ein großer Redner. Als er Villa de las Flores besetzte, ging er hin, um ihn zu besuchen, aber er konnte ihn nur von weitem grüßen. Ende September 1973 erfuhr er, daß das Heer Jaramillo besetzt hatte, um ihn gefangenzunehmen, und daß ihn die Soldaten mit aufgepflanztem Bajonett überall gesucht hatten; und eines Nachts, so geht es manchmal im Leben, steht er einfach vor der Tür, zerschlagen und verwundet.

Im Februar 1974 erschien er noch einmal mit zwei Unbekannten und sagte ihm, er habe seine Freundschaft über Gebühr strapaziert und sich erlaubt, eine Gruppe von vierzig Leuten, alles Mitglieder verschiedener revolutionärer Organisationen, zu einer Versammlung auf seinem Grund und Boden zu bestellen; darunter sei übrigens auch ein Bruder von Lucio Cabañas, der ihm, einer Fotografie nach zu urteilen, erstaunlich ähnlich sehe. Sie kamen in kleinen Gruppen, zu dritt oder viert, und Eduardo kannte keinen, außer Aquileo Mederos Vásquez, alias Full, der inzwischen aus dem Gefängnis entlassen worden war, und Elena, alias Celia, die jetzt kleiner schien, vielleicht weil sie wirklich magerer geworden war und das Haar kurz trug, wie ein Mann. Sie schien überhaupt nur zu existieren, wenn sie in ihrem Heft Notizen machte, sonst beachtete sie niemand. In dieser Versammlung wurde eine Liste der Reichen aus der Umgebung erstellt. Es tauchten Namen auf wie Omar Nasser, zehn Millionen Pesos, wie man schätzte, José Aréchiga mit einem Kapital von drei Millionen, Pedro Baruz, dessen Vermögen niemand genau kannte, und Elfego Coronel Ocampo, Besitzer einer Reihe von Ladenketten, Drogerien, Apotheken, Lebensmittelläden, eines Vertriebs für Baumaterialien, einer Gemüsefarm, eines Hauses in Puente de Ixtla, des Motels »El Coronel«, einiger Bäder, insgesamt etwa fünfzehn Millionen Pesos.

Eduardo Martínez Correa hörte, wie jemand seinen Nachbarn fragte:

»Und die da, die sich ständig Notizen macht, wer ist das?«

»Die Sekretärin.«

Um die zu Entführenden zu beobachten, ging Ciro Pantoja, alias Sabelotodo, nach Puente de Ixtla und mietete bei Martínez Correa ein Zimmer. Zwei Studenten aus Guerrero, mit den Decknamen Fidel und Ernesto, besuchten ihn und unterhielten sich stundenlang mit ihm. Es ergab sich, daß Elfego Coronel Ocampo nicht nur der Reichste war, sondern daß er auch jeden Tag mit seinem Auto zu seiner Ranch fuhr, um den Molkereiertrag seiner Kühe abzuholen; man konnte ihn also leicht unterwegs abfangen. Die Entführer forderten drei Millionen Pesos für Elfego, aber sie erhielten nur neunhunderttausend. Am Tag vor der angekündigten Übergabe des Lösegelds fand man Elfego Coronel Ocampo, etwa hundert Meter von der Straße, die von Amacuzac nach Taxco führt, tot auf.

DAS TREFFEN IN PUEBLA MIT GÜERO MEDRANO AM 10. JANUAR
1975. DER PPUA WIRD GEGRÜNDET.

Aquileo Mederos sprach mit Simón Elizondo, alias Nevero:
»Komm, Nevero, ich lade dich ein, wir brauchen Leute wie
dich«, und der fühlte sich geschmeichelt und fuhr mit dem Bus zu
dem Treffen in Puebla, wo sich auch Güero einfinden würde.
Güero war abgemagert und sehr brüsk im Umgang; Elena, jetzt
Celia, ehemalige Sekretärin der Siedlung, hingegen war ständig
aktiv, denn man hatte ihr die Finanzen übertragen: sie verteilte
kleine Geldbeträge an die Teilnehmer: »Hier ist euer Geld«, sagte
sie zu Cacarizo, Chivas Rigal, Canario, einem neuen Eufemio
Hernández, alias Tintán, und zu drei Studenten einer CCH, die sie
niemals wieder sah. Güero legte kurz den Lebenslauf eines jeden
dar und hielt sich besonders bei einem alten, weißhaarigen Mann
namens Eduardo Martínez Correa auf, der ihm schon sehr oft
großzügig geholfen habe. Er sprach von einer Organisation, in der
Arbeiter, Bauern, Studenten und sonstige Sympathisanten, auch
die Chicanos, vereinigt werden sollten. Der PPU solle jetzt auf
ganz Amerika ausgedehnt werden und den gesamten Kontinent
umfassen: PPUA. Der Bauernsektor sei der wichtigste im Klassenkampf. Güero sprach von der Notwendigkeit, im Untergrund zu
leben, daß jedes Mitglied innerhalb seines entsprechenden Bereichs Komitees gründen solle, um eine größere Mitgliederzahl zu
schaffen. »Wir müssen unbedingt mehr Leute sein.« Güero endete
seine Ansprache mit den Worten: »Die Reichen beuten das Volk
mit Gewalt aus, die Armen müssen es mit Gewalt befreien, die
Grenzen niederreißen und die freien Völker Amerikas vereinigen.«
Schließlich wurde über die Aufgaben und Ämter der verschiedenen Mitglieder abgestimmt, und auf Vorschlag Güeros und unter
Berücksichtigung seines vorgeschrittenen Alters wählten sie Eduardo Martínez Correa zum Diskussionsleiter. Dann wurde er von
Güero selbst, in Anerkennung seiner Verdienste, als Mitglied der
Ehren- und Gerechtigkeitskommission der Vereinigten Arbeiterpartei Amerikas vorgeschlagen, ein Amt, das er gar nicht mehr
ausüben konnte, weil er kurz darauf in seinem Haus verhaftet
wurde, zusammen mit seiner Frau und seinen zwei Töchtern,
denen die Polizisten die Brüste zerquetschten und mit einem Brett
auf das Geschlecht schlugen. Sein Haus wurde geplündert, sie
nahmen das Radio, die Schreibmaschine und landwirtschaftliche

Geräte mit; seine Bibliothek wurde verwüstet und auch seine Sammlung alter Münzen, Briefmarken und archäologischer Funde. Ihn selbst folterten sie bestialisch; der Einsatzleiter sagte zu ihm: »Die Widerstandsfähigkeit des Körpers hat ihre Grenzen. Bei uns reden die Leute, sonst sorgen wir dafür, daß sie reden.« Sie verabreichten ihm Elektroschocks am ganzen Körper und schlugen ihm mit der flachen Hand auf Augen und Ohren, bis er taub war.

DURCH DIE AKTIONEN DES MILITÄRS WURDEN VIELE ÜBERHAUPT ERST ZU GUERRILLEROS

In Jaramillo sprach Nevero mit Ireneo Domínguez, alias Tortillero; der hatte die Nase voll davon, daß jedesmal Soldaten in sein Haus eindrangen, wenn sie sahen, daß mehr als drei Leute miteinander redeten. Jeden Tag, zu jeder Stunde, selbst nachts, hörte man die Soldaten durch die Straßen marschieren; sie beschuldigten sie, Guerrilleros zu sein, Waffen zu verstecken, subversive Propaganda zu verbreiten oder auch nur ein Flugblatt zu besitzen, Verbindungsmänner zu sein oder einfach »einer von Güeros Leuten« und mit dem aufgelösten Kampfkomitee zusammenzuarbeiten, Kommunisten zu sein, alles nur Erdenkliche war ein Vergehen. Die wegen kommunistischer Gesinnung Beschuldigten wurden eingesperrt, und die Soldaten führten Scheinerschießungen mit ihnen durch, damit sie niemals mehr vergäßen, daß der Kommunismus böse ist. Diese Vorgänge führten aber dazu, daß einige Siedler radikaler wurden und sich dem Widerstand anschlossen. Rábano und Chepepón fanden ein günstiges Klima für die Politisierung der Siedler vor: sie rekrutierten den Maurer Octaviano Pérez Castillo, Jesús Benítez, Tecolín, Eufrasio und Salustio, Veracrú und Emilio Gil. Aber keiner war so Feuer und Flamme wie Nevero. Er wartete jedesmal sehnsüchtig auf die Versammlung, die alle acht Tage stattfand, und seit Aquileo ihn persönlich gefragt hatte, ob er in den PPUA eintreten wolle, war er glücklich, auch wenn er nie begriff, was die Buchstaben eigentlich bedeuteten. Bei seinem ersten Anschlag auf eine Tortillabäckerei bekam er Angst, trotz des 45er Colts, den ihm Aquileo besorgt hatte, aber schon für seinen zweiten Auftrag schickte ihm Aquileo durch Rábano außer vierhundert Pesos eine Star-Super für die Entführung des Besitzers der Mineralwasserfabrik

Peñafiel in Tehuacán, der außerdem Lastwagen, einen Flugplatz, Lagerräume und eine Buslinie besaß. Da es sich um eine Millionensache handelte, kamen andere Genossen dazu, Experten aus der Hauptstadt. Sie warteten die ganze Nacht im Zentralpark von Tehuacán auf Instruktionen; um sieben Uhr morgens kam Chivas Rigal und verkündete, daß die Entführung abgeblasen sei.

»Warum?« fragte Nevero in das allgemeine Schweigen hinein.
»In der Guerrilla werden die Entscheidungen des Führers nicht diskutiert.«
»Aber...«
»Das ist so.«

Nevero mußte noch diszipliniert werden, aber sonst war er ein guter Mann, und er war Aquileo und Rábano unendlich dankbar; Aquileo, weil der ihm seinen ersten 45er Colt verschafft hatte, und Rábano, weil der ihm, mit Flaschen am Tetlamafluß, gezeigt hatte, wie man schießt. Sein Colt war das Beste, was er je im Leben bekommen hatte, fast schon die Glückseligkeit. Die Aktionen regten ihn auf, ließen ihn aus sich herausgehen; nach einer Aktion schien ihm das Leben in Jaramillo grau und schläfrig, und er wartete darauf, daß er wieder gerufen würde. Als Chepepón nach fünfundzwanzig Tagen zurückkam, um ihn zu holen, freute er sich. Er war immer ein guter Vater gewesen, aber jetzt interessierte er sich kaum noch für seine Familie, nicht einmal für seine beiden Töchter, mit denen er früher gespielt und sie spazierengeführt hatte. Er nahm an Anschlägen auf einen Bus teil, auf einen Lieferwagen von Superior-Bier, auf einen Laden in Cuentepec und auf einen Kaziken, der, wie man sagte, zwei Fässer voller Geld hatte; es waren dann zwei gut verschnürte Tücher: zwanzig Goldcentenarien* und Silbermünzen, die sie für den PPUA beschlagnahmten. Aber die wirklich große Aktion fand statt, als Güero ihn rufen ließ, um ihn auszuzeichnen. Das Kommando Miguel Enríquez** des EPLUA hatte Sara Martínez de Davis entführt, und Güero wollte, daß er die fünfte Forderung überbringe.

---

* Goldmünze im Wert von Fünfzig Pesos; 1916 eingeführt und bis etwa 1930 in Umlauf. A.d.Ü.
** Führer des chilenischen MIR; 1973, während des Pinochet-Putsches gefallen. A.d.Ü.

»Wir haben bereits vier Forderungen übersandt, aber der Gringo Davis antwortet nicht. Du sollst jetzt die fünfte überbringen.«

Den Anweisungen zufolge hinterlegte er einen Brief an Thomas Davis in einem Abfallkorb vor dem Cortez-Palast mitten in Cuernavaca. Der EPLUA forderte zehn Millionen Pesos, die Schenkung des Lands in der Siedlung Santa María und Lebensmittelversorgung für die Bewohner der Siedlungen Satélite, Flores Magón, Las Delicias und Rubén Jaramillo.

Am nächten Tag kehrte er zum Unterschlupf Güeros in Iztapalapa zurück, den sie »Kaninchenbau« nannten, und überbrachte Güero die Lokalzeitungen, die den gesamten Text der Forderung abgedruckt hatten. Es erfüllte ihn mit Stolz, daß er in die Hauptstadt fahren und bei der Entführung eine Schlüsselfunktion innehaben sollte. Güero beauftragte ihn, eine weitere Forderung in einem Abfallkorb vor dem Supermarkt La Madrileña im Zentrum von Cuernavaca zu hinterlegen. Von El Calvario aus rief er bei der Morgenzeitung von Morelos, *Diario Matutino*, an, damit sie sie holten und veröffentlichten. Güero, in seinem Kaninchenbau, war sehr zufrieden. »Es läuft bestens. Heute nacht um elf Uhr holst du einen weißen Briefumschlag auf dem Männerklo des Kinos Las Américas in der Hauptstadt ab.« Niemand erschien. Güero schickte ihn erneut nach Cuernavaca, weil er dort ein neues Treffen vereinbart hatte, und dort erhielt Nevero tatsächlich vier in weißes Papier eingewickelte Pakete, die er in seinen Taschen mitnahm. Sie paßten kaum hinein. Stundenlang wartete er auf die Abfahrt des Busses von Mexiko nach Zacatepec, und als er im Kaninchenbau ankam, machte ihm, soviel er auch klopfte, niemand auf; und er war doch schon so an das Gesicht Tanias gewöhnt, die immer hinter der Holzplatte hervorlugte. Er wollte gerade gehen, als Aquileo mit seinem Volkswagen hielt und ihn zu einem anderen Unterschlupf in der Tulyehualcostraße fuhr. Dort warteten drei Chicanos, Elena, alias Celia, Tania, Chivas Rigal, Sin Fronteras und andere Vertreter Güeros, dem er die Pakete übergab. Vor aller Augen öffnete Güero sie und begann zu zählen. Es waren vierzigtausend Dollar: die eine Hälfte sollte für die Chicanos sein, die im Norden des Landes den PPUA organisieren sollten, und die andere Hälfte sollte in seinen Händen bleiben, um die Ausgaben hier zu decken.

»Für den Fall, daß die Scheine notiert sind, tauschen wir sie in den Vereinigten Staaten; das besorgen unsere Chicanobrüder.«

Güero befahl Nevero:
»Du kannst dich jetzt ausruhen; hier hast du vierzig Pesos für die Fahrtkosten.«

In der Garage standen ein Ranger und ein Ford Galaxie, beide mit einem Nummernschild der USA. Nevero legte sich schlafen; nach zwei Stunden weckte ihn Tania und sagte ihm, er solle wieder nach Cuernavaca fahren, sie würden ihn später rufen. Frau Davis wurde freigelassen, ohne daß ihr der geringste Schaden zugefügt worden wäre, außer der Spritze mit einem Beruhigungsmittel bei der Entführung; das sagte zumindest Güero.

Drei Tage später schnappten die Polizisten Nevero am Eingang von Los Pinos.

»Wir stecken dich in den Meléndez-Brunnen*; niemand weiß, daß wir dich haben.«

Die schlimmste Folter war die moralische; obwohl sie ihm eine Stachelkugel in den Mund stopften und sie mit einem Knebel so tief hineinschoben, daß er fast erstickt wäre. Sie erklärten ihm, sie hätten seine Frau, seine Mutter und seine Töchter aus der Siedlung abgeholt, und jetzt gerade befragten sie sie »nach den Regeln der Kunst«.

»Du willst also Echeverría stürzen?

Übrigens, eines deiner Mädchen, die Siebenjährige, ist zusammengebrochen, und die Fünfjährige hat es schon hinter sich.«

Seit 1975 sitzt Nevero, zu vierzig Jahren verurteilt, im Gefängnis von Morelos. Eine seiner Töchter starb tatsächlich.

»NICHTS WIE DER TOD IM KRIEG
NICHTS WIE DER TOD MIT BLUMEN«

Nach der Entführung von Sara Martínez de Davis zog Güero sich in die Berge zurück. »Ich komme erst nach dem Sieg wieder herunter.« Im Oktober 1978 interviewte Francisco Salinas Ríos ihn in der Sierra Madre del Sur für *Revista de Revistas*; Güero erklärte: »Wenn sie mich erledigen, sterbe ich ruhig, denn die Bewegung erledigen sie nicht; die breitet sich immer weiter aus im Lande, von Guerrero nach Oaxaca, Veracruz, Chiapas, Campeche, Michoacán und Durango.« Auf den Photos sah er gut aus; er

---

* Foltermethode, bei der der Kopf bis kurz vor dem Ersticken unter Wasser gehalten wird. A.d.Ü.

lächelte. In Tuxtepec, Oaxaca, hatte Hauptmann Adolfo Ferrer Lutzow erklärt: »Güero Medrano ist ein übler Verbrecher, und wir werden ihn nicht zu einem Helden machen, diesen Scheißkerl. Er hat ein hohes Tempo vorgegeben, und das hält er nicht lange durch. Wir verfolgen ihn, und wir werden herausbekommen, wo er steckt.« Weiter meinte Adolfo Ferrer Lutzow: »Florencio Medrano Mederos ist kein Guerrillero, das liegt ihm gar nicht, und die Umstände in Oaxaca sind auch nicht so, daß man eine Guerrilla organisieren könnte. Er hat Anschläge, Entführungen und Morde durchgeführt, aber das ist ja noch keine Guerilla; er ist ein Bandit ohne Ideale.« Er versicherte, daß Güero Medrano »hinter der Eingeborenenvereinigung zur bäuerlichen Selbstverteidigung stecke, die zusammen mit der COCEI die Landbesetzungen organisiert habe«, und er unterstrich:

»Er wollte, daß wir zuschlagen, und wenn dabei ein Bauer umgekommen wäre, hätte der dämliche Güero als ein Held dagestanden, als Generalissimus; aber die Eingeborenen haben sich freiwillig zurückgezogen, und es gab keine Konfrontation.«

»Und wie lange soll die Kampagne gegen Medrano dauern?« fragte der Reporter.

»Bis wir ihn haben; denn solche Leute sind heute hier, morgen da; sie ziehen von Staat zu Staat. Möglicherweise werden wir mit anderen Stellen zusammenarbeiten.«

»Oaxaca eignet sich einfach nicht für eine Guerrilla«, bestätigte der Chef der Sicherheitskräfte von Oaxaca noch einmal.

Zwei Wochen nach der Veröffentlichung der Reportage überbrachte ein Journalist der Siedlung Rubén Jaramillo die Nachricht, daß Güero getötet worden sei.

DIE LEUTE GLAUBEN NICHT AN SEINEN TOD

Der Journalist wollte Güera Leonor Medrano und ihre Schwester Tomasa, Chapeada, wie sie genannt wird, sehen, und Epifanio zeigte ihm ihr Haus. Er brachte ihnen einige persönliche Dinge des Guerrilleros, ein blutiges Hemd und ein Paar in Zeitungspapier eingewickelte Sandalen, aber sie erkannten nichts davon: »Mein Bruder hat nie solche Hemden und auch keine Sandalen getragen«, sagte Tomasa, die Chapeada, »er trug immer Stiefel.« Der Journalist erzählte ihnen, wie Güero und seine Leute in ein kleines Dorf, irgendwo im Wald, mitten in der Sierra von Oaxaca, gekommen waren; das Heer umzingelte sie, aber sie konnten fliehen, weil die Leute ihnen einen Ausweg zeigten. Güero erwischte es am rechten Arm; die Kugel drang durch den Arm in die Bauchhöhle ein. Zuerst hatte er das gar nicht bemerkt, er lief mit seinen Leuten und hielt sich den Arm mit der linken Hand, bis er merkte, daß er keine Luft mehr bekam. Sie improvisierten eine Trage, und zwei Mann nahmen ihn zwischen sich.

»Haltet an und seht mich an, ich glaube, mich hat's voll erwischt.« Er stöhnte vor Schmerz, denn die Kugel hatte ihm nicht nur den Arm zerschmettert, sondern auch die Bauchhöhle aufgerissen. Einer wollte ihn waschen, aber das ließ er nicht zu: »Dazu haben wir jetzt keine Zeit.« Er gab ihnen Anweisungen für seine Todesstunde; sie sollten ihn zwischen den Bäumen verstecken und gut mit Laubwerk bedecken, daß ihn die Verfolger nicht fänden, und dann sollten sie weiterlaufen, aber schnell, denn man war ihnen ja schon dicht auf den Fersen. Die ganze Nacht trugen sie ihn auf der Bahre; als ein leichter Regen fiel, gab ihm das ein bißchen Erleichterung, und alle Augenblicke fuhr seine Zunge über die Lippen, um die Wassertropfen abzulecken, aber bald hörte auch das auf; er verlor zuviel Blut, und gegen neun Uhr morgens starb er. Sie legten also Zweige zusammen, so wie er es angeordnet hatte, zuerst das Laub, die weichen Blätter um seinen Körper, und dann die groberen Zweige. In weniger als 24 Stunden fanden die Soldaten den Leichnam. Es heißt, einer aus der Familie sei dort gewesen, um ihn zu identifizieren. Aber das haben weder Güera Leonor Medrano noch ihre Schwester Tomasa, die Chapeada, bestätigt; das sind nur Gerüchte, keiner weiß, ob er es wirklich war oder nicht. Wer weiß, womöglich lebt er ja noch, denn man sagt, die Kämpfer sterben nicht, aber wer weiß das schon. Wenn er noch lebt, wird er weiterhin Krieg gegen die Regierung führen. In der Siedlung Jaramillo kann man niemanden mehr danach fragen, denn seine Leute sind gefangen oder auf der Flucht.

Aus Cutzamala de Pinzón kam die Nachricht, daß zwei Frauen verhaftet worden seien: Celia und Tania, die in einer Schule Kinder und Erwachsene unterrichteten, aber eigentlich Guerrillakämpferinnen waren. Eine sprach sehr viel, und die andere nannten sie »die Stumme«, weil sie nur einmal den Mund öffnete, um zu bemerken, daß die Schuhe eines Polizisten gebogen seien. Von Cutzamala de Pinzón brachte man sie nach Ciudad Altamirano, aber dort wollte man sie auch nicht, und so kamen sie schließlich nach Cuernavaca, wo sie in den Pulverturm gesteckt wurden. Tania erklärte, sie sei eine wahre Revolutionärin, und sie sei der Stimme ihres Gewissens gefolgt. Als der Polizeichef sie darauf hinwies, daß sie sich damit außerhalb des Gesetzes gestellt habe, erwiderte sie ihm aufgebracht:

»Sich neben das Gesetz zu stellen ist der einzig ehrenvolle Ort, wenn das Gesetz nicht für Gleichheit sorgt, wenn das Gesetz die Interessen einer Minderheit zum Nachteil der großen Mehrheit verfolgt, wenn das Gesetz gegen den Fortschritt und die Entwicklung des Landes ist und selbst die, die es geschaffen haben, sich nach Gutdünken außerhalb des Gesetzes stellen.«

Tania regte sich leicht so auf, aber von der anderen hörte man nie etwas. Sie blickte starr auf den Boden und schaute nur auf, wenn der Polizeichef Güero erwähnte, aber das war auch jedesmal der Anlaß zu einem neuen Redeschwall Tanias, die dann auf die vielen Güeros hinwies, die es in Zukunft noch geben werde. »Die andere Frau war ein schieres Häufchen Elend«, sagte einer der Wachen. »Und offensichtlich hatte sie Magenschmerzen, denn sie ging immer gekrümmt.«

DAS HEER VERLÄSST JARAMILLO

1980, fast ohne daß die Siedler es bemerkt hätten, mit Ausnahme einiger Frauen, die Soldaten im Haus hatten, verließ das Heer Jaramillo. Am 16. September marschierten sie nicht mehr durch die Siedlung. Statt dessen zog durch die löchrige, staubige Straße eine Königin mit einem großen Umhang aus Hermelin und rotem Samt, vor ihr die Majoretten in zweireihigen, mit goldenen Knöpfen besetzten Jäckchen, den dazugehörigen Mützen, weißen Stiefeln und plissierten Röckchen. Sie schwenkten ihre Stäbe nach links und nach rechts, im Takt der Trommeln und Trompeten, und zeigten ihre spitzen Knie. Sie zogen unter der brennenden Sonne mitten durch das Elend ihrer Hütten. Der Königin lösten sich vor lauter Schweiß die Locken auf. Vom Himmel aus betrachtet sahen sie sicherlich wie ein blutiges Juwel inmitten der Wüste aus. »Diese Sachen müssen sehr viel Geld gekostet haben, und sie werden sie nie wieder anziehen«, sagte die Nachfolgerin des Lehrers Pedro Tomás García. Hinter der Königin ging ihr Gefolge, weißgekleidete Jungen in den Schuhen ihrer Väter, in Gummistiefeln oder auch barfuß, andere mit guten Schuhen. »Hier, bei diesem steinigen und rissigen Boden halten die Schuhe nicht lange«, bemerkte die Lehrerin. Die Kinder versuchten im Gleichschritt zu gehen, aber sie stolperten immer wieder über Schlaglöcher oder über den nach der Regenzeit steinhart gewordenen Lehm, die Furchen, die Steine und die Erdhaufen, die vom Gräbenziehen noch übrig geblieben waren. »Die Musik ist schön«, sagte eine Frau laut. Die Kinder gingen mit ernstem Blick, wie in einem Film von Fellini, aber sie waren sich der Wirkung, die sie erzielen konnten, nicht bewußt; das Gold der Trompeten im Sonnenlicht stach in die Augen; die üppige Samtschleppe schleifte durch den Staub. Soviel Pracht und die Feierlichkeit in den kleinen staubbedeckten Gesichtern machte, daß ich nicht auf den Gesang achtete, zumindest nicht auf die Worte, aber plötzlich schnappte ich, zwischen all dem Hermelin und weißen Leder, den blitzenden Knöpfen und den rhythmischen Bewegungen der Mädchen, den Namen Florencio Medrano auf. Sie besangen Güero, und jetzt hörte ich auch deutlich:

Florencio Medrano
wird hier in Morelos
unerschrocken siegen.

Ich fragte, um sicher zu gehen: »Wen besingen sie?« – »Einen, der, glaube ich, die Siedlung gegründet hat«, antwortete die Lehrerin. »Ach, und woher kennen sie ihn?« – »Ihre Eltern werden ihnen wohl von ihm erzählen. Ich weiß gar nichts davon, denn sie reden nicht, zumindest nicht mit mir. Ich glaube, sie sind schwer unterdrückt worden. Der letzte Lehrer mußte fliehen, weil sie ihn wegen kommunistischer Umtriebe suchten. Aber jetzt ist diese Krankheit geheilt.« – »Krankheit?« – »Ja, der Kommunismus.«

Von weitem sieht die Siedlung Jaramillo, oben auf ihrem Hügel, wie eine Kruste aus, wie es der Wirt Urbano sehr schön gesagt hat. Unter den Krusten bleibt eine Wunde, die entweder vernarbt oder wieder aufbricht. Alle hüllen sich in Schweigen, wenn jemand von draußen nach Güero oder Lucio Cabañas fragt. Sie kratzen mit einem *huizache*-Stab auf dem Boden herum und tun, als wüßten sie von nichts. Aber wenn die Versammlung der Siedler zu Ende ist und sie nach Hause gehen, kommt bestimmt eine Frau, die sagt: »Sind Sie es, die nach Güero fragen? Kommen Sie mit, ich kannte ihn, und wenn Sie wollen, erzähle ich ihnen ein bißchen.«

Glossar

ANOCE
Asociacón Nacional Obrero, Campesino, Estudiantil (Nationale Arbeiter-, Bauern- und Studentenvereinigung)
CCH
Colegio de Ciencias y Humanidades (Schule für Natur- und Geisteswissenschaften)
CCI
Central Campesina Independiente (eine landesweite linke Bauernorganisation)
CESOC
Comité Estudiantil de la Solidaridad Obrera y Campesina (Studentisches Komitee der Arbeiter und Bauernsolidarität)
CETA
Centro de Estudios Tecnológicos y Agropecuarios (Zentrum zum Studium von Technologie, Ackerbau und Viehzucht)
CIVAC
Ciudad Industrial del Valle de Cuernavaca (Industriezone im Tal von Cuernavaca)
CNH
Comité Nacional de Huelga (Nationaler Streikrat)
COCEI
Coalición Obrero Campesina Estudiantil del Istmo (Isthmische Arbeiter-, Bauern- und Studentenkoalition)
DAAC
Departamento de Asuntos Agrarios y Colonización (Staatliche Organisation für Landwirtschaft und Siedlungswesen)
DIPD
Dirección de Investigación para la Prevención de la Delincuencia (Behörde zur Untersuchung von Verbrechensvorbeugung, eine Art Geheimpolizei)
EPLUA
Ejército Popular de Liberación Unido de América (Vereinigte Volksbefreiungsarmee Amerikas)
INDECO
Instituto Nacional para el Desarollo de la Comunidad rural y de la vivienda popular (Nationales Institut für die Entwicklung von Landgemeinden und Wohnungen für das Volk)
INPI
Instituto Nacional de Protección a la Infancia (Nationales Institut für die Versorgung von Kleinkindern)
LOM
Liga Obrero Marxista (Marxistische Arbeiter-Liga)

MAR
Movimiento de Acción Revolucionario (Bewegung der revolutionären Aktion)
PAN
Partido Acción Nacional (Nationale Aktionspartei)
PC
Partido Comunista (Moskauorientierte Kommunistische Partei)
PMT
Partido Mexicano de los Trabajadores (Sozialdemokratische Mexikanische Arbeiterpartei)
PPM
Partido Popular Mexicano (Mexikanische Volkspartei)
PPU
Partido Proletario Unido (Vereinigte Arbeiterpartei)
PPUA
Partido Proletario Unido Americano (Vereinigte Arbeiterpartei Amerikas)
PRI
Partido Revolucionario Institucional (Mexikanische Staatspartei)
PRP
Partido Revolucionario del Proletariado (Revolutionäre Partei des Proletariats)
PRT
Partido Revolucionario de los Trabajadores (Trotzkistische Revolutionäre Arbeiterpartei)
PST
Partido Socialista de los Trabajadores (Sozialistische Arbeiterpartei)
Raza Unida
Chicanoorganisation in den USA
SEP
Secretaria de Educación Publica (Ministerium für Erziehungsfragen)
SNTE
Sindicato Nacional de Trabajadores de la Educación (Strömung der unabhängigen demokratischen Gewerkschaft im Erziehungswesen)
UNAM
Universidad Nacional Autónoma de México (Autonome Nationaluniversität Mexikos)
UPOME
Unión Para la Organización del Movimiento Estudiantil (Union für die Organisation der Studentenbewegung)

Zeittafel

1867–1911	Grundlegende Veränderungen Mexikos unter der Regierung des Präsidenten Porfirio Díaz: Stabilisierung, Zentralisierung, Entmachtung der ›caciques‹; Bauern und Landarbeiter (70% der Arbeitskräfte) verharren in nahezu totaler Abhängigkeit von den Großgrundbesitzern.
1910–1917	*Die Mexikanische Revolution* Die Revolution geht nicht von den Bauern, sondern von der aufkommenden Bourgeoisie aus, die von Porfirio Díaz ebenfalls von der politischen und wirtschaftlichen Partizipation ausgeschlossen wurde. Die Landarbeiter schließen sich der Rebellion an und kämpfen ab 1912 im Süden unter Führung Emiliano Zapatas gegen die Regierung. Eine umfassende Neuordnung Mexikos wurde durch die Revolution nicht erreicht: das nachrevolutionäre Regime behält autoritären Charakter.
1917	Mit der Verfassung wird ein Programm tiefgreifender Reformen verabschiedet, jedoch nur schleppend verwirklicht. Soziale Unruhen.
1934–1940	*Lázaro Cárdenas* Präsident Mexikos, das jetzt entscheidende Impulse erhielt: er reorganisierte das Land gemäß der Verfassung von 1917, nationalisierte die mexikanische Ölindustrie, begann eine Landreform und nahm die spanischen Flüchtlinge des Bürgerkriegs großzügig in Mexiko auf.
ab 1940	Das *milagro mexicano*: für lateinamerikanische Verhältnisse hohe Wachstumsraten. Die Revolutionspartei PRI (Partido Revolucionario Institucional), in die die großen gesellschaftlichen Verbände (Bauernorganisationen und Gewerkschaften) integriert sind, wird zur unangefochtenen zentralen Institution, die die meisten Veränderungen initiiert.
1964	*Gustavo Díaz Ordaz* (PRI) wird zum Präsidenten gewählt. Díaz Ordaz ist bekannt für seine proamerikanische Haltung. Großes Bevölkerungswachstum und sich verschlechternde Lebensbedingungen auf dem Land treiben viele Bauern in die städtischen Elendsgürtel. Die Ausgaben für die Olympischen Spiele, die zum

	ersten Mal in einem lateinamerikanischen Land stattfinden sollen, überschreiten die Finanzkraft des Landes.
1967	Aufstände in Guerrera und Sonora, die Regierung verhängt den Ausnahmezustand.
22. Juli 1968	Erste Zusammenstöße zwischen Studenten und Polizei.
26. Juli 1968	Die Polizei schreitet gegen eine studentische Demonstration anläßlich des 15. Jahrestages des Beginns der kubanischen Revolution ein.
13. August 1968	150 000 Menschen marschieren auf den *Zócalo*.
27. August 1968	Erneute Proteste von 300 000 Menschen.
1. September 1968	Sechs Wochen vor Eröffnung der Olympischen Spiele warnt der Präsident, man werde die Unruhen beenden, »um weitere Prestigeverluste zu vermeiden«.
13. September 1968	Schweigemarsch.
2. Oktober 1968	Demonstration auf der *Plaza Tlatelolco*. Viele Demonstranten werden verhaftet, zahlreiche durch Schüsse getötet.
3. Oktober 1968	Ein Sprecher des Präsidenten teilt mit, daß das Zentrum der Agitation beseitigt wurde. Die mexikanische Nation ist von den blutigen Zwischenfällen erschüttert; Octavio Paz tritt von seinem Amt als Botschafter in Indien zurück.
12. Oktober 1968	Eröffnung der Olympischen Spiele, die zum ersten Mal in einem lateinamerikanischen Land stattfinden.
1970	*Luis Echeverría Alvarez* (PRI) wird Präsident. Der Präsident veranlaßt die Freilassung der politischen Gefangenen von 1968.
10. Juni 1971	Erste Studentendemonstration nach dem 2. Oktober 1968; der Zug wird von einer halbmilitärischen Organisation angegriffen. Echeverría distanziert sich von den Gewalttätigkeiten und entläßt den Bürgermeister und den Polizeipräsidenten von Mexiko-Stadt. Die Inflationsrate liegt bei 27 %, der Staat nimmt hohe Anleihen auf, die Ölförderungsmenge wird gesteigert.
1974	Mexiko gewährt vielen politischen Flüchtlingen aus Chile, Argentinien und Uruguay Asyl.

1975	Abbruch der wirtschaftlichen Beziehungen zu Spanien nach dem Todesurteil der Franco-Regierung gegen fünf Mitglieder der spanischen Separatistenorganisation ETA.
31. August 1976	Erste Abwertung des mexikanischen Peso seit 1954; Enteignung reicher Grundbesitzer in Sonora.
1976	*José López Portillo* (PRI) wird Präsident.
1978	Bedeutende Ölfunde, Wirtschaftsboom mit einer Wachstumsrate bis 8%, Stabilisierung der Währung; durch die Vernachlässigung des Agrarsektors werden Lebensmittelimporte notwendig.
Mai 1979	Abbruch der diplomatischen Beziehungen zur Somoza-Diktatur in Nicaragua; Einspruch Mexikos vor der OAS (Organisation Amerikanischer Staaten) gegen jegliche Einmischung in die inneren Angelegenheiten Nicaraguas nach der Regierungsübernahme der Sandinisten im Juli.
November 1979	*Ley de Amnistía* (Amnestiegesetz): 1570 politische Gefangene werden entlassen.
Juni 1981	Das Sinken der Welterdölpreise stürzt Mexiko erneut in eine tiefe Wirtschaftskrise. Folge sind die Aufnahme neuer Auslandskredite und Kapitalflucht.
Februar 1982	Abwertung des Peso um 40% (bis September um insgesamt 400%).
August 1982	80 Milliarden US-Dollar Auslandsschulden.
1. September 1982	Einführung einer allgemeinen Devisenkontrolle, Verstaatlichung inländischer Privatbanken, 35% der Privatindustrien gehen in staatliche Hände über. Notprogramm des IWF (Internationaler Währungs-Fonds) und ausländischer Banken.
Dezember 1982	*Miguel de la Madrid Hurtado* (PRI) wird Präsident. Verabschiedung eines neuen Sparprogramms, Importkontrollen; bei den Kommunalwahlen unterstützt der Mittelstand erstmals die konservative Oppositionspartei, das Wahlergebnis wird manipuliert.
Januar 1983	Ein Konsortium von 1400 Banken gibt eine Kreditzusage von 4,5 Milliarden US-Dollar.
19. September 1985	Schweres Erdbeben in Mexiko-Stadt.
1986	Fußballweltmeisterschaft in Mexiko.
September 1986	Demonstration gegen die Unfähigkeit der Regierung, den Erdbebenopfern von 1985 schnell und wirksam zu helfen und den Wiederaufbau zu beschleunigen.

Ende 1986   Die Auslandsverschuldung liegt bei 100 Milliarden US-Dollar, US-Kapital kontrolliert weiterhin wichtige Sektoren der mexikanischen Wirtschaft. 25 % der arbeitsfähigen Bevölkerung sind ohne feste Arbeit, weitere 15 % gehen nur gelegentlich einer Arbeit nach, in Mexiko-Satdt gibt es ca. 60000 bettelnde Kinder. Die Diskussionen um die allmächtige Staatspartei PRI verschärfen sich.
Die Inflationsrate liegt bei 100 %.

Lateinamerikanische Literatur
im Suhrkamp Verlag
Eine Auswahl

»*Imagination, Sensibilität, Liebenswürdigkeit, Sinnlichkeit, Melancholie, eine gewisse Religiosität und ein gewisser Stoizismus gegenüber dem Leben und dem Tode, ein tiefes Gefühl für das Jenseitige und ein nicht weniger ausgeprägter Sinn für das Hier und Jetzt . . . Lateinamerika ist eine Kultur.*«
Octavio Paz

Allende, Isabel: Das Geisterhaus. Roman. Aus dem Spanischen von Anneliese Botond. Gebunden

Amado, Jorge: Die drei Tode des Jochen Wasserbrüller. Erzählung. Aus dem brasilianischen Portugiesisch von Curt Meyer-Clason. BS 853.

Asturias, Miguel Angel: Der Spiegel der Lida Sal. Erzählungen und Legenden. Aus dem Spanischen von Wolfgang Promies. BS 720

– Legenden aus Guatemla. Aus dem Spanischen von Fritz Vogelgsang. Mit einem Vorwort von Paul Valéry und Illustrationen nach alten Maja-Motiven. BS 358

Barnet, Miguel: Der Cimarrón. Die Lebensgeschichte eines entflohenen Negersklaven aus Cuba, von ihm selbst erzählt. Nach Tonbandaufnahmen herausgegeben von Miguel Barnet. Aus dem Spanischen von Hildegard Baumgart. Leinen, Sonderausgabe (Insel) und st 346

Bioy Casares, Adolfo: Der Traum der Helden. Roman. Aus dem Spanischen von Joachim A. Frank. Gebunden

Cardenal, Ernesto: Gedichte. Spanisch und Deutsch. BS 705

Carpentier, Alejo: Das Barockkonzert. Aus dem Spanischen von Anneliese Botond. BS 508

– Das Reich von dieser Welt. Roman. Deutsch von Doris Deinhard. BS 422

– Die Harfe und der Schatten. Roman. Aus dem Spanischen von Anneliese Botond. Leinen und st 1024

– Die verlorenen Spuren. Roman. Aus dem Spanischen von Anneliese Botond. st 808

– Explosion in der Kathedrale. Roman. Aus dem Spanischen von Hermann Stiehl. st 370

Cortázar, Julio: Album für Manuel. Roman. Aus dem Spanischen von Heidrun Adler. Gebunden und st 936

– Bestiarium. Erzählungen. Aus dem Spanischen von Rudolf Wittkopf. st 543

– Ein gewisser Lukas. Aus dem Spanischen von Rudolf Wittkopf. BS 925

Lateinamerikanische Literatur
im Suhrkamp Verlag
Eine Auswahl

Cortázar, Julio: Das Feuer aller Feuer. Erzählungen. Aus dem Spanischen von Fritz Rudolf Fries. st 298
- Geschichten der Cronopien und Famen. Aus dem Spanischen von Wolfgang Promies. BS 503
- Geschichten, die ich mir erzähle. Aus dem Spanischen von Rudolf Wittkopf. Gebunden
- Letzte Runde. Aus dem Spanischen von Rudolf Wittkopf. es 1140
- Oktaeder. Erzählungen. Aus dem Spanischen von Rudolf Wittkopf. st 1295
- Rayuela. Himmel und Hölle. Roman. Aus dem Spanischen von Fritz Rudolf Fries. Leinen
- Reise um den Tag in 80 Welten. Miscellanea. Aus dem Spanischen von Rudolf Wittkopf. es 1045

Lezama Lima, José: Paradiso. Roman. Aus dem Spanischen von Curt Meyer-Clason unter Mitwirkung von Anneliese Botond. Leinen und st 1005

Lispector, Clarice: Die Nachahmung der Rose. Erzählungen. Aus dem brasilianischen Portugiesisch und mit einem Nachwort von Curt Meyer-Clason. BS 781
- Die Sternstunde. Aus dem brasilianischen Portugiesisch von Curt Meyer-Clason. BS 884
- Lebendiges Wasser. Aus dem brasilianischen Portugiesisch von Curt Meyer-Clason. BS 913
- Nahe dem wilden Herzen. Roman. Aus dem brasilianischen Portugiesisch von Ray-Güde Mertin. BS 847

Neruda, Pablo: Gedichte. Zweisprachig. Aus dem Spanischen von Erich Arendt. BS 99

Onetti, Juan Carlos: Das kurze Leben. Roman. Aus dem Spanischen von Curt Meyer-Clason. Leinen und st 661
- Lassen wir den Wind sprechen. Aus dem Spanischen von Anneliese Botond. Gebunden
- So traurig wie sie. Zwei Kurzromane und acht Erzählungen. Aus dem Spanischen und mit einem Nachwort von Wilhelm Muster. BS 808

Paz, Octavio: Das Labyrinth der Einsamkeit. Essay. Aus dem Spanischen und mit einer Einführung von Carl Heupel. BS 404
- Der Bogen und die Leier. Poetologische Essays. Aus dem Spanischen von Rudolf Wittkopf. Leinen
- Essays. Aus dem Spanischen von Carl Heupel und Rudolf Wittkopf. 2 Bände. Leinen und st 1036
- Gedichte. Spanisch und Deutsch. Übertragung und Nachwort von Fritz Vogelsang. BS 551

Lateinamerikanische Literatur
im Suhrkamp Verlag
Eine Auswahl

Paz, Octavio: Verbindungen – Trennungen. Ein Essay. Aus dem Spanischen von Elke Wehr und Rudolf Wittkopf. Leinen

Puig, Manuel: Der Kuß der Spinnenfrau. Roman. Aus dem Spanischen von Anneliese Botond. 896

- Der schönste Tango der Welt. Roman. Aus dem Spanischen von Adelheid Hanke-Schaefer. Leinen und st 474
- Herzblut erwiderter Liebe. Roman. Aus dem brasilianischen Portugiesisch von Karin von Schweder-Schreiner. Gebunden

Roa Bastos, Augusto: Menschensohn. Roman. Aus dem Spanischen von Curt Meyer-Clason. BS 506

Vargas Llosa, Mario: Das Grüne Haus. Roman. Aus dem Spanischen von Wolfgang A. Luchting. st 342
- Der Hauptmann und das Frauenbataillon. Roman. Aus dem Spanischen von Heidrun Adler. st 959
- Der Krieg am Ende der Welt. Roman. Aus dem Spanischen von Anneliese Botond. Gebunden
- Maytas Geschichte. Roman. Aus dem Spanischen von Elke Wehr. Gebunden
- Tante Julia und der Kunstschreiber. Roman. Aus dem Spanischen von Heidrun Adler. Gebunden

Lateinamerika, Gedichte und Erzählungen. 1930–1980. Herausgegeben von José Oviedo. st 810
- Der lange Kampf Lateinamerikas. Texte und Dokumente von José Martí bis Salvador Allende. Herausgegeben von Angel Rama. st 812
- Die Neue Welt, Chroniken Lateinamerikas von Kolumbus bis zu den Unabhängigkeitskriegen. Herausgegeben von Emir Rodríguez Monegal. st 811
- Der Frauenheld und andere Geschichten der Liebe aus Lateinamerika. Herausgegeben und mit einem Nachwort von Michi Strausfeld. st 1296
- Lateinamerikanische Literatur, Materialien. Herausgegeben und mit einem Vorwort von Mechthild Strausfeld. stm. st 2041
- Brasilianische Literatur, Materialien. Herausgegeben von Mechthild Strausfeld. stm. st 2024